AF561203

www.ingramcontent.com/pod-product-compliance
Lightning Source LLC
LaVergne TN
LVHW021938220826
846092LV00010B/1170

* 9 7 8 9 7 7 8 2 1 3 4 9 2 *

أمريكا 62

De Profundis

د.خالد رءوف/ درس التاريخ والآثار والأدب المعاصر في جامعة أثينا، الدراما والمسرح في مدرسة المسرح القومي اليوناني، وحصل على دكتوراة في تاريخ الفن الكلاسيكي اليوناني الروماني جامعة شيكاغو. درس اللغة اليونانية في جامعة أثينا وحصل على دبلومة في الترجمة من نفس الجامعة وعلى دبلومة أخرى في الترجمة من الإتحاد الأمريكي الهليني. له ترجمات عن اللغة اليونانية منها "جيران العالم" مختارات شعرية ـ يانيس ريتسوس؛ "ألكسيس زوربا، سيرته وحياته" - نيكوس كازانزاكيس.

....

أمريكا 62

طبعة :2024

رقم الإيـــــداع: 2023/15711

الترقيم الدولي: 978-977-821-349-2

الناشر

محمد البعلي

إخراج فني

علاء النويهي

This is a full translation of Ameriki 62 de profundis by Panos Ioannides (Αμερική 62 de profundis του Πάνου Ιωαννίδη)

© 2008 by Armida Publications Ltd
GRATIS COPIES

"The Book subsidized by the Department of Contemporary Culture of the Deputy Ministry of Culture of the Cyprus Republic"

دار صفصافة للنشر والتوزيع والدراسات

49 شارع المخزن- العمرانية- الجيزة- مصر

بانوس يوانيذيس

أمريكا 62

De Profundis

ترجمة عن اليونانية

د. خالـد رؤوف

بطاقة فهرسة

إعداد الهيئة العامة لدار الكتب والوثائق القومية،
إدارة الشئون الفنية

يوانيذيس، بانوس، ١٩٥٣ - ٢٠١٢
أمريكـا ٦٢ : De Profundis / بانوس يوانيذيس، ترجمة: خالد رؤوف
القاهرة ، دار صفصافة للثقافة والنشر، ٢٠٢٣
٤٩٦ ص ٢١.٥ سم
تدمك ٢-٩٤٩-٣٤٩-٨٢١-٩٧٧-٩٧٨
١ - القصص اليونانية
٢ -القصص الواقعية
أ- رؤوف - خالد (مترجم)
ب- العنوان ٨٨٣

رقم الإيـــداع: ١٥٧١١/ ٢٠٢٣

بدلًا من مُقدِّمة

كتبت التدوينات المقتضبة المتناثرة لهذا الكتاب في الفترة ما بين أكتوبر 1962 ومايو 1963. إبان رحلة إلى الولايات المتحدة بقيَت عالِقةً في ذاكرتي وذاكرة الملايين من الناس بسبب أزمة كوبا التي هدَّدَت الإنسانية بدمار نووي.

بعد عودتي إلى قبرص، جمعتُ تلك التدوينات في صيف وخريف عام 1963 وأعَدتُ كتابتها على الآلة الكاتبة وتَركتُها في ملفَّاتي تنتظر لأكثر من أربعين عامًا.

في عام 2003، وبينما كنت أكتب روايتي ذات طابع السيرة الذاتية «ديفا»، تذكَّرتها، فسحبتها من خزانة الزمن. أعَدتُ قراءتها، وقرأها عددٌ من الأصدقاء، ثم تناقشنا حولها، وانتهينا إلى نتيجة أن السنوات التي مرَّت تؤيِّد أبدية الأحداث والظروف التي توصِّف وتوضِّح وتؤكِّد على أهميتها.

بعد هذا التقييم بدأت في العمل على النص، وأضيف وألقي الضوء على جوانب مختلفة، وهو الأمر الذي استمرَّ تقريبًا حوالي أربع سنوات. هكذا، تحوَّلَت القصاصات والتدوينات التي وجدتها في درج مكتبي إلى فصولٍ، وأخذت هذا الشكل الذي هي عليه اليوم.

أغلب الأحداث والمواقف التي يتضمَّنها هذا الكتاب هي أحداث واقعية، بالطبع تمَّ إثراؤها ببعض رتوش خيالية وتصورات وتأملات

ظهرت من تلك الفترة ومن الوقت الحالي أيضًا أثناء الكتابة النهائية. نفس الشيء يسري على الشخصيات التي بين طيَّات الكتاب؛ كلها شخصيات واقعية، ولأسباب مفهومة منحتُها أسماء مختلفة.

في المراجعة النهائية لهذه الرحلة، كانت القراءات المتكررة والتعليقات من السيدة كاترينا كايسي مراجعة دار أرميذا، والتي كانت أول مَن اقترح أن أُتِمَّ هذا العمل وأنشره، مثلما كانت ملاحظات زوجتي «خلوي» والأصدقاء «نيكي أيدينايير» و«مونا سافيذو-ثيوذولو» و«كوستاس خادزيورغيو»- ثمينة للغاية، وأنتهز هذه الفرصة لأقدِّم لهم شُكرًا خاصًّا من أعماق قلبي.

بانوس يو انيذيس

28 مايو 2008

إهـــداء

إلى زميل الدراسة التركي م. أو

وُلِدَت صداقاتنا واختُبِرَت وتشكَّلَت أثناء رحلتنا الدراسية في الولايات المتحدة في حقبة الستينيات.

الجزء الأول

نيويورك

1

جاء الخوف فجأة، بشكل غريب، وبلا سبب. في لحظة لم يكن له وجود. وفي اللحظة الأخرى كان مآلي الجديدَ.

أحاول بلا جدوى أن أجد سببًا له. اضطراب نفسي وجسدي لزمنٍ غير معلوم، والآن، في بلد غريب، بعيدًا عن بيتي وروتيني اليومي، وجد الظروف الملائمة ليعلن عن نفسه؟ خبر هامشي في الصحف ظلَّله إجهادٌ وتأثُّر السفر وتسلَّل بداخلي، خامًا، كما هو، وبشكل غير مبرَّر، وبدأ فجأة يبثُّ إشارات الخطر؟ كابوس من جحيم دانتي لفظته الذاكرة، لكنها خزَّنته في اللا وعي، والآن تنثره ليسمِّمني؟ مخاوف طفولة، من الحرب العالمية ونوبات ذُعري في النضال، حينذاك عندما كان يتملَّكني السهر بينما أصدقائي وأقاربي في زنازين وسجون الموت وعلى حبل المشنقة؟

أيٌّ من كل هذه الأمور يدفعني للهوس؟ لا أستطيع أن أجزم. وكلما فشلت في إيقافها تتجذر بداخلي. أقاومها بالطبع، لكنني أُهزَم دائمًا. لا أنجح سوى في إخفائها خلف أقنعة، أن أتصرَّف مثل بقية أعضاء البعثة الحاصلة على المنحة الدراسية بشكل يوميٍّ أو أن أتظاهر بالغرابة والمرح. كان من الأسهل عليَّ أن أغلق عليَّ باب غرفتي وأتلفَّع ببطانية وأشرد واهِنًا أمام الصندوق الغبي المسمَّى بالتلفاز حتى النهاية. طبعًا، لو جاءت «النهاية» أثناء عرض الإعلانات اللا نهائية

سيكون هذا أقرب لأحد أشكال الانتحار!

لا أسعى لهذه المحاولات الانتحارية لسبب وحيد؛ وهو «البرديم»[1]، الذي يصل من واشنطون كل خمسة عشر يومًا من إدارة منح الدراسات العليا للأجانب، التي لا تسمح بمثل هذا النوع من الرفاهية! بالضرورة أتشارك في الغرفة رقم 44 في فندق إمباسادور، حيث تقيم مجموعتنا بشكل مؤقَّتٍ مع صديق عتيد، ميمد، الذي قلَّما يغادر الغرفة. ساعات فراغه يقضيها في مشاهدة أفلام قديمة وبرامج كوميدية، ويتصفَّح مجلات، أو يعيد ترتيب حقيبته التي كانت مثل مقبرة القدِّيس القبرصي نيوفيتوس الشهيرة، تصغر أو تكبر على حسب ما تلقي في جوفها.

ميمد ريزا أوزكيول هو أول قطٍّ بَيتوتيٍّ عرفتُه. قصير القامة، وطويل الأنف، وكثير النوم. كما أن له صوت شخير مُجسَّم، وغالبًا ما يكون في حالة شرود. هذا ما يبدو منه ظاهريًّا. وأشياء باطنية أقل بالنسبة لميحمد. رغبة في الدراسة والفهم، وغالبًا ما تكون مشبَعة بالمزاح والسخرية. وكلمة صارت نواة منطقه وتفكيره: قسمت[2]!

- كيف قرَّرتَ أن تأتي إلى أمريكا يا ميحمد؟
- قِسمَت، يا أفندم. هنا دعوني، هنا جئت.
- كيف تشعر وأنت تتقاسم غرفتك مع يوناني؟
- هذا هو القسمت!

أخاطر بالسؤال او أنه يشعر بالخوف بين الحين والآخر.

1- البرديم هو المصروف اليومي.

2- «قسمت» بالتركية هي القَدَر أو القسمة والنصيب كما نقول في لغتنا الدارجة. (المترجم).

- ومِمَّ أخاف يا أركونديتيس؟

يتفاجأ الجميع من أسئلتي، وينظرون إليَّ باستغراب، ويفكِّرون: «الضمير المذنب يلعب ألعابًا قاسية!»، ثم يغيِّرون الموضوع. شخص واحد فقط من المجموعة وهو إيميليو ميجويل، لم تكن لديه اللياقة واللباقة اللازمتين:

- ماذا أقول لك أيها اليوناني! أنا الوحيد هنا الذي لا يمكنه أن يتحدث عن الخوف. المكسيكيون ليس لديهم هذه الكلمة في قاموسهم.

وفي حالة أخرى، كان أكثر «جدية»:

- ممَّ يخاف غير المكسيكيِّين عادة؟ مثلَّث المرأة والموت والجحيم. هل هناك شيء آخر أيها التركي الكابرون[3]، لو أن لك رأيًا آخر فعليك أن تخرجه من جوفك.
- لا، أتَّفِق.
- لم يكن لديَّ أدنى شكٍّ، فأنتم الأتراك دَواهٍ! على أية حال، الإناث لا يلتفتن ليتحدثن إليَّ. أي جميلة لا تعتبر أنه من الشرف وحسن الحظ أن تنصاع لجاذبيتي؟

ألقيتُ سؤالًا آخر:

- حسنًا؛ وماذا عن الموت، ماذا يحدث في النهاية؟
- حفرة في الماء، هذا هو ما يحدث! لو أنه عليك أن تقطع الحبل الذي يوضع في طريقك، ليس هناك طبيب ولا قسٌّ يمكن أن ينقذك. ثم

3- كابرون هي كلمة أسبانية بمعنى «الجدي»، ويستخدمها الناطقون بالأسبانية كثيرًا للسِّباب.

إنه لماذا نتعاطى كل هذه الطقوس والتناول المقدَّس؟ ألا تتَّفِق أيها الكافر؟

- أي عاقل يا أفندم يمكنه أن يختلف مع منطق كهذا؟

***

في الليل رُحتُ لمرَّة أخرى أدقِّق في تلك العبارات التي نلوكها دومًا عن الموت، وانتهيت إلى القول الشائع التالي: إن الموت يضفي شرعيَّةً ويؤكد على قدسية كل ما لحقتَ أن تعيشه وتسعد به وتخطفه ويسلب منك ما تستحقه وتبغيه وتحلم به في الوقت الذي...

وجهك يا أوليا، في كفِّي... أصابعك الصغيرة تحلب كل ما لديَّ من دفء... لا أستطيع استحضار شقتنا، فقط بين الحين والآخر أتمكَّن من رؤية الجانب الآخر من فراشنا، جانبي. بالتأكيد، من قبل استطعت أن أجلس على بطانيتنا البنية وأرى يدك تزحف بمرح نحوي... مثلما حدث في ليلة زواجنا، هل تذكرينها؟ اتفقنا أن نقضيها في فندق فخم، ذي سعر معقول، على شاطئ البحر في كيرينيا. في منتصف الطريق، وعلى الرغم من أن الضجر قد أصابنا من حفل الزفاف، كان الجوع قد تملَّكنا. جلسنا في أحد المطاعم وطلبنا أسماك الأثيرينا والأخطبوط، وشراب الأوزو، وخبز القمح الذي تحبِّينه، وعندما جاء وقت دفع الحساب اكتشفت أن النقود التي لديَّ لم تكن تكفي طموحاتنا. ضحكك المدوِّي روَّض فزعي. قلتِ:

- الفندق رائع بشكل جنوني!

فاعترضت أنا:

- الجنون رفاهية الفقراء فقط!

لكن على ما يبدو أن نبرة صوتي لم تكن مُقنِعة! عُدنا إلى شقتنا مثل اللصوص؛ حتى لا ينتبه الأقارب والأصدقاء وتصدق نبوآتهم: «سترون أن الحال سينتهي بهم في شارع فلاخيرنون رقم 60»، قالت لنا أختك الساخرة. في السيارة وبعد ذلك «في بيتنا»، تحدَّثنا عن الكثير من المرارة التي سقاها لنا أقارب وأصدقاء ومديرون في العمل، وغيرهم، «المجتمع عديم الشرف بشكل عام!»، عن الظلم الذي تعرَّضنا له، والتكذيب وانهيار الأحلام والأساطير. قالوا عنَّا «حاملي ظُلم العالم»! العروسان الكوميديَّان التراجيديَّان! وعندما حانت اللحظة، عندما جاء اليوم الموعود، اللحظة الكبرى، كنَّا مجبرين على كل شيء، وكل أحد. بصعوبة كنَّا نرفع أقدامنا عن الأرض. لكن على الرغم من فرط التعب، كنت كما أنت دائمًا، الأقوى! قَبِلتِ بصبرٍ أن نجرِّب كل الأوضاع والأحضان، حتى وجدنا الوضع الذي يريحنا بشكل أكبر. وعندما نجحنا أخيرًا! كنتِ مثل حورية أمازونية على خصري، وكنت أنا مثل ثور في حقل، أتصبَّب عرقًا. انحنيت نحوي وقلتِ:

- حبيبي بتروس، أنت تمارس اليوجا، علِّمني بعض التمارين كي أزداد طولًا بعض السنتيمترات... فكما ترى، أنت أطول من اللازم.

أريد أن أقول لكِ شيئًا آخر يا أوليا، بعد أن تشجَّعتُ الآن، شيء أحمق أيضًا؛ لو أننا قد ذهبنا إلى ذلك الفندق الفاخر، كنت سأشعر بحرية أكبر في المغادرة، فمنذ أن وضعنا إكليل الزواج تزداد سذاجتي جدِّيَّةً. قبل أن أموت سوف أحذِّرك. ستقولين: «أنتَ تافه يا بتروس يا حبيبي...»، نعم، أعرف هذا! لم تطلبي مني أبدًا أكثر ممَّا أستطيع أن أقدِّمه لكِ، لكن هل تعلمين أنه من المستحيل أن أفكر بشكل مختلف؟

لقد وعدتك بالكثير ممَّا لم تطلبيه، لكنني مُبذِّر بالفطرة في الكرم غير المكلف المقدَّم سلفًا، فأنا أنتمي إلى فصيل الذكور الذين يدركون متأخِّرًا أنه ليس هناك داع لأن يتظاهروا بأنهم أنصاف آلهة قبل النشوة. وأنتمي إلى الأقلية ًالغبية من نفس الفصيل الذين يتذكَّرون دائمًا ما قدَّموه من وعود، حتى عندما يذبل السيف في غمده.

الآن...

محاصَر! بلا أنياب! ضعيف! مثل أسد ألكسندروس باراس(4)! كان ذات يوم فخور، مُفعَمًا بالحيوية، أسد أفريقي، يقطع مسافات من الكيلومترات، بات محبوسًا في قفص صغير، ثلاثة أمتار في ثلاثة أمتار، في فندق نجمتين في مانهاتن.

لو أنه باستطاعتي أن أزأر على الأقل، أن أخمش الجدران المطلية، أن أرفع ساقي وأركل مدفأة الحائط التي تغلي ببطء فتغرق شارع برودواي الصفيق في الأسفل. لكن لا! أنت تسيء التصرف يا صاح! فلديك التزام أن ترفع رأس الحضارة اليونانية حيث أنتَ. كيف دار بذهنك أن تشوِّه سمعة بلادك الناصعة أمام تركيٍّ؟ يا للعار!

الأغا نائم. شاهد آخر فيلم كوميدي في التلفاز، أغلق على نفسه وتمدَّد على الأريكة لما يزيد عن نصف ساعة، ترك نظارته المستديرة العدسات وغاص في النوم. جسده، بساقيه القصيرتين، تشكِّل مُثلَّثًا غير متساوي الأضلاع، ورأسه: مؤخِّرته المدبَّبة. رأسه الثانية: أنفه الحادَّة، بحاجبين خفيفين مثل إفريز فوقه، ورموشه المنعدمة الحمراء مثل خربشة قِطٍّ.

4- ألكسندروس باراس: شاعر يوناني عاش في النصف الأول من القرن العشرين، وله مجموعات شعرية هامة، يشير الكاتب إلى إحدى أهم قصائده: «أسد أفريقي». (المترجم)

أشعر بالذنب؛ فأنا أخفي مخاوفي وتوقُّعاتي، أبتلعها، ماذا لو انتبه لي شريكي «البريء» في السكن. لو انفجرتُ ذات مرة، ماذا أقول، عندما أنفجر، لن يسامح نفسه بأنه وثق بي. وهذا هو أكثر ما أكرهه، تفهُّمه الواضح والثقة التي يُظهِرها نحوي. قليل من الحرص والاحتراس من جانبه كان سيترك لي مسافة عادلة. على الأقل ما كنت سأقع في خطأ الخلط بين وجهه - الذي يشبه وجه الكلب - ووجهك الصغير. هذا لم أكتبه لكِ، حدث بالأمس. أستيقظ في الصباح، أتثاءب، أترك ضَرطةً مكتومة، أتمطَّع، أُمدِّد يدي حتى فراشه، أحتضنه:

- صباح الخير يا حلوة!

ارتعد، دفعني:

- يا الله، ارفع يدك عني.

يقولها باليونانية، بضع كلمات تعلَّمها منذ كان صبيًّا يلعب في شوارع جالطا مع الصبية اليونانيين الذين كانوا يعيشون هناك قبل بوغروم[5] عام 1955.

- قسمت، يا ميحمد!

***

هنا، بعيدًا... عن ماذا؟ عن أين؟ عمَّن؟ إلى متى؟

الحلزون الذي هشَّموا كنيسته، مثلما يقول ريتسوس، في كتاب القديسين، لا أذكر بالتحديد. هل سيسعفني الوقت كي أبنيها من

5- بوغروم: هكذا كتبها الكاتب اليونانية بالتركية كما هي معروفة لدى القبارصة اليونانيين، وتعني: المذبحة المدبَّرة/ المنظَّمة. (المترجم)

جديد؟ هل يستحق الأمر هذا العناء؟ أو، كي أقول الأمر بشكل مختلف، هل من الممكن لهذا العالم الأجوف أن يصبح أساسًا صلبًا لتجربتي؟

أنا مثل النبيذ القديم؛ عصيٌّ على الامتزاج بهذا الخليط. الغريب غير المنسجم. الأجنبي، في القالب والعقلية والنفسية والأسلوب واللغة والأحلام. بالتأكيد لست أفضل من الملايين الذين يعيشون هنا. لكن يستحيل التماهي على أقدارنا. آجِلًا أم عاجلًا ستتحلَّل جثتي في مقابرهم. روحي، لو أن للقبارصة روحًا. ستبقى عصيَّةً على الهضم، مثل لطخة طلاء زيت عالقة على لوحة أكواريل مائية مشطوفة.

مقابرنا في «جزيرة القديسين والشهداء» هي حقًّا بعيدة، لكن بها براح لكل شخص. هي - إن جاز التعبير - مضيافة بشكل أكبر. المقابر الوحيدة التي رأيتها هنا في هذه المدينة كانت شاسعة جدًّا. آلاف من لوحات القبور الرخامية مغروسة في الأرض بترتيب صارم. صرير مدوٍّ لعجلات الحافلة التي تجري بجوار أسوارها. ساعة كاملة، انطباع ساعة كاملة بسرعة أكثر من مائة ميل في الساعة. ثمانمائة شاهد قبر رخامي وأكثر واقفة في كل ميل، ومثلها مسطَّحة ومائلة أو بالعرض، تلائمنا... ليس هناك زهرة واحدة، ولا حتى صورة، ولا شمعة، ولا امرأة مكلومة تضرب على صدرها. رخام ناعم، أبيض متقاطع بخطوط مائلة، نظيف بشكل يُغشي الأبصار. وعلى الرغم من بريق الألوان الأخرى إلا أن الفقد يبقى وحيدًا متفرِّدًا ومهيمنًا.

دون وجود للأحياء، ودون ذرف الدموع ولا تعويذات لطرد الأشباح، أموات نيويورك يتعفَّنون في باطن تلك الأرض. تحوم الطائرات النفاثة في الهواء. مُقيَّدون بداخلها، على مقاعد مريحة يبثون شعورًا

بالقوة والأمان. تشرب الشمبانيا أو البيرة لو أنك تسافر في شريحة البيزنس، أما لو اكتفيتَ بالسفر السياحي فإنك تتصفَّح المجلات وتشاهد المضيفة المبتسمة، أو تتطلَّع خارج النافذة على كوكبة الدب القطبي والمحركات الصاخبة ممَّا يعيق تخلُّصكَ من قلقك ومخاوفك. عندما أراها من على الأرض ينتابني الدوار. حتى قبل الأمس، في طائرة كهذه، ألم يحترق لا أدري كم من البشر؟ قبل بضعة أيام أيضًا، ألم ينفتح أحد أبواب الطائرة على مصراعيه أثناء الطيران؟ حتى إن التيار الهوائي - كما كتبت الصحف - طرد أو شفط المضيفة وعربة بضائع السوق الحرة التي تدفعها أمامها. فتاة أخرى استطاعت أن تمسك بساق أحد الركاب. بقايا الطائرة لوسيل عثروا عليها مشتبكة في عناقيد هوائيات.

نعيش في عصر الموت الجماعي. طائرات، قطارات، سفن، زلازل، مجاعات، براكين، فيضانات، انهيارات أرضية، أوبئة، حرائق وهلمَّ جرًّا... المحصلة: آلاف الموتى واللاجئين والمذابح. والبقية... آه، حسنًا، أمور معتادة! لحسن الحظ، الإحساس يتبلَّد!

في قبرص، عندما تحدث بين الحين والآخر فواجع كتلك، يهبُّ الناس والتلفاز والمذياع، تهمهم، وتئزُّ، وتطنُّ، «أزهار الموت» تزهر في صحفنا.

أذكر واقعة رئيس البرامج التركية في محطتنا. كان الرجل نائمًا حين دقَّ الجرس. أصاب الذعر خيرية هانم بجواره، ارتعدت، وكزته برفق وعلى استحياء. لكن رؤوف لم يستيقظ! لكزته خيرية برفق أكثر! انتفض الرجل:

- أتريدين مرة أخرى يا امرأة؟

قالت له:

- أنا لا أريد مرة أخرى، لقد شبعت، آخرون يريدون.

نهض رؤوف، يتعرقل، يسبح في الظلام، فتح الباب. دخل شابٌّ بملابس ضيقة. سأله:

- ما الذي يجري؟

فأجابه:

- ماذا يجري! دافعو الضرائب الأتراك يدفعون لك الكثير يا سيدي حتى يعرفوا ماذا يحدث. أحد قطاراتنا خرج عن القضبان وقتل ثمانين شخصًا.
- أين يا ولد، هنا؟
- لدينا قطار، يا سيدي، هنا.
- ماذا تريد يا أخي أن أفعل؟
- أن تستيقظ، أن تقوم بعملك...

استيقظ رؤوف وقام بعمله. اتصل بالمذيعة عبر الهاتف:

- يا شَكورة، غيِّري برامج الخطاب، ثرثرتنا، تعرفين، والأغاني الشعبية الخفيفة بدِّليها بالموسيقى الأجنبية الكلاسيكية، من على رفِّ الموسيقى الحزينة الجنائزية.
«امنحهم السلام الأبدي يا رب». الله!

الموت هنا لا يواجَه بالرهبة الملائمة!

تكتفي الميديا بالإشارة، بين إعلانَيْن تعرف أن «خمسة آلاف، وليس

ألفين، قد ماتوا في زلزال مدمِّر في إيران. كل هؤلاء؟!»، حتى طالبة المنحة «زها روباري» لا تشعر بالهيبة عندما نقدِّم لها تعازينا، قالت لنا:

- لم يكن لديَّ أصدقاء أو أقارب في المنطقة. إنه سهل بائس وقاحل.

لم يكن ينقص غير أن تذكر أنه «حسنًا» قد حدث هناك!

عندما سيأتي دوري بمساعدة الرب، سأكون وحدةً في رقم كبير. نظرة خاطفة على الأخبار، سيذكرون بخفَّة «نعم، إنها منطقة خطرة للسفر في هذه الأيام»، ثم سيبحثون عن نتائج مباريات N.B.A. أو عن مسيرة إعصار لولو.

في نفس الوقت أنا...

وماذا «أنا»، في الحقيقية؟ ماذا فعلت؟ ماذا تركت؟ هل عشت أبدًا؟ هل حظيت بشرف الموت؟ لا، هي الإجابة على كل سؤال. الـ«لا» هي طريقي، مستنقع متربِّص أمامي. نقشت دائرة حولي «جلا جلا! هذا ما ستراه، هذا ما سوف تتعلمه وتؤمن به، هذا فقط ما سوف تتمتع به أيها الضائع!». تملَّكَني الجبن، رفضت صحة النشوة وحرية عدم المسؤولية والجدية. محاوِلًا - دون جدوى - أن أصبح بشريًّا كاملًا، لكني صِرتُ رخويًّا، خنقت طفولتي في هلام عجائزي. أثر مُحنَّط لأخلاقيات مشكوك في أمرها، هذا ما صِرتُ عليه.

في الحرم الجامعي يسير الأولاد والبنات مشبِّكين أيديهم. مع الكتب والحقائب والمضارب تحت إبطهم. إنها فضيلة أن تكون لك فتاة تسير وأنت تمسك بيدها، وتُدلِّلها، وتتحدثان عمَّا يعنيكما. هذه هي المسافة بين الإيمان والعدمية، بين الخير والشر، بين الخلود والموت.

في نزهتنا بالأمس في كولومبيا، حيث كان ميحمد بك، طالب الدراسات العليا، في الفناء الشاسع ذي النجيل المنمَّق. أفواج الطلاب المستجدون. أزواج من الجدد والقدامى، ضحكات، مداعبات، أسنان ناصعة البياض مثل الإعلانات! وفجأة، على درج مبنى المكتبة في العمق، شابٌّ بشَعر مثل القنفذ يعزف على القيثارة إيقاع التويست، فنهض الجميع في التَّوِّ، يتفقون بالأعين ويمتزجون أزواجًا يشبكون الأيادي وتتقاطع الحركات، يشتد القضيب ويَصلُب وينضج في دائرة من الوعد الأسود، يتحرك الفناء، يذهب تحت الأنامل. السيقان والجوارب والوجنات والشعر والأحواض. وصوت الساحر وأوتار القيثارة يزدادان قوة، يتضاعفان وينفجران. والمارة من العُمَداء والأساتذة والمحاضرين والأكاديميين والبقية، ينظرون بثقة إلى الحصاد الجديد. البعض يضربون الشباب على أكتافهم، يسرقون الجميلات. فلا بأس، لدينا حقوق البشر البدائيون! الأكثر رصانة يحتفظون بالإيقاع بالأرداف والعنق والتصفيق.

جلسنا مدهوشين ننظر. لم يلتفت أحدٌ نحونا. لم ينتبه إلينا أحد. لكن، غدًا أو بعد غد، سيتساءل البعض: أين بحق الجحيم اختفى الصنمان الجديدان اللذان كانا مُهمَلَيْن أمام مبنى «جوزيف بوليتزر»؟

وقال محمد ريزا أوزكيول:

- محظوظون هؤلاء الملاعين! لو كان هذا في تركيا!

س قبل تعرَّفتُ على جنتلمان من إستانبول. شخص رائع! لديه حانة في كولومبيا. عندما يتحدث عن الفتيان في تركيا وعن الغباء الذي يعيشونه، يسبُّ كتركي أصلي. ثم يعتذر عن البذاءة. عندما كنا نحن طلابًا لم نكن نعيش. لحسن الحظ كانت هناك السينما! كنت أعمل

مصوِّرًا في ورشة عمل للمخابرات الأمريكية، في USIS[6]. كنت أترجم الحورات والوصف عبر مكبِّر للصوت، ما أفهمه. كانت الهوانم عندما يقابلنني في الاستراحة يتنهَّدن خفية. وكان غطاء الوجه يتماوج بشكل مثير... ماذا أفعل؟ سريعًا على الأريكة كي أريح حالي؛ وحيدًا، ضائعًا، مهجورًا. ولك أن تتخيل أنني كنت من المحظوظين التقدُّميِّين!

- كنت أعتقد أن حتى سن الثانية عشرة أن النساء يَلِدن من المؤخرة.
- أتدري الآن وأنا أنظر إليك، ليس مستحيلًا... نساؤكن على الأقل!
- وأنتم، من أين خرجتم يا ميحمد؟ من مَرارة أتيلا؟

حسنًا، أعترف، لقد فشلت؛ والمصير الذي ينتظرني هو عادل وواجب النفاذ. لقد ولَّى عهد السامريين الأخيار، انقضى. هناك في الجزيرة أوليا وأهلي سيُصعَقون إذا ما وصلتهم الأخبار، ستنبري أمي لتقطع بقايا وجهها. الزملاء، كلٌّ في عموده، سيذرف دموع التماسيح: «لقد خسرنا خورموزيوس[7] الصغير!»، سينخدعون. سأمحوه لأنه لا توجد وسيلة أخرى كي أنفض اللا مبالاة وأستردَّ وعيي وأستفيق من السبات العميق؛ لأنني هنا، ولوقت طويل، أعيش في غيبوبة؛ لأنني يجب أن أستسلم، حتى في الثانية عشرة، إلى ذنوبي ونزواتي التي كنت أسعى إليها دومًا، وكجبان ومُدَّعٍ وحالم مُغيَّب كنت أتجنَّبها.

كانت هذه الصحوة مستعصية وغير مُتوَقَّعة! الانحطاط مبكِّر ومستمر! أشعر مع الوقت بالوهن في جسدي، وعقلي يمتلئ بحشد من الأصوات المجهولة، أحاسيسي تتحول إلى سيولة غير معهودة، تهتز على الماجور وتسيل على ما أسفلها من أشباه البشر وآكلي لحوم البشر،

6- United States Citizenship and Immigration Services(المترجم)

7- كاتب صحفي وناقد فني كبير، يُعدُّ من الرواد في مجاله في قبرص اليونانية. (المترجم)

حتى مشرعيها، من إنسان الغاب إلى الأنبياء. سأموت كي أتذوق ساعة الانتشار، لحظة نكران الذات.

***

أنا وحيد جدًّا هذه الأيام. قدماي تؤلمانني من فرط السير في الجادة الخامسة[8]، وتيفاني وبلوميجدايل، وفي شوارع أحياء جرينتش؛ فالي وهارلم، أروي عطشي في بارات وأُشبع جوعي بالبيج ماك والكنتاكي فرايد تشيكن، أقتل ساعات يومي في السينما وصالات العروض الهزلية الخفيفة، أجرُّ نفسي بين مجموعات سياحية بلا معنى، حيث يجرُّوننا إلى مكاتب التايمز والنيويوركر والناشيونال جيوجرافيك، أشعر بملل كبير بالرحلات التعليمية خارج نيويورك وبوسطن وفيلاديلفيا، وفي «مثلث فيرجينيا» التاريخي[9]. لكن الملل يقتلني في غرفة قراءة فندق إمباسادور حيث أنحشر كل يوم لأغراض إعادة التوجيه أو «غسيل المخ» كما كنَّا نسمِّيها نحن، حيث إن القائمين على البرنامج التعليمي، والمتهكِّم الدكتور روبرت ماكيلروي يُعمِّدوننا في «مياه المواطنة الأمريكية الشفافة المتكاملة والشبكة القومية للإذاعة والتلفزيون الأفضل في العالم بأسره!».

ولا حتى البرنامج التعليمي الثري الذي بدأ بشكل رسمي اليوم في الستة أشهر الأولى نجح في تعديل حالتي المزاجية. يكرر المعالم والحدود الزمنية لمنحتنا الدراسية، ويؤكِّد على الإضافات السنوية. هذا ما يقوله مرسوم جامعة سيراكيوز الذي تلقيناه للتو:

8- Fifth avenue المعروف في نيويورك. أحد أهم الشوارع/ المعالم في المدينة.

9- هكذا يسمُّون المدن الثلاث: جايمز تاون ويورك تاون وكولونيال ويليامزبيرج، حيث كان مقر الاستقلال الأمريكي. (الكاتب)

من 1 حتى 5 أكتوبر 1962

وصول الطالب إلى نيو يورك

من 8 حتى 29 أكتوبر

.إعادة التوجيه، زيارات، رحلة يوم إلى واشنطن

30 أكتوبر

الانتقال إلى سيراكيوزا

5 نوفمبر

بداية برنامج الصحافة.

.محاضرات موسَّعة وتدريب عملي على الصحافة الإليكترونية

31 يناير 1963

إتمام الدورة.

من 1 فبراير حتى 29 أبريل 1963

جولة تعليمية.

.إدراج العام في البرنامج التعليمي

30 أبريل

العودة إلى سيراكيوزا.

من 1 حتى 7 مايو

موجز

8 مايو

مراسم الختام.

9 مايو

مغادرة الطالب الحائز على المنحة.

حاشية:

أي تمديد للإقامة في الولايات المتحدة الأمريكية يكون على نفقتكم الخاصة.

أتساءل مَن وكَم مِن الطلاب سيرغب في تمديد إقامته «على نفقته الخاصة»؟ أنا من الآن أشعر بالحاجة مثل بطل المسرحية الموسيقية « توقَّف أيها العالم - أريد النزول»، التي شاهدتها. أصاب الضجر أنتوني نيولي من الحياة فقرَّر أن يقفز من أعلى. أليس لديَّ نفس الشعور؟

كل ما أعيشه أو يجري حولي يبدو كأنه انعكاس لكل ما هو باهت وغير مؤكَّد. الأصوات والصدى، الكلام الصحيح والخاطئ يصل إلى أذنيَّ، تارةً مثل فقاعات، وتارات أخرى مثل ترددات أو انقباضات غير منضبطة. الشوارع تختفي في الأبخرة الناشئة من القضبان الصدئة على قشرتها. البشر لهم قوام مائي، لو لمستُهم سيتفكّكون ويُبقِّعونني. الموسيقى فقط هي ما تجذبني. هي فقط التي لديها الحيوية والمرونة التي لا ينتظرها أحد من أي كائن حي. الآن أرى بوضوح مدى الشاعرية، وبالتالي الدِّقَّة والنظرية الصحيحة في كيفية بناء المصريين لأهراماتهم بنداءات موسيقية. بل وأزايد وأقول إن نوع الموسيقى كان جاز. أرى ألوانًا برَّاقة تتدفق من الساكسفون، دوامات من الأنوار على أزرار البيانو الأسود، موجات ضوء رأسية، مجزونة،

مثل رسم قلب مجلوط، تتراقص على الطبول. مبسم الترومبيت، كيس الريح. موسيقى بلوز تبني تمثالًا من خشب الأبنوس، ينفث من فمه حشيشًا فينشرح حي هارلم كاملًا ويفرح. امرأة سوداء بأثداء ثرية أشبه بالأرداف، تخمش بصوتها ذاكرتي:

على الشاطئ الخفي

مثل يمامة بيضاء...

قوقعة بيضاء على شاطئ بافوس بنجوم البحر المنثور فوقه... أتنفس بعمق ملوحة كينيرا.

- لقد شرد كثيرًا صديقنا اليوناني.

قال ستيفين ن. تانجا، ذو الصوت العميق. القادم من تانجانيقا.

- يشتاق إلى قبرص.

يقول إيمانويل أماسيولا، المتفلسف النيجيري.

- قبرص أم «ذلك الشيء» الذي يصيبنا بالجنون حرماننا منه؟

يسأل إيميليو ميجويل، المكسيكي من مقاطعة غوادالاخارا.

- إلا إذا لم يكن لا هذا ولا ذاك!

ضجَّ الجميع بالضحك.

- في الصباح، بينما لا يزال ناعسًا، يناديني «أولي»، حبيبته وعشيقته.

يؤكِّد ميحمد ريزا أوزكيول التركي.

دائمًا ما كنت هكذا، شاردًا. وهكذا عُرِف عني. كانوا يرسلونني أشتري خبزًا على سبيل المثال، فكنت أعود بالطحين أو بالخميرة. في اختبارات الرياضيات في الثانوية، كانت أسوأ مادة بالنسبة لي لدرجة أنني كنت معجبًا بزميل لي يُدعَى لامبيس لويزيذيس، عبقري في الرياضيات، حتى إنني كتبت على ورقتي بخط جميل اسمه هو. حصلت بعد أن نسَختُ ورقته على عشر من عشر. درجة ممتاز! ارتبك كلٌّ من لامبيس ومعلم الرياضيات؛ فكيف كانت هناك ورقتان بنفس الاسم؟ ولماذا هذا الفارق الشاسع في المستوى؟ في النهاية بالطبع، عندما انكشف ما حدث، حصلت على صفر فاخر! لكن أنا، شعرت بالحماس، عرف عني هذا، تفوَّقتُ فيما بعدُ في الرياضيات! بغَضِّ النظر عن لامبيس التعيس الذي ورَّطتُه في المشاكل...

- تذكرني عندما توقع على البرديم.

قال المكسيكي.

بينما كنا نحن الخمسة في طريق عودتنا سيرًا على الأقدام من السنترال بارك، حيث كنَّا نذهب بين الحين والآخر وحيث، «غير الجريد الأخضر والجنس في الهواء الطلق»، راح إيمانويل أوماسيولا يكرر، مجدَّدًا:

- إننا في نيويورك محرومون يا أخي من صحبة الجنس اللطيف. لقد حان الوقت أن نلجأ إلى الجو اللطيف قبل نُنفَى في سيراكيوزا. هناك ستصعب الأمور والبرنامج الدراسي والمدينة الصغيرة، كما أنني أسمع أن أهل سيراكيوزا محافظون ومتديِّنون. ستبدأ المحاضرات والمقالات والأعمال، سيقتلنا الملل.

قاطعه المكسيكي:

- سمِّه باسمه الصحيح يا أنت... لن ينتصب لنا قضيب.
- نفس الشيء، بل أسوأ، سيواجهنا في الجولة. سنكون في حركة دائمة بين القطارات والطائرات والحافلات، ستُنهَك قوانا تمامًا. حتى وإن ناوشتنا أجمل الجميلات، فلن تسعفنا قوانا لنقف على أقدامنا.

تجنَّب أوماسيولا الكلمات المباشرة.

- لهذا؛ أعتقد أنه يجب علينا أن نستغل وجودنا في نيويورك لثلاثة أسابيع.
- المشكلة أن خدمة طلب بنات الليل عبر الهاتف مكلفة جدًّا؛ بينما العاهرات الرخيصات متوافِرات، إلَّا أنهن مُستَهلَكات وخطيرات.

أضاف ميحميد بُعدًا آخر لمخاوف أوماسيولا.

- هذا أفضل.

قال خوان دومينجو الأرجينتيني.

- المخاطرة دائمًا أكثر إثارة.

كيف استطعت أن أركِّز وأكتب اسمًا أجنبيًّا في ذلك المكتوب؟ هل لأنني غالبًا - ودون وعي - أضع نفسي في مكان شخص آخر؟ أهي صدفة، شرود ذهن، أم الحاجة إلى الاستحواذ أم الهروب؟

- صحيح، هل تعرفون أين ذهب أوكوكون؟
- إنه تحت ساري الفتاة الجديدة في الغرفة 35.

- المصوِّرة الصحفية الهندية الإنجليزية؟
- هي نفسها!
- لا تَقُل هذا! ولا حتى كنيدي كازانوفا يستطيع الإيقاع بها.
- بالطبع لا! فالسيد كنيدي ليس لديه قدرات موتوتو الخفية!

قال أوماسيولا داعِمًا ابن وطنه.

- موتوتو، ماذا تعني هذه الكلمة؟

حادثة الهوية مع زميلي وأمور أخرى تلت، يمكن ألَّا تكون محض صدفة. ربما مقدمة لخبرات أخرى سوف تحدث. في الفترة الأخيرة ازدادت تلك المصادفات. حتى قبل الأمس لم أتطاول على جسد ميحمد؟ أصابني النعاس...

- هي كُنية! ماذا تعني؟ في الريف تذهب نساؤنا للاستحمام وغسل الملابس في النهر. إذا رأى آلهة نهر النيجر امرأةً تعجبهم يسحبونها نحو الأعماق، فيدفَأ النهر. الطفل يولد بعد ستة عشر شهرًا، يمنحونه اسمًا للتدليل «موتوتو يانجو»، والذي يعني في اللغة المحلية لقبائل اليوروبا: ولدي، ابني... هو بذرة آلهة النهر. وأم أوكوكون.
- بعد كم شهر وُلِدتَ أنت يا أيمانوليتو؟

رجفة، رأيت من خلال نظارات شريكي في الغرفة السقف. بدا كأنه سقف مجهول، بلا وَسَخ ولا طلاء مهترئ. اختفت الأنسجة المفقودة وشروخ طلاء الزيت والحشرات التي تدور حول المصباح. اختفت بقع الذباب المهروس على الزجاج. كل شيء نظيف تمامًا ومُرتَّب. بلا ثقل أو ظلال، بلا شعور بالتهديد الذي يرجف باليوناني شريكي بالغرفة.

الليلة أشعر بانتصاب قوي يؤلمني، أحتاج أن أفرغ طاقتي، أبدأ في التمسيد على شَعر أمينة الكثيف، أنفخ في أذنها وألامسها بمداعبات أعرف أنها تثيرها. وفجأة، الرحمة! يبدأ الرضيع في البكاء. أشرع في القفز حتى ألقمه اللهَّاية ثانية، ألتفت إلى جسدي. أتصبَّب عرقًا، خلايا جسدي تتراقص. أنظر إلى الأركان، إلى المصباح: ها هي الأوساخ التي أعرفها، ها هو العنكبوت، ها هو الشرقي! يشخر، بمؤخِّرته على قمة المثلث الذي يشكِّله جسده أثناء النوم.أسحب بطانية وأغطيه، ثم ألصق أنفي بالنافذة...

- اصمت يا ميجويل. أنا ابن سبعة أشهر! نحن نعيش في لاجوس. الآن اشترينا فيلًا في إحدى الضواحي حتى نوفِّر مساحة للأولاد من أجل اللعب، ومن أجل أمان أكثر.
- أهذا يعني أن لديك أولادًا؟
- أي نعم، أربعة أولاد! الأكبر، نيجي، سيتم الثامنة عشرة، في الصيف القادم سيلتحق بكلية الزراعة بجامعة أبيدجان.
- برافو! هل تستطيعون يا رفاق أن تتخيَّلوا أماسيولا كأب، ولديه عدد كبير من الأولاد؟ غير معقول، الابن الأكبر في الثامنة عشرة! متى بذرتَه يا صديقي؟
- لماذا؟ ألا تظنني قادرًا على ذلك يا ميجويليتو؟ ألا تدري أنني أكبر من في المجموعة؟ لقد أتممت الثامنة والثلاثين! أنجبت نيجي وأنا في العشرين من عمري وزوجتي كانت في السادسة عشرة! وأوكوكون الذي ترونه شقيًّا هكذا قد أتمَّ الأربعين. لديه زوجان من التوأم!
- أكاد أقسم أنك لم تتخطَّ الثلاثين!

قال الأرجنتيني.

- أهكذا هو أكوكون؟

في اليوم التالي، قبل أي شيء وبعد جونايدين[10]، سألت ميحمد لو أن له علاقة مع امرأة تدعى أمينة.

- لماذا؟

نظر لي باستغراب، وأكمل:

- إنها فتاتي، أرملة، ولديها رضيع. مصوِّرة صحافية، فتاة طيبة. لماذا تسأل؟

تجنَّبتُ أن أجيبه. ماذا أقول له؟ كيف أشرح ما لا يُشرَح ممَّا أعيشه؟ إذا كنت أنا لا أفهمه فكيف لصديقي أن يفهمه؟

- حسنًا، أنت وما تقوله أيها النيجيري محضُ هراء وأساطير. ثمانية وثلاثون عامًا!

قال الأرجنتيني معلِّقًا:

- كم سنة أضفت، عشرًا، خمس عشرة؟ على كل، أي احترام تستحقونه أنت وأوكوكون قد فزتم به بخمسة وعشرين عامًا أو على الأكثر ثلاثين، فهكذا قدَّرنا عمريكما.

- بل هي الحقيقة يا سادة، بلا مراح.

يؤكِّد أوماسيولا على المعلومة بجديته الدائمة.

10- Günaydın، صباح الخير باللغة التركية.

- هذا بالطبع حظ كبير!

علَّق إيميليو.

- كيف تشيخ إذا كانت لك أمٌّ تحرثها الأنهار؟
- أتمنى أن تكون الأمور كما تبدو!

يتلقَّف النيجيري زمام الحديث مرة أخرى:

- من الجائز ألَّا يبدو علينا العمر، لكنَّ الكثيرين منَّا لا يُتمُّون الخمسين. نساؤنا تشيخ عند الثلاثين.

هل نصدق أم نكذب؟ لو تمادينا معه يمكن أن نسمع حديثًا أقسى من هذا، أشياء تؤلم... لنغيِّر الموضوع، ما وراء أسطورة أوكوكون!

- حسنًا يا أصدقاء، ألا تُذكِّركم هذه القصة بمغامرات بوسيدون؟
- كل شيء يا أرخونديذيس يُذكِّرك بشيء يوناني يخصُّكم!

وجد ميحمد فرصة للمداعبة، وأكمل:

- حكايات، أساطير، فنون، مصطلحات، كل شيء يعود أصله إلى التاريخ القديم، تخرجونه من قفصكم الكلاسيكي.
- بالطبع، من المصدر! هل يشكُّ أحد في هذا؟

وجَّهت سؤالًا للصُّحبة.

لم يُجِب أحد. هل أصبناهم بالضجر؟ ربما... توقف يا أرخونديذيس.

2

بالنهار تبدو نيويورك مبنيَّة بالزجاج والفولاذ. أمَّا بالليل فالحجارة تُشعُّ فوسفورًا. رأيتها للمرة الأولى. تجمع لمحاربين عمالقة. أقدامهم تغوص في البخار؛ رؤوسهم اللامعة متوَّجة بهوائيات متلألئة كثيفة متعددة الأشكال.

من البحر يبدو المشهد مختلفًا؛ سفينة نهرية بخارها غير مرئي، تنفث وتبصق بصاقًا كهربائيًّا نحو الغيوم. غابات كثيفة في كل مكان ونوافذ. ولكن، لو جئت من الكواليس - أي من اليابسة - ستصادفك أمور غريبة. تقترب، لكنها تتخفَّى منك بدلال. تشعر حضورها، أنفاسها الساخنة تتحسَّسكَ من آنٍ لآخر، لكن يستحيل عليك أن تتخلص منها؛ إنها انعكاس، شغف للقاء، يتحول بقدر السرعة التي تطاردها، تلعب الغُمَّيضة، تتحور. فجأة تبرز أمامك على الجسر، خيط رفيع رشيق من الأسمنت فوق إيست ريفر. تعتليه دون أن تتبيَّن في الضباب خيالات العمالقة في العمق. تغوص في النفق. الحافلة تُصرُّ وتنزلق في الشريان تحت البحر. طوابير السيارات لا تنتهي في الجوار، أمامك وخلفك. الألوان والأضواء تسبح. المؤشرات الكهربائية، الإشارات تومض بكثافة أكثر فأكثر. الدويُّ في النفق يصمُّ الآذان بالتدريج. ترتفع كثافة الهواء. يرتفع الضغط. تنقطع أنفاسك، خلية دم متناهية الصِّغَر وصلت إلى الشريان التاجي ستصل إلى القلب

والرئتين. ستستنشق الأكسجين من جديد. تفيق. ظلام. صقيع. العالم ملفوف في غيمة شفافة. أمواج من المشاة تنفجر أمامك، تغمرك بأصواتهم المتقطعة، بزَبَد أحاديثهم. العمالقة تنتشر واقفة بين إيست وهاتسون ريفر، على شريط أرضي يسمَّى مانهاتن، لا تسمح للعين أن ترى سوى شرائح رفيعة من السماء. تسير آملًا في سرقة قليل من بهجة اللون الأزرق. لكن سُدًى! الأزرق زينة غير مكلفة في مدننا النامية، أثينا ونيقوسيا وبيروت، إلخ... الشوارع تختنق. العمالقة بحلوقها الدَّوَّارة حولك تبتلع وتبصق الروائح الكريهة. عيون المرور السيكلوبية تُبقي على تدفُّقه بلا انقطاع. تستمر في السير. ستوب. تبدأ من جديد. ستوب ثم ستوب... تظن فيما بعد أن ثمة شيئًا سيحدث تحت أقدامك وأقدام عشرات الملايين، لكن السيقان التي تتقاطع مع سروالك المجعَّد. هل تتوقَّف؛ مستحيل! لا أحد يستطيع. لكن، ليست هناك وجهة ثابتة أو محطة نهائية لأي أحد. تحاول بكل قواك أن تستمع إلى أي كلام إنساني، أن تمسك بأي أفكار أو شبه أفكار أو معانٍ أو حتى كلمات. خِضَمُّ الأصوات يعرِّي الكلمات من معانيها. الشكل ينتفي من مجموع التكوينات التي بلا شكل. تحاول أن تعيد العقل مرة أخرى إلى عملية التشغيل، أن تضع كل تلك الانطباعات في ثمة ترتيب، هي وردود أفعالك. قلتها من قبل، دون جدوى. لقد خارت قواك من التفكير. بهذه السهولة، في غضون بضع دقائق. كنت قطرة ماء وسقطت في البحر. مهما كان لون نجمك قويًّا، وينضح فوسفوريًّا عندما تقول: «أنا»، مهما قضيت من القرون في معرفة ذاتك، مهما كان طعمك منعشًا في فم الزمن، فمن المستحيل ألَّا يطحنك فكُّه.

فندق إمباسادور، على بُعد خطوتين من تايمز سكوير. صغير الحجم، طاعن في العمر، كأحد الأقرباء الفقراء للأخوة وأبناء العمومة

الذين يحيطونه وينظرون إليه من أعلى.

مليء بالعجائز.«الجيلي والملعقة»، تأتي إلى ذهني عبارات باللاتينية، تبدو وكأنها بلغتي، لعبة الأرق والكلمات... في مجموعات يتحركون ويتسامرون وينحشرون في المطاعم أو في ردهة الاستقبال، المقيمون العجائز في فندق إمباسادور؛ رؤوسهم وعيونهم وأجفانهم تتحرَّك في ناغم وتواصل، وجوههم المجدَّدة بالبودرة والمكياج. أوصافي اللاتينية تلهم كبار السن. في وصفي لهم دون شفقة حتى يملأني الندم، فيضعون هم صفاتهم.

- الأواني المستطرقة التي تتواصل فيما بينها بثقبين أو ثلاثة، اعتمادًا على الجنس، وأحيانًا بأربعة إذا كان لديهم قسطرة.

إيميليو ميجيل.

- وقت اللعب تحت إصلاح مستمر.

خوان دومينجو.

- الببغاوات تأتي من المدن الكبيرة.

سوريناتو إ. مينين.

- سنتًا سنتًا ندفع ثمن البقاء طويلًا على قيد حياة تافهة.

أوكوكون.

- زملائي الأعزاء.. هذا كل ما قلناه، لكن أيضًا، لا يزال الغد لنا.

أغلق الدائرة المفرغة التي فتحتها.

بقينا صامتين نتأمَّل فندقنا الصغير. اللوحات والديكور لا تزين ردهته ولا ممراته ولا غرفه؛ لم تكن هناك حاجة لذلك في الإمباسادور. واجهاته الزجاجية مترِبة هكذا، ملوَّنة واللوحات المستقبلية التي أبدعت في النصف الثاني من القرن العشرين في النصف الآخر من الكرة الأرضية: ناطحات سحاب زجاجية، كشافات ملوَّنة تطارد بعضها البعض، الحصى النيون. أكثر شكل حداثي للمينوتاوروس على زجاج رخيص، المينوتاورس في أكثر مدن الكوكب حيوية، وبينما يتأمَّل بالساعات من ردهة الاستقبال حيواناتها والدمى التي تفتح وتغلق جفونها المجردة من الرموش وأطرافها القاسية بتوقيت مسبوق الضبط.

سيد عجوز يقوم باتصال تليفوني. يضع سماعة الهاتف قبل أن يضبط وضعه على الكرسي الهزاز، ومع أول تأرجح وقف على قدميه.

- السيد روبرت ماك جريكور، سينيور، من فضلك، كابينة رقم ثلاثة، شكرًا.

السيد ماك جريكور في غاية التَّأنُّق، حشر رابطة عنقه في صدريته المزركشة وشمَّر أطراف بنطاله التي تعيد السقوط منه دائمًا، ثم راح ينظر حوله يبحث بنرجسية عن نظرات الإعجاب.

- السيد ماك جريكور، من فضلك.

كرَّرت مرة أخرى عاملة التليفون.

لم أرها أبدًا، إلا أن صوتها الضعيف الرطب عبر مكبرات الصوت كان أشبه بأنفاس رضيع في قصبة ناي. كلمة «من فضلك» تأتي

بالانتظار، وفي نفس الوقت بالرجاء والنداء والدعوة. أمَّا «شكرًا» فمحض نشوة لحظية خالصة.

السيد روبرت ماك جريكور استجاب بعد النداء الثاني وتوجَّه إلى الكابينة رقم ثلاثة.

- ألوو؟

صوته العريض كان مثل قذف في رحم اللعوب السوداء التي التصقت في فمه.

لا بُدَّ لهذا العجوز أن يدفع سكرتيرة خاصة كي تتصل به على الهاتف يوميًّا، في تلك الساعات. لكن، ربما، بجهاز كاسيت مبرمج في غرفته حيث يتحدث مع أصدقائه الوهميين.

ألم أقُل لك؟ إنها قصة عجيبة! سأحكي لك. كان يقف في شرفة ناطحة السحاب، مبنى إمبيرستيت. صديقنا، يا رجل، هنري، هنري توماس. انحنى كي يرى رجلًا صغيرًا في الشارع - مثل عقلة الإصبع - يشير له، هيا، هيا، تعالى انزل. لا بُدَّ أنه يشير له. فأشار له بدوره نعم، حالًا، سأنزل. ركب المصعد، لا، لم يستقل المصعد الإكسبريس، ركب المصعد البطيء لأن الإكسبريس يصيبه بالغثيان. وصل إلى الطابق الأرضي، رقم صفر! فتح الباب. هرول وتعرقل وتخبَّط ثم خرج إلى الرصيف. لحسن الحظ لم يغادر الرجل ضئيل الحجم، حتى إنه لم يكن أقصر منه، لكنه يُذكِّره بشخص ما... نعم! لكن بسن؟ اقترب.

- هاي.
- أهلًا.
- توماس.

- صاموت.

- لقد رأيتك في الشرفة العالية.

- وأنا رأيتك في الأسفل.

- لكنك كبرت...

- حسنًا، وأنت أيضًا.

دخلا إلى الكافيتريا، طلبا البيرة وتبادلا الأحاديث. بعد ذلك غادر هنري ثملًا نحو رودوسبا... لا، خطأ، عاد إلى إمباسادور! أمَّا صاموت فقد ذهب إلى رودوسبا... إلَّا أن صديقنا هنري، يجب أن أقول لك إنه بينما كان يبدِّل ثيابه أدرك مع مَن كان أو مَن ظنَّ أنه يعرفه جيدًا، لم يكن سوى شخص يشبه ذلك الرجل المجهول. ضحك حتى نزلت دموعه.

***

هناك أشياء في المدينة لا يمكنك سوى أن تنتبه لها. فعلى سبيل المثال سيلفت انتباهك العدد المهول للمطاعم: مطاعم الهامبرجر والوجبات السريعة وبارات الأطعمة الخفيفة وأخرى للنباتيين وآكلي اللحوم وآكلي كل شيء ومطابخ النبيذ والمطاعم الصغيرة الشعبية والفخمة لكل جيب ولكل ساعة ولكل ذوق ولكل جنس وكلها ممتلئة على الدوام. وتتساءل، ليس فقط كم، بل كل متى تُحشى وتتكدَّس هذه الأمعاء مثل الومبار، وكم عدد أنهار الدماء التي تتدفَّق من المذابح كي تصل إلى أسواق اللحوم والجزارة كل هذه الملايين من الأرطال من اللحوم الطازجة.

لو انتبهت أيضًا ستلاحظ كم أن مواد البورنو متاحة وعلى كل شكل: مجلات مطبوعة وأفلام فيديو واسطوانات ومتصفِّحات وهزازات

وشرائط كاسيت وجرافيتي وأفيشات وأدوات ومحال للألعاب الجنسية مثل مدام دوسو بها عرائس بلاستيكية (ردولفو فالانتينو، وجوني فايسميلر، وكاري جرات، إلخ... جاين مانسفيلد، وجينا لولو برجيدا، ومارلين مونرو وبرجيت بوردو)، معبَّأة في عبوات ضخمة وحسية وتحتوي على كل ما هو ضروري مغلَّف في صناديق صغيرة وبإرشادات الاستخدام، تذهب بها إلى البيت تنفخها فتنفتح أمامك عارية جاهزة للنزال! عدد ليس بالقليل من الأجانب والمحليين ينفقون الكثير من المال على تلك البدائل بدلًا من الجنس الطبيعي، الذي هو بالتأكيد أرخص بكثير. ليس من المستبعد أن يكون هذا هو ما يدفع الناس نحو المصطَنَع. على ما يبدو أن انعدام الجسد قد يكون أكثر إثارة من الجسد الحي. وهذا هو افتراض آخر بل دليل آخر على أن البشر يتجاوزون ببطء، ولكن بثبات!

في النهية لو أن لديك قدرة على الملاحظة ستدرك أن المدينة ليست بلون أبيض موحَّد. سترى المتجوِّلين السائرين فيها والراكبين كأطياف طيارة مثل لوحات شاغال، أشكال بشر من كل نوع وجنس، من شديد الشُّقرة إلى الأصفر والبني، إلى شديد القتامة، حتى الأسود تمامًا. على الرغم من هذا، وبلا وعي، تقسمهم إلى صنفين: بيض وغير بيض.

في المدينة يعيش إذن الملوَّنون، بالأساس السود! ترى منهم قبيحي الوجه والوُسَماء، الوُجَهاء والكُرَماء وآخرون يمضغون العشب المخدِّر ويسدون أيديهم إمَّا للتسول أو للسب واللعن. بل هناك ما هو أسوأ! هناك من السود مَن يذهبون إلى عملهم سيرًا على الأقدام، وآخرين يركبون سيارات فارهة تصدح منها الموسيقى الصاخبة وينفجر منها التلوث.

كنت الأبرزَ بين الثلاثة. صاحبة المقعدة الكبيرة وجاحظة العينين أمام مدخل أحد البوتيكات في الفيفث أفينيو. فتحت الباب بأدب، تنحَّيت حتى تمر الأولى. مرَّت بعد تردُّد ونظرت لي بريبة واندهاش وارتباك غير خالٍ من سخرية واضحة. وفي خِضَمِّ ارتباكها لم يَجُل بخاطر تلك البارجة المتجوِّلة أن تقول شكرًا ولو بشكل روتيني. «ها قد انتصرتِ للعِرق الأبيض أيتها الفرِّيسيَّة»، ورحت أداعب وجهي في انعكاس الزجاج المقابل. وماذا يعني إن كنت قد لاحظت بعض لمحات العداء والتَّهكُّم في نظرتها؟ أكان عداءً أم محض تهكُّم، أو هل كان شيئًا آخر أعرف أنني قد أثرت حراك هذا الشيء المختبئ في أعماق ذاكرتها.

أتذكر كاتب اللوحات في حديقة الحيوانات خارج أحد محال الوجبات السريعة. كنت قد تعرَّفت على ثلاثة من الحمير، ليسوا من ذوات الساقين، فتلك كائنات لطيفة من أبناء وطني. «Donkeys from Cyprus». كانوا يلوكون طعامهم بحزن وهم ينظرون بلا اكتراث نحو الزرافات في الأقفاص المقابلة.

- لم يتعرفوا عليك، لم ينادوك.

قال ميحمد مداعبًا.

- لا بل عرفوني، لكنهم لم يبالوا عندما رأوا مَن بصحبتي.

أجبت وذهبت لأجلب وجبة خفيفة ومشروبًا مُنعِشًا. كاتب اللوحات كان يقف على سُلَّم عالٍ يضع الرتوش الأخيرة على إحدى اللوحات: نقدم الطعام والشراب للجوعى والعطشى من كل جنس ولون. التقت نظراتنا، ابتسم وكأنه يقول لي بعينيه: «لا أكترث لأي حيوان منكم».

فهمست في نفسي: «ألا تستحق الآن يا متخلف أنا أسحب السلم من تحت أقدامك الآن؟».

توقَّفتُ قليلًا أثناء خروجي من مطعم الوجبات الخفيفة. كان الرجل الأسود ينظر في اتجاه آخر، وجهه ملطَّخ بالبويات وأشياء أخرى لم أفهم مصدرها، ولم أرَ بُقَعًا كهذه على وجه بشر من قبل.

- هل تريد أن ترى قطة من أنقرة؟

سأل ميحمد.

- ليس لها الآذان الطويلة ولا لون الذُّرة الذهبي كقططنا، ولكن...

توقَّف وتوقَّفَت عيناه على اللافتة المعلقة.

- قناع التمييز العنصري، الملاعين.

سمعته يسبُّ. راح يكيل سبابًا آخر بالتركية، لكني لم أفهمه.

لا زلت أتذكر الفتاة الصغيرة. سوداء هي الأخرى، سوداء جدًّا. كان الطريق صاعدًا. الرصيف، مفروش بأوراق شجر أخضر عفن. رأيتها عند الدوران. ربما بلغت لتوها الخامسة عشرة، ساقيها رفيعة للغاية.

بينما كانت تصعد الطريق ببطء كنت على ثقة أنها إمَّا أن ساقيها الرفيعتين هاتين ستلتويان أو ستنكسران من ثقل وزنها. كانت ترتدي نظارات سوداء ومعطفًا أحمر وجوارب بيضاء من الصوف. في يديها اليمنى كانت تمسك بعصا كهربائية تصدر بريقًا وصوتًا: «بيب، بيب، أنا أمر». كانت تمر وتتحسَّس بعصاها حوافَّ الحفر والحجارة المعبَّدة للرصيف ومشاتل الزهور. وحتى الأحذية... هممت

كي أساعدها لتعبر. المسيح الناصري كان يلمس الأعمى فيعيد إليه بصره! إلا أنني لم أجرؤ، الثقة التي تعتلي وجهها والابتسامة المرتسمة عليه جعلوني أتجمَّد في مكاني. عبرت الطريق بأمان وعند الناصية التفتت واختفت.

أكملت طريقي وحيدًا نحو أورشليم دون أن أقوم بالمعجزة الصغيرة! كنت محمَّلًا بهدايا كثيرة لأوليا، ولأهلي. خارج فندق إمباسادور كان يعاني وهو يرفع كرةً كبيرة من الصحف. كانت ثقيلة جدًّا. ضحك ونظر إليَّ كأنه يطلب مني المساعدة. لكن لم يصدر مني أي ردَّة فعل.

بماذا؟ ولمن؟

تركت الحمل الثقيل على الفراش. لم أكن أبدًا أهتم بالهدايا السخيفة. لكن حتى لو افترضنا أنها كانت لفتة كبيرة ومهمة للبشر والأصدقاء، لم تغير أي شيء من الوضع. كنت متأكدًا، لن ألحق أن أوزعها عليهم «مع تحياتي»...

أنا محاصَر. بالنسبة لكل الآخرين بوابة الهروب مفتوحة على مصراعيها. أما بالنسبة لي، فممنوع. الفتاة العمياء هي أكثر حرية مني. وصبيُّ الصحف أيضًا. والشاب في المصعد، الذي أنفق الليلةَ مع أصدقائه كلَّ ما يملك من بيع عناوين فتيات في جراند إمباسادور.

كان بإمكاني بالطبع أن أرسل هذه النفايات عبر الـ«FedXpress». «لم ينسنا أبدًا» - «يا لَـ 'بترو' المسكين الصغير! حرام!» لا، ألف مرة لا، حتى وإن ضاعت مني. أعلم أن هذا تفكير طفولي، لكن هذا هو الأمر. لم أكن أكتفي، لم أكتفِ أبدًا من أن أعطي ولو سعادة صغيرة لشخص دون أن أحتفظ بحق أن يكون لي مقابل بطريقة ما...

حشرت الهدايا/ النفايات في الحقيبة حشرًا. سأخرج قبل أن يعود ميحمد. فكَّرت وأنا أنظر للمرآة. إنَّ مستر توماس على حق! إن مَن أراه أمامي الآن يشبه رجل كنيسة! كل شيء للعدم! أن تخرج من عشِّك الدافئ إلى فندق بارد، حيث تحاول باستماتة أن تبقى على قيد الحياة، وأن تقف أمام بخار على المرآة وتحارب لتعيد ترتيب تعابير وجهك البائس وما تبقَّى من سَمتِكَ...

«دعك من هذا يا ملعون!».

ارتديت معطفي وطلبت المصعد العجوز الصاخب. مشغِّل المصعد البورتريكاني، نظر لي بإمعان. «هذا الأصلع مجدَّدًا». ارتديت قبعتي بتمهُّل. ابتسم لي «بأدب»، آملًا في بقشيش. وصل المصعد. اجتزت الصَّلِف المتعجرف ماك جريكور والمرأة ذات الستين مع كلبها. توقَّفت لبرهة عند المدخل، اختلست نظرة «عابرة» نحو ساقيها. ساقان مسحوبتان، بحالة جيدة! من الواضح جدًّا أن هذه المرأة هائجة! فقط، وفقط لأن ملامحي غريبة، وأجنبي شاب وفحل! بالتأكيد سأستطيع أن أواجه هذا البيكنواه في طريق الأدغال وأن أتدفأ بجوارها. آه لو لم أكن أعلم العواقب الوخيمة لفعلٍ كهذا، وإلا لكان لنا حديث آخر! «بهدوء وحكمة يا سيدتي، لتكتفي الآن بإيفان البيكنواة المشعِر...».

المدينة ارتدت أبهى ثيابها. فستان السهرة الخليع، مزينة بملايين الخيوط النيون التي تغطي جسدها وثدييها المجعَّدَين. تجلس في بيت البغاء تضحك بفسوق وتثرثر عن الصابون والأرغفة والقذائف والسفن الفضائية المعطرة التي تذهب بك إلى مدن عطرية في الشمال والجنوب أو أينما تشتهي روحك العطرة. لكن، يا إلهي! لا تنحنِ نحو فمها أو حلمات ثدييها، تفوح منها عفونة جثث.

- نعم، نعم.

أكَّد لي ميحمد بنبرة رسمية.

هذه هي الدولة السوبر! ونيويورك بجواهرها، وبالأخص ليلها. ودعاياتها وإعلاناتها، حدِّث ولا حرج!

إنه حقًّا شيء لا يُعقَل كيف تتحول تلك اللافتات، كيف تُبدِّل ألوانها وحروفها وصورها ومستوياتها ومنظوراتها. أنت في بلاد العجائب في قمة خيال ديزني. والسُّيَّاح من المحليين والأجانب كالفراشات الذهبية تحوم نحو الأضواء لتبدي إعجابها ويخلدون المنظر البديع. الحرفيون والفنيون من كل لون للتعلم والتدريب حتى ينشروا الأخبار والفن السابع في أوطانهم الصغيرة. لأنه، ودون أي مجال للشك، فإن الدعاية والإعلان والإعلام هو الفن الأهم اليوم، الأكثر رسمية وإيجابية للغد. بتنظيم جيد وفهم للتَّخصُّص يصبح الأقوى. الإعلام هو حامل المفاتيح، يفتح روح الإنسان المعاصر. لو في زمن المسيح شيء مثل مكاتب الدعاية المنظمة بشكل جيد، والنشطة مثل تلك التي في نيويورك، لم يكن هناك أي وجود في هذا العالم للقوميين أو لشهداء المعتقدات!

لو نجحت في العودة إلى جحورنا الجافة سيكون لديَّ الكثير لأشرحه لحكومتنا «التقدمية»! إن حضارة بلد ما، سعادة معاليك، لم تَعُد تقاس «بشجاعة القلب والدم». هذا هو محض هراء خالص. كما لا تقاس بعدد جوائز نوبل يا وزير التعليم. أو بحجم الأجراس يا معالي رئيس الوزراء. تقاس بعدد الأمتار المربعة لكثافة الإعلانات، وبدرجة وإيقاع تحوُّلها، وبمدى استعداد البشر في التسويق لمنتجاتهم، حتى لو كانت خراءً صافيًا. في البداية، سيدي الرئيس، عنصر الماء عليه

أن يسود بالنسبة للشعب. حصلنا عليه وروَّضناه، ثم حصلنا على الهواء الخفيف والثقيل، ودمَّرناه، مُلوِّثين الفضاء الخالي. اليوم مَن في حظنا؟ لقد سيطرنا وانتصرنا وحُكِمنا من قِبَل النُّبَلاء، وأيضًا من قبل الأثير الجديد.

أعطني سيدي الرئيس خمس أو ستة شيكات، ومثلهم من أضواء النيون، وسأجعل لك ميدان ميتاكسا أكثر ميادين الشرق القريب والأوسط غواية وازدحامًا. ستأتي آلاف الأفواج من أراضي نخيل العرب، والإسرائيليين، وغيرهم من مهاجري زمننا، الذين نسمِّيهم بالسُّيَّاح الآن- منجذبين نحو مرمرها. أراهن أن كل الباعة الجائلين، وبائعي اليانصيب، وبائعي شراب السحلب، والباحثين عن الفرص السهلة والبيع الوفير، والانتهازيين الذين انتشروا مثل عيش الغراب في أرجاء المدينة والعالَم- سيأتون أفواجًا إلى المدينة ليستثمروا فيها. سيادة الرئيس، ستصبح نيقوسيا «جوهرةَ الخاتم» مثلما صارت اليوم مانهاتن.

خارج أحد المتاجر الكبرى في بارك أفينيو وُلِد جافروشي، بائس يبيع حزمًا من البالونات وعرائس بلاستيكية ترقص وتضجُّ. وضع ما يبيعه على الأرض وراح يرقص كلاكيت بمهارة فائقة بصحبة فيسوهارمونيكا والعرائس الراقصة. اشتريت منه مسدَّسًا من أجل ابني بالمعمودية. العقلاء حوله ينظرون لي وأنا أعدُّ الدولارات. للحظة فقدت أعصابي، ثم رحت أصبُّ عليهم اللعنات بالقبرصية مبتسمًا؛ قلت للتاجر باليونانية مرة أخرى:

- إن جون واين العابس، الذي صدر مني، هو أفضل أمريكي خرج مني طيلة تلك الرحلة. رجل بجواري راح يضحك قائلًا:«قُل لهم

يا ابن بلادي!».

مكواة تبريد أوتوماتيكية حديدية في حجم سيارة فولكسفاجن الخنفسة معلَّقة من أحد الأعمدة على ارتفاع ثلاثة أمتار فوق رؤوسنا ترشُّنا بالهواء المثلج. حديد مزيف من النيكل، وكانت دعايته عبارة عن «أفضل رفيق لربة البيت!»، لكن البخار كان حقيقيًّا، ويُشعِرك بالبرودة حتى عظامك.

3

حان دوري لمصافحة شاغل المكتب البيضاوي. فجأة، وجدت نفسي في هوَّة أثقل برامجه، أتوا بنا إلى واشنطن بالطائرة كي نعبِّر عن احترامنا وامتناننا. ولكي نرى أين يدق قلب الدولة، هكذا قال متفاخرًا بملء فمه إبراهام فيشر، الذي طلبني كي أقترب:

- الطالب القبرصي بيتر أرخونديذيس.

يد الرئيس تلامس يدي.

- أنا في غاية السعادة معاليك، إنه لشرف كبير.

راح ينظر إليَّ متفحصًا:

- أتمنى يا سيد أرخونديذيس أن تكون قد حظيتَ باستقبال جيد في الولايات المتحدة. أفضل ممَّا قد أعدَّته قبرص لنائب الرئيس جونسون.

ارتبكتُ؛ كيف تتفادى لكمةً كهذه من أحد كبار اللعبة؟ بقبول مهين أم بدبلوماسية؟

- سيادة الرئيس، لقد حظيتُ باستقبال رائع، أنا ممتنٌّ للغاية!

توقَّفتُ لبرهة، تصنَّعتُ سعلة طفيفة، ثم ألحقتها بتملُّصٍ أرجو أن يمرَّ:

- أمَّا بخصوص استقبال نائب الرئيس فقد تمَّ، في حدود علمي، وفقًا للبرتوكول الرسمي.

- لجزيرة قبرص!

أجاب باستهانة، ترك يدي معلَّقةً، ثم مدَّ يده نحو الإيرانية التي اقتربت ليصافحها:

- مدام زها روباري، من طهران.

قدَّمها د. فيشر.

- أحد أقارب الشاه بهلوي.

أضاف ماكيلوري بصوت خفيض.

مصوِّر البيت الأبيض انتفض، وبدأ فلاش كاميرته في العمل؛ تصوير مخصوص، كادر واسع ولقطتين مجمَّعتين للآخرين الفانين من الدَّهماء، نصف دستة لصاحبة الدماء الزرقاء.

تراجعتُ باحثًا عن منديل؛ صببت كثيرًا من العرق، كنت أشعر بحرٍّ شنيع. والمسيرة أمام الرئيس والانحناءات والمصافحات والمجاملات لا تنتهي.

خرجت إلى الفناء المسوَّر، داهمني الزملاء. أرادوا أن يعرفوا أي انطباع ترك لديَّ كنيدي.

أجبت على مضض:

- قبل شهرين، زار قبرص السيد ليندون جونسون. الرئيس مكاريوس، وفقًا للبروتوكول العالمي وليس بروتوكول «جزيرة

قبرص»، كُلِّف نائب الرئيس القبرصي التركي الدكتور كوتشيوك باستقباله. وعلى ما يبدو أن هذا قد أزعج الأمريكان الذين كان ينتظرون رئيس قبرص بنفسه أن يفرش السجاد الأحمر لاستقبال الرجل الثاني للقوى العظمى.

ما قلته لهم لم يكن كل الحقيقة؛ تجاهلت حقيقة أن فيصل كوتشيوك استغل الفرصة، أو كي أكون أكثر دقَّة: أساء استغلال الفرصة والثقة الطيبة التي منحها له سيادة الرئيس. مستندًا إلى البروتوكول الرسمي الذي قاد السيد جونسون نحو المحال التركية حيث نصب منذ البكور احتفالًا يونانيًّا. ذبحوا على شرفه الخراف، علَّقوا الأعلام في الشوارع، وأطلقوا المزامير، وأحضروا فرقة رقص وموسيقى من تركيا. انبهر الأمريكي، بعد أن تحدث إلى الجموع استقلَّ سيارة مكشوفة وراح يلوِّح للأتراك القبارصة، أخذوا يهللون ويطلقون الألعاب النارية. من ميدان السرايا بدأ الموكب نحو الرئيس الذي كان في آخر المدينة في المنطقة اليونانية. وبينما كان الأمريكي من تكساس واقفًا كان في انتظاره صيحات وتهليلات أخرى، وربما ذبحوا عجلًا على شرفه في ميدان ميتكساس. لم يحدث شيء كهذا، لم تكن هناك أعلام ترفرف ولا صيحات ولا أي تهليلات سُمعت، قطع نيقوسيا في صمت مميت؛ اليونانيون القبارصة لم يبالوا، واستمروا في أعمالهم وانشغالاتهم، فقط ألقوا النظر على سارينات الموكب ودرَّاجات الشرطة البخارية، التي كانت في مقدمة الموكب؛ هذا كل ما حظي به السيد جونسون. في النهاية، في قاب طريق أوناساعورو، بعد أن رأى أنه لا جدوى وأنه من الحمق أن يقف في السيارة منتظرًا أمطارًا لن تسقط أبدًا من الورود والحلوى والورق الملوَّن- جلس، وأومأ إلى سائقه من جنود المارينز، المتنكِّر في زي سائق، أن يغلق سقف السيارة المكشوفة، والسيدة

جونسون التي كانت تجلس جواره سمعته يهمس: «أوغاد دمويون».

- وماذا كانا ينتظران، كينيدي وجونسون؟

قال ميحمد متهكمًا.

- أن يقوم باستقباله رئيس الأساقفة والرئيس ووزير الدولة! نائب الرئيس... لم يُعطِه الوحدة حتى على سبيل البقشيش.

لم أتمالك نفسي، رددتُ عليه:

- صحيح! البقشيش كان قد أعطاه لكوتشوك في الخفاء تحت الطاولة، تقسيم ميدان تقسيم.

الزملاء كانوا يستمتعون بمناوشاتنا مستمتعين، بغضِّ النظر عن صعوبة فهمهم للأسباب العميقة لها. رأيت هذا في عيونهم، كانوا يتساءلون: «لا بُدَّ أن اليونانيين فسَّروا هذا كإهانة»، قال المكسيكي:

- كي يشير كينيدي إلى الأمر هذا يعني أنه كان يحمله بداخله.

لحسن الحظ؛ مدام روباري غير مكترثة على الإطلاق بأي شيء يخصُّ الآخرين أو شيء لا يخصُّ اسم بهلوي، أنقَذَت الوضع نوعًا ما، بعد أن جذبت كل الانتباه نحوها هي وهي تقول كيف صافحها الرئيس كينيدي بحرارة وكيف ضمَّ يده على كفِّها.

- اللمسة تنقل القشعريرة! بررررر! جاذبيته سَرَت في يدي، لن أغسل يدي حتى أنتهي من كل التقارير كي أنقل كل انطباعاتي. أريد أن أنقل لإيران القوَّةَ التي تنبعث من هذا الرجل العظيم!

- هل هذا يعني أنها تغتسل أحيانًا؟!

همس ميحمد مداعبًا.

دعانا روبي لنقترب منه والفرح يملأ وجهه وهو يصرِّح لنا أن مجموعتنا الصغيرة كانت محظوظة، وهو يقول:

- أنتم المجموعة الأولى من متدرِّبينا التي يستقبلها الرئيس في المكتب البيضاوي!

لقي تصريحه بعض التصفيق، شَكَرنا، وأعلن أنه قد نظَّم لنا جولة في العاصمة. عرَّفَنا بالفتاة التي بجواره. تُدعى لوريتا تشابمان، وهي تكون مرشدتنا السياحية.

لم يُخفِ ميحمد حماسه. قال إنه لا يكترث بالكابيتول، ولا بحديقة الرؤساء، ولا بالنصب التذكاري لجيفرسون ولينكولن، حيث وعدتنا لوريتا (وربما أقول «هدَّدَتنا!») بأن تصحبنا في جولة يومية؛ ولا حتى مكتبة الكونجرس التي تحتوي على أكثر من ثلاثين مليون كتاب وتسجيلات فيديو وأفلام وأرشيف صور فوتوغرافيٍّ وأشياء من هذا القبيل، كلها مؤرشفة ومُرتَّبة في أغلفة، وعلى أرففٍ على مساحة تزيد عن خمسمائة ميل!

لقد شاهدت كل هذا قبل عامين. اليوم سأكتفي بالمسلَّة. فحينئذ لم أستطع؛ لأنهم كانوا يغسلونها من الخارج.

***

بينما كنّا نقترب من مسلَّة طريق جورج واشنطن، راحت لوريتا تعطينا البيانات والأرقام:

- بُني البرج في أواخر القرن الماضي برخام محلي وهو الأجمل في

العالم! حينها كان أعلى بناء في الكوكب! بعد خمس سنوات حصل الفرنسيون على المرتبة الأولى بعد بناء برج إيفل. لكن حتى اليوم، المسلَّة هي الأعلى بفارق كبير في العالم! يبلغ طولها 555 قدمًا أو 169 مترًا أو أكثر قليلًا. الدَّرَج الداخلي حتى أعلى الشكل الهرمي، لا يقلُّ عن 897 درجة، يقول كل مَن استطاع أن يصل إلى أعلاه إن المنظر يسلب الأنفاس. (تنحني) كتب أحدهم في كتاب الزوار على قاعدة المطرانية المسكونية الميتروبوليتانية للجمهورية!

ضحكت بزهو، واثقةً بأن كل ما قالته يؤكِّد على المرتبة الأولى لبلدها في مجالين: الديمقراطية وبناء الهياكل الحجرية! وواثقة أيضًا أنها قد أرعبتنا بالشكل الكافي، لمصلحتنا بالطبع... بالطريقة التي نصحتنا بها الفتاة: لا تحاولوا الصعود على الإطلاق؛ فليس من المؤكد أن تصلوا إلى النهاية، هذا غير أننا سنبقى في انتظاركم في هذا البرد القارص.

ميحمد، مع اللاتينيين، واثنان من النيجيريين الأشدَّاء، ودومنيك، وأنا- واجهنا بكبرياء غرورَ وتحذير لوريتا. مازحين كنَّا نستعد كي نحتل «هذا الشيء المنتصب» للمسكونية الميتروبوليتانية للجمهورية، هكذا سمَّى إيميليو المسلَّة لتوِّه! دكتور فيشر و مكايلروي وسائق الأتوبيس والزملاء سيبقون في الخلف، البعض راح يصفق بفتور، والبعض الآخر راح يطلق الدعابات، متوقِّعين هزيمتنا، التي كانوا واثقين منها.

- عودوا منتصرين، عودوا منتصرين.

حيَّتنا لوريتا بهذه الأمنية، في الوقت الذي كنَّا نخطو فيه الخطوة الأولى «بالقدم اليمنى كلنا»، بينما كنا نستهلُّ المدخل الرخامي.

الصعود الملحمي يبدأ. واحد... اثنان... ثلاثة... عشرون... خمسون وواحد... أول محطة لالتقاط الأنفاس، الدرجة المائة. على الجدران، وبينما العَرَق يتصبَّب منَّا، قرأنا لوحات مهداة إلى جورج واشنطن: العظيم! الخالد! بركليس الجديد! الأوليمبي!

- يا سادة، انتهت الاستراحة!

صاح إيمانويل أوماسيولا بالشِّعار الذي كرره كلُّ مَن كان حاضرًا في المسلة.

جمعت قواي للجولة الثانية. مائة وخمسون و... مئتان... مئتان وواحد... راحت أنفاسي تنقطع فور أن صارت الأرقام ثُلاثيَّة، الأمر الذي اضطرَّني أن أوفِّر الكلام. كما أنه ليس هناك أي مجال للضحك أو للمزاح والمداعبات! عند الرقم أربعمائة انحلَّت المفاصل، وراحت الرُّكَب ترتعش، والحذاء يلتصق في الدَّرَج.

في المحطة الثانية لالتقاط الأنفاس منحنا القائد أوماسولا ثلاث دقائق، عند الرقم ستمائة؛ كان ميحمد هو مَن عبَّر عن تصميمه لإكمال مشوار البطولة. قال، وكرَّر وهو ينفض عَرَقه:

- لقد أقسمتُ ونذرتُ يا زملائي الأعزاء أن أكمل للنهاية.

عند الرقم سبعمائة - أو تقريبًا، على ما أذكر - أدركت أن الأكسجين بدأ يقلُّ.

كل ما أحاول أن أقوله يخرج من فمي تأتأة. حاولت جاهدًا دون جدوى أن أبلِّل شفتي بلعابي. جفَّ حلقي تمامًا:

- تبقَّت مائة وتسعين طعنة في الكلى ونَصِل.

سمعنا إميليو يهمس:

- يا تركي يا ملعون، هل خارت قواك أم ماذا؟
- هل سنستطيع؟

قال الأرجنتيني وهو يلهث كالكلب:

- بالنسبة لكم، لا أدري، أمَّا أنا...

قال ميحمد بأنفاس متقطعة. وأخذ يستفزُّني:

- انهض أيها الجريكو!

أبذل قصارى جهدي وأتوسَّل للمسيح وكل الحواريين وكل القديسين الأرثوذوكس اليونانيين - بما فيهم القبارصة - أن يمنحوني الصمود.

سمعت أوماسيولا يقول:

- تبقَّت ثمانٍ وثمانين طعنة، فـــ قـــ طـــ!

كانت كلمة «فقط» تحمل الكثير من المواساة! لكنني خارج الفورمة تمامًا، ولم أمارس أي فعل رياضي في آخر خمس أو ست سنوات، كيف سأعدهم؟ بكل هذا الألم في الساقين والقدمين وضيق النَّفَس؟ والارتفاع الملعون للدرج، التي يبدو وأنها ترتفع كلَّما اقتربنا، كيف يمكن ترويضها؟ توقَّفتُ عن العد. رأيت اللاتين على الدرجات العليا يدورون ويهبطون ويتقافزون حولي بإيقاع، أسمع طنين حركاتهم... أنفاسي كأنها حفيف، أشعر بخفَّةٍ، أرتفع، أحوم وأطوف وأتأرجح، أرحل، أضيع...

أفقت على همسات وصفعات على خدِّي. فتحت عيني بصعوبة.

كنتُ مستلقيًا على ظهري على الأرض. انحنى الجميع فوقي، إميليو وأوكوكون وخوان خلفي، والمسلَّة السوداء أوماسيولا. على الدَّرَج السفلي يقف ميحمد مرتعبًا مرتعشًا.

- إنه يستعيد وعيه.

سمعت صوتًا، لم أعرفه. أحاول أن أجلس؛ زوج من الأذرع تثبِّتني على الأرض. إنهم اللاتينيون.

- لا تتحرك... ضَع رأسك على الأرض، اخفِضها قليلًا... حتى تسترد وعيك.

قال لي ميجيل، أول مرة يكون فيها بهذه الجدية. أمر غريب.

- ماذا حدث؟

أجاب أوكوكون:

- ثمة... لا شيء، إغماءة بسيطة... بعد قليل ستكون على ما يرام.

تمتمت:

- على كلٍّ، أنا أنهيت المسيرة.

أغلقت عيني وضِعتُ ثانية، أشعر بدوخة وكأنني على وشك الطيران... لا، لا، تحمل... سمعت ماذا قالوا... نعم، الآن أسمع.

- سيستغرق القليل من الوقت...
- لكنه سيسترد وعيه.
- كم درجة تبقَّت؟
- ثمان وخمسون.

- ماذا يحدث أميجو؟ أرى أن نتوقف.
- مستحيل، في هذه المرحلة! سنكمل المسيرة.
- لكن كيف سنتركه وحيدًا هنا؟
- لبضع دقائق... سنساعده في النزول عندما نعود.
- لا أحب هذه الفكرة، على الأقل شخص يجب أن يبقى...

فتحت عيني. وأنا أعني ما أقول:

- لن يبقى أحد. سأنتظر هنا.
- هذا هو الفعل الصحيح، هذا هو ما سيحدث.

اتَّفَق أوماسيولا.

- استَرِح أنت يا بيتر حتى نعود. لن يستغرق الأمر أكثر من ربع ساعة. حسنًا يا سادة، هل أنتم مستعدون؟

لم يُجب أحد.

- أوك.

قال النيجيري. استدار وبدأ في التحرك ثم أضاف:

- كل مَن يعتقد أنه يستطيع فليتقدم.

بدا الجميع في حيرة من أمرهم، ثم بدؤوا واحدًا تلو الآخر في الاختفاء من مرمى بصري وسمعي.

ليس كلهم، شخص ذو أنفاس ثقيلة بالقرب مني... ميحمد! جلس على الدَّرَج الأدنى مني، يحرِّك الهواء على وجهه ووجهي بمنديله المبتل.

- أما زلتَ هنا أنت؟

قال بيونانية ركيكة:

- سأبقى هنا... صحبة.
- لا أريد صحبة.
- يريد، لا يريد، أنا يبقى. ممكن أنت يشعر... دوخة.
- لقد صِرتُ أفضل...

قلت رافضًا عرضه بكبرياء. وأكملت:

- لم أصبح أفضل فقط، بل سأكمل الصعود...

هممت بالنهوض، فإذا به يثبِّتني على الأرض بلا حراك.

- كُفَّ... شجاعة... رعونة.

راح ينبح مجدَّدًا بلغته اليونانية، الركيكة.

- حسنًا... أعترف بهزيمتي. لكن عليك أن تذهب أنت. سأشعر بالذنب لو أقلعتَ عن المحاولة... ستخسر رهانك أو النذر والقسم.
- أنا يفوز next time.

قال لي من اليونانية والتركية والإنجليزية كما هو معتاد عندما تهرب منه الكلمات. وبنبرة جنائزية أكمل:

- أقفِلْ فمكَ... لا يتكلم أنت الآن... يوك. عشرة دقيقة، ثم لأ بطارياتك.

استجبت له طواعيةً. مرَّت العشر دقائق في صمت مطبق. كانت كافية شافية! انحسر الدوار، وبدأت العضلات ترتخي واحدةً تلو الأخرى، وعيناي وأذناي بدأت في العمل من جديد، وعاد التَّنفُّس لإيقاعه الطبيعي.

حسنًا، هذا الشرقي دائمًا ما يفاجئني! بلغته اليونانية الركيكة تارةً، والتي لا يتردَّد في النطق بها، بمصطلحاته تارة أخرى، وبحسِّ الفكاهة الشوفيني الذي لديه، والذي يمنحني دائمًا فرصًا عديدة لإطلاق الداعبات والنِّكات وأنا مستمتع... كنت أقدِّر هذه الأمور؛ فتلك هي الأشياء التي كانت تقرِّبنا من بعضنا البعض. والآن تظهر لديه فضيلة أخرى: الصديق الوفي لصديقه! هو الوحيد الذي بقي وجلس معي! وهو الذي كان أكثرنا حرصًا على الوصول إلى قمة روما الجديدة، ميتروبول الديموقراطية! إلا إذا كان هذا القصير قد وجد في حجَّة إغمائي فرصة كي يهرب من الميدان بكرامة... ربما قد شعر أن ساقيه لن تحملاه حتى النهاية حيث تشتهي روحه. هل كان هذا هو سبب شهامته المفاجئة؟ أتمنى ألَّا يكون الأمر كذلك.

- أتعتقد أنه العنب الحامض يا ميحمد؟
- ماذا قال، يا بيك؟
- أعني الثعلب الذي لم يصل إلى العنب.

لم يفهم. على الأغلب لم يقرأ قصص إيسبوس...

استرددت وعيي تمامًا. رائع! رفعت رأسي. لا أشعر بالدوار، لا أشعر بالثقل. لا تسقط جفوني وحدها وتغلق عيني كما كانت من قبل.

- ماذا رأيك بيت؟ ينتظر آخرون ملعونون or يا واش يا واش ينزل دَرَج؟
- ينزل درج...

فردنا جسدينا بصعوبة، كلانا يشعر بالخمول. لفَّ ذراعي حول رقبته ووضع ذراعه حول وسطي وساعدني في الوقوف والتوازن،

وهو الأمر الذي لم يكن بهذه السهولة... كنت أترنَّح مثل برج تحت وطأة زلزال 10 ريختر.

- هيا، منتهي صلاحية، هيا بنا.

يا واش يا واش، محاولين التواني رحنا نعدُّ واحدة واحدة الدرجات الملعونة، التي أجدها الآن أعلى من ذي قبل، وزَلِقة، عندما كنَّا نصعدها.

استقبلونا بتصفيق حار عند خروجنا من البرج والتفوا حولنا. عندما رآنا روبي ماكيلروي نقترب زاحفين نبحث عن شيء نستند عليه هنَّأنا بمصافحة عنيفة كادت تنزع أذرعنا من أكتافنا.

- لقد جعلتوهم جميعًا يرون مَن أنتم! برافو!

دكتور إبراهام فيشر ابتسم ابتسامة طفيفة. من المؤكد أن اشتبه في شيء. انحنى وهمس شيئًا نحو لوريتا التي بدت وكأنها تتفق معه. بعد ذلك التفتت نحونا وقالت شامتةً:

- ننتظر على أحر من الجمر يا سادة لنرى اللقطات التي صوَّرتموها من القمة الهرمية. سأحتفظ في الأرشيف بقصاصات منها دليلًا على الفتح اليوناني التركي المشترك!

* * *

في طريق العودة بالطائرة إلى نيويورك متأخرًا في المساء كان أوماسيولا يجلس بجواري.

- إنسان رائع السيد أزكيول.

قال لي، بعد أن ترك الكتاب الذي كان يقرؤه جانبًا، وأكمل:

- يبدو أنكم أصدقاء من زمن بعيد.

- لا، تعارفنا هنا فقط. لكن هي فرصة كي ندفع بعض أقساط قدرنا المشترك.

4

أراك نحيفًا وباهت اللون بعض الشيء. على الرغم من هذا... ما زال وجهك يحتفظ ببريق المراهقة. ينتمي إلى فصيل البشر دائمي الشباب التي نبدي إعجابنا بها بوضوح ونحسدها في الخفاء.

ركبنا سيارته البويك، التي على الرغم من الليلة الباردة اليوم إلا أنه احتفظ بغطائها مكشوفًا. خرجنا من الـ «درايف إن» لفندق إمباسادور بصرير عجلات صارخ.

هذا الرجل عرف الرعب الحقيقي. شبَّ وشاب في غضون أشهر قليلة، في السادسة من عمره كان في زنزانة المحكومين بالإعدام. بدأ يعدُّ الساعات التي تفصله عن المشنقة. حاول - مثل غيره، الذين لقوا نفس المصير - أن يخفي رعبه بالصلوات والأناشيد الوطنية.

الآن يعيش كما يقول، «وهو أمر منطقي»، ولديه ثقة في غد أفضل من اليوم الغائم. سجل للدراسة في مدرسة لتصفيف الشَّعر. زوجته تعمل مانيكور في لونج أيلاند، وتكسب يوميَّةً إضافية كل يوم من البقشيش الذي تتركه سيدات الضواحي. كما سجَّل نفسه في صندوق البطالة، ويحصل على إعانة بطالة يدفعها مصاريف لدراسته. هنا، إعانة البطالة هي أكبر من أكبر راتب حصل عليه أبدًا في قبرص. يؤمن أن وضعه سيكون على ما يرام. بالطبع هي مخاطرة كبيرة أن تخدع

الحكومة، لكن على الأرجح سيتم فحص حالته من مكتب العمل، ومن ثم يُعرَض عليه العمل المناسب، حتى حينها سوف يكون قد قرَّر أن يفتح الصالون الخاص به.

- الحياة في نيويورك يا ابن عمي فيها الجيد والسيئ مثلما في كل مكان، لكن هناك فرق؛ إذ إن هنا الجيد والسيئ له حجم نيويوركي.

في محاولاته ليفتح حوارًا كنت أجيبه بمقطع واحد، أو باقتضاب بالقدر الذي أبيِّن به أنني أشارك في الحوار بشكلٍ ما؛ ليكرِّر أخباره وأفكاره عن الحياة هنا والفرص التي تتيحها، يشغلني بروفايل وجهه. يمزج بين النضارة الطفولية ورسمته الرقيقة التي تشبه خطوط البنات، مع تعرُّجات لا تخلو من خشونة، جبهة صغيرة نوعًا، وشَعر أحمر، وأنف مستقيمة، وشفاه غليظة، وابتسامة تشير إلى فكٍّ مُربَّع. أغار من حسن وجهه، هو نسخة بحر متوسطية من روك هدسون. عندما كنت صغيرًا كنت أغار منه لشجاعته وصلابة روحه ورباطة جأشه وشخصيته القوية. حازم وذكي ونشيط، كان يعرف كيف يعطي ويهب نفسه، ويضع مصلحة مَن يحب فوق مصلحته، وأحيانًا فوق حياته. لن أنسى لماذا دخل في النضال الوطني. أبوه كان مستورِدًا صغيرًا لقطع غيار السيارات، وكان لديه بعض الأعمال مع القواعد الإنجليزية والأبرشية والمنظمة الوطنية للمقاتلين القبارصة، والتي منَعَت وجرَّمت الابتزاز بعقوبات قاسية؛ مثل الموت والسجن مدى الحياة، وضعوه تحت أعينهم. بالرغم من أن العجوز تلقَّى بعض مكالمات التهديد وضرب من قبل المقاتلين، إلا أنه لم يكن لديه استعداد أن يترك أعماله مع القواعد:

- أنا أقاتل من أجل قوت عائلتي، لست مخبرًا ولا خائنًا. ليقتلوني لو لديهم الجرأة.

كان كوستيس يبلغ بالكاد السادسة عشرة من عمره، الولد الثالث في سلسلة من عشرة أبناء وهو الذَّكر الوحيد. بعد أن ضربوا أباه ترك المدرسة وأقسم بالولاء ودخل فرقة مقاومة في المنظمة. نجح أن يشتري حياة أبيه بما قام به من أعمال. لكنه لم ينسحب من النضال عندما حصل على إعفاء مكتوب لوالده من قبل القائد. على الجانب الآخر لم يكن بيديه أن ينسحب. كان قد غاص بالفعل في النضال والمقاومة، كان قد وصم بالفعل.

بعد كمين من أحد الضباط الإنجليز - قتل فيه اثنان من المسلحين وسائق السيارة الجيب - جمع الاحتلال ما تبقى من قوات. وخلال تبادُلٍ لإطلاق النار وقعت بطاقته الشخصية. أعلنت السلطات أنه مطلوب للعدالة حيًّا أو ميتًا مقابل ألفي ليرة، مبلغ كبير في ذلك العصر. ألصقوا صورته على كل جدران الجزيرة. خبَّأناه في بيتنا ليلتين؛ في ليلة الكمين وفي منتصف الليل دقَّ الباب الخارجي وكان غارقًا في دمائه بسحجات في يديه ووجهه، ورجانا أن نستضيفه لبضعة أيام. أصاب والداي الرعب وفتحا الباب. نهضنا ونشطنا وصنعنا مخبأ في الدور السفلي في مكان المغسلة في غرفة صغيرة، وللتمويه كوَّمنا أثاثًا مكسورًا وأجهزة بالية وغير مستعملة. تعاملنا مع الخطر، لو تمَّ كشف الأمر سيُمرِّرون حبل المشنقة حول عنق والدي لأنه أخفى مجرمًا، ورقبتي أنا أيضًا؛ إذ كنتُ بالنسبة للإنجليز في سنٍّ مناسبة للشنق. مرَّ يومان وبعدهما، اختفى، ليلًا، دون أن ننتبه؛ تنفَّسنا الصعداء. بعد ذلك جاءنا خبر أنه انضمَّ لفرق المتمردين بالجبال النائية. وبعد ذلك

بين الحين والآخر كنَّا نرسل له أحيانًا بلوفرات وغطاء للرأس ودخانًا ونقودًا، وكنَّا نتفاخر بأننا نقدِّم «واجبنا الوطني». بعد أشهر أعلنوا عبر المنادي بالطبول أن «الإرهابي المدعو بورلوتيريس (وكان اسمه المستعار) قد قُبض عليه». خبَّرنا عمي أن المحققين عذَّبوه بطريقة غير إنسانية، لكن كل ما استطاعوا أن يحصلوا عليه من معلومات كان اسمه فقط: قسطنطينوس أرخونديذيس، ابن يورغيوس. علمنا من الراديو أنه قد حُكِم عليه بالإعدام لأن أمي قد منعتنا بشكل قاطع أنا وأبي أن نتابع المحاكمة في قاعة المحكمة الخاصة.

لحسن الحظ، الحكم لم ينفَّذ الحكم؛ لأنه في تلك الأثناء كانت قد بدأت مفاوضات بين زيورخ ولندن والحاكم الإنجليزي منَعَت أي فعل من شأنه أن يؤجِّج الأوضاع من جديد.

عندما انتهى النضال بالتنازل المهين بدلًا من الوحدة أو الاستقلال الذي كنَّا نسعى إليه، القوات الثلاث المنخرطة: بريطانيا العظمى وتركيا وشئنا أم أبينا اليونان الضعيفة آنذاك- عرضوا علينا - أو كي أكون أكثر دقَّة: فرضوا علينا - حُكمًا ذاتيًّا محدودًا، وتحت وصاية. خرج كوستيس من السجن، فخورًا ومثاليًّا كما كان دائمًا، لم يشأ أن يحصد أجر نضاله مثلما فعل الكثير من المناضلين، بالحصول على منصب في الهيئات الجديدة التي تشكَّلَت في حكومة مكاريوس. «ولا حتى وزارة من المطران لم يطلب الأحمق، كما طلب الكثير من الرفاق ونجحوا في ذلك!»، كان عمي يقول إن هذا كان العصر الذي صار فيه أضحوكة حصول أنصاف المتعلِّمين على مناصب، حتى حاملو السلاح الأميون حصلوا على مناصب رفيعة تصل لحقائب وزارية، مع العلم أنه لمناصب ووظائف أدنى في الشرطة أو الكَتَبة والمحاسبين، إلخ...

حتى موظفو الاستقبال كانوا يطالبونهم ببعض الشهادات والمقومات. لم يخطف كوستيس أيًّا من تلك الغنائم المتاحة، والتي كانت تقدَّم بسخاء من رفاق الكفاح؛ حتى إنه لم يطلب أبدًا أي مساعدة مادية مثل الكثيرين والكثيرين، عندما كانت عائلته تمرُّ بضائقة مالية. عمل في القطاع الخاص، سائق وموزِّع بيتزا وعامل كاشير ومرشد مقاعد في دور السينما لمدة عامين، منذ عام 1960 وحتى ديسمبر 61، كان يبدِّل أشغاله دائمًا، أو كان غالبًا يعمل في عمل واثنين وثلاثة حتى يؤمِّن قوت عائلته. في يناير من عام 1962 تزوج عن حبٍّ، وهاجر مع حبيبته، التي كان لديها أقارب في أمريكا. وفقًا لعمي، هرب وترك الجميع فجأة.

زوجته ليانا، سمراء بعيون عسلية وسيقان مستديرة، «صورة طبق الأصل من سيد تشاريز»، كانوا يقولون آنذاك، وأنا معهم. لا زلت أذكرها وهي صبيَّة صغيرة. كانت تشعل حماس الشباب عندما كانت كابتن فريق كرة السلة في مدرسة البنات. هنا هي شخص كامل، أكثر نضجًا منه، لها نظرة رطبة تصيبك بالدوار. عندما خرجت من محل الكوافير حيث مررنا أنا وكوستيس لنأخذها وطبعت قُبلةً ساخنة على شفتيه قبل أن تقول لي:

- أهلا ابن عمي.

وشت شفتاها ونظرتها بخبرة العشقة والمراهقة التي لم تنضب لدى تلك المرأة. الآن مرة أخرى، وبينما كان كوستيس يخرج من السيارة ليطلب الهوت دوج والتشيز بيرجر العشاء، قالت له:

- لا تضع بصلًا ومخللًا يا كوستاكي في طعامك، اتفقنا؟

شعرت بنبرة أمومية في صوتها. غِرت مِنه.

- هل يعاني من معدته؟
- عندما لا أنتبه...
- أتمنى ألَّا يكون الأمر جادًّا.

تابعته حتى اختفى في قبو ماكدونالد، وبعدها بسرعة وكأنها كانت تنتظر الفرصة لتتحدث لشخص ما، التفتت وفحصتني جيدًا، هل أتحدَّث مع ابن العم أم لا؟ في النهاية قرَّرت أنها مدينة لنفسها أن تخفِّف عن نفسها ما تحمله. نعم، هي قَلِقة بشأن صحته، أرقه الذي صار دائمًا وكوابيسه.

- في الليل فجأة يبدأ في البكاء والصراخ ويتعرَّق ويسبُّ المحقِّقين الأتراك والإنجليز، والكلاب والخونة من ذويه، ويتوقف عند خلع الأظافر والخنق في دلو المياه القذرة والبول، يتقوقع في الفراش وينكمش ويرتعش... أختبئ في الحمام وأصمُّ أذنيَّ حتى يهدأ... بعد ذلك أجفِّف العرق من جسده كله، أعطيه فاليوم وفاليران ومهدِّئات أخرى، وأضعه في الفراش كي ينام. فسدت معدته من فرط الحبوب، إنه يبصق دمًا، وهناك دم أيضًا في برازه. في كل مرة تنتابه الأزمة، يكفُّ عن الطعام لأيام، يشرب فقط قليلًا من الحليب. الطبيب ينصح بالكشف الدوري والمراقبة الدائمة. إنه في خطر أن يصاب بالقرحة أو... حتى إن هناك خطر السرطان.

كانت ستبدأ في البكاء لو استمرَّت برهةً أخرى.

- هل ذهبتِ به لمتخصِّص؟ اذهبي به إلى روتشستر أو مايو كلينك.
- لا يريد أن يسمع شيئًا كهذا.

- يجب أن تضغطي عليه. مَن غيرك يستطيع؟
- أتمنى لو أستطيع. حاولتُ، شرحت له، رجوته مرارًا وتكرارًا، بكيت. يفقد صوابه وينظر إليَّ بيأس كطفل صغير عوقب بغير ذنب؛ فيُشعِرني أنا بالذنب.
- الأمر صعب، لكنَّكِ ستجدين الوسيلة.
- يضطرب وينزعج من أبسط الأمور. أحيانًا أشتاق إلى الوطن وأفكر... أريد أن أعود، إلى قبرص وأعود بالزمن... بعد أسبوع من خروجه من السجن دعوناه للطعام. نبَّهت على الجميع - وبالأخص أبي - ألَّا يذكر أحدهم أي شيء يذكِّره بما مرَّ به. وبينما كان الجميع يأكل والأحاديث التافهة تتطاير هنا وهناك انتبهت أنه لم يلمس طبقه. كان يعبث بالطعام ويلقي نظرات جانبية، نظرات ماكرة مُهدِّدة، وفجأة قال: «في الحقيقة لم أكرههم أبدًا»، وراح يتحدَّث عمَّن قتل، إنجليز وخونة من ذوينا، دستة من القتلى.

* * *

ولأن الحديث مضى بنا وانتصف الليل والثلوج الكثيفة بدأت تتساقط، وأيضًا كما قالا كلاهما: سيكون من الصعب أن تجد سيارة تاكسي في أستوريا في تلك الساعة المتأخِّرة في هذا الجو السيئ، وأصرَّا على أن أقضي الليلة معهم. سيُقلُّني كوستيس إلى الفندق في الصباح الباكر في طريقه إلى مدرسته. فرشَا لي بسرعة عجيبة على سجادة غرفة المعيشة، وأحضرَا بطاطين وقربة تدفئة، تبادلنا الأحضان والقبلات، وتبادلنا «تصبح على خير»، واستعددنا لثلاث أو أربع ساعات نوم، «في الخامسة يا ابن عمي سوف توقظنا المنبِّهات».

حتى الساعة الواحدة صباحًا كنت أسمعهما يتحاوران، في البداية كانا ينظفان الأطباق في المطبخ، وبعد ذلك في غرفة النوم المتصلة بغرفة الجلوس ولا يفصلهما سوى جدار مزيَّف. «حائط بارفان» كما قال كوستيس. كان من السهل لو ركَّزت قليلًا أن أفهم كل كلمة يقولانها، لكني تجنَّبتُ هذا؛ لقد سمعت اليوم ما يكفي عن الأمراض والقتل والمخاوف وأحلام شخصين أحبُّهما، من عائلتي، يناضلان من أجل أن يصنعا حياة محتملة في مدينة متوحِّشة بلا رحمة.

ملأت كفِّي بحفنة من الفستق من على الكومودينو ورحت أمضغها ببطء حتى أغطِّي بصوت تكسيرها وطحنها ومضغها تحت ضروسي على أصواتهم، وبعد ذلك كانت بعض أصوات الأنين المكتوم لممارسة الحب تأتي من الغرفة المجاورة. عند حوالي الثانية صباحًا أصابني التعب. وضعت يدي في جيب المعطف الذي وضعته فوقي كبطانية إضافية، وحشرت قشر الفستق، غطَّيتُ رأسي بوسادتَيْ الأريكة وسددت أذنيَّ وعينيَّ، وحاولت النوم مرة أخرى. تدور في عقلي جملة بلا انقطاع دون نقاط أو فصلات أو رموز أو حتى علامات، كأنها تصدر صريرًا.

كان ميلاريبا شخصًا تحرَّر من الظل الثنائي، وطار في الفضاء، حتى وصل إلى المنتهى، هناك، حيث الحقائق كلها والأوهام تلتقي، وبينما خلط الأفكار كلها بالتَّصوُّرات كلها، وعكسها، بالسبب الأوَّلي طرد وهم الازدواجية.

«ميلاريبا كان شخصًا...» ساهرًا دومًا أتساءل، هل كان ميلاريبا شخصًا حقيقيًّا، من المفترض أنه حرر جسده وروحه، أو لو كان قد عاش بالفعل، لو أنه حقًّا كان لديه ظل مزدوج، أيًّا ما كان يعني

هذا. أو حتى أنني صادفتُ أبدًا عبارة كهذه في قراءتي. لو لا، من أين أتت؟ هل كتبتها أنا؟ لكن أين ومتى؟ ثم إنه ماذا يعني اسم ميلاريبا، الجسد والروح في الفضاء، توحُّد الحقائق، أي حقائق، وما هو السبب أو المادة الأساسية لكل تلك الألغاز والأمور غير المتجانسة؟

أتساءل حتى عمَّا إذا كنتُ أنا موجودًا الآن وفي هذه الليلة، لو لم أكن قوقعة روح أنا أيضًا أو فراشة تحمل بصمات حياة أخرى غريبة مرَّت من خلالي في وقت لاحِقٍ أو قبل قرون.

لا، لا، ميلاريبا موجود، إنه جريجوري، الأسير الذي قتلته بلا رحمة، كنت أنا القاضي والجلاد. هذا هو ظله. والثاني هو ظل الوهم، أنا وزوجتي ليانا التي تنظر إليَّ الآن مرتعبة وترتعش وأنا أتصبَّب عرقًا. الظل الثالث هو ابن عمي الأصلع الذي جاء من قبرص وأنا أستضيفه الليلة في شقتي في أستوريا... كل هؤلاء، وآخرون كثير... انظُر، يا رجل، إنه بسبع أرواح هذا الإنجليزي الملعون، طلقات الرصاص لا تقضي عليه، زرعت ثلاثًا في جسده ولم يَمُت. رعبه وارتعاده يطردان الرصاص. أضغط مرة أخرى على الزناد. بوم بوم بوم، فينغرس الرصاص في جسده، يفتح آبارًا ويختفي، لا أتحدث، لا يصدر مني أي رد فعل. أرى الاستسلام والقبول وتوقع النهاية في عينيه. بعد ذلك... أتَّخذ قرارًا... أرفع الفأس، خُذ هذه أيضًا لننتهي... ينتثر مخه في كل مكان... وعندما حملته على كتفي، مثل قصَّاب في المذبح كي ألقي به في الحفرة التي حفرها بنفسه في المساء، يسيل على ظهري دهن لزج... وأنا فقط... حتى هذه اللحظة، وبعد خمس سنوات، أشعر بالغثيان من منظر الدهون ورائحة الخراف وأمخاخها.

أعرف...

أعرف ميلاريبا...

أعرف عليَّ كل اللعنات...

في الصباح الباكر سألاني لو كنت نمتُ جيدًا.

- نعم، لقد نِمتُ جيدًا.

رغم تأكيداتي المتكررة أنه كان لذيذًا وأنني أحبه، كان من الصعب أن ألمس البيض نصف المسلوق، أو أن أضع لقمة بيكون في فمي.

- أنا لا أتناول الفطور أبدًا.

أحاول - بجهد - أن أشرب فنجان القهوة التركي وأقضم قطعة من الخبز الجاف.

عندما خرج كوستيس ليسخِّن موتور السيارة، وينزح بعض الجليد الذي تكوَّن أمام المنزل، نظرت إلي ليانا نظرة ثاقبة بعينيها العسليتين:

- تتحدَّث أثناء نومك أنت أيضًا يا بن العم.
- أنا؟! أبدًا!

نظرت إليَّ بغموض. أأقول لك أم لا؟ قرَّرت أن تتحدث:

- في البداية ظننت أنه كوستيس. بعد ذلك، سمعت القصة التي قلتها، قصة جريجوري الذي قتله كوستيس بأمر من «القائد»، وشخص آخر له اسم غريب، انتابني خوف مزدوج.

* * *

- مرحبًا يا شرقي، صباح الخير.
- أوسجيلدين «جئت». كيف كان السهرة عند ابن العم؟
- أجواء عائلية.
- لم تتصل.
- لم أتوقع أنني سأبيت الليلة. عندما قررت كان الوقت متأخرًا، ولم أرغب في إيقاظك.
- انتظرتك حتى الثانية صباحًا. شاهدت فيلمًا جديدًا، دكتور نو، فيلم جيد.
- قرأت عن هذا الفيلم، يقولون إنه فيلم غامض.
- لمَ لم تخرج مع الآخرين؟
- أين أجدهم هؤلاء، هم دائمًا مختفون. إميليو يطارد موظفة الرسيبشن البولندية. أوماسيولا يقرأ ليل نهار عن شاعر نيجيري اسمه سوينكا. موتوتو يانجو ليل نهار في غرفته مع الهندية الإنجليزية يرجرجون الفندق بأسره. هل تناولتَ الفطور؟
- نعم، مخ بانيه ألَا جريجوري.
- في الصباح الباكر تتناولون المزات! ضيافة يونانية.
- كما أرى... أنت تعرفنا جيدًا.

أخرجتُ من حقيبتي دفتر الملاحظات. كان يراقبني وأنا أفتحه، ضمَّ حاجبيه مكشرًا وغمغم.

- الآن تفتح الدفتر
- اذهب أنت، سأنزل خلال عشر دقائق، سأدوِّن بعض الأشياء سريعًا.
- عشر دقائق، لك خمس عشرة دقيقة.

همَّ بالخروج فاستوقفته سائلًا:

- كيف تكتب اسم ميلاريبا، بحرف الـ b أم بحرف الـ p؟

لم يُجِب.

5

عالمي كله ورقة بيضاء، وقلم، ويداي.

محاولة بائسة لإعادة صياغة فراغ في غرفة. وبدن بين العينين، وفي اليد لا يوجد، ليس هناك ثمة اتصال بين رأسي ومقعدي والأرض. كل الأشياء مائعة؛ الكتل والأحجام والأشكال باهتة. دوائر من أشعة الضوء الباهت تتدحرج أمام وداخل الأنامل، ومنها إلى القلم الذي تسلَّق الورقة. بجوار النافذة وعلى يسارها تواجه ميدان الزمن، الروزنامة:

أكتوبر 1962.

ميحمد قطع القصاصة من الناشيونال جيوجرافيك وثبَّتها هناك. على الأرقام بومة مطبوعة مغروس ظفرها على رقم 13. نذير شؤم أبدي. وثانيًا: فيما سبق، في أول ذكرى لعيد ميلادي، الولد الصغير بدأ في البكاء.

بجوار النافذة على اليمين، شبه ساعة الحائط التي علَّقتها أنا. «عداد الروح». أهداها لي رئيس قسم «الإخفاء» في مكتبة «الأوركيد الأسود»، في برونكس.

- إنها ساعة مسحورة، ناشر رواية البيست سيلر «السحر الأبيض» يهديها بلا مقابل، كنوع من الدعاية. نبيع الرواية الآن، تلقى

نجاحًا ساحقًا.

قالت الفتاة.

لا تعد شيئًا... لا الساعات ولا الدقائق. تعد هزات الروح ونبض العقل، معها بوصلة ذاكرة مجمعة. لا تسألني ماذا يعني هذا، أو إذا كانت كل هذه المصطلحات تعني أي شيء، ليس لديَّ أدنى فكرة كي أقول ما يقول، أو ما أستطيع أن أقول. لو وضعت أصبع سبابتك، يقول إنه من الأفضل أن يكون على جبهتك لمدة خمس دقائق، تبدأ في العمل. يذهب بك إلى الماضي، ترى مشاهد من حيواتك السابقة. جرِّب. أنا خفت ولم أحتمل أن أضعه أكثر من دقيقة. لو أنني كنت قد عشت حياة قبل هذه، لا أريد أن أعرف.

- ولا أنا جرَّبتها؛ في الحقيقة، جبنتُ. وضعتها في جيبي، وبعد ذلك علَّقتها. حكيت لميحمد عن خصائصها وقدراتها. قال: «تفاهات. بدلًا من أن يحكُّوا أعضاءهم يكتبون الكتب».

طالتني شذراته...

في النهاية، لم نلمس بعدُ «عدَّاد الروح».

ربما الليلة...

6

الأزمة التي كانت تحوم في الأجواء منذ اليوم الأول الذي وصلت فيه الولايات المتحدة أعلنت عن نفسها بوضوح، تجسَّدَت بشكل واضح من خلال خلال الحدَّة التي اتخذت أبعادًا عِشتُها من قبل. كانت في البداية خبرًا صغيرًا تسرَّب إلى الميديا، حينها تخيَّلت أنني لم أره، فكنت ما زلت غارقًا في انبهار المدينة المتروبوليتانية، لم أُعِر الخبر أي انتباه كصحفي محترف يرى ويتتبع المصدر ويربط الخيوط كما كان يجب أن أفعل. في الأيام والساعات الأولى التي قضيتها هنا، كل ما كان خارج معرفتي بأمريكا التي تشعُّ بمن ميدان تايمز بشوارع لا نهائية فوق الأرض وتحتها، وكباري وجسور فوق البحر جعلني أهمِّش الأمر. وهكذا ابتلعته واستقر بشكل ما في اللا وعي حتى صار بؤرة للذُّهان حدَّثتكم عنها من قبل.

وها هي الإشاعات تتحقق وبالقرائن عن طريق صور جوية واضحة من جاسوس من الـ U-2، الرائد ريتشارد هايزر، وهو الأمر الذي أدَّى إلى أزمة تهدد بتحول كبير من الحرب الباردة إلى حرب نووية بين القوى العظمى ويدفع العالم بأسره إلى الاحتراق التام.

الخبر الأم الذي توصَّلتُ إليه - بعد بحث طويل في مكتبة البلدية - وجدته في عدد صحيفة الثالث من أكتوبر في اليوم الذي هبطت فيه في أيديل وايلد، كان يقول:

«تقارير غير مؤكدة تقول إن السفن السوفييتية تحمل قاذفات صواريخ باليستية ورؤوسًا حربية نووية في كوبا ليلًا ونهارًا».

أعلنت الأزمة أخيرًا في الرابع عشر من أكتوبر، ومن حينها بدأت في التصاعُد يومًا بعد يوم، منذ أسبوعين تتحدد عن طريق عبارتين كما أرى اليوم في السابع عشر من الشهر، تومض على مبنى نيويورك تايمز، عبارتان صارتا عناوين للأخبار في التلفزيون والإذاعة واحتلَّتا الصفحات الأولى في كل الصحف والمجلات، سطور قليلة تكمن فيها الرهبة:

«أبعِدوا المدافع عن كوبا وإلَّا سندمِّرها»، كينيدي.

«لو حاولتم الهجوم سنردُّ بالمثل»، نيكيتا خوروشوف.

الهلاك يحوم فوق البحر الكاريبي وفوق القارة وفوق فندق إمباسادور الخامل المتواضع. لو... أقول لو... دُمِّرَت نيويورك في غضون ثوانٍ قليلة... وذاب المعدن والزجاج، وتكوَّمَت كتل من الدهن البشري... النفس النووي الناري سوف... يشوي... ويُذيب كل شيء، حتى قبل أن تدرك ما هو البريق... قبل أن تستوعب أي شيء وكل هذا الانهيار... لن تكون موجودًا... ولو أن وعيك أنت... أقول لو نجا من الكارثة، الذكرى التي ستعذب الكون لقرون... ستحكي... «العالم كله... يحترق... نَمَت... أشجار صبار ضخمة... الحمم سقطت من السماء أحرقت كل ما هو حي من بشر ونبات... في غضون لحظات قليلة... البشر لم يكن لديهم الفرصة حتى لكي يستوعبوا ما يحدث... الحياة كلها اختفت ولم يتبقَّ حجر فوق حجر ليُذكِّر بأي حياة كانت هنا من قبل...

صوت ما».

- موجة عارمة.
- ظل ناري.
- أحــ.. أن.. بـــ.. ك.. (كلمات غير مكتملة).
- غدًا سوف...
- نعم، كيف حالك يا أوليا...
- لا تنسَيْ...
- لا أحد، أبدًا...

وبعدها صمت.

لو على الأقل كنتِ معي هنا، أنتِ. كنت سأمسك يدك مثلما حدث في رحلتنا في جبال الألب عندما كنَّا في خطر. المُذَنب غرق في فراغ هوائي، ولم يكن يسمعنا ولم يجب القائد أبدًا، قضينا وقتًا طويلاً على الرادار. صرختِ وأمسكتِ بذراعي، وضعتِ رأسك على صدري. حينها نجونا... الآن، يا ويلنا! ليس هناك وقت لأي مشاهد أو عواطف مسرحية... الآن، هنا دفعوا بنا إلى العجز والشلل التام... بقيت جوزات سفرنا في واشنطن، في أرشيف AYMA(11)، لا يجد المسؤولون وقتًا كي يعيدونا إلى أوطاننا. أي مسؤول كبير في خِضمِّ هذا الرعب سيبدي أيَّ تَفهُّم لرغبتنا الأخيرة والتي لخَّصها الصديق سوينارتو كالتالي:

- بما أننا سنصبح رمادًا على كل حال، لنكن هكذا. كلٌّ منَّا في أرضه وبيته وبجوار ذويه.

11- Armenian Young Men's Association (ΑΫΜΑ Λευκωσίας) (جمعية الشباب الأرميني - نيقوسيا).

قال د. فيشر لأحد الزملاء، الذي طلب أن يعيدوا إليه جواز سفره:

- بالتأكيد يا ألام، سأعتني بالأمر. لن أسامح نفسي أبدًا لو صرت السبب في حرمان مالاوي، سوري، ماليزيا من صحفي موهوب.

في لوبي فندق إمباسادور تجمَّع كل الفريق. ستة عشر رجلًا، أصبحوا سبعة عشر بي، وسيدتان كانتا في منتهى الانتظام منذ يوم وصولنا في الثالث أو الرابع من أكتوبر حين وصلنا للولايات المتحدة وحتى الرابع عشر من نفس الشهر حين ظهرت أزمة كوبا على السطح، كانوا ينظرون للأمر من أعلى ويعلقون بسخرية على الأفيشات ومخاوفي الهيستيرية؛ كل هؤلاء الذين كانت «أسئلتي الأكاديمية» لو أنهم يخافون الموت، لو أنهم يحملون بداخلهم رعب الحقائق والخطر الميتافيزيقي ويجيبون عليها بسخرية، هؤلاء الذين لم يكن لديهم المقدرة على اللجوء للعزلة والكتابة مثلما كنت أفعل ولا حتى زميلي في الغرفة، لم يشاركني أحدٌ قلقي وذهاني، فقط كانوا يعلقون باستهانة وتكبر؛ هؤلاء الذين كانوا يرون هذه المنحة فرصة عظيمة للسياحة، محض استراحة من ملل أعبائهم العائلية والمهنية وحياتهم اليومية، مثل تذاكر مجانية للسياحة في ديزني لاند... حسنًا، كل هؤلاء هبطوا اليوم هبوطًا اضطراريًّا، أدركوا أن التذاكر المجانية التي منحت لهم لزيارة أونكل سام كانت تذاكر للجحيم، وأن المخاوف والرعب المرضي اللذين لدى زميلهم القبرصي، وإن بدوا بلا أساس من الصحة، كان لهما في الحقيقة أسس قوية.

الآن يتحاورون بحيوية، لكن ليس بالجدية التي ربما ينتظرها المرء من صحافيين سياسيين. ولا سيما اليوم، في خضم الأزمة التي تبلغ ذروتها والكثيرون يتخبطون على سطح التطورات التي سقطت على

رؤوسنا كالصواعق.

يتحدث سوينارتو از مينين، من جاوا:

- في النهاية وقعنا في كمين المهوسيين بالحروب.
- وكلا الطرفين، لماذا لا يتراجع الشيوعيون...
- مبالغات. هناك أسباب هامة لحدوث كل هذا على الرغم من أي شيء...

علَّق الفلبيني سامي روي.

- أذكِّركم بمايو عام 1960، عندما دمَّر الروس طائرة التجسس وقبضوا على الطيار.
- جاري باورز. وحينها أيضًا كنَّا على حافة الخطر.
- لكن الأمور اليوم أكثر جدية. بكل الصواريخ وفوهات المدافع وكل الأسطول الأمريكي على الشاطئ الشرقي، يمكن في غضون لحظات أن يدمروا كل شيء.
- ألا يسري نفس الشيء على السوفييت؟ أي مدينة ستكون خارج نطاق الصواريخ الباليستية التي سيطلقها كينيدي من القواعد التركية؟

قال الفليبيني:

- دعونا نأمل أن ينقذنا الرعب المنافس، الذي ينطبق على كلا الجانبين، مرة أخرى، لأنه أنقذنا في الستينيات.
- أتمنى أن تكون محقًّا عزيزي سامي، يخاف يوانيس من الوحش، والوحش يخاف من يوانيس، لكن الآن...

دخلت في المناقشة أنا أيضًا:

- تقصد بيوانيس، اليوناني؟

لم يفوِّت ميجيل الفرصة للمزاح:

- على وضعك أنت دائمًا... يا سادة، أنا متأكد أن الخوف سيؤدي إلى التفكير بوضوح وحذر.

هنا تحدث الخلاسي اللاتيني المدعو كوكوت دومنيك، قليل الكلام غالبًا:

- أيسري هذا على الـ «يانكيز»؟
- ولِمَ لا؟ وربما على البلشفيين.
- هل يجب أن يثبتوا أنهم غير مخلصين لصديقهم فيدل؟ وأنت يا تركي يا ملعون، لم تقل ما تعتقد.
- لو أنه مكتوب...

إيمانويل أواسيول وأكوكون ينظرون عن بُعد للمجموعة التي تتأرجح بين التمني والقلق في هذا الأمر الجلل؛ يبدوان بعيدين عن النقاش؛ غير موافقين على كل ما يقال ولا يتفقان مع مخاوفنا.

قال المكسيكي مداعبًا:

- يبدو أن النيجيريين يعرفون شيئًا لا نعرفه نحن. إنهم واثقون أن الكوكب سيُدَمَّر قبل أن يخربه الزنوج!
- بالحصافة التي تتميز بها قمتَ بتوقُّع صحيح يا إميليو... لا أريد أن أصنِّف توقُّعك بأنه حبتمية اجتماعية تاريخية، وهو الأمر الذي ربما يضايق مضيفينا، وربما آخرين من عظماء الماضي.

وقام واقفًا كي يؤكد على ما قاله إيمانويل أوماسيولا، ثم غاص ثانيَّة في مقعده. ذو وجه قوي رجولي. عيناه شعلتان مفعمتان بالثقة. خدَّاه مُرصَّعان بستة خطوط كأنها مخالب أسد صارعه وروَّضه في غابات بلاده.

جاء إيمانويل أوماسيولا إلى العالم الجديد لكي يمتص آخر قطرة من المعرفة يمكن أن يتسع لها رأسه الغليظ كي يلقيها غدًا مع ما يلزم من مؤن أخرى في حرب تحرير أفريقيا السوداء. يغذي ويبث هذا الهدف المقدس الراسخ. إنه شاعر عميل، نبي العصر الجديد الذي سيترك أثره عليه، وهذا ما سيعلن العدالة النهائية للسُّود.

السؤال الأكبر، هو ما سمع قبل أيام، «ماذا لو أن الآن هو دورنا كي يأخذ منَّا الصُّفر المرتبةَ الأولى؟».

الآن، حيث أرى إيمانويل أوماسيولا هادئًا وجادًّا ومتماسكًا في وسط العاصفة، أتمنى أن ينجو العالم هذه المرة حتى يحكمه إخوانه. النهر الأفريقي هو المستقبل، النهر المظلم المليء بآلهة بوسيدون سُود. بعض الآسيويين الذين عرفت هنا، مثل شين جوبتا من بومباي وماموت من سنغافورة بجذور تصل إلى الصين وسوينارتو مينين من إندونسيا والقزم سامي روي من الفلبين الذي وُلِدت أمه في جزر القيامة- هم من عالم تَشكَّل أول أمس. كلٌّ على حِدَة، وكلهم معًا يشكِّلون لوحة البازل التي تشكِّل العالم القديم، عالم كسر الرابط بين القلب والعقل ببساطة من متفجرات روحية عبقرية هائلة. ستناقضون في الأشياء الصغيرة والكبيرة. لا يأكلون اللحم البقري ولا لحم الخنزير، لكن يبيعون أرواحهم من أجل وجبة مجانية تحتوي على أي شيء يكفي ألا يعرفوا محتواها ولا طريقة طبخها. يغرقون في تأملات نيرفانية

كي يتحدوا مع التاو والبراهما ومع الله، ويكتشفونهم جميعًا، كل ما هو أسمى وإلهي، في كل شيء حتى في فرج كل عاهرة تحرك ريشة طاووس قذرة في مؤخِّرتها. يؤمنون بأبدية الذات، لكن الآن حيث يخيِّم علينا جميعًا خطر النهاية، هم أول مَن يطالب بالعودة سالمًا، إلى الأمان العجيب لبلدانهم البائسة، هم وأنا أيضًا، والكثيرون منَّا كي لا نخدع أنفسنا... نعم، لا تزال لديهم كرامة لم تُمسَّ. مثل جميع الشعوب التي كان فيها التحقير والإذلال والانحطاط والاستغلال من قِبل الأقوياء أكثر تجاربهم الخالدة، قوة دافعة للثورة.

الأتراك والفُرس و... أنا، نحن.. الأمس، نحن الذين ينزفون ويطنطنون بالمجد والعظمة، هي أشياء لن تأتي مرة أخرى.

الأمريكيون والسوفييت وأقمارهم الصناعية لا يزالون ثمارًا غير ناضجة للحاضر؛ تنانين تنفث النيران وتلوِّث جذورها التي ينزعونها بلا خجل من ماضي الإنسانية والليبرالية والمبادئ والأفكار القريب، ثملون من الطمع والقوة التي تربطهما بغد الغرور والجشع الأمريكي والستاليني الجديدين، ويغلِّفونه بأغلفة مبادئ وديموقراطية جذابة فاخرة تناسبهم.

بين كل هؤلاء البشر المندفعين أقطر المرارة قطرةً قطرةً دون جدوى، هذه هي حقيقتي. أي قوة تجرجرني من هنا وهناك مع كل هؤلاء، إلى أين تسحبني، ماذا جئت لأفعل هنا وأتحمَّل؟ هل هو حقيقة كل ما يجري حولي وبداخلي أم أنني عالق ومُعَرقَل في شبكة حالمة؟

لا أدري... لكن هناك شيء آخر أعرفه جيدًا يا أوليا. لم تكن رحلتي في أي مرحلة عادية أو طبيعية أبدًا.

أدركت هذا فور أن ركبت الطائرة؛ في اللحظة التي أوصدوا فيها الأبواب أدركت أن هذه ليست الرحلة التي يجب أن أقوم بها. كل هذه الرحلة كانت خطأً. حينها، كان لديَّ الوقت أن أتجنَّبها. لكن لم تكن لديَّ الشجاعة. قبل الصعود على متن الطائرة كانت وثائق سفر وإجراءات الجمارك والكشف الصحي وكل الأوراق التي كنت أملؤها رسميَّةً ونهائية بشكل غريب! مثل إجراءات تسجيل الميلاد والوفاة! وقبل ذلك، الحقيبتان اللتان كنت أجرُّهما خلفي، كانتا ثقيلتين بلا أيِّ داعٍ! أما دموعكم جميعًا التي كانت تودعني جعلتني أشتاق إلى الأزمان القديمة الجميلة حين كان الشراء بالضمان. وعندما كانت المحركات تصدر هديرًا عاليًا، عندما كنَّا نقفز فرحًا عندما تشتعل الفوانيس من فوقنا وينتشر الضوء مثل حلقات سلسلة ذهبية مصنوعة من آلاف العُقد أتعلق فيها وأشعر أن العالم كله تحت أقدامي يتهادى.

جلست وحيدًا مرة أخرى في الغرفة رقم 44، أنفي وفمي ملتصقان في الزجاج الرطب. أنفاسي تغبش الزجاج. خلفي تلفاز أبيض وأسود أصيب بالشلل. المشاهير في نشرات الأخبار، المدعوون في برامج التعليق على الأخبار، المواطنون في مواقع عملهم في محطات المترو وفي الشوارع، والكل يقول نفس الشيء.

«لو تحدث معجزة في الساعات التالية...».

كيف كان كل شيء مختلفًا حتى الأمس القريب، الشوارع في عمق شارع الإمبراسادور، كيف كانت وكيف أصبحت! الاستثناء الوحيد هم شرطة الخيَّالة وفرق الإسعاف يقفون على أهبة الاستعداد في انتظار المهمات التالية، أي شكل لأي حياة أخرى اختفى تمامًا. حتى مجموعات جيش الخلاص البروتستانتية مختفية هذه الليلة. على

ناصية الشارع هناك عند مدخل القبو السفلي كانوا يقفون دومًا. عندما وصلنا إلى نيويورك كنا نسخر منهم. كان تكرارهم لنفس العبارة يثير أعصابي: «من أجل ساعة الحسم الأخيرة». الآن أرى كم كنت مخطئًا. لقد كانوا مُحقِّين. كانوا مثل أجهزة قياس الزلازل التي تنبِّه قبل وقوعها، مثل الكلاب التي تنبح قبل الزلزال. في أناشيدهم ومطبوعاتهم وأجراسهم دائمًا نبرة انعدام الأمان.

اختفاؤهم الليلة لا يدهشني. لقد بدأت رؤيتهم تتحقق. نبوءتهم أفرغت عقولنا الصغيرة من مشاكلنا التافهة وسيطرت عليها الأجهزة الإليكترونية والمطبوعات والميديا التي تغذيها بالمعلومات المسمومة. هذا هو العصر المنتظر من قِبَل رُسُل وحكماء جيش الخلاص. كل مواطن في نيويورك وأحد متعصِّبيهم. كل صوت معه صوت جندي منهم يعلو. كل عضو من أعضائنا الحسية هو امتداد لهوائياتهم. لا، لم ينسحب الأنبياء المعاصرون، على العكس، فببساطة هم قد خيَّموا بداخلي.

على الجهة المقابلة، مبنى التايمز، الأخبار تطارد بعضها على اللوحات الضوئية:

«إن وحدات كلا الأسطولين المعلنة موجودة بالفعل ضمن نطاق الأسلحة الحديثة والتقليدية».

ناهيك بـ....

أراهن أن في قبرص الجميلة القليلون مَن يتابعون بأي نوع من الريبة ما يحدث هنا. إن مشاكلنا طارئة وأهم وأخطر حتى نترك مساحة للأخبار الدولية. حتى لو اندلعت الحرب، نشرات الأخبار في

التلفزيون الوطني ستبدأ بتصريحات الرئيس، أو مراسم تنصيب، أو بخطاب له في إقليم تيليريا عن مقترحات التعديلات الدستورية، وستستمر التصريحات عن «جمعية كهنوتية»؛ وسيشيرون إلى سقوط الثلوج على جبال ترودوس، والتي نأمل أن تزيد من ثرواتنا المائية، وفي النهاية عن إطلاق صواريخ باليستية في الولايات المتحدة الأمريكية وروسيا وكوبا حيث المعجزات ستحدث... ماذا يقول هذا الأحمق؟ سامحني سيدي المحافظ أو حاكم الإقليم أو الممثل الرسمي، أو أي منصب ملعون أنت. لم أكن قد استوعبت أنك ظهرت على التلفاز كي تقول شيئًا هامًّا، كنت شاردًا عبر النافذة.

«تمَّ فحص كل الملاجئ في البلاد. في حالة اشتداد الأزمة أو الحصار، وهو ما لا نتمناه، كل شيء سيعمل بكفاءة عالية. الأغذية والأدوية والمعدات الطبية تمَّ تخزينها في أماكن آمنة وبكميات مُرضيَة. كلما كانت إعادة التسكين أسرع في الأماكن المشار إليها كتابةً لكل فرد؛ لن نواجه مشاكل ولا نقصًا في أي موارد لشهور. على الأقل حتى يهدأ النشاط الإشعاعي. أعتقد أيضًا أنه من اللازم أن أضيف أن عددًا كبيرًا من سترات الحماية وأقنعة الأكسجين وغيرها قد تمَّ توزيعها بالفعل على الأجهزة والقطاعات الأمنية، وعمومًا في كل أماكن الخدمات العامة والسياسية. المواطنون، والذين لديهم اهتمام بتأمين السترات والأقنعة، يمكن أن يحصلوا عليها من وحدات الإطفاء، كلٌّ في منطقته».

انتهى اللقاء التلفزيوني بنداء إلى المواطنين المتهورين وتجار المواد الغذائية والوقود: «عدم استغلال الأوقات السيئة التي تمر بها الأمة الإنسانية، لمصلحتهم الخاصة». تلا اللقاء التلفزيوني فيلم تسجيليٌّ عن المخابئ المضادة للقذائف، مع شريط متحرِّك يعطي معلومات عن

أن هناك مخابئ مماثلة للمعروض في الفيلم الوثائقي أنشئت في كل مدينة كبيرة وبلدة ومدينة صغيرة، على أتمِّ استعداد أن تقدم الحماية والأمان لكل المدنيين العزَّل.

موسيقى: «الكواكب» غوستاف هولست. المريخ، إله الحرب. العناوين: الملاجئ النووية. المأوى رقم واحد: تايمز سكوير، نيويورك.

هذا مخبؤنا! هناك في الأسفل بجوار مدخل القبو، هو المدخل، بينما أراه ضيعت شريط العناوين في الفيلم الوثائقي الذي كان يجري لأعلى بسرعة لكني لحقت وشاهدت اللقطات. سعة المصعد تصل إلى أربعين شخصًا سمينًا يدخلون مع المذيع... أربعون من المتطوعين.

«هدفنا هو إعلام وتعويد مشاهدينا»، راح المذيع يشرح لنا، ثم أكمل: «علَّنا لا نحتاجه أبدًا! أريد أن أعتقد صديقاتي وأصدقائي الأعزاء أننا لن نحتاج أن نستخدم هذه المصاعد في ظروف طارئة».

في غضون ثلاثين ثانية فقط كان المصعد الصامت بالفعل أمام الأعمدة الأولى للطابق الأول من المحطات الثلاث؛ الباب المزدوج فُتح للركاب الذين خرجوا إلى مكان للنوم في مساحة صالة سينما مجهَّزة بأسِرَّة فردية ومزدوجة ولثلاثة أشخاص، وأسِرَّة متعددة المستويات كلها مفروشة.

«هذه الصالة المضيافة المريحة»، يخبرنا المعلق كما يخبر المتطوعون حوله، «تقع على عمق أربعين مترًا تحت سطح الأرض!».

وبينما كانت الأبواب تغلَق والمصعد يهبط للطابق الثاني أو المحطة رقم 2 حيث توجد العيادات ومنها للمحطة الثالثة حيث مخازن الأغذية ومحارق القمامة والفضلات من كل نوع، الأربعون متطوِّعًا انتشروا

في القاعة. بيضاء تمامًا. الحوائط والأبواب المصنوعة من حديد الزهر تقود نحو قاعات ذات أسقف منخفضة، في قاعات متفرعة للرياضة والترفيه وحمامات ودورات مياه وغرف للمساج والإسعافات الأولية. ثم غرف النوم والمعمل والمطبخ حيث سيتم إعداد الطعام للاجئين في الغلّايات والأسطوانات العملاقة المصنوعة من الفولاذ المقاوم للصدأ. بسكويت جاف يشبه تمامًا طعام الكلاب للبالغين، وبسكويت جاف آخر صغير الحجم يشبه طعام القطط للأطفال.

عندما انتهت الجولة وعاد الزائرون المنبهرون إلى القاعة الرئيسية حيث كانت تنتظرهم مفاجأة. باب المصعد الذي أتى من أسفل من المحطة رقم 2 فُتح فدخل منه دستة من الأطباء والجراحين وأطباء التخدير والممرضين، بمعاطفهم البيضاء، الذين سيدخلون الملجأ. تقابل الفريقان الذين تعرَّفوا على بعضهم البعض، وبينهم كانت مجموعة من الجارسونات، بأزيائهم الزرقاء، يوزِّعون عليهم المشروبات والأكلات الخفيفة والنبيذ.

«هذا، وبعد ما قيل، من الواضح أن أسباب القلق منعدمة صديقاتي وأصدقائي المشاهدين للقناة. كل التدابير التي اتخذتها الجهات المسؤولة لحماية وتهدئة وتطمين المدنيين في حالة أي هجوم عدواني هي بالفعل قيد التنفذ»، انتهى التعليق.

«أي قلق يا سيدي؟! ومَن يشعر بالقلق؟» قلتُ مُهدِّئًا. «الأمر واضح وضوح الشمس، كلنا، حتى نحن، الأجانب غير المرغوب فيهم سيكون لنا ممرٌّ آدمي وآمن».

دخلت إلى الحمام، تركت الماء ينصبُّ على جسدي لأهدئ من روعي، ارتديت معطفي وأطفأت التلفاز وخرجت. طلبت المصعد. مشغل

المصعد البورتوريكاني ينظر إليَّ عابسًا:

- وحدك مرة أخرى يا سيدي؟

لم أُجِبه.

قبل الأمس أخطأ التركي وسأله لو كان يعرف ثمَّة صغيرةً لعوبًا، «نظيفة بالضرورة». ابتسم البورتوريكاني دون أن يجيب. لكن بالأمس عندما صعدت دخلت المصعد شابَّة. تحدثت إليه بالأسبانية. ألقت إليهم جملتين كان إميليو قد أخبرني بمعناهم، وبدأت السينيوريتا، حدَّقَت في عيني بنظرة نهمة غامضة لعوب. حاولت أن أنظر بعيدًا، مستحيل. فقط عندما فتح باب المصعد مجددًا في الطابق الرابع توقَّفَت ومنحتني الفرصة أن ما قلته كان هو كل ما أعرفه بالأسبانية.

كان ميحمد مستلقيًا على ظهره يرتدي البوكسر الداخلي والتي شيرت المفضَّل لديه، والمطبوع عليه بالتركية «تركيا فوق الجميع»، كان يتابع واحدًا من الأفلام الوثائقية الكثيرة عن القوات المسلحة الأمريكية الخارقة. في نفس الوقت كان يقلِّم أظافر قدميه كما كان معتادًا عندما يشعر بالارتباك أو العصبية. كنت أبدِّل ثيابي عندما دقَّ الباب. كانت الفتاة من المصعد. قبل أن تدخل إلى الحجرة راحت تصيح باكية أنني تصرَّفتُ بغير أدب، وأنني أغلقت الباب في وجهها، إلخ... رأيت الدهشة على وجه ميحمد. غطَّى جسده بالملاءة، وقال بفضول وارتباك عن هوية طارقة الباب وماذا تريد ويجب أن ترحل. قال كل هذا باليونانية بلهجة تركية ركيكة.

- أنت، أيها الثعبان الماكر، ألم تَقُل إن لغتك اليونانية محدودة؟

- أنا عميل سري، أوك؟ مَن يكون عاهرة؟
- لا أدري، لِمَ لا تسألها أنت؟
- لِمَ لا تدري أنت يا أخي، لماذا جاء عاهرة هنا؟
- اسمعني جيدًا. لقد طلبت من مارتينز فتاة.
- دَع فتاة يذهب جحيم.

سحبتني الفتاة نحو الحمام. فوق ستارة الحمام كانت ملابس ميحمد الداخلية وجواربه تقطر فبلَّلَت الأرضية. أغلقت الفتاة الباب. كان وجهها ملتصقًا في ذقني، لمستني أنفاسها وعطرها الفجُّ. قالت:

- لا أريد أن تتشاجَرَا بسببي. جئت من أجلك، لكن لو صديقك عنده رغبة يمكن أن أعتني به أيضًا.
- الأمر ليس كذلك...
- إذن ماذا؟ بالإضافة إلى أن الأمر سيكون موفِّرًا؛ إذ ستتقاسمان الأجر.
- أنا لستُ... ليس لديَّ رغبة لليلة. على أية حال شكرًا.
- والصغير؟

وارَبتُ الباب وسألت. الصغير طلب مني أن أطردك. كانت تسمعنا بعد أن خرجت من الحمام. ابتسمت. شرحت لها أن زميلي في السكن المسكين لا يشعر على ما يرام اليوم:

- ربما مرة أخرى.
- هل يرغب الأولاد أن أرسل لهم سيارة إسعاف؟

خرجت من المصعد ولم أقل كلمة للبورتوريكاني. كان اللوبي خاليًا. والمطعم كذلك. لم يكن هناك أحد من الزملاء، ولا حتى العجائز

والمتصابين. حتى إن ماك جريكور قد اختفى، بالتأكيد هو متقوقع في غرفته يحلِّل الأوضاع مع هنري توماس.

وضعت غطاء رأس معطفي على رأسي وخرجت.

على نواصي الميدان بالقرب من الشرطة والممرِّضين وسيارات الإسعاف انتشرت الشرطة المدنية. في السماء تسمَّرَت السحب بعشوائية على الخلفية السوداء مثل الكشافات. أشعر بالرصيف المعبَّد تحت حذائي كثيفًا وباردًا. ربما لهذا أشعر الليلة بخفَّةٍ أكبر. أعتقد أنني أستطيع المشي أو التَّسكُّع لساعات في هذا المكان والوقت القمري. ماذا لو حوَّلت هذه التمشية إلى هروب؟ لكن، إلى أين؟ لو أن الهروب هو الحل، لفرغت البلاد عن آخرها في غضون ساعات.

قفز أحد السكارى أمامي. كان يلبس جاكيت وقبعة وقفازات مبطَّنة بفرو صناعي. خلع قبعته وانحنى.

- عفوًا سيدي، بلا أي سوء فهم. أنا أجنبي، لقد فاتني القطار، وليس لديَّ أي نقود ولا حتى لشطيرة برجر!

أعطيته دولارين.

- شكرًا.

قال بعد أن تمَّم على النقود تحت ضوء إشارة المرور، ابتسم قائلًا:

- تمام!

ظنَّني مغفَّلًا. الآن سيدخل إلى أول حانة سيجدها أمامه ويحرق النقود في صحتي. وإذا كان؟ حلال عليه، بضع خطوات نحو أسفل

الطريق رحت أسبُّ «كم أنت بخيل نَتِن يا بترو يا أرخونديذيس، لماذا لم تفرغ حافظة نقودك النحيفة في قفازاته الفرو».

الليلة أشعر بخوف وحبٍّ شديدين. والليلة ستختفي المدينة... ومعها «المحبة»... في غضون لحظات. للحظات قليلة سنعثر، الأغلبية لأول مرة، أي نوع من البشر أو الكائنات البشرية كنا، كم من الفرص ضيَّعنا كي نتآلف مع الرب... في عيوننا، حيث سينتفخ البريق مثل قشور حمراء سوف نرى كل الرؤى بشكل أكثر سكينة وإعجازًا، ويا ويلنا! علَّها لا تتحقق أبدًا؛ سنراها، فقط لبرهة، ستُحفر على جلودنا بينما تحترق من اللهيب، ليس لأي سبب، بل فقط كي نعيد حساباتنا، ماذا نفقد وماذا فقدنا؟

نعم، أحب، أحبني وأحب كل هؤلاء المساكين. ما ذنبهم إذا وُلِدوا أو تصادف أن يعيشوا هنا الآن؟ وأنا ما ذنبي؟ ما هو ذنب ذلك المتسول الأسود التي يمر بجواري ويغني بهدوء؟ لقد نظرت إلى عينيه ورأيت الضوء الأحمر يومض فيها. ربما كانت انعكاسات لوحات الإعلانات من الميدان، ربما كانت دماء أحلام تنزف. يغني ويتعرقل ويكمل طريقه. ربما نهض لتوِّه من نومته. ربما في الجرَّة مع طقم أسنانه أو في كأس البوربون نصف الممتلئ على الكومودينو بجوار فراشه يطفو الذباب مع براغيث ميتة. تلك الناصية على الرغم من كل هذا هي طريقي ومكاني، لقد سمعت شخيره، وأغنياته الملتصقة فوقه، وملابسه ليوم الأحد، ودفئه.

ناطحة السحاب المقابلة تتقيَّأ من أحشائها العفنة بتشنُّجات موجات جديدة من الأخبار:

«من المتوقَّع أن تعترض سفنٌ مواليةٌ العدوَّ في خلال الساعات القليلة القادمة».

الكلمات ذات الألوان الصفراء والبيضاء على اللوحة تتكاثر وتطارد بعضها البعض. الجموع و«المحبة» يقرؤون...

فجأة سيبدؤون في الإشارات والأعلام والعروض. السترات العسكرية المنشأة والحرس الوطني سيجتمعون سرِّيًّا في البنتاجون في مكان سري يصعب الوصول إليه تحت قيادة ج. ف. كينيدي. قوّاد مركبات المشاة والمدفعية والغواصات سيسلِّمون بأنفسهم مظاريف الأكواد المغلقة. بعد دقائق الطواقم البحرية ستسمع أصوات السارينات. ستلتصق أجسادهم فوق مقاعدهم المعدنية المشحمة للمدافع. من داخل فوهات المدافع ستتوحَّد الأصوات والسباب والأوامر. ستهدر المدافع وترجرج القواعد ويلقون بظلالها المتعرجة في مياه البحر الكاريبي المميتة، في مثلث برمودا الملعون...

تتبَّعت قطيعًا من البشر وغُصتُ معهم نحو قبو المترو. الجميع اليوم يفضلون الأنفاق. السيارات والدراجات النارية والأتوبيسات قد هُجِرَت في الشوارع والميادين.

أريد أن أرسل قذائف نورانية تذيب بشكل سحري رُعبَ كل هؤلاء المساكين، تهدئ من روعهم، وبالطبع أنا معهم. مصيري مرتبط بمصيرهم، لقد صرنا كتلة واحدة، كتلة من الأحلام الضائعة. نخاطر بالنظر للمستقبل ربما نرى أي ضوء... ونتأمَّل الفراغ المظلم. نجرؤ ونُغرِق بداخلنا النظرة، الرغبة في البحث. كل ما حلمنا به، ولم نستطع أن نعيشه حتى أمس، ولا سنستطيع أن نحصل عليه حتى في الغد، لأننا نرى - وبوضوح - أن كل شيء له تاريخ انتهاء صلاحية «28 أكتوبر 1962»، قُطع حبل الحياة.

الليلة سينتهي العالم. والليلة، اللعنة على حظي، لأول مرة ربما

يبدو العالم جميلًا. جميلٌ هو العالم ومليء بالوعود، وقد تضاعَف وتسلَّل إلى عشرة ملايين روح. عندما ستسقط القنبلة لن تفجِّر عشرة ملايين من البشر، بل سيحترق عشرة ملايين من العوالم الصغيرة.

نزلت...

تُرى ماذا سيفعل الصعلوك بالدولارين الملعونين اللذين أعطيته إيَّاهما؟ هل سيحتسي كأسًا بالثلج في صحة المغفل؟

لو استطعت أن أنام على الأقل... حتى ولو هنا، على الدَّرَج أو على ناصية رصيف المترو القذر... مرَّت قرون منذ آخر مرة نمت فيه... هناك كنت أنام بسهولة. مددت يدي ووضعتها على رأسك. شعرك يا أرنبتي، يداعب أنفي، كنت أختبئ، بين الحين والآخر كنت أعطس في الظلام وأصعد...

الآن أنزل...

7

خطواتنا تدقُّ على الأرضية. صوت الخطوات يسبق خطواتنا. يتجول في الممرات يتجزَّأ ويتضاعف صداه المتشعب. نشبك يدينا، يدي اليمنى في يسراها، أسير مع هذه المرأة المجهولة. أين، وإلى أين؟ إلى متى؟ لا نعرف، ولا نطلب أن نعرف. فقط نسير...

أريد أن أرى وجهها ولا أستطيع. عظام عنقي تأكسَدَت، لا أقوى سوى على القيام ببعض الحركات القليلة، وتلك تكلفني ألـمًا فظيعًا. من كل مفاصلي لا تستجيب سوى مفاصل قدمي حتى الآن، وهذا يحدث بالكاد.

انتشرت رائحة التربة. تغلغلت في الجيوب الأنفية والرئتين. أتساءل كيف تسللت عبر خرسانة السقف بسُمك خمسة أمتار! أربعون مترًا تحت السطح المحروق!

التراب المنتشر في المدينة هو نفسه بدن محروق ينزف ويتأقلم مع كل ضغطة بقدمك على حلمه. يجب أن يكون لديك معدة حديديَّة كي تتحمَّله. أحد النيويوركيين تأخر بعد أن تعثَّر في الوصول إلى الملجأ، فقد وعيه من فرط الرائحة النتنة. أفراد الشرطة المدنية الذين خرجوا للقياس الإشعاعي وجدوه ميتًا بجوار المدخل. كان وجهه ويداه اصفرَّ لونها كما لو كانت مرشوشةً بتراب الذهب. في اليوم التالي انتفخ بطنه، وبعد ذلك لم يجدوا سوى بقاياه، مجرد تراب دهني كريه الرائحة.

ما لم يبخِّره الزفير الذري من كائنات حية حوَّله إلى طين وأجساد مشوهة ودماء لوكيمية مسكوبة؛ وكل الكائنات الحياة في ساعات الصفر كانت على بُعد أميال قليلة خارج حلقة الانفجار حوَّلها إلى وحوش بشعة.

في الليل، عندما يحلُّ في العنبر الظلام والصمت، نسمع تأوُّهات تدخل إلى الممرات. البعض يقول إنها تأتي من الخارج من الكائنات التي تبقَّت، وآخرين من بينهم أنا وامرأة نعتقد أن هذه التأوهات تصدر من وحوش تأكل لحوم البشر، تتكون وتتشكَّل وتتغذى على رعبنا؛ تأتي زاحفة جائعة تشمشم اللحم البشري وتحاول الدخول إلى العنبر. فور أن توقظنا الصرخات والضجيج نتجمَّع ونحدِّق على الأبواب ننتظر، بين لحظة وأخرى ستتحطم الأبواب وتتهاوى...

الآن، لحسن الحظ لا نزال بالنهار، حتى ولو بشكل زائف، فلا نسمع شيئًا.

كل ما نفعله هو أننا نسير...

بالصدفة في الحمام رأيت وجهها في المرآة؛ بدا لي مألوفًا. يمكن أن أكون قد عشت معها حياة كاملة، يمكن في عصر أو حياة أخرى أن نكون زوجين أو أخين... أبًا وابنة، أو العكس. يمكن أن تكون أوليا قد عرفت أين ألقوا بي فهرولت لتشاركني مصيري؛ يمكن، الكثير من الـ «يمكن»... هل لهذا معنى بالأخير، مَن هي؟ يكفي أن نكون معًا ويمسك كلٌّ منَّا بيد الآخر.

عندما رأيتها لأول مرة في مرآة الحمام لاح لي أن عينيها تشبهان أوليا، بلونهما الداكن؛ ذكَّرتني بلوحات رسام شاب شاهدتها في

معرض عندما كانت المدينة تعيش، في جرينتش فيلدج. حاجبان ورموش منحنية، شعر خفيف، جسد نحيل مُنحنٍ بعض الشيء. تجرَّأتُ وانحنيتُ كي أقبِّلها فصدمتني رائحة نَتِنة لعفنٍ متقدم. لكني أحبها. إنها ضرورية بالنسبة لي. هي الدليل الوحيد الملموس أنني على قيد الحياة. أريد أن أتوقف كي ألمس شعرها الخفيف الأشقر الناعم. طردت الفكرة من رأسي. أخشى لو تجرَّأتُ وقمت بشيء كهذا أن أنزع شعرها بين أصابعي. نفس الخوف أشعر به لو حاولت أن أنزع يدي عنها فتنتزع كفَّانا.

لكن، ما هو السبب للتجريب؟ لماذا نخاطر بفعلٍ كهذا؟

مكان النوم شاسع جدًّا، يتسع على الأقل لألف فِراش. أسِرَّة معدنية مدهونة باللون الأبيض وعليها فرش بيضاء. حتى السجاجيد بيضاء. الجدران والأسقف مبطَّنة بكرتون حيوي ليقلل ويمتص الأصوات. تحدَّثْ بقوة، اصرخْ بشدة، لن يسمعك أحدٌ على بُعد مترين؛ لن يتضايق أحد من الأصوات التي تصدر منك. ترى باستمرار أفواهًا تتحرك، تُغلَق وتُفتَح، ولكنك من المستحيل أن تحدد إذا ما كانت تتكلم أو تبكي أو تأكل البسكويت أو تضحك. ليس هناك أي دلالة تساعدك كي تحل اللغز. عظمة التكنولوجيا في أحشاء الأرض! وعظمتها على سطحها! مع فرقٍ بسيط؛ هو أن هنا أصوات الاعتراض والاحتجاج تتلاشى.

أما على السطح...

الكثير من الأمور المثيرة والغريبة تحدث في هذا العنبر. مع صديقتي نشاهدها معًا بنظرات متوازية لا تلتقي أبدًا، نتحاور حولها، لكن على الرغم من هذا كل التساؤلات عن لماذا وكيف يحدث كل ما يحدث هنا

لا نستطيع أن نعطي أي إجابة.

في الصباح عندما يشعل حارس العنبر الضوء القوي كإشارة لبدء الحركة والنشاط ويطلق صافرته المدوية، إشارة لنا كي نسوى فُرُشَنا، أنا والمرأة لا نطيع الأوامر؛ نقفز فوق الكومودينو لنرى أوضح وأبعد، كي نغذي فضولنا. نزيح أكوابنا الورقية التي غالبًا تنقلب أو تسقط من على قطع الأثاث وماء الليل مع بولنا ينسكب على الأرض وعلى أسِرَّتنا. لا نهتم. ننظر من أعلى كل الرؤوس الأيادي التي تنفض الملاءات والبطاطين وتفرشها على الأسِرَّة. ومثلما يتحرك شركاؤنا في العنبر للأمام والخلف وحول الأسِرَّة هم أشبه بالذباب الذي يغرق في جرَّة الحليب. وعندما يتأهبون للطعام، فطائر الذرة والبسكويت بقطع متساوية، توزعها الأخوات السوداوات ذوات الأردية البيضاء بالعدل والقسطاس، أو من أجل التفتيش الطبي مع المرضين المسلحين الذين يصاحبون الأطقم الطبية، كل هذا يُذكِّر بطوابير اليهود في الثلج أمام محارق الجثث.

لكنَّ شيئًا آخر يثير الفضول بشكل رهيب، على الرغم من أننا نعرف أننا هنا متجمِّعون بالآلاف، وربما أكثر، محشورون ملتصقين ببعضنا البعض تقريبًا - كل فراش يبتعد عن الآخر بمسافة أقل من متر- واقفين على برج الملاحظة نرى أن الفراش الأقرب يبتعد مسافة نصف كيلومتر على الأقل. هكذا هو كل العنبر الذي كما نراه ليس ذا كثافة عالية، خاليًا تقريبًا ويعمه صوت ميت. ربما لأن أعيننا تعمل مثل المناظير عندما تضعها على عينيك بالمقلوب، بالعدسات الخلفية فتبتعد الكادرات القريبة وتظهر على مسافة بعيدة جدًّا، لكن بشكل واضح! نفس الشيء يحدث مع الأصوات والحوارات والصرخات المفاجئة.

كل هذه الظواهر الغريبة لا نعتقد أن المسؤول عنها هو البصر أو السمع. التفسير الوحيد الذي استطعنا طرحه هو أننا كلنا قد انكمشنا، جسدًا وروحًا، وأن التقلص الذي تعرضنا له يسمح أن يسعنا مكان صغير جدًّا، يولد إحساسًا زائفًا بأننا هكذا، وقد صرنا أقزامًا، نعيش منعزلين وحيدين في الفضاء.

هذا يقودنا نحو انحرافات أخرى؛ الاغتراب والمسافات التي تكبر بيننا تسمح وقتما أردنا أن نعود أقزامًا مرة أخرى، أن يربِّت كلٌّ منا على الآخر، أن نمارس العادة السرية دون أي خجل. قطعًا لا أستبعد أن يشعر الجميع - مثلما أشعر أنا ورفيقتي - أن هذه القاعة هي أرضنا، نستطيع أن نتصرف ونفعل مثلما يحلو لنا.

نعم، أنا المالك الكبير هنا! أقرب جار يبتعد عني بكيلومترات. ومَن بجواره يبعد عنه كيلومترات أخرى.

والأخير عند الطرف، يعيش في مجرَّةٍ أخرى. بالتأكيد كنت سأموت ذابلًا من الوحدة لو تكن بجواري امرأة!

الشيء الآخر المدهش الذي أدركناه هو التشابه الذي بينهم - ليس موجودا دائمًا - أو الذي ظهر مع الوباء وظهر على مستأجري عنبرنا، وبالتأكيد علينا! الأنوف والآذان والشَّعر والفكوك والطول والوزن واللون وملامحنا كلها مختلفة. على الرغم من هذا نتشابه كلنا مثل قطع العملة؛ يمكن أن نتعرف على وجوه وأسماء، فوجهك واسمك مثل أصدقائك، الآن يستحيل أن تقف أمام أحد وتقول له: «أنت» فور أن تلتقي عيونكم مباشرة يصيبكما الصمت. ويمر على ذهنك ظنٌّ أنك مكشوف، وأن كل ما ترى وكل من ترى، كل شيء يبدو متشابهًا. تلتفت بنظرك بعيدًا كي تتجنَّب نظرة الآخر المتفحصة. إلى ماذا

تنظر؟ فكل شيء متشابه.

لاحظت أن المرأة شيء آخر يصعب تفسيره. حواسنا وكل قوانا من أجل التواصل تجمَّعَت في جلد كفوفنا المضمومة. وهنا فكَّرنا، هنا دقَّت قلوبنا في البشرة والأصابع، ومنها ينبثق الكلام؛ نعم، نتحدث بكفوفنا، تنطبع الأصوات مثل هزَّات وصور، خبراتنا كلها من هذه النقطة تنبثق الذاكرة والحركة. الأعصاب هربت من تجويف الجمجمة وانتقلت إلى الكفوف.

المكان هنا في الأسفل هو بالنهاية المعمل حيث يخلق لوسيفير عالمه الجديد.

أحيانًا في الليل أستند على كوعي في محاولة شاقة ومؤلمة، أعصر عنقي إنشين أو ثلاثة كي أنحني فوق المرأة النائمة، رموشها صارت شفافة، مثلنا جميعًا؛ بالداخل أستطيع أن أرى كل تغيير في شكل ولون القزحيتين، وفي فيض الرموز الذي تنتجه الذاكرة مع كل مثير.

غالبًا ما أرى مشاهد في التطور الخَطِّيِّ، وأحيانًا مرة أخرى، تأتي الصور أو الاختلافات نفسها مختلطة أو سابقة.

مثال خطي:

جسدها العاري ينزلق من رحم أمها التي في منتصف العمر. رأسها الجنيني متشنِّج أصلع مثل لمبة مضيئة.

أرى قدميها تحاولان خطو الخطوات الأولى في شيء أصفر، حذاء مضحك. يدها الممتلئة ترتعش على اللوحة تحاول أن تكتب بالطبشورة الحرف الأول «أ»، تبتعد يدها وتسمن أصابعها، وتتحرك الآن بشكل

سريع على اللوحة السبورة. الحرف الأول يجري ويلتصق في الحرف الذي يليه: «أ حـ ب». أرى ساقيها تلتفان حول ساقين مُشعِرتَيْن قويتين، زهرة فرجها تهتز بينما القضيب يندفع ليغرق بداخله. أرى، أرى كل شيء، الأحلام والمخاوف والآمال التي علقتها على الرجل، كلها شفافة على جفنيها.

عجوز منكمشة صلعاء بشعر كثيف فقط فوق شفتيها التي تطبقهما بقوة حتى لا تخرج كلمة خارج الروح.

هي نفسها، الآن مراهقة، تأتي بالقسِّ للصلاة على شبيهتها التي تحتضر، لكنها أكبر منها بستين عامًا. بكل قوتها، بكلتا يديها تمسك فم العجوز مفتوحًا حتى يفرغ فيه القسُّ عبر القُمع منقوعَ الخبز والنبيذ. تسعل العجوز وتبصق. هذا ليس خبزًا ونبيذًا، إنها تبصق دمًا. الدم يجري من شفتَيْ المراهقة أيضًا. يرحل القس بعد أن استشاط غضبًا. تمسح المراهقة شفتي العجوز وشفتيها، تخلع ملابسها وتستلقي. ترتفع الملاءة وحدها بهدوء وتغطيها. الآن، توحَّدَتا الاثنتان، صورة طبق الأصل، انحشرت في فرجها، ومنه إلى رحم أمها الذي ينتفض.

أحيانًا تستيقظ وأنا منحنٍ فوقها. تشعر بالخيانة. تغطي عينيها بكفِّها الحرَّة، تتشاجر معي:

- نَمْ بسرعة.

أقول لها:

- أنتِ جميلة.

تبتسم وتقول:

- الكذب مُرحَّب به.

بعدها تنام مجددًا، تغرق في كابوس آخر جديد: واقفة أمام المرآة تنظر إلى عينيها اللتين تتضخمان وتفيضان خارج جفنيها اللذين لا يتسعان لهما؛ تتشقق شفتاها، يستحيل جلدها ذهبيًّا ويمتلئ بالبثور.

تبدأ في البكاء، ولا شيء، لا مواساة ولا وعود ولا أي نوع من الرَّبت على كتفها يمكن أن يهدئها. فقط الإجهاد والوقت.

***

المرأة التي كنت أمسك يدها وجدت ميتة صباح اليوم. لم تسقط من على الفراش، لم تُحمَّ فوق الفراش مثل مئات آخرين في هذا العنبر؛ لم يلحقوا أن ينقلوها ولا أن يقدمها لها شرط إنهاء الحياة. بقيت متشبثة فوقي ترتعش وتبكي بنحيب صغير طيلة الليل. لم أشك في أي شيء، ظننت أنها كانت ترى كابوسًا آخر.

تجمع حولنا الفضوليون الذين راحوا ينظرون إلى أيادينا المشتبكة. كانت نظراتهم ملتصقة على جسدي وأياديهم الدهنية التي كانت معلَّقة من أكمامهم الطويلة متربصة مثل عناكب آكلة للحوم البشر. شعور النساء المذهبة كانت تلتصق بوجوههن كأنها شَعرٌ مستعار مصنوع من شعر نبات الذرة، كانت ألوانها وأشكالها تتغير باستمرار، تدبُّ فيها الحياة وتصفرُّ مثل ميدوزا.

المرضون الغوريلات بمسدساتهم البراقة راحوا يبعدون المجموعة... اقترب الطبيب. دون أن يلمسها شخَّص الحالة: «ميتة».

ثم أومأ بأن يأخذوها. لفَّ المرضون جسدها في مشمع وجذبوها بعنف من جواري ومن يدي اليمنى وألقوها كخرقة قديمة على جرَّار المرضى اليدوي الذي يتبع الأطباء دومًا. كانت بالفعل عارية. حاولت أن أعترض، أن أطرد كل هؤلاء الفزَّاعات، لكن صوتًا لم يخرج مني. ذهبت مهرولًا خلف العربة اليدوية، حاولت أن أحشر نفسي معها في الفرن، لم أستطع أن أتحرك قيد أنملة من فراشي. بقيت منهارًا تحت الملاءة. الشيء الوحيد الذي جرؤت عليه هو أن أنظر إلى كفي اليمنى الخاوية. نعم، لقد خمَّنتُ وأصبتُ. لم أرَ في كفي أي أثر لصديد ولا بقايا جلد من كفها. فقط قرنفلة صفراء. نهضت ورحت أتفحصها تحت الضوء.

فور أن رآها الفضوليون انفضُّوا مبتعدين من حولي.

كان يجب أن أتوقَّع ردَّ فعلهم. كيف لم أفكر في هذا؟ كيف يمكن لميت لم يُدفَن بعدُ أن يظهر زهرة نبتت قبل قليل في جسده. كان هذا أمرًا مستفزًّا، شك بالنسبة لكل هؤلاء الذين يؤمنون بالموت وقواعده. أنا ميت ويجب أن أتصرف على أنني ميت.

إن الملاءات باردة جدًّا الليلة. وتحرقني الحمى منذ يوم حرق ميتتي.

لقد كنتِ رائعة معي يا أوليا! في الليالي التي كنت أسهر على آلتي الكاتبة كنتِ تدفئين بيجامتي بجسدك وتعطرينها بعطرك. وعندما كنت آتي لأستلقي كنتِ تساعدينني بصبر كي أرتديها وأغلق الأزرار وتسألينني عن التقدم في عملي. في منتصف اليوم بعد الغذاء كنت تصنعين لي القهوة، وعندما أكون في مزاج سيئ كنتِ تجلسين بجواري تدورين وتتمسحين فيَّ كحيوان أليف.

حينها كنتِ تحبين السينما كثيرًا. في كل الأشياء الأخرى كنتِ انتقائية. أما في السينما لا. كنتِ تجدين شيئًا يعجبك في كل الأفلام. الشاشة كانت عامودًا من أعمدة الجنية بالنسبة لكِ. الآن وحدك أنتِ لا تدرين شيئًا وتحاولين إنقاذي وتبحثين عن طبيب بين مَن في العنبر، شخص آخر غير مموِّل الموت الرحيم. لم أمنعكِ، وإن كنت أعلم أنني سأرحل قبل عودتك.

لكن هكذا أفضل، فلن أرى في عينيك القلق والحيرة. ولن أتردد في اللحظة الأخيرة. سأرحل ومواساتي الوحيدة أنكِ ستبكين عليَّ. كل ما يقلقني هو ماذا ستفعلين من بعدي، الوحدة التي تنتظرك. لو وُجِد رجل طيب يناسبك، شخص يرافقك في مشوار الحياة، يكون لديه نفس اهتماماتي؛ لرحلت مطمئنًّا. أنتِ شخص صعب، أعتقد أنني سأفشل في أجد لك رفيقًا.

تمهَّل... هذه الفتاة ربما تكون مناسبة لتكون صديقة لكِ. هي تحب ما تحبين. المشكلة هي أنك لا ترتاحين إليها. فكما تقولين، هي تضع بينها وبين الآخر المسافة مع المجاملة المصطنعة والألفة المعقدة. ربما تكونين على حقٍّ، لكن، في هذا الوضع الذي وصلنا إليه تتغير شخصية المرء ويتكيف بشكل أسهل؛ فهل من المستحيل أيضًا، سواء أرادت أم لا أن تتكيف مع واقع الملجأ؟

اقتربت من الفتاة، شرحت لها ما أريد. كانت جالسة على كرسي ثابت وترتدي روبًا فضفاضًا وخُفًّا منزليًّا. كانت عارية تحت الروب، شعر إبطَيْها وفرجها متعرِّقة، وملابسها لا يثبِّتها لا حمالة صدر ولا سروال داخلي.

- بكل سرور.

قالت ومدَّت كفها النحيلة لتصافحني. ضممت على كفِّها فابتسمت لي، انحنت رقبة طويلة نحوي كالبجعة.

خلعت ملابسي ورحت أحلُّ الروب الذي ترتديه ببطء.

***

بدلًا من أوليا التي لم تَعُد، ولن تعود، الفتاة، بدَّال جديد، التصقت بي. معًا نسير يدًا بيد، هذه المرة يدي اليسرى تمسك بيدها اليمنى، هكذا نتجوَّل. من اللحظة التي مددت لها يدي تمسكها بقوة. يدي اليمنى الحرة دائمًا بها زهرة القرنفل التي أنبتت وتفوح رائحتها وعلى كلٍّ من ساقيَّ تجفُّ حيواناتي المنوية الضعيفة، بقايا ممارسة لم تكتمل أو عادة سرية.

الآن أنا على ثقة أنها بسيطة وطيبة القلب، ولن تدحض توقُّعاتي عندما سأكون قد رحلت. حينها ستطلب هي أن ترافق أوليا. أتمنى!

أصابعي تضمُّ أصابعها النحيلة. نعم، أحبها؛ أحببتها منذ تلك الليلة قبل سنوات عندما كنَّا في صالون أحد الأصدقاء، انحنيت على كفها ورحت أتصنَّع أنني أقرؤها:

- خطُّ حياتك عميق وطويل. فقط في البدايات، في سنوات طفولتك تقطعه الأمراض، لم تكن مستعصية. خطوط القلب والعقل رائعة! ستنجبين طفلين.

الآن أعرف أنني أتمنى أن يكون أولادها مني.

- أي، إنك تؤلمني!

قالت وهي تحاول أن تسحب يدها.

- أحيانًا لا أكون متأكدًا لو أنني أعرفك، لو عرفتك من قبل، لو مارسنا الحب أبدًا من قبل.

قلت لها.

- أنت محظوظ. أنا لا أعرف إذا كنت قد مارست الحب من قبل. أشعر أنني موصدة تمامًا، مسدودة. أشعر أنه لو اخترقني قضيب سأنفجر أو سأموت.

على هذا المرتفع كان الممر مفروشًا برماد إشعاعي نشِط. كيف الوصول إلى هذا العمق؟ كيف اخترقوا آلاف الأطنان من الخرسانة المضغوطة؟ نحن، كيف وصلنا إلى هنا، خارج حدود أمننا المصفح؟

حولنا تجمَّعت مجموعة من الرجال. بعضهم واقف والآخر جالس أو مستلق، يلقون النرد أو يستقبلون كل رمية نردٍ بشتائم وإشارات قذرة. أحد العجائز، محتال، عرفته في جولة تسكُّع مع صديقتي الأولى، يضع في صندوق كل ما لم يكشطه له النُّبهاءُ، ويغادر بهدوء؛ ضبطوه عند الناصية فالتفت وصبَّ عليهم اللعنات:

- أنتم لصوص بلا مبادئ!

خرجت خلفه، قلت لها:

- أريد أن أتحدث مع العجوز، أن أسأله كيف يمكن أن أخفف ظلي، الذي يلتصق على الحوائط ويسقط على الأرض وعلى السقف، يسقط أينما كان؟ أشعر بالإجهاد، كما لو كانوا يلصقون هنا وهناك أجزاء من بدني. يمكن لعجوز مثله لديه الخبرة أن يعرف.

لم ألحقه؛ فقد اختفى. دخلنا إلى الميدان، في مكان ميت الصوت. نظرت إلى الساعة، كانت متوقفة.

الشمس في شاشات الدائرة المغلقة بلا لون، وباردة مثل قمر خريفي.

- هاهو عمود! لا بُدَّ أنه قد خرج من هنا.

عبرنا ميدانًا آخر، نسخة طبق الأصل من الذي سبق. لكن هنا، على العكس من العمود الآخر، الأصوات كانت منفِّرة، تهدر مثل المدافع. همست لها بصوت خفيض قدر ما استطعت:

- لقد جئت إلى هنا من قبل... خلف ذلك الباب وجدت العجوز.

اقتربنا، مطرقة الباب كانت عبارة عن ميدوزا من البرونز. أذكر أول زيارة لي هنا، وجه الحارس الشاب، يميل إلى الصُّفرة، وبلا شعر، أذكر أسنانه وحاجبيه. مراهقٌ ولحظات فزعه دائمة.

أشار لي أن أطرق الباب. تجرَّأتُ ولمست الميدوزا، انتزعت في يدي.

تحدَّثت بهمس؛ كل مقطع أنطقه يُسمع مثل نقر على طبول.

- هنا حدثني العجوز لأول مرة. أسرَّ لي أنه يريد أن يعود إلى حديقته في فاروشا. فقد عاش أربعين سنة هنا ولم يستمتع بطعم برتقال، قال لي. لو أنك لا تعيش بين الأشجار والفاكهة لا يروقك شيء. إنها مبخرة معجزات تحدث في مكان آخر بعيد، لو أردت أن تصدق. هذا ما قاله. حان دورنا لنقول ما لدينا. نريد أن نعود أيها العجوز، إلى هناك حيث الظلال ليس لها وزن.

أشار لي مجددًا، «وماذا تنتظر؟ أسرِعْ!». تجرَّأت، قرعت وانتظرت. لا بُدَّ أن أطفئ الأصوات والأصداء أوَّلًا.

سمعنا خطوات، فُتِح الباب. لم يكن المراهق، ولا العجوز. كان واحد من الغوريلتين المرِّضَيْن! خلفي، في الغرفة، أهي غرفة أم مستشفى؟ استندت على طاولة جراحة، كبير الأطباء والممرض الثاني منحنيَيْن على المشارط فوق جثة امرأة عجوز عارية.

خلف الأول صفٌّ طويل من طاولات الجراحة المهملة.

طبيبا التشريح أشارا لنا بمشرطيهما: «هيا».

هربنا، تطاردنا ضحكاتهم المدوية. قطعنا في هرولةٍ الميدانَيْن التوأمين، رأينا أمامنا بارتياح شديد رواقًا ضيِّقًا بلا حراسة فدخلنا فيه؛ على يميننا ويسارنا أبواب معدنية. وكما كنا نركض ونقفز فتحنا بضجيج.

خلفنا أكوام من الأثاث المهشم، مرايا مشوَّهة تقطع وتطوِّل أو تشوِّه أشكالنا.

هنا انقسم الممر بسياج كهربائي.

«نهاية الطري

ق»، هكذا كانت تقول اللافتة.

على قفل البوابة خرزة زرقاء مقدسة تومض، وكانت كبيرة كبيضة نعامة. ضوؤها بارد يعمي العيون.

توقَّفنا مقطوعي النفس. هل وقعنا في كمين؟ أين نذهب من هنا، إلى أين تؤدي هذه الجحور؟ أي نهاية مرعبة تنتظرنا لو استيقَظَت الخفافيش الجائعة المتعلقة الآن مثل عناقيد كثيفة حولنا.

في عمق الممر البعيد فُتح باب؛ طوابير من الراهبات بالزي الأسود وأغطية الرأس البيضاء يخرجن ثلاثة ثلاثة بنظام صارم وخطوات منتظمة مثل حرس ملكي. النصف الأول منهن يحملن شموعًا مضاءة والنصف الآخر في الخلف، عند مؤخرة التشكيلة السلامية يمسكن بتهديدٍ مقصَّاتٍ ضخمةً يفتحنها ويغلقنها. وصلن حتى السياج وركعن. من وسطهن برزت راهبة نحيلة ترتدي زيًّا أبيض؛ رفعت صليبًا ناريًّا. راحت تتلو، ويردد الكورس كله وراءها:

من خلالي يدخل الإنسان المدينة المحزنة؛

ومن خلالي يدخل الإنسان الآلام السرمدية[12].

هرب الصليب من يدها، ارتفع وراح يحوم في الهواء، عبر السياج التي بدت وكأنها مصنوعة من خامة الأحلام وراح يطاردنا وهو يُصدر صفيرًا.

هرولة أخرى مجنونة وضيق في النفس وعرق ولهاث، يكاد القلب أن ينفجر.

12- من جحيم دانتي الأنشودة 3.

فجأة على الناصية أمامنا وجدنا بابًا فولاذيًّا نصف مفتوح. دفعناه بقوة تضخَّمَت من فرط رعبنا، هرعنا للداخل بعد أن أغلقناه وسندنا ظهورنا عليه، ابتعدنا، نريد أن نصدق أننا نجونا من التهديد الناري.

راحت المرأة تدعو «يا ربي، لا تدع الصليب يمر».

دخلنا إلى قبو سحري متكامل، وبه ضجيج عالٍ. في كل مكان حضانات وأجهزة تنفُّس وأسِرَّة ونساء نفساوات، أو على وشك الولادة، وأسراب من الممرضات يرحن ويجئن في عجلة. عجوز عمياء تتعقم وترتدي القفازات الطبية كي تبدأ في عملية خلط، لا، ليس خلطًا كبيرًا، أسود وأبيض وأصفر مع النفساء والثلاثة ألوان، ملامح المجموعات الثلاث من الأجناس تنطبق عليهم. العمياء تقود جالسة على مقعد عالٍ أشبه بالعرش به ثقبٌ في المنتصف. في الأسفل يحرقون أعشابًا ومعطرات ثقيلة. المرأة تبكي وتنوح وتطلب الرحمة. يدا العجوز ترتعشان وتبحثان وتجدان الجماجم. بتعاويذ تطرد الشر عن الجنين لينزلق بين يديها الممدودتين. «لا تخَفْ يا روحي، سأتلقَّفك أنا...».

نشيح نظرنا بعيدًا. نفس الشيء في كل مكان، رؤوس أطفال متجعدة مثل بالونات نفد منها الهواء معلَّقة من أثداء عجفاء، أجِنَّة بلا عيون أو آذان وثقوب بلا لثة في أفواههم، لكن الجوانب إما مفقودة أو متضخمة يتلوُّون على الملاءات بجوار النساء النفساوات، يناضلون ويتشنجون في الحضَّانات مثل خنافس مقلوبة على ظهورها، بعيدًا عنهم في حدائق أطفال أو عربات، رُضَّع برؤوس عجوزة وأنياب كلاب وشوارب وشفاه مقطَّعة وأنوف مفلطحة، يحركون وجوههم بتعابير غريبة تحت مناديل أو قبعات كوميدية، «يبتسمون لنا»، مستحيل،

سيقاننا لا تنحني، أصابهم الشلل التام، هيكلنا العظمي كله، إننا دُمًى من الخشب سُمِّرنا في الأرض، محكوم علينا أن نسمع ونرى الصراخ والسباب وأشياء أخرى كثيرة...

أين، ومن أين، ومَن الذي يصرخ؟

نرى مرة أخرى...

يدا العجوز وقد أمسكت جسد جنين وتنزع منه أنفه. العمياء تسحب. طرفان، شيء مثل القرون تبرز من حيثما ينبغي أن تكون الأقدام. أيادٍ على جسد دائري خرج الآن كاملًا، ثم اختفى. ها هو، الآن يخرج عنقًا بلا عمود فقري... في الأعلى فقاعة شفافة معلقة، الرأس وبه سائل كثيف ويترجرج في داخله.

العجوز تدرك، لديها خبرة، تعرف ماذا تحمل بين يديها، حاولت رفعه فارتعشت يداها وسقط منها الوحش الصغير فانفجر رأسه البشع على الأرض. إنه مُصمَت، بالونة سميكة. انتفخ ثانيةً وهو يصدر صفيرًا بعد أن نزف القليل من السوائل كريهة الرائحة.

8

ولكن، نيويورك لم تختفِ. ها هي مدينتنا الجميلة! وها هو أيضًا برودواي المتكبر الصفيق! وبرونكس وأستوريا ونيوجيرسي وهارلم! ها هي ناطحات السحاب! واللوحات الإعلانية العملاقة، مجرَّة لمبات نيون! وعشرات الملايين من المطاعم! ورجالها البيض والسود! والبورنو والسحاقيات والمثليُّون وقَوَّادوهم! محافظو العالم!

ولكن؟

ولكن!

أطلقت دون وعي صوت ارتياح قويًّا. نظرت إلى المارة الفضوليين. يكاد قلبي أن ينفجر. لمست الجدار، إنه ثابت، لا يتبخَّر! أعطيت حفنة من الدولارات إلى بائع فاكهة متجول، أمسكت بالفاكهة، تحسست ثمرة مانجو، كما لو أنني أتحسَّس صدر أوليا. رحت أركل كل صندوق قمامة أرى أمامي فتفزع الطيور وتحوم حول كل من المارة الذين لم يستحسنوا منظر القمامة، نقرني أحدها في ركبتي: «قبرصي ملعون!».

أحيِّي من المارة مَن هم أطول مني. أغمز وأكشر لكل مَن هم أقصر مني. فور أن أرى فتاة بشعر أحمر أرفع ساقي اليمنى وأمر بجوارها من على اليسار ببطء شديد. الفتيان المتسولون، سود وبيض، يسيرون

خلفي، وأحد رجال الشرطة نظر إليَّ في حنق. غمزت له. ماذا جرى لهذا الرجل، هل هو مثلي أم مجنون؟ راح يتساءل وهو يهز رأسه. عدَّل من وضع قبعته واستمر في السير.

ركبت سيارة تاكسي، أعطيته العنوان:

- فندق إمباسادور.

السائق نظر إليَّ بجانب عينه:

- سائح؟

أدار عجلة القيادة دون أن ينظر وانطلق، مع شبه موافقة مني راح يتسكَّع في شوارع مانهاتن. الفندق من هذه النقطة هو على مبعدة ثلاث دقائق سيرًا على الأقدام. «لكن الأجنبي الملعون»، سيفكِّر «إمَّا أنه لا يعرف الاتجاهات بعدُ، أو أنه لن يذهب للنوم الليلة، سيستمتع بليلة جميلة...»، راح يسير بلا أي وجهة. المبلغ على العداد يرتفع. إيه، وإذا كان؟ وإذا وصل خمسين دولارًا ماذا سيحدث؟ لديَّ المال في جيبي، فلا يزال مصروفي من المنحة كما هو. مكبر الصوت في التاكسي يعطي الإرشادات من المركز الرئيسي: «85321، هيا يا جو، انتهِ، هناك عمل كثير في شارع 47»، لم يُثِر أعصابي بعدُ، أعجبني بالفعل العداد الذي يشير بالقيمة المطلوبة: اثنان وعشرون دولارًا وكسور، وما زال يغير الأرقام. رخصة السائق بجوار العداد، أقرأ: «جو باركر. محل الميلاد: كونيكتيكات. تاريخ الميلاد: 31 يناير 1929». شفاه جو باركر تشبه مؤخرة العنزة، أنفه كبير ومعوجٌّ يشبه العنب البري، عليه شامتان. عيناه مثل حبَّتي حمص ثابتتين.

تفحَّصانني جيدًا بريبة ووقاحة منذ أن دخلت التاكسي. لديهم تعليمات من البوليس أن ينتبهوا إلى كل التفاصيل، أو، على الأقل، قدر ما يستطيعون عن الزبائن، بالأخص ملامحهم. مبدأ الشرطة هنا هو «كل عميل هو مشكلة أو لصٌّ أو مُغتصِب أو مجرم محتمَل».

- فرنسي؟
- يوناني قبرصي.
- بعيد جدًّا عن الوطن.
- نسبيًّا.
- سائح؟
- مدعوٌّ من قِبَل الرئيس كنيدي.
- يعني V.I.P!
- تقريبًا.
- برافو! في الحرب خدمت في الشرق الأوسط. رأيت الكثير من الدول في المنطقة. لكن لم تصادفني قبرص. سمعت أنكم تنتجون النبيذ.
- أفخر الأنواع! السلطان احتلَّنا حتى لا يحتاج لشرائه.
- سلطان ذكي!
- كانت أمه رومية؛ لهذا كان انكشاريًّا...

أين أنت يا ميحمد، لتلقي مزحة جاهزة هنا.

نظر إليَّ بريبة. وراح يفكِّر، يعجبني الشخص الذكي!

- كيف العمل؟
- جيد، جيد جدًّا.
- ماذا يقول الناس عن الأزمة؟
- مراوغة!

- من كنيدي؟
- من كل الأطراف كـ: كنيدي وكوروشوف وكاسترو. في النهاية اتفقوا! سيسحب البلشفيُّ السلاح النووي من كوبا، ورئيسنا هنا كذلك سيسحبها من تركيا. سيبقى فيدل بشفاه ظمآنة.
- هل استيقظ مجلس الأمن وبارك الاتفاق؟
- أعتقد هذا. قالوا شيئًا كهذا في المذياع، اتفقوا؛ والزي الكاكي عاد إلى الخزانة. لا أدري، لكن من يهتم أساسًا. عملنا لا يسمح لنا أن ننشغل بالنَّصَّابين. أنت ما هو عملك يا سيدي؟
- صحافي.
- السُّلطة الثالثة كما نقول!

وبعد قليل سأل:

- لم تَقُل لي، أي أنواع النبيذ هو الأفخر؟
- ماذا تعني الأفخر؟
- ما يعنيه كل الناس، الأقوى!
- الراكي القبرصي، الجيفانيا أو الجيفانا كما نقول. تشعل محارق!
- برافو! ما هي مساحة قبرص، كم ألف ميل؟
- بعدد ما أنا مدين لك بالدولارات.

ميحمد ليس هنا. في الحمام وعلى الدش وبين الدش والنافذة كانت جواربه وملابسه الداخلية الحرارية معلَّقة لتجف. شغَّلت التلفاز. أغلقته قبل أن تظهر الصورة. من الأفضل ألَّا أعرف. الليلة أشعر ببهجة فريدة، أعيش وأسير وأحرِّك يديَّ وقدميَّ، أحني عنقي، أشعر بأن كل حواسي في مكانها الصحيح، وليس في كفِّ يدي. وأشعر بالحب، أحب، أحب! فراشي، المصباح، العناكب، ميحمد أوزكيول! أشعر بظهري

مفرودًا يتمدد، وبرأسي يستند على جبال روكي والأبالاش وذرعيَّ ويديَّ تنتعش على مداها في المحيطين!

الليلة كل ما يحدث دون علمي في جهاز التلفاز المطفأ وعلى بُعد كِيلو مترات من برج بابل في الأمم المتحدة لا يعنيني على الإطلاق، أنا أَسمَى من الأرض البكر التي اكتشفها كولومبو وأميركو!

أجلس على الفراش. يغوص من ثقلي. وزني أكثر من ألف كيلو، وطولي يقرب من أربعة أمتار! تذمَّرَت زنبركات الفراش. كيف أتَّسِع لكل هذا العالم بداخلي؟ كيف وجدت هذه القوة في ساقيَّ كي أسحب كل هذا العالم والناس وأسير بهم؟

لم تحمل فقط كل هذا الوزن يا أحمق! أخذت وحدات كثيرة من قوة الحصان!

نعم يا غبي، صحيح، ضحكت. رحت أتمشَّى. انتفض قضيبي فنهرته، اهدأ يا أنت، أنتظر... فتحت الباب على مصراعيه، ربما تمر السيدة بيكنواه، أو أي سيدة أخرى في أي عمر، لا يهم. سِرت في كل أنحاء الطابق الرابع، ثم نزلت إلى الثالث، وبعدها صعدت إلى الخامس بثقة وهدوء. رحت أنزع ملابسي ببطء كراقص عُري محترف وأنا أصفِّر تيمة موسيقية سمعتها في كباريه في نيقوسيًا، رحت أفكر وأنظر في المرآة. رأيت جسدي من المنتصف لأعلى وحتى الرأس. وقفت على الكرسي. الثعبان المنتفض ينظر للزجاج باستحسان. عيناي منتفختان ومحمرَّة. بعض الغبار يغطي جبهتي، عنقي امتلأ بالتجاعيد. أغلقت عيني بقوة، قضيبي في يدي يزداد صلابة ويتجه لأعلى، الغرفة والحمام يمتلئان بالناس. أوليا ونساء أخريات قابلتهم ورأيتهم وتخيلتهم اصطفوا واتَّحدوا، كل واحدة تطلب الأولوية،

التصقوا بي بلا خجل... انحنيت، عضضت وسالت دماء من ذراع... انحنيت لأصل أسفل، التصقت أنفي بالزجاج. المرآة امتلأت بالبخار. فور أن أنتهي أبدأ من جديد مرة واثنتين وعشرًا... حتى أسقط منهكًا. أصابعي تداعب سيقان وصدورًا وأردافًا، سُرُر الوحوش تمزِّقني. تجمَّعت دماء على لساني من الذراع، البخار على المرآة. أصابع يدي اليمنى تمسك بمحور الكون، المجرفة السحرية للرب...

ها هو الرب!

ركعت...

أظافري تبحث عن بدن...

ولساني يبحث عن كلام ناري...

هكذا خلق الرب الأرض والسموات.

الجزء الثاني

سيراكوزا

9

قلَّل بوب من سرعة السيارة وانحرف بها ثم أخذ يدور بعجلة القيادة ويسير قريبًا جدًّا من محيط مركز إراكوي. داس على الفرامل أمامه. توقف الأتوبيس الذي كان يلهث لخمس ساعات من مانهاتن حتى هنا. توقف أخيرًا بارتياح.

- الحمد لله، لقد فعلناها.

قال بوب كأنه ينطق بلسان حال الأتوبيس.

صفَّقنا له:

- برافو يا بوب، أنت سائق عظيم وفريد!

ابتسم لنا وشدَّ مكابح فرامل اليد، ثم فتح الأبواب.

تسقط حبات الثلج في الخارج مع البرد القارص. ارتدينا المعاطف والكوفيات بسرعة رياضيين، أول مَن قفز خارج الحافلة كان فيشر ومساعده. خلفهم دائم الحركة شين كوبتا. خوان دومينجو ينحني أمام الفارسية التي كانت تخلِّص تنُّورتها من بين أردافها، أومأ لها بنبل:

- تفضَّلي.

مدام روباري تتبختر ببطء وتقفز للخارج. تتعرقل بالكعوب العالية وتترنح، لكن خلفها كان الأرجنتيني الذي أمسك بها. تبعهم إريكا وصديقها أندريه وخلفهم مُحمَّلًا بالحقائب زوج إريكا، مستر إريك بصوته الذي لا يسمعه سوى أندريه ومدام روباري، لا أحد آخر.

وضع صامويل مؤشر الصفحات في الكتاب الذي كان يقرؤه طوال الرحلة، ثم وضع الكتاب في حقيبته وقام ببطء. أوكوكون كان يجلس بجواره أخذ كاميراته من على الرف الشبكي العلوي. خلفهم كان ميحمد الذي كان يجلس مع الميكسيكي يحارب ارتباكه بعبارات لطيفة، لحسن الحظ لا أسمعها.

- هيا يا سادة، ألن تنزلوا؟

سأل رجل الكهف ستيفن تاجا من الصفوف الخلفية. بلا رغبة حقيقية بدأنا في الخروج الواحد تلو الآخر كمن يقفز بالمظلة في الفراغ لأول مرة في حياته. لا أحد يتعجَّل للدخول المبنى في عمق الفناء. موعدنا المعلق كتهديدٍ مع مضيفينا الجدد يسبِّب لنا جميعًا بعض العصبية. المجهولون الذين رشحونا فقط لأنهم أحبوا وجوهنا، أو ببساطة لأن وجوهنا لم تُسبِّب لهم أي امتعاض. هل سيعجبوننا؟ قبل شهر طُلِب منا من سكرتيرة فيشر سيرنا الذاتية وصورنا: واجهة وبروفيل وصورة كاملة أيضًا، وصف للملامح كما هي موصوفة في جوازات السفر: الطول ولون العيون والوزن والعلامات الوراثية المميزة، الشَّامات والندوب والنمش وأشياء من هذا القبيل طلبته منَّا الفتاة في البداية بعد مكالمة تليفونية طارئة. شرحت لنا أن مكتب المنح طلب منها هذا، وأن يُعلم ملفاتهم. قبل أيام في فندق إمباسادور استطعنا أن نخرج من روبي معلومات أخرى عن الآخرين الذين طلبوا هذا

الكمَّ من المعلومات؛ صور مكبَّرة لنا وسيرة ذاتية مهنية أُرسِلَت إلى «إيراكواي سنتر»، وهنا قام بالاختيار الذين عرضوا استضافتنا خلال إقامتنا في سيراكوز.

- أغلبهم من المواطنين المعروفين والميثودين.

قال روبي واستمر في إخبارنا:

- الاستضافة، بعيدًا عن العادات والتقاليد في بلادنا هي مكوِّن أساسي لبرنامج المنح لإدماج الطلاب الأجانب في قيم وفلسفة وأسلوب حياة العائلة الأمريكية. كل ما سمعتموه في الملخص ستعيشونه في بيوت المواطنين الأمريكيين، حيث ستعيشون معهم لثلاثة أشهر.

إذن، لقد اختارونا من معرض الصور التي طلبوها منَّا! هذا يصلح وهذا لا، يا ويلي... هذا أسود جدًّا، وهذا أبيض... أمَّا هذا فلديه نظرة ماكرة، الآخر ابتسامته ساخرة.

كان هذا تعليق إميليو، ومن غيره، على طريقة الاختيار والاستضافة المنزلية:

- لو أن الاختيار قام به الزوجان، فقد انتهى أمري.
- الوسماء بعيدًا من هنا!

قال مداعبًا بعد أن ترجم العبارة بالإنجليزية.

- بالضبط! لو أنهم تركوا الأمر للسيدات اللاتي يُمثِّلن الأمومة على الأرجح في أمريكا الشمالية بالتأكيد كانوا سيبيعونني في المزاد... وأتمنى أن تكون المزايِدَة فتاة شابة وجميلة.

أشار لنا روبي أن ندخل إلى صالون الاستقبال. بتململ دخلنا واحدًا تلو الآخر في «إيراكواي»، وسط خضم من التعليقات الهامسة والأصوات.

- ألق النرد.

قال الأرجنتيني هامسًا.

باستثناء امرأة في الخامسة والأربعين، بأنف معقوف، وأسنان أكثر من بيضاء، بالتأكيد مزيَّفة، كانت لتستضيف ميحمد «ستأكله حيًّا»، كما كنا نداعبه في مقصف الكوليدج في اليوم التالي، كل النساء المستضيفات لم يَكُنَّ شابَّات ولا جميلات على الإطلاق. بعد دخولنا القاعة رأينا برعب دفين حوالي عشرين من النساء الأنيقات الرشيقات كلهن على هامش ربيع العمر أو ربما أكثر من هذا. اجتماعيات ولبقات، متحدثات، ويدور في فلكهن أزواجهن، كواكب على وشك الاختفاء.

قام د. فيشر بالتعريف. الأصوات المقتضبة، الهمهمة، والغمغمة، والآهات، وأصوات قرقعة أطقم الأسنان، وسعال الربو- كلها تعمل بكامل طاقتها.

- من فورنيو؟! واو! هل هو حقيقي أنه في غابة الجزيرة لا زال هناك آكلو لحوم البشر؟
- بولندي، من نفس بلد شوبان! رائع! هل سمعت إيثل وديار؟
- أتمنى أن تعجبك الغرفة. لقد جهزتها بشكل أورينتالي؟

قالت المضيفة لميحمد.

- Mille mercis.

قال التركي بالفرنسية. ثم همس مصحِّحًا نفسه بالإنجليزية:

- Thanks.

- هل لديك أولاد؟

سألت المرأة الطويلة التي تشبه لاعبة كرة سلة روسية، التي ستستضيف خوان دومينجو.

- لديَّ الكثير من الأولاد!
- أولاد أم بنات؟

وانتظرت الإجابة باهتمام مُصطَنَع. قال الزوج:

- نحن ليس لدينا أولاد. أنتم جميعًا أولادنا، الطلاب الأجانب الذين نستضيفهم. واحد، وأحيانًا اثنان كل عام، منذ خمسة أعوام.
- ستة يا عزيزي! أنت ابننا السابع.

قالت الزوجة الطويلة وهي تنظر من أعلى إلى الأرجنتيني مبتسمة.

- ولدها الجديد.

صحَّح لها الزوج.

أوماسيولا وأوكوكون بقيَا صابرين يستمعان عن السفاري الذي قام به مضيفوهما قبل سنوات في أفريقيا، والنمور التي قتلوها.

- رؤوسها تزيِّن مكتبي.

قال الزوج.

ولأن مضيفي لم يظهروا بعدُ كانت أخت روب، ميس جوناثون،

تصحبني، غير متزوِّجة مثل أخيها، في الخمسين من عمرها تقريبًا.

- خوانيتا دائمًا محظوظة!

قالت وهي تتفحَّصني بعناية. رأت دهشتي، فابتسمت، وأضافت:

- صديقتي الحميمة التي ستختطفك بعد قليل، ذات الاسم الموسيقي خوانيتا. سأفشي لك سرًّا، لكن - من فضلك - لا تَقُل لها، هل تَعِدُني؟ لقد اختارتك لأنها أعجبت بقوامك وبعينيك اللوزيتين المعبِّرتين! يتَّفق ميلهيور معها أيضًا. هو لأسباب أخرى، كمثقف... قد أعجب كثيرًا بسيرتك الذاتية ومن عملك ككاتب.

ميلهيور أو ميلهيوار أو ميل، الثلاثة أسماء صحيحة، هو زوجها. مُسِنٌّ بعض الشيء المسكين، لكنه إنسان رائع!

د. ميلهيور، علمت فيما بعد أنه بروفيسور في الفلسفة الكلاسيكية على المعاش، وعمره خمسة وسبعون عامًا. أما خوانيتا لو أن شذرات المعلومات التي جمعتها من ميس جوناثان الثرثارة المتهوِّرة دقيقة، يجب أن تصغره كثيرًا، شخصية لطيفة وحيوية ونشطة وموهوبة.

- في البداية، أحذِّرك، سوف تجد بعض الصعوبة كي تفهم ماذا تقول. بسبب طريقة كلامها، لديها لهجة جنوبية من كارولاينا. تخيَّل أنه حتى نحن، وبيننا صداقة عمرها سنوات طويلة، كثيرًا ما نلقى صعوبة في فهم لهجتها الموسيقية. هي لهجة الجنوب، لكني متأكدة من أنك ستستمتع معها.

شابَّة مفعمة بالحيوية، ومُقبِلة على الحياة، مع زوج في الخامسة والسبعين... في النهاية، من المحتمل - أنا المحظوظ - أن أتقبَّل الأمر.

يد رجل طويل جدًّا ونحيل ومتقدِّم في العمل تسقط بشكل ودود على كتف مس جوناثان. صاحت المرأة الناضجة صيحةً متحمِّسة، صحبتها ثرثرة لا نهائية، واصطحبته لتقاطع أخت روب.

د. أوفية ميلهيور في الثمانين من العمر، وخوانيتا ميلهيور في الخمسين! وبالطبع قَدرَ ما حاوَلَت أن تخفي بلباقة ولياقة سنَّ صديقتها إلا أنها لم تستطع. هي بلا مكياج ترتدي ملابس بسيطة، ولا ترتدي أي نوع من الحلي. والأهم أنني لم أواجه أي صعوبة في فهم ما تقوله لي عندما قام د. فيشر بالتعارف:

- هذا هو ابننا اللامع الشاب من قبرص! بتروس، بيتر أرخونديذيس. تخيلي، لقد أصبح رئيس تحرير في سن الخامسة والعشرين! هو أيضًا كاتب!

السيدة ميلهيور ابتسمت لي؛ وعندما قدَّمتُ يدي لأصافحها أبعدتها واحتضنتني ولمست وجهي بخدِّها:

- مرحبًا بك في سيراكوز.

شعرت بالارتباك من التقديم المفخَّم الذي قام به د. فيشر، ومن اللطف والمودة المفرطة للسيدة ميلهيور.

عندما رأى د. ميهيلور نظرتي الضائعة بادر بمنحي المحفز المطلوب:

- بيتر، إن ما سأقوله لك أعنيه تمامًا. من اليوم أنت ابننا، وأنا وخوانيتا نريدك أن تشعر وتتصرف كأنك كذلك. عليك أن تعتبر أن بيتنا هو بيتك، وأن تبيِّن هذا، ويمكنك أن تنتقدنا، وأن تقول

لنا أن نغيِّر شيئًا أو نُحسِّن أو نتحسَّن في شيء إلى آخره. نحتاج منذ فترة لبعض من التَّناصُح؛ كن أنت المحفِّز.

- أنا متأكد أنه لن تكون هناك أي حاجة لكي أنقد شيئًا أو أشير إليه، فأنا...

قاطعني وهو يلتفت نحو زوجته قائلًا:

- عزيزي الشاب، هذا سيتَّضح من خلال معايشتنا، الأمر يحتاج للوقت. ما رأيك يا خوانيتا؟

أومأت السيدة ميلهيور بالموافقة، ثم استمرَّت في النظر إليَّ بتفحُّص مثلما كانت تفعل صديقتها. راح ارتباكي يزيد ويكبر، كان من المستحيل أن أتتبع حبل أفكار العجوز الطويل، إلَّا أن مونولوجه الطويل كان مستمرًّا:

- لقد تأخَّرنا في الحضور للاستقبال ونعتذر عن هذا. كانت لدينا مشكلة بالسيارة... و... و... و...

لا أستطيع أن أستوعب أي شيء يقوله بعد كل «و» يقولها منذ البداية، هذا بالإضافة إلى الألفة والحديث دون تكلُّف:

- خوانيتا كانت تتوق لمقابلتك والتعرف عليك... وكانت تتمنى... ولديها قلق كبير لو أن الغرفة التي أعدَّتها لك ستعجبك.

تدخَّلَت السيدة ميلهيور وقالت شيئًا؛ لم أفهمه؛ كرَّره بعد ذاك الدكتور ميلهيور:

- خوانيتا تقترح أن تودع أصدقاءك الآن. لا بُدَّ أنك متعب، لقد أعدَّت لك حمَّامًا ساخنًا.

كم أودُّ هذا! صافحت روبي وميس وإبراهام فيش، مودِّعًا، ثم ميحمد أشرت له من على بُعد هو وإميليو والآخرين الذين لم يتحرَّروا بعدُ من مضيفيهم.

خرجنا إلى الحديقة حيث ترك بوب أمتعتنا. وجدت حقائبي بسهولة. كانت أقلَّها أناقةً وذات طراز قديم. في البداية رفعت الحقيبة الكبيرة، حقيبة تصحبني منذ كنت طالبًا. ثقيلة للغاية. وبينما كنت أجمع قواي كي أحركها من على الأسفلت كي ألقيها في حقيبة السيارة، ارتطم وجه الحقيبة بممتصِّ الصدمات في السيارة، فانتزع يد الحقيبة، وبقي في يدي، وسقطت الحقيبة وفتحت عن آخرها وراحت محتوياتها: سترات وبنطلونات وملابس داخلية وكتب وعلبتان من الواقي الذكري، كلها انتثرت على الأرض.

تجمَّدتُ في مكاني.

جثا د. ميلهيور على ركبتيه بجوار الكومة:

- سوف نجمعها يا ابني. ليست هناك مشكلة.

احمررت خجلًا، انحنيت أنا الآخر. السيدة ميلهيور لم تستطع أن تخفي ضحكة صغيرة ولا بوب سائقنا الذي هرع هو الآخر كي يساعد وراح يتفحَّص بفضول ملابسي الداخلية ذات الطراز القديم. فور أن وقعت عيناه على علب الواقي الذكري التفت وغمز لي. غطَّيتها بإحدى الفانلات.

- سوف أرسلها للإصلاح. لن تكلِّفنا ولا حتى عشرة دولارات.

قال لي الدكتور ميلهيور.

- مستحيل! سوف أشتري حقيبة أخرى.

أجبت بتلعثم.

ساعدني بوب في إغلاق الحقيبة المنزوعة. بعد ذلك لفَّها وربطها بنايلون ثم وضعها في السيارة. ألقيت بعد ذلك بدوري حقيبة يدي في السيارة.

ركبنا السيارة. أنا في الأمام بعد أمرٍ من السيدة ميلهيور، الدكتور ميلهيور جلس في الخلف.

- حظًّا سعيدًا.

همس بوب بعد أن انحنى بالقرب مني ومحرِّك السيارة يدور.

سأحتاج قليلًا من الحظ بالتأكيد، رددت بداخلي.

انتفضت السيارة وبدأت في التحرك بقفزات صغيرة. كنت غارقًا في عرقي محمَّلًا بأطنان من الضيق من الذي حدث منذ قليل؛ سمعت أم لم أسمع العجوز يحكي من المقعد الخلفي، لست متأكدًا أنني كنت أسمع السيدة بجواري تثرثر؛ كنت أهزُّ رأسي فقط كأنني أتابع ما يقولون. ولا شيء في رأسي سوى جملة تتكرر: «ماذا تفعل يا حمار هنا؟ ماذا جاء بك إلى بلدة الـ 'إيراكوي'؟ أهذا كله من أجل عيونك اللوزية وجسدك الفارغ؟».

10

غرفة الضيافة مفروشة بفراش جميل مصنوع يدويًّان وخزانة ذات أدراج منحوتة من الخشب، وكرسي هزَّاز، ومكتب؛ كلها قطع أثاث مشتراة من جامعة التُّحف خوانيتا ميلهيور، من حانوت بيع التحف والأثاث القديم في ويليامزبرج؛ نسخ طبق الأصل من قطع الأثاث التي تزيِّن القصور في هذه المدينة المجددة في فيرجينيا.

نفس المنزل الذي يقع في شارع جينيسيس رقم واحد، هو منزل كبير يزيد عن حاجة الزوجين المسنَّيْن؛ من طابقين وله حديقة وقبو حوَّله د. أوفيه إلى ورشة نجارة. حتى الآن وهو في الثمانين من عمره عندما يشعر أنه على ما يرام يعمل بالساعات في تلك الورشة. يرمِّم أو يصنع قطع أثاث صغيرة، رفوفًا وخزانات من أجل كتبه، أو إطارات للصور الفوتوغرافية لأحفاده.

الطابق الأرضي به ثلاث غرف نوم وغرفة جلوس وبيانو مغلق على الدوام، مائدة للطعام في أحد الجوانب ومكتب على الجانب الآخر، حمَّامان ومخزن. أحد الحمَّامين، الذي يوجد بجوار غرفتي، أستخدمه أنا فقط.

الطابق العلوي، الذي يجب أن يكون واسعًا وكبيرًا أيضًا، فلم أصعد هناك بعدُ- بابه دائمًا مغلق. مرة واحدة فقط رأيته نصف مفتوح؛

رأس الدَّرج، وكل درجات السُّلَّم التي ظهرت، كان عليها كلها أُصُص وتماثيل صغيرة، وعلى الجدران بورتريهات موسيقيين.

أثاث الصالة، وغرفة الطعام كلها ذات طراز قديم، في حالة جيدة جدًّا؛ لا بُدَّ أنهم اشتروها وقت زواجهم، الذي أعتقد أنه حدث في عقد الثلاثينيات. كان الزواج الثاني بالنسبة له والأول بالنسبة لها. كما أعتقد أن فارق العمر الذي يفصل بينهما يتعدَّى العشرين سنة. هو وُلِد في بداية عام 1880، أما هي ففي منتصف العقد الثاني من القرن العشرين.

كلاهما لطيف جدًّا. «بيتر، يا بني» أو «sonny» كما يناديني هو، أو كما تناديني هي «أيها الشاب» أو «أيها القبرصي الصغير». يدلِّلانني كثيرًا، يفعلان كل ما في وسعهما كي يجعلاني أشعر كأنني في بيتي. يسألان عن أي طعام أو حلويات أحب، يريدان أن يزيد وزني لديهما، دائمًا يمطرانني بأسئلة عن أوليا وعن عائلتي وعن عملي؛ يريدان أن يعرفَا إلى أي مدى تكون مدينة نيقوسيا مدينة كوزموبوليتانية، لو أن بها جامعة، أو أوركسترا سيمفوني، لو أنني أقود سيارة، وإذا كنتُ؛ هل هي سيارة أوروبية أم أمريكية.

قبل أن يتعرَّفا عليَّ، كل ما كانا يعرفنه عن قبرص هو الاسم فقط. في الأيام الأخيرة، وكما فهِمتُ، فهُم يفتحان روزنامات وموسوعات قديمة «تضاهيهما في العمر»، ويجمعان المعلومات ويقدِّمانها لي برضا وارتياح استعراضي في كل فرصة تسنح لهما.

الحقيقة أنه على الرغم من كل شيء أقدِّر محاولتهما كثيرًا، وأحترمها؛ كونهما ودودَيْن، ويحاولان أن يخلقا نوعًا من الألفة بالنقاشات والحوارت والأسئلة عني وعن ذويَّ، وإن كان الأمر مُرهِقًا بالنسبة لي.

أحاول أن أتجنَّبها قدر استطاعتي وأحجم ساعات تواجدي بالمنزل. أوقات الفراغ أفضِّل أن أقضيها مع ميحمد والآخرين في المدينة، نستكشف أحياءً مجهولة وأخرى مزدحمة ومشهورة، أن نأكل في أماكن محلية صغيرة أو في محلات الفاست فوود الكبيرة، نقتل وقتنا في المكتبات والمتاحف أو بالتَّنزُّه في الحدائق، إمَّا بالهرولة أو التمشية، حتى تخور قوانا تمامًا. على كلٍّ، في كل مرة أجلس معهما للطعام أدرك أن الشيف هو دكتور أوفيه، الذي لديه موهبة إلى حدٍّ بعيد في الطهي. أمَّا هي فتصنع فقط بين الحين والآخر سلاطات وحلويات، لكنها لا تفوِّت الفرصة لإبداء ملاحظات ماكرة أو لطيفة إلى «رئيس الطبَّاخين». أما في الليل فغالبًا ما أعود متأخرًا، أعطتني مفتاحها للباب الخارجي الذي أستخدمه حتى الآن. دائمًا يفتحان لي؛ قلَّما يفعل هو، غالبًا ما تفتح لي هي الباب. يجلسان بجوار المدفئة ينتظرانني بجوار التلفاز المفتوح يطنُّ ويثرثر ولا يشاهده سوى قطَّتَيْهما. من النافذة الزجاجية يريانني وأنا أدخل إلى الفناء فيقومان ليفتحا لي الباب قبل .أن أضع المفتاح في الباب

هذا عن منزل العائلة ميلهيور؛ أعترف لهما أنهما يفعلان ما يستطيعانه ليقدِّما لي الدفء الذي وعدني به فيش وروبي في نيويورك.

أمَّا فيما يخص السمينار، الذي بدأ في الخامس من نوفمبر، وتحدث فعالياته في مبنى مدرسة الصحافة، الذي على الرغم من حداثة بنائه إلَّا أنه مبنى سيئ التدفئة- فهو يسير على ما يرام. التوقيت الذي ينظمه منذ سنوات د. فيشر يحتوي على سلسلة من الدروس مُصمَّمة خصيصًا لأعضاء ورؤساء تحرير الصحافة المطبوعة، «من الدول النامية». بمعنى المتخلِّفة، أو تقريبًا... ناهيك بما يعتقده كل

شخص عن بلاده... هذا شيء يُعلن عنه في المحاضرات ومنصات النقاش والأعمال حول حول مبادئ وإحداثيات معروفة: الحاجة لحرية الصحافة التامة، للتدقيق وفحص المعلومات، عرض كل - أو على الأقل أهم - جوانب الخبر، الوضوح والإيجاز في الصياغة، وهكذا. كل هذه الأمور، وإن كانت نظريات ومبادئ معروفة عن ظهر قلب، إلا أنها بالتأكيد مفيدة. نؤكد على ما نعرفه وكل ما يجب أن نجعله ممارسة في حياتنا المهنية.

كل ما تغيَّر هذا العام عن السنوات السابقة في هذا السمينار هو حقيقة أن فيشر ومعاونيه وسَّعوا دائرة البرنامج ليتوازى مع سلسلة من الدروس الأخرى عن الصحافة الإلكترونية. إن تفعيل هذه الفكرة ساعد كثيرًا التجديد الحديث الذي تمَّ في دائرة الاستوديو المغلق للجامعة، واستعداد المختصِّين في محطات المدينة أن يساهموا في تدريبنا.

أما بالنسبة للمحاضرين، بالإضافة إلى المحاضرين المحليين كان هناك أيضًا آخرون من ولايات أخرى، بعضهم لهم شهرة على المستوى الوطني، وآخرون على المستوى العالمي؛ حتى إن من بينهم كان الكندي المشهور المنظِّر في شؤون الميديا مارشال ماكلوان؛ أحضروه من تورنتو قبل ذلك كي يطور من نظرياته عن «قرية الكوكب»، وأيضًا نظرية «الميديا الساخنة والميديا الباردة». المحليون والزوار من المحاضرين يقدمون عادة محاضرة، وقلَّما يقدمون محاضرتين، يتحاورون معنا حول نظرياتهم وخبراتهم، وبينما يقدمون ما لديهم بسخاء ربما يكون سخاءً مفرطًا (أقول هذا كي أستبق تخمينكم الساخر) يغادرون منبهرين بمستوى الاحترافية والثقافة لدى المتدربين هذا العام.

من أفضل برامجنا الأكاديمية. الآن، فيما يتعلق بترفيهنا، البرنامج لم يكن رائعًا في كل جوانبه. تحقَّقَت كل توقُّعات أوماسيولا، حين قال إن في سيراكوز سيصيبنا ملل فظيع وسنُحرَم من متع كثيرة؛ أولها وأهمها هو الجنس. بالفعل، هكذا بالضبط كان الوضع. الشتاء القاسي، والمصروف الفقير والتواضع والفقر الأنثوي والسيطرة الذكورية الزوجية أو الأبوية؛ كلها أمور تجبرنا على نسيان متعة الصيد والتَّسكُّع، ونُحجِّم من خروجاتنا إلى السينما والملاهي، أو فيما بعدُ إلى صالة العري الوحيدة في المدينة، حيث نشهد ونعيش عذابات تانتالوس.

المرة الوحيدة التي نظَّمَت فيها المدرسة رحلة للترفيه كانت يوم الأحد الماضي، رحلة إلى شلالات نياجرا، والتي في النهاية لم تَسِر على ما يرام، وكانت رحلة مليئة بالعكوسات... هذا لأن الموظف الكندي على نقطة التفتيش الحدودية منع دخول زميلنا أندريه بعد أن أكل تقريبًا جواز سفر الزميل في الفحص والتمحيص، ثم انتهى به الأمر أن يكشف لنا ما أدركه:

- أنت بولندي يا سيدي!
- أعرف هذا جيدًا...

همس أندريه، وقد انتابته الشكوك حول ما سيحدث.

- لكن ما لا تعرفه يا سيدي هو أنك، كبولنديٍّ، لكي تدخل إلى الأراضي الكندية يتحتَّم عليك الحصول على تأشيرة دخول، وهو ما ليس لديك.
- لا، نعم... أعني أنه ليس لديَّ، لكن...
- ليس لدى أيٍّ من طلبة المنحة تأشيرة.

تدخَّل روبي الذي كان يصحبنا، وأكمل:

- السلطات القنصلية أكَّدت لنا أنه من أجل الدخول إلى أونتاريو يكفي فقط تأشيرة الولايات المتحدة بالنسبة للأجانب.
- تلك التأشيرة هي للزُّوَّار القادمين من دول، كما تفهم.
- السيد، يا سيدي، هو في منحة دراسية بالولايات المتحدة. هو شخصية مهمَّة في بلاده، مدير صحيفة ومذيع شهير! من فضلك تغاضَ عن هذه الهفوة، واسمحوا له بزيارةٍ في بلدكم لن تزيد عن الساعتين. هل يمكنني أن أتحدث مع مديرك؟
- لقد تحدَّثتُ معه لتوِّي. مع الأسف يستحيل أن يحدث استثناء كهذا.

ثم دفع فجأة، وبلا أية لياقة، جوازَ سفر أندريه.

أول مَن علم بالأمر كان روبي وأصدقاء البولندي والجامايكيين ومدام روباري، الذين كانوا قد عبروا مثل أغلبنا الحدود الكندية عبر نقطة التفتيش. نادوا عليَّ وعلى ميحمد وعلى اللاتينيين وأخبرونا.

«سنعود»، رفع الشعارَ المكسيكيُّ، ودون تفكير عبرنا الحدود مرة أخرى.

خلفنا، وبشكل استعراضي عبر البقية إلى الأراضي الأمريكية.

- أمر مؤسف ومحزن، لكن... هل يستطيع أحد أن يهزم البيروقراطية؟ مضطرون أن نرى فقط الشلالات من هنا، وإن كانت أقلَّ من شلالات نياجرا.

قال روبي متفلسفًا.

- لا أعتقد أن أحدًا منَّا يريد أن يرى الشلالات. سمعنا بما يكفي هديرها القبيح.

قال إيمانويل أوساميولا قليل الكلام.

- أقترح أن نقضي يومنا في بافالو.
- ليس هناك شيء يستحق المشاهدة في بافالو.

أجاب روبي.

- أيًّا ما كان، سيكون أفضل من الكابوس الكندي.

ردَّ أوكوكون بدلًا عن ابن بلده.

دخلنا الأتوبيس ونحن نكيل السباب واللعنات. سمعنا «bloody Canadians» تقريبًا بعشر لغات على الأقل، من بينها اللغة النيجيرية اليوروبا. وقف أندريه ليعتذر:

- آسف يا سادة. لقد أفسدتُ عليكم رحلتكم.

تحدَّثت أنا:

- ليس هناك داع للاعتذار. هنا، وبسبب نفس العقلية، كنَّا على وشك أن نصبح كلنًا غبارًا ذرِّيًّا في نيويورك.

قضينا وقتًا لا بأس به في بافالو... شاهدنا بعض المعالم السياحية، طريقهم الساحلي وأمواج كثيرة وبرد قارس وحديقة يابانية والمدينة الجامعية الشيقة. تناولنا غداءً أورينتاليًّا؛ حساء الميسو وسوشي وروبيان على الطريقة اليابانية. الأفريقيون والأمريكيون اللاتينيون قاموا جائعين وهرعوا إلى بائع همبورجر وهوت دوج متجوِّل كان

ينادي على بضاعته بدقِّ أجراسٍ في الشارع خارج المطعم. نفس الشيء فعل كأمريكي أصيل السيدً روبي!

- لم تكن رحلة سيئة يا عزيزي.

قال ميحمد وهو يغطي فمه حيث كان يتجشَّأ من طعام السوشي باستمرار، عندما كنَّا في طريق العودة.

«ليهنَؤوا بشلالتهم أصحاب المؤخِّرات الباردة».

11

د. ميلهيور في المساءات عندما أعود من الجامعة أو من تنزُّهاتي، دائمًا ما يكون جالسًا على مقعده في مقابل الباب، ويمسك بفمه على غليون هندي، وينظر عبر النافذة الزجاجية إلى رقائق الثلج التي لا تكفُّ عن السقوط. وينتظر... مَن؟

خوانيتا؟ أنا؟ ثمة زائر. صديق أو شخص يعرفه منذ القِدَم لم أره يأتي لأسابيع... ربما الجد لا ينتظر أحدًا. لكنه يجلس هنا ويستعيد ذكرياته، التي هي غزيرة بالتأكيد.

أما خوانيتا، والتي أصرَّت على أن أناديها باسمها فقط ولا أناديها بالسيدة ميلهيور أو السيدة خوانيتا، خرَجَت، دائمًا ما تخرج بانتظام ثلاث مرات في الأسبوع؛ أيام الثلاثاء والخميس والسبت، من الساعة الثالثة والربع مساءً وحتى العاشرة، وأحيانًا تتأخر في المساء. لاحظت بتأثُّر كبير قبل أن تخرج دائمًا كيف تترك إرشاداتها على أوراق لاصقة على البراد، «عزيزي ميل، لا تنسَ أن تطعم الكناري والقطط، وأن تلقم المدفأة، وأن توصد النوافذ جيدًا، وأن تسخِّن الطعام ولا تأكله باردًا»، وأشياء أخرى من هذا القبيل، بعد حضوري إلى المنزل صارت تضيف: «اقنع بيت أن يجلس ويأكل معنا؛ أيضًا، أعطِه قبلتين من عندي»، وهو الأمر الذي لحسن الحظ لم يكن يفعله د. ميلهيور، «قدِّم له فور أن يدخل البيت السيدر الدافئ أو كوبًا من الشاي»، وهو ما

كان يفعله دائمًا.

كنا نجلس أنا والبروفيسور وننتظر، نلقي نظرات شاردة على التلفاز ونلقم المدفأة بين الحين والآخر.

المحادثات الصغيرة المتفرقة ماتت منذ وقت. أركِّز انتباهي وسمعي كي أرى لو ستتكرر في هذه الليلة أيضًا الأمور الغريبة وغير المفهومة التي تحدث في هذا المنزل... في هدوء الليل، وبشكل مستمر، أسمع - أو يتنامى لديَّ الانطباع أنني أسمع - موسيقى، سيبيليوس أو سيزار فرانك أو مالير. أحيانًا أخرى أتخيل أن ثمة كائنات ملائكية فوق رؤوسنا تحوم وتطير أو تتمشى على أطراف أصابعها ترتدي أحذية قطنية... لا شيء يُسمَع هذه الليلة؛ ربما فيما بعد ستبدأ من جديد... لم أجرؤ أبدًا أن أسأل أصحاب البيت بعدُ، إذا كانوا يسمعون هم أيضًا كل ما أسمعه أم هي مجرد خيالات في رأسي؛ كما لم أشأ أبدًا أن أصعد الدَّرَج الذي يبدأ من مدخل البيت العجوز ذي الطابقين ثم يختفي نحو الأعلى مزدحمًا بالأُصُص والتماثيل الصغيرة والصور في الإطارات.

يُذكِّرني دكتور ميهيلور بنبلاء العهد القديم: أبراهام وأيوب ويوسف النجار، بالأخص الأخير. لم يَغِر أبدًا من الملائكة التي تأتي لزيارة خوانيتا بالزنابق والسوسن بين الحين والآخر. كان ينسحب بلطف ويتجه نحو ورشته ويصنع قطع الأثاث الصغير والإطارات، ويزيِّنها بزينة من وحي خياله. وخوانيتا بعد زيارات الملائكة الصغار والكبار لا تتوانى أن تنزل كي تلقي تحية لطيفة «مرحبًا ميل!»، وتهديه قبلة صوتية مغرِّدة على خده. بين الحين والآخر كانت تتمادى أكثر فتحتضنه وتقول: «ولدي الشقي»، وتطبع آلاف القُبَل على خده.

أجداد أيوب ميهيلور كانوا مهاجرين ألمانًا لوثريين. استقرُّوا في أمريكا ليعبدوا ربهم بحرية. لم يجدوا الهنود الحمر كي يبشِّروهم. لكن الأرض كانت خصبة. حصلوا على أبقار وأولاد كُثر. القرية كلها كانت تشكِّلها بيوتهم التي كانوا يبنونها بالشاكوش والمسامير والخشب والصلوات، جيلًا بعد جيل، وحول الكنيسة الخشبية التي بناها الجد الأكبر؛ صارت القرية بأكملها لهم، مؤسَّسةً على عقيدة العائلة التي عمرها ألف عام، زُرِعَت وحُصدَت في الغابة السوداء.

قرَّر اجتماع العائلة أن يسموها: «قرية ميهيلور». أعلن البطريرك قائلًا:

- «الميهيلوريون»، لديهم أرطال لا تُحصى من الدماء في أوردتهم. لكي يغذوها يحتاجون إلى أطنان لا تُحصى من خيرات الأرض كل عام. لا يستطيعون أن يعيشوا وحدهم منعزلين. إن الأرض واسعة والأطيان حرة، والأخوَّة والرفقة ضرورية. عندما يصبح الاسم شعارًا، يصير سجنًا أو قلعة غير حصينة.

الجد الأكبر رفض مرة أخرى عندما أراد بعض الأحفاد أن يحيطوا القرية بسياج خشبيٍّ بغرض التأمين. قائلًا في اجتماع العائلة الجديد:

- إن الأخشاب لن تحمينا، لا تستطيع الأخشاب أن توقف سير النيران. عندما يريد الرب أن يعاقب المذنبين لا يحتاج أن يرسل لهم الهنود يلقونهم بالسهام والمشاعل ويضربونهم بالبُلَط. بل يضربهم بالأمراض والألم والغرور؛ لهذا أقترح التواضع والصلوات والدعاء! الإنسان الطيب لديه رائحة طيبة في قلبه تحصِّنه ولا تَدَع الشر يقترب منه. مثل رائحة الريحان التي تطرد العقارب.

كان الجد يتكلم قليلًا ويصمت لأيام، أحيانًا لأسابيع، مثل فيثاغورث. زاهد متصوف وسط الضجيج الذي مع الزمن صار ازدحامًا من البشر يكبر حوله، غارقًا في أغلب الوقت - وبالأخص في سنواته الأخيرة - في تأمُّلاته.

صامت أيضًا هو حفيده هذا، كثيرًا: أفكار، مبادئ، قيم ورؤى، بقدر ما كان يحمل جده الأكبر. تعلم أن يسمع محاوره، بغض النظر عن من هو أو ما يقال عنه باحترام كبير وانتباه أكبر. يحب كثيرًا أن يدخن غليونه الطويل وهو مدرك تماما أنه شغف يصعب عليه ترويضه، وإن لزم الأمر من أجل صحة رئتيه. لكنه لا يلمسه أبدًا أمام خوانيتا. لا يخشاها، لا، هي أيضًا تعرف هذا، لكنه يحترم مخاوفها. نفس الشيء يفعله مع أشياء أخرى كثيرة. أدركت أنه لا يزال يناضل في معسكر مع مجموعة من أبناء وطنه يكبر مع الوقت والذين يرون بعقل متروٍّ وشفَّاف احتياجًا وحتمية إلغاء العنصرية. هو عضو نشط في لجان تناضل ضد سياسات التمييز العنصري؛ حتى السبعين من عمره لا زال يكتب وينشر الخُطَب ويشارك في مسيرات في طريق بنسيلفانيا. حتى يومنا هذا، يكتب مقالات ويرسل توصيات إلى برلمانيين وسيناتورات وإلى رئيس البلاد. انتبهت على الرغم من هذا أنه لا يتحدث أبدًا في تلك الموضوعات مع رفيقته القادمة من الجنوب، فهو يحترم ثوابتها. يعرف أنها ليست جاهزة لتقتنع بقناعاته ودلائله؛ يعرف أيضًا أن تحوُّلًا جذريًّا كهذا لا ينضج ولا يثمر فقط بالحوارات والنوايا الطيبة.

كان يطرح بنفسه في مقال كتبه، وبعد أن رجَوتُه مئات المرات،

أعطاني إيَّاه كي أقرأه، «يتطلب الأمر الكثير من الألم وكمًّا هائلًا من التجارب الشخصية لتقويض التحيز والإنكار المزمن».

هو أيضًا كما خبَّرني روبي، فيلياس فوج السيراكوزي! لقد سافر حول العالم مرتين. بالسفن والطائرات والقطارات، حتى بالجمال. كل المال الذي يكسبه في عام ينفقه في الصيف كي يتعرَّف على أكثر عدد مُمكِن من الأماكن على كوكب الأرض، بالأخص آسيا والشرق الأقصى. يعشق الصين واليابان، ويحاول منذ سنوات أن يتعلم لغاته، لكنه لم يستطع. في رحلاته تلك لم تصاحبه خوانيتا أبدًا، التي كانت دائمًا تفضِّل أن تستريح مع عائلتها في كارولينا الشمالية. على الرغم من هذا لم يحدِّثني مضيفي أبدًا عن رحلاته تلك، عندما كنت أحيانًا وقليلًا أن أعرف عن جولاته الصيفية عندما أتحدث عن رحلاتي القليلة في أوربا على وجه الخصوص. كما سمعت أنه كان يعرف جيدًا خمس لغات أجنبية: الألمانية والفرنسية والإيطالية واللاتينية وبالطبع اليونانية القديمة التي كان يُدَرِّسها لسنوات طويلة. أفكر الآن كيف ولمدة الثلاثة أشهر التي مكثتها معهم لم يضيع فرصة ليثني على سرعة تعلُّمي ولغتي الإنجليزية الجيدة، تَحمرُّ أذناي خجلًا.

حينما أشرتُ ذات مرة إلى أنني بخلاف الإنجليزية أتحدث الإيطالية والفرنسية، «وبالطبع اللاتينية التي درِستها في الثانوية»، قال إنه بالمقارنة مع الأمريكان الذين في عمرك أُعتَبَر ظاهرة! ولحسن الحظ لم يشأ أن «يختبر قدراتي» ويتحدث معي بتلك اللغات.

من زواجه الأول أنجب بنتًا وولدًا. ابنته عندما تعرَّفت عليه كانت في الخمسين، وابنُه في الخامسة والأربعين. لم يُرزَق بأبناء من خوانيتا. بقدر ما تسمح الظروف وطبيعة الحياة المعاصرة يحتفظ بتواصل

دائم مع أولاده الذين يعيشون بعيدًا عنه، البنت في بوسطن والولد في دالاس. نادرًا ما يكتب الخطابات. يفضِّل أن يتبادل معهم رسائل مسجَّلة. يلقم المدفأة بالحطب ويشغل غليونه ويمدد ساقيه على كرسيٍّ صغير صنعه بنفسه على قدر طولهن وبالشكل الذي يريحه، ثم يبدأ في التسجيل في المسجل الصغير، ويسأل أولاده وأحفاده عن أمور كثيرة؛ يقول لهم آراءه، ويحكي لهم قصص العائلة، يقصد منها بعض الإرشادات، ويدفن فيها بعض النصائح، يغنِّي لهم ويعلمهم، بصوته، ويرتجل بلغة أجداده، اللغة الألمانية بلهجة بافارية. إنها عملية طقسية كهنوتية. قبل أن يبدأ في التسجيل يجمع حوله حزمة من الصور العائلية والهدايا التي أرسلها له الأولاد والأحفاد في آخر عيد ميلاد له، الهدايا التي أرسلوها هم التي اشتروها مع خوانيتا قبل شهور، الرسائل التي تكتبها على قصاصات ورق، أحيانًا تكتبها على ورق المطبخ. كما يحضر بجواره المكنسة والجاروف من أجل رماد المدفأة، وقبل أن يجلس يرفع على ركبتيه القطَّتين اللَّتين يقترب عمرهما من خمسة عشر عامًا.

«الجد ميلهيور، الذي يشتاق لكم كثيرًا جدًّا بينما يتحدث إلى المسجِّل يداعبُ فراء قطَّتَيْ جدَّتِكم حتى يتذكَّرا أصابعكم الغضَّة الباردةن وأيضًا كي تزداد كثافة في الأعياد...».

«الجدة خوانيتا ذهبت مثل مساء كل خميس إلى جمعية الشموع، أو إلى صديقتها جوناثان. ستغيب لبضع ساعات. تذهب إلى هناك كي تعطيني الفرصة لأدخن غليوني، ولكي ترى أصدقاء من عمرها. عندما نقضي ساعات طويلة معًا أشعر أن عزيزتي أكبر من عمرها، وهو أمر غير عادل».

«أمامي صورة هاري الصغير، لو أن لون عينيه هو نفسه في الطبيعة فيكون قد ورث لون وتعبير عينَيْ الجد الأكبر، الذي كان إنسانًا تتركز فتنته في عينيه. وإن كان هاري شابًّا فلديه ذقن حاسم وخدود مثل التفاح الناضج. تعرفون كم تحب خوانيتا السيدر، هي ببساطة تعشقه، تقول إنها لو عصرت تفاحتَيْ هاري ستملأ كأسًا كبيرة... إذن، عليك أن تبتعد عن الجدة خوانيتا يا هاري، اتفقنا؟».

«هنا في سيراكوز بدأت الثلوج تتساقط طيلة الوقت من منتصف أكتوبر، الجو بارد والشوارع زلقة. لا بُدَّ أنكم سمعتم أن مدينتنا هي في المرتبة الأولى بين المدن التي تتكوَّم فيها الثلوج. تخيَّلوا أننا نحصل دائمًا على جائزة الولايات «كرة الثلج الذهبية»! إذن، في كل مرة تخرج فيها الجدة للخارج في هذا البرد القارس يتعب لساني من تحذيرها أن تنتبه ولا تنزلق بالسيارة، وألَّا تعبر إشارة المرور الصفراء... وهكذا. ثم، بعد أن تشغِّل موتور السيارة، أركز في داخل عقلي وأتابع بخيالي طريق العجوز، شارعًا بشارع، ميلًا بعد ميل؛ العجيب أنه في بعض المرات، وبعد أن تعود، أتأكَّد من العوائق التي أراها أو أتوقعها إذا كانت موجودة أو حدثت بالفعل، أو هل تختلف عمَّا تقابله الجدة عادة في طريقها. ربما لأنني محظوظ وجَدَّتكم تحبني وهكذا، قطعة كبيرة منها تبقى معي هنا في المنزل. على الجانب الآخر هي فتاة لم تنضج بعدُ، في التاسعة والخمسين من عمرها، لا تزال مفعمة بالحيوية، مليئة بالبهجة، حيوان أليف فاخر، الأغلى على الإطلاق..».

بالإضافة إلى النجارة والنحت على الخشب فالبروفيسور يعشق أيضًا حديقته «حديقتهم»؛ لأن كليهما يعتبران الحديقة عملهما المشترك، مكتسبهما المشترك. وهكذا، في المساء، وبالأخص في فصلي

الصيف والخريف، وحتى في الشتاء عندما يكون الجو معتدلًا نسبيًّا- يخرج مثل الحلزون من مخبئه من بين الصخور، ويرتدي الجينز الواسع الذي يتعلق على جسده بحزام على الوسط، يُخرج من المخزن الجاروف والحفَّار ويبدأ تارة في نزع الحشائش، وتارة في الحفر، وأحيانًا يلقي السماد أو يقلِّم النباتات والأشجار.

عشق كبير وثرثرة لا نهائية تُكِنُّ خوانيتا لتلك الحديقة. وأقول ثرثرة لأنها دائمًا تتحدث إلى الزهور والورود بينما تمرُّ في الممرات بنفس الألفة والحنان الذي تتحدث به مع قطَّتَيْها؛ إيفون وسينثيا. لكن خوانيتا مثلما قلنا من قبل، لديها هواية أخرى: التماثيل الصغيرة والصخور الصناعية في الحديقة. بين النباتات، وفي أركان الممرات، وبين النباتات المتسلقة، وعلى الدَّرَج، وعلى الدرج في اتجاه الطابق العلوي الغامض- وضعت تماثيل صغيرة للقديس فرانشيسكو والقديس موريشيوس وأرانب وضفادع ملوَّنة وعصافير، منها البرونزي وأخرى من معادن أخفّ أو من الجص، حتى إنها بدأت شيئًا فشيئًا تغطي الحشائش وصارت أكثر من الزهور والأعشاب. الآن، حيث غطَّت الثلوج الحديقة، لا تظهر سوى التماثيل الكبيرة من داخل بياض الثلج الكثيف. تنظفهم خوانيتا بانتظام، ويوميًّا أقف في النافذة لوقت طويل أتأملها وهي ملتحفة ببالطو أحمر مغزول تآكلت منه بعض السنتيمترات.

اليوم، في طريق عودتي من الكوليدج، لاحظت مجموعة جديدة مطليَّة وموضوعة في مكان بارز: نسخة من الولادة الإلهية المقدسة.

- اشتريتها بالأمس.

قالت لي خوانيتا.

- أردت أن تكون مفاجأة لك.
- لي أنا؟

كانت إجابتها مصحوبة بابتسامة غامضة. جوزيف الخشبي في الحديقة عجوز وطويل ونحيل، وساقاه الطويلتان تحت مريول النجار الذي يرتديه. ماريا، أصغر منه بسنوات، بحنانها وكل تركيزها تجاه الرضيع الإله. و«الرضيع»، هذا ما شدَّ انتباهي في المجموعة، لا يشبه المسيح الذي تُصوِّره فنون رسم الأيقونات.

لديه رأس وتعبير رجل ناضج، وجهه يتَّضح عليه الألم، وبه تجاعيد عميقة على جبهته، وجسده ملفوف بإحكام. كما أنه ليس مصنوعًا من الخشب، ولكن بخامةٍ أظن أنني قد لمستها من قبل، تُذكِّرني بالعاج أو الصَّدف.

هذا في ركن مزدحم في منزل شارع جينيسيس رقم 1!

12

الحدود الكندية التي لم نرها في ديسمبر، عبرناها في الخامس من يناير مع ميحمد. اقترحت عليه أن نذهب إلى تورنتو، حيث هاجر إلى هناك زميلي في الدراسة لامبيس لويزيذيس، الذي أسمى نفسه هناك كريس لويس. كان لدينا ثلاثة أيام حرَّة، وكانت فرصةً لنا لنرى أثرى مدن كندا، ولي، لأقابل صديقي الذي ربما تذكرونه في مسابقة الصف السادس الدراسي؛ كنت قد نقشت اسمه في دفتر الرياضيات.

- دائمًا كانت لديَّ رغبة لأرى تورنتو. يقولون إنها نسخة مصغَّرة من نيويورك! هل سبق لك زيارتها؟ لا، ولا أنا. وأنا أتوق لأرى أنظف مدينة كبرى شمال برزخ بنما؛ هكذا كان كريس يصفها عندما اتصلت به على الهاتف وأخبرته أنني أخطِّط لزيارته. «تعالَ، سترى ولن تصدق عينيك»، قال.

سافرنا بالأتوبيس. استغرقت الرحلة سبع ساعات. عندما وصلنا إلى محطة «جيريهاوند»، حيث نزلنا مرهقَيْن تمامًا، عوَّضنا عن التعب الاستقبالُ الذي كان ينتظرنا. في المحطة أول شخص رآنا كان زميلي في الدراسة. عرفته على ميحمد، وأدركت أن كريس الذي وُلِد في بلدة في بيلاس كان يتحدث التركية.

انطلق لسان ميحمد بالطبع؛ وتحدث، نصف كلامه بالتركية،

والنصف الآخر - من أجلي - بالإنجليزية، كم أشعر بالراحة عندما أكون بصحبة «روميين». كان ميحمد يقول:

- لهذا، من كل الزملاء اخترت أن أسكن مع بيتر، ليس فقط لنكون شركاء في السكن ولكن كصديق أيضًا.

صحَّحتُ له وقلت إنني كنت مَن اخترته أوَّلًا. أنت، أنا، أنا، أنت، وصار الأمر مثل كرة الطاولة، ولكي نتفق في النهاية اتفقنا أنه من البداية كان الودُّ متبادَلًا بيننا من أول يوم لنا في أمريكا. فور أن خرجنا من الجراج، في عربة كريس التويوتا، طلب ميحمد أن نتركه في «فندق في وسط المدينة على ألَّا يكون سعره غاليًا».

- ماذا تقول يا ميحمد؟ يبدو أنك لست في كامل قواك العقلية.

كان السيد لويس والسيد أوزكيول قد تخلَّيَا فورًا عن الحديث بالتركية بعد بداية اللقاء. ضحك كريس وقال:

- ستبقى معنا. سوف أعدُّ لك مكانًا في غرفة الجلوس مع بيترو. أتصوَّر أنه بحكم سكنكم معًا قد اعتاد كل منكم على شخير الآخر.

شكره ميحمد على دعوته، لكنه رفض؛ قال إنه سيكون لدينا الكثير والكثير لنتحدث فيه بعد كل هذا العمر.

قاطعه كريس:

- أي كلام مرفوض في هذا الأمر، صديق صديقي بيتروس هو صديقي أنا أيضًا... سوف أشعر بالإهانة إذا رفضت.

أصرَّ ميحمد. أصرَّ كريس أيضًا، ضغطتُ أنا: نعم، لا، لا، نعم،

جولة أخرى من كرة الطاولة؛ في النهاية هزم ميحمد وسمعناه يردد مستسلمًا:

- حسنًا، شكرًا يا شباب.

استقبال أليكسيا، أخت لامبيس، وأمِّه السيدة ميلبو- دافئة، لدرجة أننا شعرنا بالارتباك والإحراج. لم نجد أي كلام للرد على فرط ترحيبهما وتدليلهما لنا. صنَعَتَا القهوة وقدَّمتا لنا الحلوى وعصير الليمون المنزلي. فتحت النساء الأريكةَ لتكون فراشًا في غرفة الجلوس وفَرَشَتاها، بالإضافة إلى فراش تخييم اقترضَتَاه من المستأجر الإيطالي في الطابق الأرضي. طبَخَتا دجاجة ومكرونة وقطَّعَتا سلاطة وفتَحَتا زجاجة نبيذ توسكاني من إنتاج جارهم الإيطالي.

في السابعة مساءً كنَّا قد تحمَّمنا وبدَّلنا ثيابنا وجلسنا على مائدة عشوائية في المطبخ. السفرة الرسمية قد أزيحت بجوار الحائط ليحلَّ محلها فراش التخييم. أكلنا المكرونة في مرق الدجاجة وتحتها طبقة من جبن البارميزان الذائبة؛ فتكنا بالدجاجة، وأفرغنا زجاجة النبيذ الأحمر وشربنا نصف زجاجة نبيذ أبيض وُجِدَت في الخزانة. على الرغم من هذا أكثر ما أبهجنا كان الحديث المتدفق الضاحك الذي لم يتوقف للحظة؛ رحنا نثرثر لثلاث ساعات تقريبًا عن الحياة في أونتاريو، وعن انطباعَيْنا عن أمريكا وعن أزمة كوبا؛ كنَّا نتحدث مزيج من اللغات اليونانية والإنجليزية والتركية؛ كانت السيدة ميلبو تتحدث التركية بطلاقة، أمَّا ألكسيا فكانت تفهمها دون أن تتحدثها.

خرجنا من المطبخ وقد تعدّى الوقت الثانية والنصف صباحًا. استلقينا، بعد معركة طاحنة بيني وبين ميحمد على مَن سينام على الأريكة ومَن على فراش التخييم، استلقى بعد اعتراض وتذمُّرٍ على

الأريكة، اتفقنا على أن الوقت قد حان «لنخرس تمامًا»، لكن بعد حرب الثرثرة التي سبقت والانطباعات التي جمعناها، نوم- يوك.

- عائلة طيبة هم أصدقاؤك يا صديقي.

سمعت ميحمد يتمتم بينما كان يتثاءب.

- إننا نحن - الذين نبلِّل أقدامنا في بحر إيجة - نحب الحركة دائمًا وأن نفتح قلوبنا. بينما الأوربيون والأمريكيون ذوو المؤخرات الباردة يظنون أننا سُذَّج وتافهون. ربما نجمع قليلًا من الصفتين. الكثيرون يعتقدون أنه عيب. أنا أظن أنه مكسب. أفضل من أن تكون بائسًا، أن تكون في مزاج رائق ومجنون بعض الشيء. إذا لم تشارك أفراحك وأحزانك، وإذا لم تثق في جارك وعائلتك، وإذا لم تضحك وتبكِ من قلبك؛ ماذا سيحدث؟ ستتكوَّم الهموم فوق رأسك وقلبك، ستضيع طاقتك هباءً، هذا ما سيحدث. نحن الروميِّين والتُّرك، نعيش بقلوبنا! في العراك وفي الصداقة نخرج كل شيء، لا نغذيها مثلما يفعل الصينيون مع البط... ويا لها من خسارة! لأننا كأشخاص، فردًا فردًا، نشبه بعضنا البعض مثل قطرتي ماء من نفس البئر، تشربها من البوسفور أو من الخليج الساروني؛ سيَّان، وعندما نتعرف في لمح البصر نصبح دامون وفينتياس، أما بلادنا، وحكوماتنا... محض خراء يا صاحبي... هل تسمعني؟

غطست في النوم بينما كان يثرثر. عندما فتحتُ عيني مرة أخرى كان الصباح قد حلَّ. ميحمد كان قد ارتدى ملابسه وحلق ذقنه ويقف بجوار النافذة. كل شيء في الخارج أبيض. قال:

- الثلج يتساقط... بس، هيي، بينما كنا نتحدث أمس، رأيت فجأة بياض عينيك، ثم ارتخى رأسك للخلف... خفت أن يكون قد أغمى عليك... لكن عندما بدأت في الشخير اطمأنَّ قلبي.

***

حصل كريس على إذن من العمل لليوم كله من أجلنا في تورنتو. كان يعمل مفتِّش المجاري والصرف الصحي للمحافظة. طيلة اليوم يتسكع بسيارته التويوتا المتآكلة - من الثلوج والملح - ويسمع مشاكل أهل تورنتو المتطلِّبين، سواء كانوا من أهل البلد أم لا. كان يعرف المدينة أفضل من سائقي التاكسي؛ لهذا عندما صففنا السيارة في المساء أدركنا أننا حصلنا على أفضل مرشد سياحي!

لقد ذهب بنا كريس في كل مكان؟ وكان يشرح لنا بالإنجليزية تارة وبالتركية تارة أخرى! ذهب بنا لنلتقط الصور ونلتقط صورًا لنا في قصر المحافظة وفي town China وفي مدينة النباتات والبلانيتاريوم. احتسينا القهوة وأكلنا المافين في مقهى عائم في الميناء؛ أَخَذَنا للطعام في مطعم/ مطبخ يوناني، أشبه بوَكرٍ بجوار محطة دانفورث. أكلنا بسلَّة مطبوخة في الزيت مع لحم ماعز وإمام بايلدي؛ ممَّا أثار إعجاب ميحمد. كما سحرته الأجراس التي يعلقونها بحبل مربوط في مقبض باب المدخل يبدأ في الرنين فور أن يفتحه أحد. روائح ومذاقات وأصوات ربانية.

بعد الوجبة طلب منَّا ميحمد أن نتركه في وسط المدينة؛ أراد كما قال أن يتسكَّع قليلًا في المدينة ويشتري بعض الهدايا الصغيرة. بعد ذلك سيذهب في تمشية في المراكز التجارية في الأنفاق، حيث البيع والشراء؛ ليحتموا من البرد التورنتويوني. سيحضر إلى المنزل بتاكسي.

تركناه في قلب المدينة. رأيناه مرة أخرى في المساء حيث دخل محمَّلًا بصناديق. داعبه صديقي:

- لقد أفرغت المحلات كلها يا ميحمد!
- أبدًا لقد اشتريت أشياء قليلة للأصدقاء والأهل.

لم يشترِ فقط للأصدقاء والأهل. أحضر هدايا لنا أيضًا، هدايا للجميع. عرفنا ما قد اشتراه على العشاء. اشترى لكريس ميدالية أنيقة من الفضة الخالصة عليها شارة التويوتا منقوشة، ولألكسيا سجادة حائط تركية من الحرير، صناعة يدوية، ومنقوش عليها باشوات على الخيول في رحلة صيد. سعدَت وابتهجت كثيرًا ألكسيا بالنسيج والفن اليدوي الرائع، لكنها اعترضت قائلة:

- لم يكن لازمًا يا سيد أوزكيول، إن هذه المنسوجات غالية جدًّا هنا، لا بُدَّ أنك قد دفعت مبلغًا كبيرًا فيها!
- صاحب المحل كان تركيًّا، أعطاني إياها بسعر بخس، تقريبًا أخذته مجانًا.

لم نصدقه بالطبع. لكن إجابته لم تترك أي مساحة للرد. وللسيدة ميلبو أحضر لها بالطو من الصوف من الأسكيمو. «من أجل الليالي الباردة في تورنتو. لو أنه يدفئهم في الإسكيمو فهذا يعني أنه سيكون مفيدًا هنا»، كان هذا المكتوب على الكارت المصاحب للبالطو.

حتى أنا لم ينسني. أهداني أنطولوجيا لشعر سيفيريس مترجمة للإنجليزية، حيث كانت الشائعات تقول إنه سيحصل على جائزة نوبل للآداب. وكتب عليه إهداء: «شاعر عظيم، كما أنه نشأ في أراضٍ تركية».

شهامته واختياراته كان لهم أثر طيب لدينا. احتضنته المرأتان وقبَّلَتاه.

كريس قال له:

- رجل نبيل أنت يا صديقي.

وراح يضرب على ظهره بقوة، كإشارة للحميمية، حتى كاد ميحمد أن يسقط.

أمَّا أنا فلم أشبع من تصفُّح الكتاب وقراءة بعض الأبيات.

على الشاطئ الخفي الأبيض مثل اليمامة...

- هل تقرأ سيفيريس يا سيد أوزكيول؟

سألته ألكسيا عاشقة الكتب.

- قرأت كل ما وجدت بالتركية. لكني قرأت كفافيس كثيرًا. أتعرفين أن كفافيس عاش بضع سنوات في تركيا؟ من كل الشعراء أفضِّل كفافيس. لديكم شعراء عظماء! ونحن أيضًا. أقرأ حكمت وأورخان ولي وفاضل حسني.

عندما ذهبنا للنوم بعد الساعة الواحدة والنصف صباحًا، عاتبت ميحمد مرة أخرى على الهدايا.

- لقد أنفقت نصف مصروفك من المنحة على الأقل. لم تكن مُلزَمًا بأيٍّ من هذا... ففي النهاية نحن مَن فرضنا عليك الاستضافة.

- لم أصرف سنتًا واحدًا من الشيك الجديد. كان لديَّ بضعة دولارات. ثم ما الذي اشتريته؟ أشياء تافهة. شهامة وأدب ونبل

وكرم أصدقائك لا تُقدَّر بثمن... هيا، اخرس الآن كي نستطيع النوم. غدًا سيقضي علينا جرايهاوند.

***

في اللحظة التي كنا نصعد فيها إلى الأتوبيس، وضع كريس في يد ميحمد هدية منه ومن العائلة.

ألبوم مُغلَّف وفاخر لمدينة تورنتو. قال ميحمد متذمرًا:

- وهدية فوق كل هذا، أهذا لكي تُشعِرَني بحرج أكبر؟
- لا يا كارداش، بل لكي تتذكر أنك دائمًا مُرحَّب بك في بيتنا. ومن أجل الفرصة الرائعة التي منحتنا إياها كي نتذكر اللغة التركية. كان حقًّا عظيمًا.
- كان من دواعي سروري.

أجاب ميحمد. وأكمل بلغته اليونانية:

- مرة ثاني، تأكَّد أنا، تركي، رومي، زبد وعسل.

في طريق العودة الطويل، راح كلٌّ منَّا يسترجع انطباعاته، تبادلنا بعض الأحاديث القليلة. فقط في حالة واحدة عندما كنَّا نتبوَّل في محطة بنزين على الطريق، قال لي ميحمد بمزيج لغاته المعتاد:

- أنا أعطي أنت adress لي في إستانبول. This Year. صيف، أنا ينتظر. أنت تأتي مع سيدة زوجة. تتعرَّف على هانم أنا، نأكل أفضل إيكميك وقطائف في غالاطا.

13

استيقظ جريجور سامسا ذات صباح بعد أحلام مزعجة، فوجد نفسه قد تحوَّل في فِراشه إلي حشرة هائلة الحجم[13].

تقريبًا هكذا يبدأ تحوُّل جريجور سامسا كما نذكر. موعظة مرعبة وشيِّقة وعبقرية.

على الرغم من هذا، لم يَخلُ تحوُّل صديقنا داير من الأصالة.

زميلنا داير إيجال تعرَّفنا عليه في كولونيال وليامزبيرج عندما ذهبنا في زيارة من نيويورك. وهناك انخرط في المجموعة بعد أن تأخَّرَت رحلته لأسبوع إلى الولايات المتحدة لأسباب صحية. الدكتور فيشر عرَّفنا عليه، جاء من الصومال حديثًا، أعجبتنا حلَّته الرمادية وقبعته اللندنية العالية ومظلته الأنيقة. لكن أكثر ما كنا نحسده عليه هو طيفه الأرستقراطي الذي كان له أثرٌ فتَّان لدى الجنس اللطيف. قليل الكلام، خفيض الصوت، مُهذَّب، وكان يستغل وقت فراغه في قراءة الأدب الأفريقي والصومالي، وفي تمشيات طويلة في التلال الجليدية حول الجامعة وفي حديقة فرانكلن وأونونداجا أو على رصيف طريق هايواثا الذي كان يؤدي إلى أطراف المدينة. قلَّما كان يصحبه أحدٌ منَّا في تمشياته، أدركنا كيف كان يصادق الكلاب والقطط والسناجب

13- من رواية «التحول» لفرانز كافكا.

وحيوانات أخرى يصادفها في طريقه بسرعة غريبة؛ بعد أول كلمات يقولها بلغته بهدوء كأنه يسحب قوسًا على آلة التشيلو؛ هكذا كان صوته، أو بعد أن يربِّت قليلًا على فرائهم، كانت الحيوانات لا تفارقه.

عادة أخرى قوية كانت لدى داير؛ هي تدخين الغليون، كان غليونه يشبه غليون شارلوك هولمز، يتدلى دائمًا من فمه أثناء استراحات المحاضرات وفي خروجاتنا وتمشياتنا. ولكي أكمل صورة الأفريقي النبيل يجب أن أضيف أنه في كل مرة يشعر فيها بالحاجة إلى حوار رائق كان يتكلم في الأدب والهوكي والفروسية مع ستيفن تانجا وأوماسيولا. وأحيانًا عن صيد السمك، الذي كان يعتبره رياضة نبيلة.

- عندما تصطاد فأنت تتبارى مع السمك؛ ومن ثم تمسك به، لو رفعت الصنارة دائمًا، لا تشد الخطاف أبدًا من فمه، عليك أن تخلِّصه بهدوء وتحترم ألمه، ثم تتأمله وتتحدث معه، ثم بعد ذلك تلقي به حيًّا في الماء مرة أخرى. قبل أن أحرره غالبًا ما أقبِّل رأسه.

اختير داير إيجال للاستضافة من قبل عائلة أصيلة من سيراكوز، عائلة جوستنر. عائلة القس ستيفن جوستنر، راعي أبرشية الميثوديِّين وسفيرته إيثيل، رئيس لجنة إغاثة القارة السوداء من ويلات الجوع. اعتبروا أنه من واجبهم استضافة رئيس أكبر جريدة في الصومال، البلد التي زاروها كمبشِّرين قبل سنوات وأحبُّوها، هي فرصة رائعة لكي يُثروا معرفتهم بمهد حضارة بنادر وشعبه المعروف بمهارته في نحت الأخشاب والمشغولات الذهبية والنسيج.

إقامة الصومالي مع جوستنر كانت تبدو أنها ستسير على ما يرام حتى صباح أحد أيام السبت، بعد ثلاثة أسابيع عندما «اقتحمنا» نحن

أبناء العالم الثالث سيراكوز، وفقًا لأوماسيولا، ولاحظنا أن طابعهم الغربي وصديقهم الأنيق قد بدَّل قبعته الطويلة بطربوش أبيض كله زينة وشرائط تشبه زينة الكرنفالات. عندما رأيناه يرتديه اندهشنا؛ البعض ابتسم بتهكُّم، آخرون علَّقوا بسخرية، بالأخصِّ مدام روباري والجامايكيِّين، لكنَّ شيئًا فشيئًا، وكما يحدث دائمًا، بعد أسبوع، وبعد أن اعتدنا عليه ونسيناه وهضمنا الأمر، خلال أيام بدأت تختفي من ثياب داير الكرافتات الأنيقية والمختلفة كل يوم عن الآخر، والمطابقة دائمًا للمنديل البارز من جيب الجاكيت وأزِرَّة القمصان الذهبية أو البرونزية، وعدَّة إكسسوارات أنيقة كانت تعطي له تلك اللمحة الأرستقراطية التي كنَّا نغار منها.

مسيرة التغيرات تلك في مظهره، وعلى الرغم من أن الأمر في البداية كان محور حوار ونميمة، إلَّا أننا لم نَرَ إحداثياته الصحيحة حتى اليوم الذي بدَّل فيه داير البزَّة بالزي القومي للبنادير؛ قميص أبيض طويل. عندها بدأنا ندرك كيف كان جذريًّا التحوُّل الذي تَشكَّل داخل الصومالي، كنا نرى ثمة تغيُّر مستمر وبإيقاع سريع. بعد أيام بدَّل الحذاء الإيطالي الأنيق بصندل. حوَّل شارب الدوجلاس إلى لحية طويلة، كما ترك شعره يطول. ازدادت أيضًا زياراته لحمامات الكوليدج، وهو الأمر الذي لم نكن نفهمه منذ الأسبوع الأول للسيمينار؛ فهو يسكن في منزل ثري، وبه كل اللوازم، ومن الطبيعي أن يتحمَّم هناك. توقَّف أيضًا عن أكل لحم الخنزير، هو الذي كان يأكل كل شيء! لم يتوقف الأمر عند هذا الحد، لكنه بدَّل الشوكة والسكين بأصابعه، وكان ينظف أصابعه بمناديل ورقية يبلِّلها في بولة من الماء مضاف إليها بتلات ورد كان يحتفظ بها دائمًا في جيب قميصه الطويل. لكن كانت الذروة عندما بدأ بالتحدث بهَوَس وعصبية حتى بالنسبة للطلاب السود

من المجموعة، ويخطب بشغف حول «الحقوق المنتهكة للأفارقة، والحاجة إلى قطع رأس الصليبيِّين السود في أرجاء العالم»؛ بشكل أو بآخر، أعلن عن مواقف وآراء تُذكِّر بفلسفة أواسيولا، لكنها مطروحة بتعصُّب وهجوم حاد وتوصيفات مقيتة.

شذر الغضب الذي في عينيه كان في بعض الأوقات واضحًا جليًّا حتى إننا سعدنا بتعليق فيشر عندما عبَّر روبي أمام المجموعة في غياب داير عن قلقه بخصوص «السيد الفاضل من الصومال». قال البروفيسور الأمريكي اليهودي:

- ليس هناك ما يدعو للقلق يا روبي. السيد داير صار ما كان عليه دائمًا. عادت الروح لكونها يرقة.

أمَّا إيجال داير نفسه، بالرغم من هذا، فكان يعتقد في أمور أخرى، كما علمنا، عندما قرَّر أن يتحدث إلينا. كان يؤمن أنه ليس من العدل أو اللياقة، أنه في وجود حمَّامات ومراحيض على بُعد خطوات من الحجرة التي يقطن فيها لدى جوستنر أن تستعملها خادمتهم الأيرلندية أو الطباخة الفرنسية الكندية، وهو الضيف الشهير والشخصية المهمَّة في بلده والنائب في البرلمان والصحفي والناشر- أن يكون مضطرًّا لاستخدام الحمام الذي يستخدمه البستاني في عمق الحديقة ويتجمَّد من البرد من ماء الصنبور في الفناء كي يغسل أسنانه. «تعليمات السيدة جوستنر المطروحة على شكل أوامر. حتى لا أختلط مع أعضاء طاقم خدمها»، أكمل داير وهو يخبرنا.

اكتشافات الصومالي أصابت البيض بالصدمة، لكنها لم تبد مثيرة لأي اندهاش بالنسبة لزملائنا السود، بعد ذلك انهالت الاكتشافات والاعترافات من كل جهات التحالف المقدَّس بين أعضاء المجموعة من

الزملاء السود.

كشف أوماسيولا وأوكوكون على مضض سرًا، خاصة من جانب إيمانويل، الذي أدرك منذ أسبوعين أنهما قد صارا سببًا لبعض المشاحنات والعصبية المغلَّفة في المنزل الذي يستضيفهما.

وصف لنا أوكوكون يومهم:

- قبل الطعام، وأحيانًا في المساء، عندما يتصادف أن أجلس معهم للعشاء - لأنني في العادة أتناول طعامي خارج المنزل - يحلُّ صمتٌ غريب... تسمع فقط صوت الملاعق والشُّوَك والسكاكين والأسنان تطحن الطعام... سأعطيكم مثالًا آخر؛ كل مرة نستخدم أنا أو إيمانويل الحمَّام، تهرول خلفنا الخادمة لتغسله. هل تريدون مثالًا آخر؟ في الليل، عادة عندما نسمع الزوجان روبرتسون يتشاجران في غرفة النوم أو في غرفة الجلوس، ويشار إلينا في الحوار أو الشجار لا نسمع أسماءنا، بدلًا منها نسمع عبارة «هؤلاء الزنوج» تُحشَر بشكل فجٍّ. لكن الأخطر حدث يوم السبت، قبل ذلك في وسط الأسبوع دعونا لنقضي عطلة الأسبوع معهم ومع بعض أصدقائهم عند بحيرة إيري في كندا. قبلنا بسعادة. قبل مغادرتنا بليلة، اتصل بنا ممثِّلونا في الأمم المتحدة وقالوا لنا إن السفير الذي سيكون يوم الأحد في سيراكوز يدعونا إلى العشاء كي يتعرَّف علينا. بالطبع قَبِلنا. السفير هو شخصية أفريقية عامة. وكان وزيرًا ورئيسًا للبرلمان. هو أيضًا كاتب كتاب «سحر وأسطورة أفريقيا»، الذي صار بيست سيلر عالميًّا، كما أنه رُشِّح لنيل جائزة نوبل. بكل أدب أخبرنا روبرتسون أنه بسبب التطوُّرات الأخيرة سيصعب أن نقبل دعوتهم الكريمة. استاءت

السيدة، وأعلنت باقتضاب وعصبية أن الرحلة برُمَّتها قد ألغيت. ثم أمرت زوجها أن يخبر أصدقاءهم، بدا كأنه تائه ولا يفهم شيئًا. مثلنا تمامًا، فلم نكن ننتظر ردَّ فِعل كهذا. عندما رأى استغرابنا ودهشتنا شعر السيد روبرتسون بالحاجة أن يبرِّر الأمر: «ليس من اللائق أن نترككم يومين كاملين بلا عناية أو وجبة طعام بيتية ساخنة». كنت أرى إيمانويل يغلي، إلا أنه تمالك نفسه ولم يتحدث، فتحدثت أنا، وقلت إنه لا يجب أن يفسدوا خططهم بسببنا. ولا يجب أن يقلقوا بشأن طعامنا؛ فسوف نتناول العشاء يوم السبت، ويوم الأحد يمكن أن نعتني نحن بالأمر أو نأكل مع أصدقائنا. رفض السيد روبرتسون كان كلِّيًّا، قال: «لا يمكن، سوف نترككم وحدكم في بيتٍ خالٍ، هذا لا يجوز. مع كل هذه الأجهزة الكهربائية والأغراض التي كما نرى تتسبَّب في اندلاع الحرائق باستمرار. وأيضًا...»، «كفى، ماذا ستضيف على هذا؟» قاطع إيمانويل سرد أوكوكون بعصبية. وأكمل بإيجاز وسخرية كعادته: «ألغيت الرحلة». مكثوا في منزلهم ليراقبوا أجهزتهم.

جاء دور سالم روبليه. قال:

- لاحظتُ أن الابنة الصغيرة للزوجين ماجنسون ذات الخمسة أعوام تختبئ في كل مرة أدخل فيها للمنزل. وهذا كان من اليوم الثاني لإقامتي هناك في الغرفة التي رتَّبها لي الزوجان ليو وميرا ماجنسون.

أكمل سالم قائلًا:

- جدير بالذكر هنا أن اليوم الأول الذي دخلت فيه للمنزل، قدَّمتُ للطفلة قطعة من الشوكلاتة، فرحت الصغيرة وقبَّلتني

واحتضنتني. لكن الأمور تغيَّرَت بعد ذلك. قبل العشاء رأيت السيد ليو غارقًا في قراءة كتاب. فور أن أنتبه لوجودي، كنت قد ذهبت نحو المائدة قبل الوقت الذي حدَّدناه للعشاء، فإذا به يغطِّي الكتاب بمنديلٍ، لكنني رأيت عنوان الكتاب: «آكلو لحوم البشر في آسيا».

- هل هم في مكان آخر غير بورنيو؟

قال إميليو مازحًا.

- منذ ذلك اليوم تغيَّرَت الأجواء في المنزل، صارت باردةً حدَّ التجمد.

أضاف سالم وهو يهدِّد المكسيكي بشكل كوميدي.

وبينما كنا نستعدُّ لنسمع باقي قصته قاطعه - بشكل مفاجئ تقريبًا - المهذَّبُ اللبِقُ عادةً: ستيفن تانجا. أخبرنا بأن مضيفيه، سام وسالي ماكفيرسون، هو صاحب مطبعة، وهي معلِّمة متقاعدة؛ قد أعطوه غرفة خارجية في آخر الحديقة، قال والألم يعلو وجهه:

- لكي تذهب إلى المنزل الرئيسي يجب أن تقطع حديقة كرنب وتدقُّ الجرس عبر تليفون داخلي كي يفتحوا لك الباب، أحيانًا تحت المطر، وقد حدث بالفعل، أروح وأجيء في الحديقة حاملًا مظلَّةً... لكن حدث شيء آخر لا يُضاهَى! أول ليلة، فور أن استلقيت على الفراش، دقَّ الباب. كان رجلًا عجوزًا أمريكيًّا أفريقيًّا بلا أسنان، في السبعينيات من عمره. عرَّف نفسه: «أنا البستانى». اعتذر عن المضايقة في ساعة كهذه، وقال إنه في الصباح، وبينما كان ينظف ويغيِّر الملاءات للأجنبي السيد، هذا هو أنا، نسي طاقم أسنانه على الكومودينو. وجدناه، حشره في فمه وغادر. إلى أين؟ يعلم الرب وحده.

المقلِّد الموهوب ألام إل، راح يحكي وهو يقلِّد الأصوات والتعبيرات حين رجا مضيفه أن يعطوه مفتاح الباب الخارجي، «في حالة إذا لم يكونوا في البيت ليفتحوا له». د. دوناهيو، جامعي متقاعد، والآن نائب مدير متحف إيفرسون، قال بترحاب:

- بالطبع يا ألام، كيف لم نفكر بالأمر؟

لكن تدخَّلَت - بعد سعلة مفاجئة - السيدة دوناهيو، وقالت:

- إنه لأسباب مختلفة، ديك لا يفعل هذا، ليس للسيد ألام ولا لغيره.

السيد ديك دوناهيو، من الواضح أنه لم يفهم أي أسباب كانت في رأس السيدة، أصرَّ:

- لنعطه مفتاحًا يا عزيزتي، لِمَ لا؟

أصرَّ، ولكن عزيزته لوسيل قالت إن العَقد الذي أبرموه مع شركة التأمين للحماية من الحرائق والزلازل، إلخ... ينصُّ في الهوامش - بخطٍّ رفيع - على منع حصول أي شخص لا يوجد اسمه في التعاقد على أي نُسَخ من مفاتيح العقار. وإلا إذا حدث أمرٌ ما، لا يسري التأمين. بعد هذه الحجة المقنعة، سحب الزوج اعتراضاته، وبدوره الضيفُ سحب طلبه.

- لديَّ أنا أيضًا تجربة مشابهة.

نزلتُ أنا أيضًا إلى رقصة الشكاوى. التفت الجميع نحوي مندهشين. أيُمارِسون المضايقات والإذلال على البيض؟ أكملت:

- مضيِّفيّ يبقون حتى وقت متأخر، وعندما أعود يفتحون لي. لكن

تحسُّبًا لأي ظرف طلبت مفتاحًا. المرة الوحيدة التي احتجت فيها أن أستخدمه، كان البروفيسور في الفراش والسيدة ميلهيور في الحمام، اكتشفت أن المفتاح لا يعمل، لم يكن يدور. اضطررت أن أدقَّ الجرس. فتحت لي خوانيتا والدكتور ميهيلور كان متلفِّحًا ببطانية. شرحت لهم ما حدث. «مستحيل يا بيت، فهذا المفتاح أستخدمه لسنوات طويلة»، «ربما التوى. لو أنَّ لديكِ نسخة أخرى...»، «أين أجد نسخة أخرى يا عزيزي؟ سوف أفتح لك مثلما نفعل أنا أو ميل. لماذا نزعجك بأشياء وعُدد من هذا النوع؟»، «أي عُدَد وأي أشياء؟»، سألتُ. استغرَبَت من دهشتي، وشرحت لي: «أقصد مفاتيح وأشياء من هذا القبيل». في حالة أخرى، في الأيام الأولى التي دخلتُ فيها بيتهم، قبل أن يقرؤوا في الموسوعات عن قبرص، السيدة ميهيلور عبَّرَت عن إعجابها بملابسي. قالت: «كنَّا نتحدث أنا وميل عن بزَّاتك. أتصوَّر أنك اشتريتها من لندن»، عندما قلت لهم إنني خيَّطتها في قبرص، تفاجأت. «كنت أعتقد أنكم ترتدون ملابس مريحة أكثر...»، من الواضح أنها كانت تعتقد أننا نحن هناك نتجوَّل مرتدين أوراق الموز! خلعت الجاكيت وعرضت لهم البطانة التي تحمل اسم الخياط:

«Nic Sotiripoulow, tailor, Onassagora Street, Nicosia».

- لا بُدَّ من أن السيدة استاءت كثيرًا! أعتقد أنك أحرجتها.

علَّق أوكوكون.

- لا، بلَغَت الأمر من قبيل الاحترام... في الحقيقة كلاهما مع مرور الوقت، حاوَلَا أن يعرفا أكثر عن الأوضاع في الجزيرة، جزيرة

قبرص في عصر كنيدي... حتى وإن كانت معلوماتهم من صور وإعلانات ودراسات. على سبيل المثال: الفصل عن قبرص في الموسوعة التي قرآها يشرح أن في قبرص تتعرض المنارات للإهمال، وأن لدينا جِمالًا وأشجار خروب. عرفوا أن أهل الجزيرة الأصليين - كما قالت السيدة ميليهور - الذين يتراوح عددهم حول النصف مليون نسمة، نصفهم مسلمون والنصف الآخر، أي نحن، أول الأوربيِّين الذين اعتنقوا المسيحية، نحن غير مسلمين. ولا مسيحيون أورثوذكس ولا كاثوليك ولا بروتوستانت. ببساطة، نحن «غير مسلمين»... قرئا أيضًا، وأخبراني بهذا، أننا بلد زراعي، وأننا نُصدِّر النبيذ والبِغال، وأن بريطانيا تحكمنا بشكل ليبرالي!

- يعني في كل ما قلته أين هو الخطأ؟

قال ميحمد مازحًا والمكر يقفز من عينيه.

- اخرس يا ميحمد. لو قالوا لك إن تركيا هي وكالتهم، أو أن المنتج الذي تصدِّرونه هو الحشيش؟
- سأهديهم موسوعة عام 62.
- أنت جينتل مان، كابرون!

واضح بالطبع مَن هو صاحب هذا التعليق.

من بعد مداخلتي التي أدهشت البيض بشكل أكبر، تحدَّث خوان. قال إن كل سلوك العائلة التي تستضيفه «تقريبًا لا يُضاهَى، أو ربما فقط لا يُضاهَى، دون 'تقريبًا'». ثم أضاف: «كلُّ مَن في المنزل وَدودون وكتومون». نفس الشيء تقريبًا قالته مدام روباري والجامايكيون وأندريه وميحمد. واندهشوا كثيرًا ممَّا سمعوه، ووصفوها بأنها أمور «جنونية وغير معقولة»، ليضيفوا أنهم يعيشون ضيافة يمكن أن

يقيِّموها من مُحتمَلة إلى نموذجية.

ولا حتى المكسيكي قد لاحظ أيَّ تَصرُّف أو سلوك مُنفِّر أو عنصري لدى العائلة ماكينتاير:

- على العكس! فهم يتَّسِمون بالشهامة والود. الشيء الوحيد السلبي الذي يمكن أن أشيرِ إليه هو أن باترتشيا، الأم، وبنتها إليسيا يذهبان للاعتراف في الكنيسة كل يوم أحد دون أن يقترفا أي ذنب طيلة الأسبوع... هذا هو الأمر السلبي الوحيد.

شعرت بالذنب وأنا أسمع سيل المديح من الزملاء البيض عن العائلات المستضيفة لهم، شعرت بشيء من الذنب على ما قلته عنهم. فعائلة ميلهيور على الرغم من كل الأمور غير الدقيقة التي قالوها عن قبرص كانوا يحبونني ويعتنون بي. العجوز ميلهيور قال لي في مرة سابقة إنه عندما أعود إلى الجزيرة سوف يضعني في قائمة أصدقائه، وسوف يرسل لي رسائل في شرائط كاسيت.

تصرَّفتُ كالحمار. على الرغم من ذلك، كنت مديناً بالاعتراف للسيد والسيدة ميهيلور، لكنني لم أفعل؛ فهكذا، أنا جبان. بدَّلته (كم هذا مريح) بفكرة طرحها البروفيسور بالأمس بينما كنا نشرب السيدر بجوار المدفأة.

- إن أحكامنا المسبقة يا بني، سواء كانت قومية أو عنصرية، إلخ... لا نستطيع نزعها بسهولة، يحتاج الأمر إلى الكثير من السنوات، وكل واحد منها بمثابة جُلجْثة.

زملائي البيض اتفقوا مع هذا الرأي. الأفريقيون وبعض الآسيويين راحوا ينظرون إليَّ باعتراض واضح في عيونهم.

كلما كنا نتحدث في هذا الأمر في كافيتريا الكلية، كان سين كوبتا يدوِّن ملاحظات. عندما قلنا كلَّ ما لدينا، وعندما هدأ الغضب الذي كان قد وصل ذروته، تحوَّل إلى سخريةٍ من الذات، ثم إلى ضحك، اقترح الهندي:

- يا سادة، أقترح أن ننتقل إلى أونودانجا، إلى الفندق الأحمر الكبير، تعرفونه. سعر الغرفة المزدوجة عشرون دولارًا.

في اليومين التاليين، الأفريقيون والآسيويون، بعد أن تفاوضوا على السعر، استطاعوا أن يجعلوه سبعة دولارات فقط، انتقلوا كلهم إلى أونودانجا. ميحمد ومدام روباري والمكسيكي والأرجينتيني والبولندي والجماكيكيون، وأنا؛ الأحمق، الناكر للجميل، الشَّكَّاء، لم أفعل مثلهم.

- نعيش في بلد حر. في أكثر بلد ديمقراطيَّةً حرٍّ ليبرالي في العالم. الفرد يستطيع أن يفعل كل ما يعتقد أنه صحيح، يكفي ألَّا يخرق التقاليد والقانون.

كان هذا تعليق فيشر عندما نقل إليه روب الأخبار. لم يرغب في أن يسمع منهم الأسباب التي دفعت الأحد عشر زميلًا ليتَّخذوا قرارهم وهم أصحاب المعاناة؛ وعندما فيما بعد كرَّر مساعِدُه الأمر في حضورنا فتجنَّب أن يعلق مرة أخرى، وإن كنَّا قد ألححنا عليه.

***

في ليلة الاكتشافات، عند عودتي للمنزل، فتحت لي خوانيتا كالعادة، قدَّمتُ لهما هدية أحضرتها لهما، صرت كريمًا فجأة ذلك المساء؛ تمثال من الجص للحديقة؛ القديس فرانسيسكو وحوله وحوش مُروَّضة. بينهم رجل نصف متوحش، تعتقدون بمَن يذكِّرني؟

14

الاثنين، 7 يناير '63

وفقًا لجدول الأسبوع بعد الغداء في مقصف الكلية سوف نتجمَّع في مدرج الكلية المعروف باسم «الفريزر».

ينتظرنا في الداخل الدكتور فيشر، يلفُّ حول رقبته كوفية من الصوف، ويمسك في يده كوبًا من الشراب الساخن. خلفه بترتيب صارم، مساعده وفتاتان من السكرتارية. الشابتان تحملان حزمًا من الأوراق.

أشار لنا روبي أن ننحشر جميعًا في أول صفَّيْن من المقاعد، «حتى لا يحتاج الأستاذ البروفيسور الذي يعاني من التهاب الحلق أن يتحدث بصوتٍ عالٍ».

اتجه الدكتور فيشر نحو البونديوم. تحرَّك روبي خطوة للأمام. بقيت فَتاتَا السكرتارية في مكانهما.

- هل أحضر لكم مصباحًا؟

سأل روبي رئيسه.

أومأ الرئيس بالنفي وألقى نظرة مجمَّعة نحونا جميعًا. وضع

فنجانه على البونديم، وبدأ في الحديث بصوت مخنوق مبحوح، وراح يتحدث بين سعال متقطع:

- كح كح، إنه لأمر محزن! الآن وقد اعتدنا عليكم سوف نخسركم... كح كح، أليس كذلك يا روبي؟ هذه المجموعة اللطيفة خلال واحد وعشرين يومًا من الآن ستتفكَّك، كح كح. كلٌّ منكم سيسلك طريقًا وحده، الطريق الذي سيختاره. ستزورون أي عدد من الولايات تختارونه كي تحقِّقوا مزيجًا من المتعة والفائدة، نزهة وتعلُّم، ومع الوقت كلها خبرات مفيدة. كح كح، اتفقنا؟

نيابة عن المجموعة ودون أي اتفاق مُسبق قام سين كوبتا وأجاب:

- اتفقنا يا سيدي، وسوف نكون شاكرين وممتنين.
- شكرًا، كح كحكحكح.

أجاب فيشر وهو ينظف حلقه ويبصق البلغم مرتين في منديله الورقي، ثم عاد يتكلم بشكل أوضح:

- دعوتكم هنا كي أوزِّع عليكم بعض الاستمارات كي تملؤوها كي يكتمل برنامجنا. ستدوِّنون أي مدن، وبالأسماء إن أمكن، وأي ميديا، وصحف ومحطات تلفزيونية، إلخ... تودُّون أن تروها وتعلموا كيف تعمل. بعد أن تقوموا بالاختيار، من الضروري أن تذكروا أسباب اختياركم وتدوِّنوا أيضًا ماذا تريدون أن تروا، ولماذا؟ هذا سيساعدنا كثيرًا في تنظيم أفضل لزياراتكم، وأيضًا سيساعد مَن سيكونون في استقبالكم وضيافتكم.

أخذ رشفة أخرى من فنجانه، ثم أكمل:

- عندما تضعون قائمة سفرياتكم بالتفصيل، عليكم أن تراعوا التالي - إن استطعتم، وإن كنتم ترغبون - أن تقضوا كل الفترة، الثلاثة أشهر، في مدينة واحدة، أن تعملوا متطوِّعين بلا أجر كمساعدين أو ملاحظين في واحدة من الصحف أو المحطات التلفزيونية، أو إذا أردتم أن تتعرفوا أكثر على المدن والميديا، وهو الأمر الذي أعتقد ستُفضِّله الأغلبية منكم، يمكن أن تحاولوا أن توزِّعوا وقت إقامتكم في كل محطة من جولتكم. العودة إلى قواعدكم في سيراكوز، يجب أن تكون يوم الثلاثاء في الثلاثين من أبريل على أقصى تقدير من أجل تجميع كل المواد التي غطيتموها، ولكي تقدِّموا تقريرًا عن تجاربكم. وهو - كما تدركون - سيساعد في تقييم المؤسسة حديثة الإنشاء، كح كح.

التفت نحو الفتاتين وأشار لهما أن توزِّعا الأوراق. أشار روبي إليهما كي تنتظرَا، اقترب من رئيسه وهمس له بشيء. أومأ فيشر بدوره بالإيجاب، ثم عاد والتفت نحونا:

- لقد ذكَّرني روبي بشيء آخر يجب أن يقال. من المؤكد في المدن التي ستتواجدون فيها أن زملاءكم من الصحفيين سوف يعرضون عليكم استضافتكم في منازلهم. من الجيد أن تكونوا مستعدِّين لهذا الاحتمال. بالطبع لستم مجبورين على القبول إلَّا إذا كنتم مهتمِّين بالتعرف على أسلوب الحياة في مناطق أخرى من البلاد، وترتبطون بشكل أكبر مع بعض المهنيين المحترفين المرموقين، الذين ستجدون معهم اهتمامات مشتركة، وربما مشاكل مشتركة... إذا لم يهمكم هذا، كح كح... «أونداجا» موجود في كل مكان.

ضحك الإيرانيُّ والجامايكيون. البقية لم يعجبهم التعليق، وتبادلوا نظرات مستاءة أو بعض التعليقات بصوت خفيض. سمعها من على البونديوم الأمريكي اليهودي وقاطعها بنقرات على الميكرفون:

- من فضلكم، كح كح، هدوء! هل هناك شيء آخر يا روبي يجب أن يقال قبل توزيع الأوراق والاستمارات؟
- نعم، معلومتان فقط، من بعد إذنك.

التفت نحونا:

- قبل أي شيء، والأهم، وهو ما يهمكم جدًّا، البرديم، قد تحسَّن بعض الشيء، سوف ينتظركم في الأماكن التي ستزورونها، أو في أي بنك تفضِّلونه. التفاصيل في هذا الصدد: كيف ومتى وأين؛ سوف تعطيها لكم السكرتارية بعد أن تُدرس برامجكم. السكرتارية أيضًا ستعتني بأمر تذاكر الطيران، وأي تذاكر أخرى، وحجوزات الفنادق لكل مَن لا يرغب في الاستفادة من الاستضافة التي ستُعرَض عليه.
- شكرًا يا روبي.

عاود فيشر الحديث مرة أخرى، وتوجَّه نحونا:

- هل هناك أي أسئلة؟

انهالت الأسئلة كالمطر، وكان يجيب عليها روبي بشكل أساسي، حيث تَقدَّم ووقف على بعد خطوة من رئيسه. علَّمنا أنه يمكننا أن نسافر فرادى أو في مجموعات من اثنين أو ثلاثة متدرِّبين؛ وأنه، لو رأينا أنه ضروري، يمكننا أن نغير وسائل الموصلات والطرق؛ وأيضًا في حالات الضرورة القصوى التأمين الطلابي يغطِّينا صحيًّا، وفي أي

ظروف أخرى طارئة.

اتَّضحَت أمور أخرى كثيرة، منها المهم والتافه، ثم بدأت الفتاتان من السكرتارية في توزيع الأوراق. عشرات المربعات كي نختار المدن والميديا ووكالات الأنباء وشركات البحث ومكاتب الإعلان والدعاية، إلخ... التي نرغب في أن نراها عن قرب؛ في كل ورقة العديد من الأعمدة الفارغة كي نضع فيها المجالات التي تهمُّنا، والمدة الزمنية المرجوَّة لإقامتنا في كل مدينة، ووسيلة الموصلات المفضَّلة لنا، وتواريخ الوصول والمغادرة، إلخ... بازل كبير جدًّا! سيأخذ منَّا أيامًا، وبحثًا، وعملًا كثيرًا؛ كي نملأ كل هذه الأوراق.

***

على أساس ما سمعت حتى الآن في السمينارات، وكل ما قرأت في دليل الجامعة لوسائل الإعلام، الذي اشتريته، ونقاشات وحوارات مع الزملاء، ومساعدة ميلهيور؛ قمت بالاختيار. المدن التي سيتضمَّنها تجوالي هي: بالتيمور ونيو أورلينانز وكولورادو سبرينجز ولاس فيجاس ولوس أنجلوس. أسبوعان في كل مدينة، مع زيارات قصيرة لمدينتين أو ثلاث، على حسب ما يسمح به الوقت والبرديم.

اختار ميحمد واشنطن دي سي على أمل أن يستعمرها كما أسرَّ لي، وليس من أجل التعلم والمعرفة في واشنطن بوست، وأيضًا ليرى المسلَّة؛ يعتزم أيضًا أن يذهب إلى دنفر ودالاس. سيذهب إلى لاس فيجاس حينما سأكون أنا هناك بالفعل؛ حتى نكمل باقي الرحلة معًا.

صديقنا المكسيكي قرَّر أن يقضي الثلاثة أشهر في سان فرانسيسكو.

وقد عرض علينا أن نزوره بعد لوس أنجلوس. بالطبع رحَّبنا جدًّا، أنا وميحمد، ووعدناه بذلك. قلت له مازحًا:

- هذا إذا لم يزجُّوا بك في سجن سنج سنج بسبب نكاتك السمجة.

15

حبيبتي،

هذا هو الخطاب الأخير الذي سأرسله لكِ من سيراكوز. أكتبه إليكِ بعد منتصف الليل، بعد ساعات قليلة سأذهب إلى مطار سيراكوزانا.

آخر ليلة لي هنا، قضيتها في البيت مع عجائزي اللطفاء. كان كلاهما متأثِّرًا جدًّا. وكنت أنا أيضًا...

قالت لي المرأة: «منذ الساعة التي رأيتك ترتِّب حقائبك... بدأ البيت يفرغ. ألا تشعر بذلك أنت أيضًا يا ميل؟».

«لقد حملت لنا هواءً متوسطيًّا شبابيًّا منعشًا يا ولدي، جدَّدتَ روحنا. سوف نفتقدك»، قال هو.

«أول مرة نستضيف طالبًا أجنبيًّا. الآن وقد رأينا كيف هو أمرٌ هامٌّ هذا التَّناضُح؛ سوف نُبدي اهتمامنا كل عام؛ على أمل أن نكون محظوظين مثلما كنَّا هذا العام...» أضافت خوانيتا. بعد ذلك أدلت بتصريح مدوٍّ: «من أجل خاطرك يا بيتر سأرتدي اليوم مريول الطبخ وأدخل المطبخ».

«هو أمر تفعله فتاتي نادرًا» علَّق الآخر ضاحكًا. «هي تفعل هذا فقط عندما يأتينا ضيوف من أقاربي، وبالأخص من أقاربها... وأؤكِّد لك أنه طباخة ماهرة!».

وعَدَت وأوفَت بوعدها السيدة خوانيتا. الأطعمة التي طبختها كانت لذيذةً. ربما، كي أكون دقيقًا: كان مذاقها جديدًا بالنسبة لي وحرِّيفة بعض الشيء. على كل حالٍ أثنيت علي الطعام!

بعد الطعام جلسنا بجوار المدفأة نحتسي السيدر المعتاد ونكسر حبات الفول السوداني ونأكل اللوز المحمص الذي أرسَلَته خصيصًا من أجلي السيدة جوناثان. أعتقد أنني قد حدَّثتك عنها من قبل. كانت لذيذة جدًّا. وكل ما لم نأكله وضعته لي خوانيتا في كيس ورقي وقالت: «لتأكلها في الغربة».

تبدو وكأنها أوديسيا على حق؟ من رابع المستحيلات أن أتوقع مقابلة حوريات وسيكلوبوس وليستراغونيس وتحديات وأخطار سأجدها أمامي.

دعواتك بالتوفيق يا مدام أرخونديذيس. فصلواتك ودعواتك دائمًا ما تُجاب.

آلاف القُبَل

XXX

الجزء الثالث

الرحلة

16

تقف متربِّصة بلا حراك تدخّن وقد تعدَّت الساعة الثانية عشرة والنصف بعد منتصف الليل، هي الليلة الثالثة على التوالي التي ننام فيها في الثانية أو الثالثة صباحًا حسبما ترغب هي، ونستيقظ، عندما تكتفي هي من النوم، حتى لو كان الوقت ظهرًا، وأنا يجب أن أستيقظ في الثامنة صباحًا على أقصى تقدير.

ترتدي الليلة روبها الأزرق شبه الشفاف. ثدياها وردفاها تبدو واضحة في الضوء الشاحب.

- فيم تفكر يا ولد؟

في صوتها أكاد أحس نوعًا من السخرية والنقد. هل لأنها تشعر أن عقلي لا تشغله هي وحدها؟

- معذرة، لقد شردت.

رفعت كأسي، دون أن أضعه على شفتي. سألتني:

- هل تحب التيكيلا؟

تحكُّ حلقي قليلًا. لكن ليست فكرة سيئة أن أشعر بشيء من الدوار، فقط كي أطرد المزاج السيئ الذي سببه الفيلم الذي شاهدته في المساء، ولكي أتجرأ على ترويض - أو أحاول أن أستسلم إلى - النمرة التي

نصَبَت لي كمينًا على الأريكة على بعد مترين مني.\

- لا بأس.
- ما الذي يعذِّبك؟ سيأتي الخطاب من فتاتك. أليس اسمها أولي؟
- نعم، أولي أو أوليا. على كل حال، ليس الأمر كما تظنِّين، ليس الخطاب الذي لم يصل من قبرص هو ما يشغلني.

شربت رشفةً من التيكيلا ثم نظرت إليَّ بعينيها الواسعتين، ثم قالت مبتسمةً:

- الجينتل مان كما ينبغي!

دائمًا بنفس نبرة النقد والسخرية.

- ماذا تعنين؟
- ماذا أعني؟ ربما أنت نموذج للسلوك الصحيح، تسير حسب القواعد... لا تَقُل لامرأة تجلس برفقتك لساعات إنك تفكر طيلة الوقت في امرأة أخرى.
- كما قلت لكِ يا آني، أنا أفكر في شيء آخر ليس له أي علاقة...

لم أكمل الحوار، ابتسَمَت. لكنَّ عينيها مليئتان بالشك.

رفعت الكأس أمام عيني فصار مثل عدسة مكبِّرة، رحت أنظر إليها من وراء هذا الحجاب. على الرغم من التعرجات والتشوهات التي يسبِّبها الكريستال والشراب عديم اللون، أمامي صورة لأنثى مثيرة ومرغوبة وقوية.

- اليوم في المساء في جريدة Sun، جعلوني أشاهد فيلمًا وثائقيًّا. السيد بيرج وجيم هما نموذج للصحافة الاستقصائية.

- العظيم بين بيرج؟! بنفسه؟ يا له من شرف عظيم!

قالت ساخرةً.

طفل غير معلوم جنسه ولا سنُّه. رأسه حليق، مستند بجبهته على سياج حديدية. ينظر إلى عالَم ليس له شكل ثابت. كل شيء ضبابي، أصوات مونولوجات غير مترابطةً وصرخات.

يعلو صوت الموسيقى فيبتلع كل الأصوات الأخرى. يظهر المعلِّق. شاب أنيق واثق من حاله ومسترخٍ. يقدم بعض الإحصائيات:

«إن الاضطرابات النفسية أمر واسع الانتشار في الولايات المتحدة الأمريكية. في دراسة بحثية جرت على المستوى الوطني أظهرت أن نسبة 22.1 من الأمريكيين - من سن 18 فيما فوق - أي واحد كل أربع أشخاص أو 3.22 مليون أمريكي، يعاني من توتُّر أو اضطراب نفسي. أرقام مخيفة! في النهاية، لا توجد في بلدنا عائلة من عشرة أفراد لا يوجد بين أعضائها مريض بالتَّوحُّد أو التأخُّر في النمو العقلي أو مريض بالفصام أو مريض نفسي أو عصبي».

هنا انتهت المقدمة المختصرة، تبعتها رسالة:

«هذا الفيلم 'العجز النفسي في ميريلاند' تحت رعاية شركة المخبوزات- صحة».

- لا يعطونك الوقت للتَّنفُّس. لا تسمعهم، يجب أن يكون لك ردُّ فعل.
- لديَّ الكثير لأرى وأفعل، في وقت قليل.
- أنا أقول إنه يجب أن نفعل كل ما نستطيع فعله بشكل أفضل،

فقط كل ما يسمح لنا به الوقت. مزيد من التيكيلا؟

دفعت كأسي نحوها:

- دون الدودة.
- أوكيه، سأحتفظ بها لنفسي. أنا مليء بالحصى، في المرارة والكلى والمثانة. في واحدة منها ستصطدم الدودة المسكينة، سأسحقها. قلتُ لك بالأمس، هكذا صِرتُ، مثل كسَّارة الحجارة، يمكن أن أهضم كل شيء... حتى أنتَ.

ضحكت.

- لم أفهم هذا...
- ولا حتى هذا؟ كنت أظنُّكَ ذكيًّا.
- هل أقوم بالتخمين؟ أم من الأفضل أن أخرس؟
- أنت ستُقرِّر يا فتاي. في كل شيء.

تلك هي المسألة! هل أنزلق، أكسب وقتًا، أم...؟

الطفل من مشهد المقدمة يملأ الشاشة. أصابعه الضامرة تحكُّ جمجمته. وجهه وعنقه متعرِّقان، لكن لا يقوم بأي حركة كي يهشَّ الذباب يحوم فوق رأسه ويشرب عرقه. ينظر في اتجاه القمرة، «يبتسم لي». ينفَتح الكادر وتركز على القاعة كاملةً. عدد من الأطفال عمرهم من خمس سنوات وحتى سبع سنين يروحون ويجيئون من الحائط إلى الحائط الآخر، دائمًا بنفس الترتيب، من الوقت الذي يأتون بهم في الصباح وحتى المساء حين يذهبون للنوم.

لكنهم يجلسون على الأرض وأجسادهم مثل البندول تتأرجح

للخلف وللأمام، وبعضهم يجلس بلا حراك على المقاعد، ينظرون بالساعة، في نفس البقعة، في السقف، وعلى الجدار، أو في الخارج، أو في الفراغ.

بينهم، ها هم «العشاق»، هكذا يسمِّيهم باستفزازٍ المعلِّق ذو الصحة الجيدة. وكلُّهم في العشرينيات.

رؤوسهم حليقة، أطرافهم متشابكة. لو لم يَقُل لك أحد إنهما ولد وبنت، من المستحيل أن تفرق بينهما.

وجهاهما دائمًا بجوار بعضهما البعض. عندما يجلسان يقومان بحركتين، الأولى، يلتفتون برأسيهما وينظران في عيون بعضهما البعض. الثانية، يشبكون أيديهما وأرجلهما، ويبدأ جِماع العيون والأقدام، يستمر لساعة، وينتهي عندما يفصلونهما بالقوة في المساء. في أحد الأيام، طفل أسود جلس بينهما. بدءَا يدفعان الدخيل بأقدامهما وأيديهما، ويحاولان أن يتواصلا من جديد. عندما أصابهم الإرهاق ولم ينجحا في شيء، ولم يتزحزح الطفل الأسود، بدءا في الصراخ وقيء رَغاوٍ من أفواههم.

اقترب ولد. تعرقل. تمدَّدت ذراعاه أمامي، طلب المساعدة بصمتٍ، أن أمسك به. تراجَعتُ، تجنَّبتُ لمسه... توقَّف متفاجئًا. أصابعه المجروحة تحكُّ عِضوه، بطنه ترتفع وتنخفض، يركلون كرة من الداخل.

هنا، فتاة في الثانية عشرة من عمرها منكمشة عند الجدار، وظهرها كله ملتصق بالجدار. خلف رأسها وسادة مبللة باللعاب. فمها مشوَّه، عيناها متسمِّرتان فوقي. وريد في العنق ينبض باستمرار.

في عنقها أم في عنقي؟

حولهم فتاة أخرى في العشرين من عمرها، تتجوَّل في القاعة، وتنتف شعر إبطها وفرجها.

فاصل إعلاني مرة أخرى:

«المعجَّنات والحلويات تُقدَّم إلى مؤسسة ميرلاند للأشخاص ذوي الاحتياجات الخاصة، مجانًا. ثلاثة أجيال تكبر مع منتجاتنا!».

هروب جديد. إلى الصالون مرة أخرى، وإلى آني، التي استاء مزاجها كما تقول:

- هل تريد نصيحة؟ لا تسلم نفسك إلى الإنسانية بلا سلاح؛ فهي خطر، خطر مميت. كل ما شاهدته في الفيلم، شاهدته أنا أيضًا في العروض الأولى، هي أشياء تحدث وستحدث، دومًا كانت وستكون هناك نساء يعشن واقعًا تراجيديًّا وأمهات وأولاد مثل هؤلاء، وُضِعوا في ملاجئ كهذه.

- هذا صحيح، لكن هل هذا سبب لنُسَعِّر إنسانيتنا، وهي كل ما لدينا؟ ولا سيما الأشخاص الذين يعملون في الميديا، الذين لديهم واجب أن يُظهِروا هذه الأمور ويلقوا عليها الضوء ويؤثِّروا على الحكومات والجماهير ويثيروا حساسيتهم، وكل مَن هو في موقع ويمكنه أن يساهم، وإن لم يكن في حلِّ المشكلة - وهو أمر مستحيل الآن - على الأقل في المحاولات الجادة التي تحدث لتخفيف الألم والبؤس والتراجيديا التي يعيشونها هؤلاء الأشخاص هم وذووهم؛ بفيلم كهذا، وحملة دعائية، وكل ما نستطيع فعله يمكننا أن ننجح في تأسيس ملاجئ مناسبة ومصحَّات، وليس بدرومات حقيرة مثل التي نراها في دول العالم الثالث، أو عنابر

الجحيم الفاخرة مثل تلك التي في بالتيمور؛ أن ندعِّم وندافع عن تمويل الأبحاث؛ لكن فوق كل شيء أن نطالب بحقوق إلزامية لهؤلاء المساكين من إخوتنا في الإنسانية. إلا إذا كانت حساسياتنا نحن والمسؤولين ليست في حاجة لكل هذه الإجراءات، حينها سيكون مسموحًا لنا أن نلقي بهؤلاء المساكين في الـ «كياذا»؟

- ما هو الـ «كياذا»؟
- شقٌّ في بطن الجبل، في إسبرطة القديمة كانوا يلقون بالرُّضَّع الذين يولدون ضعافًا أو معاقين.
- آه... نعم، أتذكر شيئًا كهذا من المدرسة.

بدَأت الجملة بشكل مفاجئ، ثم أنهتها بهدوء.

من الواضح أنها لا تريد أن تشجِّع رغبتي في الخطابة، أو ربما تجد الموضوع مملًّا. سحبت الكؤوس نحوها لتعيد ملئها. بينما تفعل هذا انزلق الروب فكشف عن ساقها كاملة، ونصف ساقها الأخرى. حين كانت منشغلة مع التيكيلا تركت عينيَّ تسترقان النظر إلى جسدها البض.

- اشرب كأسًا أخيرة، أريدك أن تسترخي تمامًا قبل أن تنام.

قالت وهي تقدِّم لي الكأس. ابتسمت ثم أضافت:

- الليلة تجلب لي التوتر.

أشعر بالقلق... ليس لسبب واحد، بل لسببين. لو أستطيع أن أكون صريحًا... لو أجرؤ أن أعترف بمشكلتي، بعيدًا عن الصدمة التي سبَّبها لي الفيلم، هي الحاجة التي أشعر بها منذ شهرين لحبٍّ عنيف،

لإشعال تلك النار التي برَّدتها أم لا أنفخ فيها!. لديها حسية متفجرة، إنها كسَّارة الحجارة، قالت هذا بنفسها. أسرَّ لي جيمي بهذا الأمر. قال لي إنها مع كل تشنُّج نهائي، تكون مستعدَّةً لنشوة جديدة.

لكن ألم تَعنِ هي منذ قليل شيئًا من هذا القبيل؟ كيف أن رَجُلها الأول، سيموس، يوناني يهودي من ثيسالونيكي، انفصلت عنه لأنه كان مندفعًا هو الآخر. في غضون عامين كاد أن يجعلها على حافة مرض السل. من نصف كلامها فهمت أنها تشتاق بين الحين والآخر للَّيالي الحامية معه، لكنها في النهاية تفضِّل الهدوء والمتوسط - لم تجرؤ أن تسميه «متوسط» - وهو الذي كان يقدِّمه لها جيمي.

- هل تؤمن بالموت الرحيم؟

سألتني، وأعادتني إلى إقليم إيفروتا والكياذا. هل ظلَّ عقلها هناك؟ الآن حيث يعاني عقلي في الهروب ومسح آثار ذلك الفيلم الحزين الذي شاهدته.

- نعم. عندما يحدث بحُرِّيَّة تامة ويقرِّر المرء وهو في كامل قواه العقلية أنه «إلى هنا وكفى».

يا لها من مخلوق جميل! بنت في السادسة من عمرها، ثابتة لا تتحرَّك، ولها عينان في منتهى الحيوية، وضفيرتان، وترتدي مريولها الصغير.

تراجَعَت. يتسع مدى بصري. صورة لطفل يمسك بكومودينو في غرفة فارغة والزمن متوقف.

إظلام قصير.

رأس حليق، خدود متورمة، أذنان منكمشتان. يبتسم لي. يغلق عينيه ويفتحها، لكنها تبقى متبسمة. يغلق ويفتح فمه، فارغًا دائمًا. الملمح الإنساني الوحيد في كل هذا هو طرف الفم. لا جنس ولا عمر ولا تعبير.

إظلام قصير.

الفتاة ذات الضفائر والمريول، بنت الستة أعوام، التي ظهرت في صورة مع الكومودينو؛ بعد قليل بدأت في الضحك بلا سبب حتى فقَدَت توازنها. خيال ميلاريبا المزدوج انفصل فجأة، قُطِع إلى قسمين. خيال منهم انتفخ وراح يحوم في مدِّ الزمن. الخيال الآخر انكمش وتوحَّد مع الظلام الكثيف. الأم انصاعت رغمًا عنها لتوجيهات الأطباء؛ أسكنت طفلها الملجأ. فور أن فُتِحَت العنابر التي لم تكن مليئة اليوم. كان لدى الأطباء الوقت لينشغلوا بكل حالة. لكن هذا لم يعوِّض الأم ولا يهدئها. بالنسبة لها حالة فاي كانت حالة فريدة.

صار لديها نوع من الهوس أن مرضها كان نوعًا من العقاب لذنوبها، جرح لا يندمل يبدأ مع تراجيديا شخصية، وينتهي مع نهاية العالم. في البداية كانت الساعات التي تقضيها بالقرب من فاي منهكة، ثم تحوَّلَت إلى انفجارات. تبع ذلك فترات من الاكتئاب، ثم شيئًا فشيئًا بدأت في الخروج من الحلقة وتدخل رغمًا عنها في دائرة الاعتراف. على التوازي بدأت البنت تُظهِر فرحة عارمة في كل زيارة لها. فرحة لا تختلف عن فرحة النبات حين يُروى بالماء، وعباد الشمس حين تربِّت الشمس على أوراقه. تشجَّعَت الأم وكثفت زياراتها لها، صارت تأتي كل يوم. بعد ذلك اقتنعت أن المرض ليس موجَّهًا فقط لطفلتها. مع ازدياد عدد الأسرة، بدأت الوصمة المطبوعة على جبهتها في التلاشي.

ارتبطت أكثر بطفلتها وببقية الأطفال العنبر في المؤسسة. حتى إن قلبها لم يَعُد يقوى على أن يتركها في الليالي. اليوم هي ترتدي مريولاً أبيض وحذاء أبيض وعلى وجهها ابتسامة هادئة، هي «أم» للجميع هنا. حتى إن بعض الأطباء يؤكِّدون أنه صار يصعب عليها أن تفرِّق بين فاي وباقي الأطفال.

- غير معقول! رائع! الخبز والكيك والحلويات تُشعر بالشبع، لكنها لا تُزيد الوزن!

صورة المقدمة الباهتة ظهرت من جديد. عادت الموسيقى، فانسحقت الصورة.

أساتذة ذوو خبرة وخبراء يبذلون أقصى جهد ليعلِّموا الأطفال المرضى القراءة والكتابة. إخصائيون مدربون يعلمون فنونًا بسيطة لكل مَن يظهر عليه أي أعراض أو إشارات، حتى ولو قليلة جدًّا في القوى الذهنية؛ يعلِّمونهم الحياكة، وأن يصنعوا الصناديق وبعض التريكو، وأن يستخدموا أدوات غير خطرة.

بعض النزلاء - مع الوقت - يتعلمون بعض الحرف الميكانيكية البسيطة، يتم توظيفهم في مصانع أو مزارع.

يتقاضون رواتب، ويشعرون بالفخر لهذا. لكن لا تتجرَّأ وتسأل «لماذا يشعرون هكذا؟»؛ سينظرون إليك باستغراب، وسوف تشعر بالذنب على كل ذرَّة عقل لديك.

معاهد ومعامل تبذل قصارى جهدها كي تكتشف أسباب «الجرح» الوطني. 44.3 مليون أمريكي يعانون من أمراض أو اضطرابات نفسية وعصبية! ميكروسكوبات إليكترونية وأشعَّات رنين وتحاليل

حيوية ونفسية وأبحاث جينية بوسائل غير اعتيادية، حتى أسلوب كيرليان[14]؛ كلها قيد التنفيذ. لكن حتى الآن لم تحقق أي تقدم. والمستقبل غامض.

وفي هذه الأثناء، وحتى اكتشاف أو محاربة الأسباب المجهولة، الموارد مطلوبة من أجل إنشاء ملاجئ جديدة وتحديث الموجودة لمواساة ومساعدة العائلات الذين لا يستطيعون تحمُّل تكاليف العناية.

على الرغم من هذا هناك أمل، بقدر ما تمتدُّ تلك الأطراف الأربعة لهؤلاء العشاق بهذه القوة وتتشابك، هناك أمل.

- لا أعتقد أن المزاج السيئ هو بسبب الفيلم فقط. هناك شيء آخر... قُل ماذا بك.
- لا شيء.
- لا يكفي أن تقول لا شيء. عليك أن تثبت ذلك، افعل شيئًا.
- وماذا عليَّ أن أثبت يا آني؟
- أنك تغلَّبتَ على التوتر الذي سبَّبه لك الحمقى في الجريدة. وأن حضوري، دعنا نَقُل، هو مهدِّئ علاجي. أو لِنَقُل بشكل آخر، إنك لا تعتبرني مشاغبة، وتنتظر اللحظة التي ستدخل فيها إلى فراشك.

توقَّفَت لحظة. وبعد ذلك، أكمَلَت بشكل أكثر استفزازًا:

- هل تستطيع أن تثبت ذلك؟

14- في عام 1939 اكتشف الباحث الروسي «سيمون كيرليان» هالةً تحيط أيَّ جسم حيٍّ بغلاف غير مرئي يشعُّ على هيئة موجات كهرومغناطيسية ذات ألوان تُسمَّى الهالة أو الأورا (Aura)، وقد اقترح كيرليان نظرية تقول بأن الألوان المختلفة تنبثق من اختلاف الأمزجة والمشاعر والأفكار.

أهذا ما تريدين يا فتاة؟ أستطيع، بالتأكيد أستطيع، ودعيني ألعب دور طرطوف. ويمكن أن أكون بالأخير، نعم، أنا... إن حضورك في واقع الأمر حقًّا علاجيٌّ، لكنه خطير، خطير بشكل مميت؛ لأنك التجسيد الحي للأنوثة الشرسة الفتاكة، عنكبوت يقطع ويأكل رفيقه. تعرفين جيدًا ما تريدينه، وكيف تحصلين عليه... بجانبك لا أنسى، ولا تدعينني لحظة أنسى، أنني لعبة جنسها ذَكَر! جاذبيتك التي تثير رجولتي، تطفئ وتمحو دور الضيف الوقور الذي أحاول أن أكونه.

بالضبط، هذا ما تفعله يا عزيزي بيت... يجب أن أعذركَ قليلًا... تعرف جيدًا كم أنت منافق ملعون، تعرف ما تريده من الحسناء، لكن لا تجرؤ على التحدث فيه. وهي نفس الشيء، لكن الخطوة الأولى تنتظر أن تقوم بها أنت. ألا تتفق؟ لو نعم، لماذا تتردد؟

أفعل! إن آني جولدنبيرج هي ورقتك الرابحة! هي فقط مَن تستطيع أن تُخرِجَك من جحر الثعابين. أول يوم تعرَّفتما فيها عندما قدَّمها لك جيمي في بيتها في بالتيمور حيث تطوَّعَت أن تستضيفك، وقَفَت وراحت تنظر إليك. لم تمد يدها لتصافح يدك الممدودة. التفتت إلى جيمي وقالت: «يعجبني، وجهه أوكيه». بعد ذلك فتحت ذراعيها واحتضنتك. «سوف تخنقينه» قال لها جيمي مداعبًا في نفس الليلة، أعدَّت لك الحمام بنفسها، ألقت العطور الصافية، قالت آمِرةً، أن تتجول في بيتها مثلما تفعل في بيتك، أن تصيح إذا لم يعجبك العشاء، أو إذا لم يكن فراشك أو الحمَّام نظيفًا... لا شيء ممَّا طلبته تفعله. لكن هناك وقت... سوف تبقى هنا اثنَيْ عشر يومًا أخرى. هناك وقت لتقترف الذنب وتندم عليه. هيا إذن، تحدَّث، انظُرْ، انتظِرْ...

- العقرب صار عند الثالثة.

سمعت فمي يقول قبل أن أغلقه.

- بالفعل؟

قالت، وأكملت:

- عصفوري يشعر بالنعاس. هيا اشرب كأسك ببطء وانطلِقْ. واسمع، لا تحلم اليوم عن إسبرطة والكياذا، ولا عن بالتيمور.

17

الليلة الرابعة لي في بالتيمور وعلى ما يبدو ستضيع هباءً. سيقتلني الملل في ساسكيهانوكس، في منزل عائلة بيرج.

من وكم وكيف ولماذا وإلى أيِّ طبقة اجتماعية واقتصادية تنتمي عائلة بيرج؟ سأعلم هذا بعد قليل. حتى الآن كل ما أعرفه هو أن رأس العائلة السيد بين بيرج، أو على نحو أدق، بينجامين ماكانون بيرج!

M.M.M، هي اختصار لـ...! شريك في صن ميجا، الجريدة التي اخترتها بعد إرشادٍ من روبي للزيارة والدراسة عن كثب في مسقط رأس إدجار آلان بو. «كي تروي كيف تعمل الجريدة وما هو سرُّ نجاحها». أما عن كيف تعمل فأرى هذا يا عزيزي روبي؛ أربعة أيام متواصلة أروح وأجيء من التاسعة صباحًا وحتى الرابعة مساءً، في قاعات التحرير وأقسام التصميم والدعاية والمطبعة ومحطاتها الفرعية والتلفزيون والراديو. جريدة Sun Mega Enterprises تعمل بدقَّة الساعة لأنها توظِّف كلَّ مَن هو بحاجة للعمل من بالتيمور وخارجها.

هذا أمر واضح. أما عن سر النجاح، فهو أمر واضح وضوح الشمس بالنسبة لقرَّائها، لا زلت لا أعلمه.

لكن، لنعود إلى السيد بين بيرج، فلدينا ما يكفي لنحكي عنه. فمثلًا،

أنه رئيس جيمي في قسم الأخبار والتوثيق في محطة صن ميجا، كما أنه وفقًا لتخميني بتوصية منه صِرتُ أتمتَّع بهذه الاستضافة. أما إذا ما كانت هذه التوصية كانت مصحوبةً بتمويل كريم من خزانة صن ميجا، هذا ما لن أعلمه أبدًا. ولا أريد أن...

وكي نضيف تخصصات أخرى لـ M.M.M. هو رئيس للجنة الإدارية لـ «ملجأ ميريلاند» للأشخاص المتأخرين ذهنيًّا، كما أنه منتِج وشريك في تمويل الفيلم الوثائقي الذي شاهدته مساء أمس. تحمُّسي وثنائي الصريح على العمل الملهم والمفيد للمجتمع قد أثَّر فيه، وأظن أن هذا هو ما دفعه لدعوتي إلى منزله.

قال:

- دعونا نقضي ليلة هادئة بلا رسميات، سيمر عليك سائقي في تمام السادسة والنصف.

بدقَّة ساعة سويسرية كانت الكاديلاك السوداء تحت بناية جولدينجبيرج ذات شُقَق الطابق الواحد.

الشوفير - بزيِّه - ترك عجلة القيادة وداس الأسفلت فور أن اقتربت، ومنحنيًا بقُبَّعته فتح لي الباب الخلفي، الذي يظهر بصعوبة بيديه المغلَّفة بالقفاز. فاجأني الشكل الرسمي. بيدي عديمة القفاز فتحت الباب الأمامي الأيمن، واستعددت للجلوس على المقعد بجوار السائق مثلما أعتاد عندما أدخل سيارات التاكسي أو سيارات الأصدقاء في قبرص. أبدى السائق الرائع عدم ارتياحه، ورجاني أن أجلس في المقعد الخلفي:

- إنه مريح أكثر، سيدي.

نبرته لا تقبل الرفض. نفَّذتُ طلبه. آني، التي كانت تتابعنا من أمام بوابة البناية، لَوَت فمها بمكر كما لو أنها تعني «مع الـ 'بيرج' لا نفعل ما نريده يا عزيزي»، لوَّحَت إليَّ بيديها، لا أدري إذا كانت تعني «إلى اللقاء»، أم تريد أن تقول: «تحلَّ بالشجاعة!».

مضت السيارة بلا صوت، كما لو كانت تسير على ريش. طيلة الطريق الذي يستغرق نصف الساعة - فعائلة بيرج يعيشون خارج المدينة، «في ضاحية الأغنياء»، قال لي جيمي - لم أسمع صوت السائق مرَّةً أخرى. هل ضايقه تصرُّفي الذي وشى بجذوري «الشعبية» وعاداتي القروية؟ لعنته في صمت ونسيت أمره

منزل عائلة بيرج ذو ثلاثة طوابق، ويمكنني بكل ارتياح - بسبب مساحته - أن أقول إنه قصر، يقبع في عمق حديقة كبيرة وأشجار خضراء كثيفة الخُضرَة وشجيرات مُشذَّبة بأناقة وزهور جميلة ونادرة وحديقة صخرية يابانية صغيرة. بها أيضًا حوض سباحة دافئ وملعب تنس ونجيلة مخصَّصة للركض ولعب الميني جولف. مدخل السيارات المعبَّد مُتَّصل بمدخل مهيب مُطعَّم بقطع من الجرانيت اللامع. هناك استقبلني المضيف بدفء وحماس؛ دخلنا إلى الهول، ومنه إلى ثلاثة صالونات يصعب عليَّ وصفها نظرًا لفقر الصفات في قاموسي. من الواضح أن الرب في هذه الليلة أنعم عليَّ بأن أكون ضيفًا في أماكن أقل ما يقال عنها إنها فاخرة بشكل غير طبيعي.

بين بيرج لديه ثلاثة أولاد أصحَّاء؛ ولدان وبنت صغيرة، كلهم في عمر ما قبل المراهقة. ينتظرونني في الصالون مصطفِّين حسب طولهم وأعمارهم؛ وبالترتيب يمدُّون أياديهم الصغيرة للمصافحة ويُعرِّفون أنفسهم: بين جونيور، مارفين، ميجان. أتعرَّف أيضًا على

السيدة بيرج، سالي؛ تنزل باسمةً بخفَّة ورشاقة على الدَّرج الواسع المفروش بالسجاد من الطابق الأول؛ لا بُدَّ من أن سالي أكبر عشر سنوات على الأقل من «بين». خمَّنتُ أنه ربما قد وقع في غرامها من أول نظرة بسبب ملايين والدها؛ على أية حال، الزيجة كانت مثمرة للغاية للطرفين!

أدركت، على الفور تقريبًا، أن الجميع هنا يتصرفون فيما بينهم، بل ومعي أيضًا، بأسلوب راقٍ، وبإتيكيت صارم، وهو الأمر الذي يمنع من البداية أي نوع من الألفةً والارتياح. آني الماكرة تعرف شيئًا ما عن هذا! لديَّ شعور بأن كل حركاتي وكلماتي وتعبيراتي تحت منظار النقد. أرى الرعب المغلَّف في أعين الجميع ينظر إلى السيدة بيرج، بما فيهم لينكولن وواشنطن؛ القطَّان المشعران مُنتظرين الموافقة على كل ما يقولونه ويفعلونه، وأنه يجب أن يتوافق مع القواعد الصارمة التي حدَّدتها السيدة الحديدية، وتسهر على متابعة تنفيذها بالحرف. محاولاتهم الكريمة أن يكونوا ودودين وعاديين في حدود إطار السافوار فيفر للسيدة بيرج يصيبني بالارتباك والعصبية. أشعر بين الحين والآخر أنني مُحاصَر، أخشى أن أفتح فمي كي لا تخرج مني كلمة ربما تخدش حساسية السيدة المضيفة. وكي أعزِّز من شجاعتي شربت ثلاث كؤوس من البوربون تباعًا، أنا الذي أسقط متهاويًا من كأس صغيرة. حتى هذا لم يهدِّئني. وبالطبع لم أستطع أن أتحاور كما خطَّطتُ وأبعثر الثناء على فيلم السيد بيرج وعن الحاجة إلى نشر مثل تلك الأعمال قدر الإمكان على نحو أوسع وربما توزيعها عالميًّا. فقط كلمات من هنا وهناك، وبلا وعي، وبالتأكيد بمفردات إنجليزية غير مجرَّبة عبَّرت عن بعض الأفكار والآراء العامة. في النهاية، بكياسة وحكمة استسلمتُ وآثرتُ الصمت.

العشاء؛ قائمة الطعام كانت تحتوي على سلاطة خضراء مع دريسنج وبعض المكسرات الهاوايانية ولحم بقري مشوي طري تكسكاني ونبيذ فرنسي، والحلو فطيرة تفاح بآيس كريم الفانيلا. يُقدَّم الطعام على مائدة تتسع لثمانية عشر فردًا! نحن ستة أفراد فقط، يبتعد كلٌّ منَّا عن الآخر بمسافة كبيرة! مضطرون بالطبع أن نتحدث بصوت عالٍ كي نسمع بعضنا البعض. خادمتان مكسيكيتان تتحركان حولنا وتغطِّيان مساحات كبيرة كي تلحَقَا رغباتنا وتعيدان ملء كؤوس النبيذ والماء، وتقترحان شريحة أخرى من اللحم أو صوص السلاطة. شعرت بالعصبية. أمضغ وأعيد مضغ لقيماتي وأقطعها جيدًا لكن يصعب بلعها. من فرط ارتباكي تحرَّكتُ بينهما فتخبَّطت الأطباق. فوطة المائدة والسكين سقطت من أمامي على الأرض.

نقطة من صوص اللحم بقَّعَت مفرش المائدة الأنيق. دراما لا نهائية طويلة وممطوطة... استغرق عقابي هذا ساعةً كاملة وفقًا للساعة العادية، لكن ثلاث ساعات وربما أكثر لو قِسنا الوقت بعدَّاد نفسي.

- والآن نزهة! ثم سيرك!

هذا لم يكن في قائمة الليلة غير الرسمية يا سيدة S.M.M.M... اندهشت وابتسمت، وبالطبع خَرِست، نظرت إلى الأولاد المتحمسين وهم يصيحون «وااااووو»، لكن برعب وبأسلوب أنيق وراقٍ.

- أتمنى أن تكون قد أعجبتك فكرة النزهة الليلة. والسيرك أيضًا الذي كان رغبة ميجان الصغيرة.

أبلغتني المضيفة.

أكَّدتُ:

- فكرة رائعة!

ارتدينا معاطفنا وكوفياتنا وقفازاتنا، إلخ... وخرجنا. الشوفير إيدي للكبار، ومستر وينستون للأطفال. كان قد فتح أبواب الكاديلاك بالفعل. ركبنا بالترتيب، الأطفال أولًا، بعد ذلك الأم، ثم أنا، وأخيرًا المضيف.

تحرَّكنا ببطء وقطعنا ساسكيهانوكس؛ المساحات والمسافات وفخامة البنايات تبهر، كل بناية ستكون بالتأكيد مثل منزل بيرج الذي يشبه قصر أمراء لو رجعنا خمسة قرون للماضي؛ حمامات السباحة في كل مكان وملاعب لكل الألعاب ومنازل صغيرة للخدم تجاورها الجراجات الكبيرة للسيارات الأمريكية غير الاقتصادية والأوربية الفاخرة مثل المرسيديس والبنتلي والرولزرويس والفيراري. لكني بُهِتُّ عندما رأيت في مساحات مسقوفة في ثلاثة أو أربعة قصور طائراتٍ ذات محرِّك واحد وذات محرِّكَيْن!

- طائرات خاصة.

قال السيد بين بيرج مجيبًا على نظرتي المفعمة بالأسئلة. وأكمل:

- يقودها أصحابها! أغلبهم يقوم بهذا للمتعة. البعض الآخر من أجل أعمالهم خارج المدينة، أو كونهم برلمانيين أو سيناتورات، كما أنهم يستخدمونها للذهاب لمصانعهم أو إلى الكابيتول.
- أين ممرات هذه الطائرات؟
- في شوارع جانبية، أنشأتها السلطات المحلية. لكن هناك أيضًا مطار للطائرات الخاصة.

- هل تقود الطائرات يا سيد بيرج؟
- ليس بعدُ، ربما في المستقبل.
- نعم يا بابا. وتعلمني أنا أيضًا الطيران.

قال بين جونيور.

- ولِمَ لا...

قال الأب مبتسمًا وهو يداعب شَعر الصغير.

- أبدًا.

قالت الأم.

تركنا ضاحية ساسكيهانوكس ودخلنا الطريق السريع، ورحنا نقترب بسرعة نحو سعادة الأطفال التي لا توصف، بسرعة مائة وعشرين ميلًا في الساعة على الأقل. أثناء النزهة كان الزوجان بيرج يُظهِران لي مدينتهم المعاصرة المتطوِّرة النظيفة الآدمية الثرية، ذات التراث في الفنون والثقافة، وطابع معماري شائق، ووسائل إعلام مسؤولة على مستوى البلاد، على رأسها - وبلا فخر - بفارق كبير الـ Sun Mega!

- إننا محظوظون أننا نعيش ونصنع مستقبلنا هنا. لكن نشعر أننا أكثر حظًّا منذ انتقلنا للعيش خارج المدينة في ضاحيتنا الجميلة ساسكيهانوكس.
- من أين جاء الاسم؟
- في القرن الماضي كانت المنطقة صيدًا للهنود الحمر، الـ «ساسكيهانوكس». أحفادهم يعيشون في مخيمات خارج الضاحية.

- لحسن الحظ هم قِلّةٌ، ولحسن الحظ على مسافة بعيدة.

أضافت سالي.

بعد ربع ساعة بقليل على الطريق دخلنا إلى بالتيمور المضيئة. عداد السرعة يشير الآن إلى أربعين، وبدأت رحلتي السياحية.

المحطة الأولى لدقائق قليلة، الميناء.

يشيرون لي ويشرحون ما أراه: غابة الأوناش الضخمة التي تعمل ليل نهار؛ وعلى رصيف منفصل حاملة الطائرات والمركب الشراعي الذي لعب دورًا هامًّا في المعارك ضد تجار العبيد في الحرب الأهلية؛ الآن يخبرني الأولاد أنه صار متحفًا شهيرًا، بالأخص لدى التلاميذ في البلاد بأسرها.

المحطة التالية بيت إدجار آلان بو الأحمر ذي الطابقين في شارع أميتي 203.

- داخل هذا البيت كتب الشاعر الكبير بعض أشهر أعماله.

قالت سالي بيرج، ثم ردَّدَت أبياتًا من قصيدة «الغراب»[15]:

- «ذات مرة في منتصف الليل وبينما كنت أقرأ
- منهكًا واهنًا على كتاب قديم عن علم مجهول،
- بدا لي وكأنني أسمع أحدًا يدقُّ برفقٍ على بابي.

15- قصيدة سردية كتبها الشاعر إدجار آلان بو، نُشِرت لأول مرة في 1845. تحكي القصيدة عن زيارة غراب مُتكلِّم وغامض إلى عاشق مضطرب، وتتبع القصيدة شعور العاشق حتى إصابته بالجنون. يتباكى العاشق على عشيقته «لينور»، بينما يجلس الغراب على تمثالٍ لأثينا، ويؤجِّج مشاعر العاشق الحزينة بترديده لكلمة «ليس بعد اليوم» Nevermore. وتستخدم القصيدة عددًا من القصص الشعبية والكلاسيكية.

- قلت في نفسي: «ثمَّة غريب» يطرق بابي.
- هذا فقط على ما يبدو وليس شيئًا آخر».
- صار بيت بو متحفًا الآن.

أضاف بين بيرج وهو يصفق لسالي المثقفة بعد إلقائها مقطعًا من القصيدة.

في الطريق إلى أحد المعالم الأخرى حكت لي سالي بيرج مغامرات نصب دفن إدجار آلان بو.

- لسوء الحظ، لن نستطيع زيارته الليلة لأن الوقت غير ملائم.

قالت ثم أكملت:

- لقد مات الشاعر في إحدى التافرنات عام 1849 في الأربعين من عمره، ولم يُنقَش اسمه على قبره، بعد ذلك اعتنت حماته بذلك بصُنع لوحة رخامية باسمه لتوضع على قبره، إلَّا أنها تهشَّمَت قبل أن توضع عندما تعرَّض القطار القادم من المحجر لحادث. شاهد القبر الموجود الآن نُصِب بعد سنوات عديدة، لكن في عام 1875 كُتِب مغلوطًا. بالطبع كان هناك الكثيرون الذين شكَّكوا في أن القبر يرجع إلى الشاعر وليس شخصًا مجهولاً... لكن اسمع يا سيد أرخونديذيس، فهذا شيء هام! في بداية عام 1949، أي بعد قرن من وفاة الشاعر، كل عام في التاسع عشر من يناير في يوم ميلاده شخص مجهول نسمِّيه «نادل بو» يترك على قبره نصفَ زجاجة من الكونياك الفرنسي، مع باقة وردٍ، مع بطاقة مكتوب عليها «ستمرُّ الشُّعلة».

يقطع وينستون الآن ميدان المحافظة:

- لنستمتع الآن بمنظر السيتي هول بقبَّته الشهيرة المصنوعة من حديد الزهر.

بعدها توقَّفنا أمام مبنى البريد الذي يشبه قلعة ملكية في أوربا. بعد ذلك مررنا لنرى «أشهر معالم المدينة»؛ برج بومو سيلتزر. عالٍ للغاية، ومضيء، يعلوه تاج وساعة ضخمة على الأربع جهات، تعلن عن التوقيت في بالتيمور.

بعد نصف ساعة من ركوبنا السيارة انتهى بنا الطريق إلى خيمة سيرك «أنابوليس جرات سبيكتاكل»، حيث كان وينستون قد قام بالحجز مسبقًا. مقاعد في مكان جيد خلف سياج الأمان. هناك بين الأطفال الذي كانوا يصفقون أو يصيحون من رعبهم من الأكروبات (فقط لكي أوضِّح الأمر: الصراخ والصياح كان يخصُّ الأطفال الآخرين وليس صغار بيرج الذين كانوا هادئين وصامتين)، بالقرب من المهرِّج وتحت حزم البالونات الملونة التي كانت تنفجر بين الحين والآخر، كنت جالسًا على مسافة مترين من الدِّبَبة والأسود وقرود الشمبانزي الاستعراضية، شيئًا فشيئًا راح جسدي يرتخي.

لو لم يأتِ الإلهام للسيدة سالي بيرج بعد نهاية العرض بأدبٍ شديد أن تقدِّم لي حلوى غزل البنات، كانت الحلوى مُلوَّنة وأكبر من ضفيرتها؛ لكنتُ احتفظت لساعات أخرى بذكرى طعم فطيرة التفاح الشهية في فمي.

بعد السيرك ودَّعني الزوجان بيرج لسببٍ وجيه؛ وهو أن الأولاد قد تعبوا وأصابهم النعاس. سيذهبون بالتاكسي خلف ساسكيهانوكس؛ وأمروا وينستون أن يوصلني سالمًا إلى جولدنبيرج. قبل أن نفترق قدَّمَت لي السيدة سالي - معتذرةً عن تفريق الصُّحبة - وعدًا بأن السيد

بين بيرج سيهدي لي غدًا نسخة من فيلمه، صافحني الأولاد بأياديهم الدافئة وقالت ميجان الصغيرة إنها سعيدة جدًّا أنها تعرَّفَت على رجل «قبرصي».

وأي قبرصي يا صغيرتي ميجان!

في طريق العودة إلى قواعدي بعد منتصف الليل ممدَّدًا بلا خجل على المقعد الجلدي في السيارة الكاديلاك، مع وينستون، الصامت، ذي النظرة الانتقادية على عجلة القيادة، وبينما كنت أتثاءب وأسترجع ذهنيًّا كل ما رأيت وسمعت، ها هو الوحي قد جاءني! برق الضوء، وعرف «القبرصيُّ» السِّرَّ الكبير لنجاح Sun Enterprises. واضح جليٌّ، ليس على الإطلاق أمرًا خفيًّا أو غير مفهوم، ثمرة عقل بشري عادي: هو ارتباط بين ثلاثة مكوِّنات مشتركة: ما لديك لتقدِّمه لمن ينتظر القراءة، ليرى ويسمع كل مَن هو في موضع ليعيدوه إليك بشكل أو بآخر مع الفَرق. باختصار: ماذا، وكم، ولمن؟ الدائرة المفرغة الأكثر إنتاجية! هؤلاء الذين ينفقون ثروات طائلة ليمنحوا أصحابها ما هو أفضل، هم مَن يحصلون في المقابل على أضعافها. والكل، سواء كانوا متبرِّعين أو مستقبلين يعيشون في ساكسيهانوكس ولديهم الهيلكوبترات أو طائرات جيت ربما في جراجاتهم. إن صن ميجا بالأخير هي عبارة عن مجموعة من الأواني المستطرقة لإعادة تدوير الثروة... ولا وجود لكرباج المسيح.

وصلنا إلى البيت، خرج وينستون متثاقلًا بلا رغبة، ضغط على جرس الباب الخارجي. خرجتُ خلفه. فتَحَت آني الباب. قال لي وينستون:

- جود نايت سير.

ثم ركب السيارة مُستعدًّا للإقلاع، دون أن يلمس قُبَّعته وينحني هذه المرة.

رددتُ عليه التحية، ثم دخلت من الباب خلف آني، التي قالت:

- لقد تأخَّرتَ. ماذا كنتم تفعلون لأربع ساعات؟

وضعت ذراعها حول خصري وقادتني نحو غرفة الجلوس. كانت ترتدي بيبي دول وفوقه روب أزرق. كان جيمي موجودًا ممدَّدًا على الأريكة يتنفَّس بثِقَل. فور أن رآني في غيبوبته ومن بين عينيه المتثاقلتين، تمتم:

- ها هم قد أعادوه إليكِ.

ثم حيَّانا وانصرف وهو يتهاوى.

تُلحُّ آني بأسلوب أموميٍّ نحو طفلها كي يخبرها بكل شيء؛ ماذا رأيت وماذا أكلت وشربت وأين ذهبت. انهرتُ فوق المقعد، ورُحتُ أتثاءب بغباء مثلما كان جيمي يفعل من قبلي. قالت بعصبية:

- أغلق فمك وتعال إلى هنا.

بتململ اقتربتُ متخبطًا بجوارها على الأريكة التي كان قد دفَّئَها جيمي. كانت تنظر إلى عيني بتفحُّص وكأنها قد نسيت أنني لم أجب على سؤالها الأول. راحت تسألني ما إذا كانت صحبة سالي طيبة. أجبت:

- بشكل كافٍ. لكن كنت أفضل لو بقيت في صحبة سيادتكم. فصحبتكم تهدِّئني كثيرًا.

- صيغة الاحترام التي تستخدمها يا قلبي باردة، لكني أغفر لك. على أية حال هي مجاملة تروق لـ نـ ا...

سألتُ:

- ماذا تعني «لنا»؟

لكني لم أتلقَّ إجابة. أطفأت سيجارتها وصرَّحَت:

- لأنك تتصرف بفروسية سأدعك تنام.

يا إلهي كم يريحني هذا! تمدَّدت؛ لكن فجأة فهمت ماذا كانت تعني. لقد تضايَقَت عندما قلت «صحبتهم» وليس «صُحبتَها». وكي أصحِّح الأمر جلست ثانيَةً في مكاني. بدأنا الحديث مرة أخرى، استمرَّ حتى الساعات الأولى من الصباح.

- في المساء قرأت روايتك القصيرة التي أعَرتَني إيَّاها في S.S.I. عن الأسير الإنجليزي الذي قتلوه بالفأس. وتَّرَتني كثيرًا. هل لديك شيء آخر لك كي أقرأه؟
- لديَّ، لكن ليس هنا. أتمنى يومًا ما أن أنشر مجموعة قصصية بالإنجليزية.
- ما هي مواضيع قصصك؟
- أغلبها مستوحاة من انتفاضة 1955.

طلَبَت مني أن أحدثها قليلًا عن أهداف الموضوعات التي أكتبها. لا قدَّر الله! لو بدأت مجددًا التسكع في أماكن تراجيدية والتحدث معها عمَّا يُثقِل كتاباتي من دم وحزن، أخشى أنها لن تقدم على الخطوة الأولى في الاتجاه الذي أرغبه، ولا حتى الليلة... تمدَّدت بارتياح كي

أراوغ الأسئلة الأدبية بكمٍّ من الأعذار: أنني لست جيدًا في الحديث؛ وأنني أتلعثم عندما أحكي عمَّا أكتبه؛ من الأفضل أن تنتظر حتى أرسل لها النصوص؛ إلى آخره من الأعذار.

قالت:

- أفهم ذلك.

بطريقة توضِّح أنها فهمت ألاعيبي في المراوغة.

نهضت كي تطفئ سيجارتها، أقول في نفسي، ربما ضجرت مني، الآن ستذهب إلى جيمي... لكن كان تصوري خاطئًا؛ عادت وجلست بالقرب مني. الآن ركبتها تعلو ركبتي. طعم فمي مُرٌّ من البوربون الذي احتسيته.

بعشوائية مصطنعة تركت يدي على ركبتها العارية. لم يكن لها ردُّ فِعل. شجَّعني هذا. التصقت بركبتي، فضغطت على ركبتها.

هكذا أدركت أنني أشتاق إلى صغيرتي أوليا. لقد هطل المطر وأدركنا ونحن في الشارع، ابتلَّت تنُّورتها الناعمة.

- لقد ابتللتِ تمامًا.

قلت لها ونحن في الأتوبيس، وتعمَّدتُ أن ألمس ركبتها بركبتي. مثلما يحدث الآن.

فور أن تذكَّرتُ هذا انسحبت يدي من على الركبة الغريبة واستقرَّت على ركبتي.

- هي سلسلة من النصوص النثرية، من أفضل ما كتبت. أكثرها

تحمل نفس البطل، أنا...

بدأت في الحديث في الموضوع الذي رفضتُ الخوض فيه قبل قليل.

كانت تنظر لي مندهشة... ربما كانت تفكر، الآن وقد انتعش الرجل، مَن سيوقفه؟

- عندما كنت أعمل على نصوصي، وأثناء حكي ما مرَّ به بطلي، كنت أشعر بتقلُّصات وألم في صدري ومعدتي وأحشائي وكل أعضائي.
- لو أن هذا الحديث يصيبكَ بالتَّوتُّر، يمكن أن نتحدَّث عن أمور أكثر مرحًا... عن ضفيرة سالي بيرج مثلًا.
- لا طبعًا، لا يضايقني أبدًا. على كل حال، كلَّفَتني كتابة تلك القصص الكثير من الأرق... لحسن الحظ في النهاية لفظتها فتوقَّفَت كلُّ الأعراض... أمر مخيف على أية حال أن يسهر المرء بين شخصيات تراجيدية وأمام آلة كاتبة نهمة لا تشبع. لو لم أكن أشعر بوجود أولي بجواري في الغرفة.
- ماذا تفعل عندما تشعر بهذا؟
- أذهب للنوم. ربما أقضي طيلة الليل في الفراش.
- هل توقظها لتمارس الحب؟
- في الثانية صباحًا!
- في أي وقت كان. لن تتضايق إذا ما أيقظتَها.
- هذا فِعلٌ أناني.
- الأكثر أنانية هو ألَّا تطلب المساعدة. لماذا هي هناك؟
- لكن ممارسة الحب، في تلك الساعة... لهذا السبب؟
- ليس هناك وقت لممارسة الجنس... ربما لذوات الأربع.

توقَّفت. كانت عيناها تصدران شررًا.

- إلَّا إذا لم يكن الجنس أولوية للبعض.

انتفخ صدرها. تسارَعَت أنفاسها. ها هي الفرصة...

- إن ثقافتنا، مع غسيل المخ الذي يمارسونه نحونا، يرون أن الجنس هو محض ممارسة حتمية، لكن عندما يحدث في وقته وللسبب الذي وهَبَنا الله إياه.

سمعت صوتي يلقي الموعظة.

يا أبله... يا أحمق... اخرس ومُدَّ يدك...

- أغلب النظريات عن الحب سمعت أغلبها تقريبًا، أعرفها. الكثير منها أجدها منطقية أو تبدو منطقية، ويمكن أن تكون جذَّابة... لكن، عندما أجرِّبها عمليًّا، أتراجع في منتصف الطريق. لقد كبرنا، في جيلي على الأقل، بكثير من التابوهات والثوابت والأقنعة، كيف أتخلَّص من كل هذا؟ الضرر الأكبر في قضيتنا تحرُّرُنا، وسلوكنا الجنسي كان للديانة المسيحية دور كبير فيه. مع كل النظريات الأخلاقية الطرطوفية لذوي العباءات الكنسية. والشيء المضحك هو أن المسيح نفسه ليس له ذنب في هذا. بصريح العبارة: الذنب جاء فيما بعدُ مع النظام الكنسي، مع استغلال الخوف من الموت والجحيم وتسعير الجنة والوعد الكاذب بالفداء المشروط!

نظرت إليَّ مرتبكة. إلى أين يذهب هذا الرجل، لا بُدَّ أنها تتساءل. انسحبت رِجلُها عني قليلًا. شعور يزحف داخلي من نقطة الانسحاب، البرودة، كأنه جيش من النمل المعدني.

- أعتقد أن العصر الجديد سيبدأ عندما نتخلَّص من مرجعيَّتنا الدينية؛ الجنس والزواج والأخلاق. وهو أمر ليس بالسهل بالطبع... انظري إليَّ أنا! أنا منقسم، كنت دائمًا، منذ طفولتي، مشطورًا. أشعر بالعطش، أريد أن أشرب، لكنني أجبن. يستحيل عليَّ أن أن أمارس الجنس مع امرأة إذا لم يكن بيننا معرفة قوية، تزيح من مخاوفي وجُبني عن ارتباط دائم وأبدي، ويدفع بعيدًا الخوف من العواقب الوخيمة. نعم، أخاف، هذا هو! في البداية أريد أن أمزق رفيق العشق إربًا مثلما تمضغ الحيَّةُ فرائسها بلعابها ثم تبتلعهم... لهذا الموقف سوف أخترع ألف عُذر وعُذر، سأختلق الأسباب وأصدر الدروع: لا يمكن أن تمارس الحب إذا لم تكن عاشقًا، إن إهدار الطاقة في ممارسة الجنس يجلب الإرهاق والتعب إلخ، إلخ... بعد كل تلك القذائف من المنع والتسويف والإلزام، أواجه جنون العشق بنفس الطريقة التي يتحكَّم فيها العقلاء في جموحهم كي لا يضربوا طفلًا شقيًّا أو يفتكون بشخص أثار حفيظتهم. لكن في العموم، بالحديث، ليس لديَّ أزمة. بوصلتي الأخلاقية ستوجِّهني، رِجل في الجنة والأخرى في الجحيم. هكذا، سأحظى بكليهما، سأوفِّق بينهما، ملاك أبيض بذيل شيطان، شيء كهذا... تفهمينني، أليس كذلك؟

حسنًا لكن هل نجحت؟ انظُر، انتبهَت أن صدرها صار مكشوفًا. في البداية جعلتَها تسحب ساقها. الآن تغطِّي صدرها. لو تماديتَ قليلًا ستنجح أن تجعلها تتجوَّل في المنزل مثل تركية باليشمك فور أن تدرك وجودك بالبيت.

- ألست على حق يا سيد ميحمد!

- مَن هو ميحمد؟

سألتني وهي تطفئ سيجارتها وتقوم من على الأريكة.

18

في الصباحات لو تصادف واستيقَظَت آني قبل أن أغادر مع جيمي إلى العمل، فصباح الخير منها دائمًا مصحوبة بقُبلة وحضن. نفس الأمر في المساءات «تصبح على خير وأحلام سعيدة» دائمًا مع القبلات والأحضان.

جيمي يثق بي فيُسِرُّ إليَّ بكل مخاوفه وطموحاته: ترقية، أن يصبح رئيسَ قسم ويكون لديه مكتبه الخاص واسمه معلَّق على بابه، ج. جولدينبيرج جونيور؛ رحلة إلى أوروبا وأخرى للحج في إسرائيل، وأخيرًا - وهو أكبر أحلامه - أن يكون لديه طفل، ولدًا أو بنتًا، لا يهمُّ، المهم أن يكون من دمه.

إيزاك، ذو الخمسة عشرة عامًا، ابن آني من زواجها الأول من الثيسالونيكي، يحاول بلا جدوى أن يعلِّمني بعض حركات رقصة التويست، مانكي وسويم ورقصات أخرى جديدة وحركات يقول لي سرًّا إنه يصمِّمها، قبل أن يصل إلى سن التجنيد ويستوطن في يافا في المنيسات التي يعيش بها جولدنبيرج سيبيور، آباء وأخوة أبيه الذين يبدي إعجابه بهم ويسمِّيهم «وطنيين وأبطالًا!»، ويضيف: «هناك سألبس الكاكي بكل سرور. ولتعترضْ أمي؛ لتأتِ مع أبي إلى هناك ليجداني».

الكلب لادي، لا يتركني في هدوء لو لَم أعطه شيئًا ليلتهمه أو أضربه على مؤخِّرته النظيفة.

جين، أصغر أخوات آني، تعمل هي أيضًا في الـــ «صن»، سكرتيرة خاصة لأحد رؤساء الأقسام، بعد أن تعرَّفنا وحكينا قليلًا، أو بالأحرى؛ استجوبتني الفتاة كما يجب، ثم أصدرت حُكمَها: «كصحفي، يصلح، كما أنه ظريف!»، وفي الوقت نفسه حشدت كل ما لديها من معدَّات وتقنيات لتهزم مردوخ القبرصي.

الأم، فيفيان ستاسيف، طويلة اللسان كبناتها، قالت إنها تأكَّدَت من نظريتها: «عندما يكون اليوناني صحيحًا وموهوبًا وقوي البنيان، يكون.. وااااو!».

بطريقته العملية، أو بالأحرى الـ «عظامية»، أبدى ترحابه وتعاطفه مع شخصي الدكتور جوزيف ستاسيف، متخصِّصُ تقويم العظم. بعد يومين فقط من تعارُفنا اتصل بي متأخرًا في المساء ودعاني إلى عيادته، أو كما يسمِّيها «أتيليه»، وأرهقني، وفكَّك عظامي بالمساج وشدِّ الأطراف. بعد قرقعة أحدثها في رقبتي بعد أن لوى رأسي تمامًا، أعاد - كما زعم - عظام العنق إلى مكانها الصحيح، وهو ما كان يسبِّب لي الصداع النصفي، وما كان يجعلك ترى سوالفك غير المنضبطة أثناء الحلاقة. هل انتبهتَ لهذا؟

لم أنتبه لهذا، لكن، سوف أقوم بقياس سوالفي أثناء الحلاقة...

كلهم ودودون خدومون متحرِّرون بالمعنى الإيجابي للكلمة؛ من السهل يمكن أن أحصل النقاط التي كسبتها أو التي أهداها لي بكرم شديد كلٌّ من إناث وذكور ستاسيف وجولدينبيرج. أمَّا آني فأخدع

نفسي وأعتقد أنني أستطيع بقليل من الخيال وبعض من الشجاعة إغراءها... يكفي أن أتظاهر بالتوعُّك في صباح ما وأبقى في المنزل. ستأتي بصينية الفطور وبها الشاي والبيض المسلوق والتوست المحمص التي ستبرد كلها بينما أتلوَّى في الفراش أو على السجادة التي فرشها بشَعره لادي. مع جين الأمور أكثر سهولة.

بالطبع مع رواسب من الشعور بالذنب والندم. يمكن أن أقترح عليها أن نذهب إلى السينما المكشوفة أو إلى تلك التي بدلًا من أن تدفع تذكرة تدفع مكان صفِّ السيارة في الباركينج، وفي سيارتها الـ «ستوتندريرج» المقعد الخلفي يصبح فراشًا مريحًا، سنتفق بسهولة. مع السيدة فيفيان.

نهضت من على الفراش وأشعلت الأباجورة. سمعت ضحكات عالية من غرفة نوم الزوجين في الجوار.

الكلب يزوم خارج الباب ويدفعه راغبًا في الدخول. تعصَّبتُ. أوصدتُ باب غرفتي بظهر مقعدٍ؛ إذ إنه لا يغلق بإحكام. فهم الوحش خارج الباب ما فعلته، فازداد نباحه. دعه ينبح ويخمش الباب حتى ينسى الأمر.

ما الساعة الآن في الجزيرة يا تُرى؟ لا بُدَّ أنها السادسة صباحًا. ستكون أوليا نائمة. في الصباح في منزل شارع فلاخيرنون 69 تنشب حرب كي أتنعها بالاستيقاظ. أقبِّلها وأداعبها بدقني غير الحليقة وأجاهد معها وينتهي الأمر بأن تنتابني رغبة جنونية في ممارسة الحب معها. كانت تضحك وتدفعني وتُردِّد: «لا يا رجل، أفي هذا الوقت؟ لا زالت أحاسيسي مخدَّرة».

في المساء، وقبل أن تذهب إلى النوم، كانت تأتي إلى غرفة مكتبي لتقبِّلني، «تصبح على خير». عندما تغادر تقول ناصحة: «لا تتأخر مرة أخرى، ستستيقظ مبكرًا، وغدًا ستُخرج القمامة». كنت أسحبها من روبها وأُجلِسها فوقي وأقبِّلها خلف رقبتها وأعضها في كتفها. كانت تتدغدغ وتصرخ: «أنت شرير! لقد جئتك فقط من أجل قبلة وليس للجِماع. آه منك!». أو: «إنك لا تستطيع أن تكون عبدًا لسيِّديْن... آه منك! إمَّا أن تبلغ هيمالايا الفن أو تحصل عليَّ».

قبل الزواج كنت قد مارست الحب مع نساء قليلات. كُنَّ كلهن عاهرات تركيات أو أرمينيات: بيبي هنوم، وعائشة الحولاء، أو سياكيه؛ التي كانت جديدة في المهنة وبدينة وقصيرة، متر وأربعون بالكاد. كانت تتسلق فوقك، سواء كنت واقفًا أو ممددًا، وكانت تهدأ فقط عندما تصرخ المدام صاحبة بيت البغاء: «هناك ثلاثة آخرون ينتظرون في الخارج، هيا يا عقلة الإصبع، سأمزِّقك ضربًا...»، بعد ذلك كان ذلك التنفيس والتعرُّق وتفريغ الشحنات يسبِّب لي شيئًا من القرف والغثيان، مصحوبًا بالطبع بخوف من أمراض الزهري والسيلان المنتشرين آنذاك، وبالتأكيد الاشمئزاز من النفس الذي كان يصحبني إلى العيادة المحلية، حيث كنت أذهب «للاغتسال الطبي». هناك، بينما كانوا يسكبون المطهرات اللاسعة ويغسلونها كانت العين تجول على الجدران تتفحَّص صورًا وأفيشات لرجال مشوَّهين، كنت أقسم بنهاية «بيوت البغاء». كان القَسَم يستغرق بضعة أسابيع حتى يمتلئ الخزان مرة أخرى ويخرج الثعبان المحارب متوحشًا من جحره.

كان في ذلك العصر مثل إلهاء عن المجاعة الجنسية التي كانت

تضرب جيلي كلَّه، حين بدأت أوجِّه طاقتي نحو دراسة العلوم الخفية والكتابة الإبداعية التي لم يكن عملي الممل في مكتب السجل المدني لنيقوسيا يستنفدها، ولا حتى تدريباتي المسائية في جيمنزيوم نيقوسيا العام. إذ إنه على الرغم من كل شيء كنت أطمح أن أشارك في الألعاب الأوليمبية في روما! آه، نسيت أن أذكر هوسي في تلك الفترة بالحياة النباتية التي كانت ضمن محاولات مضنية من قِبَلي من أجل التطهُّر والتكفير، صِرتُ نباتيًّا لعامين، ومتصوِّفًا لأكثر من ثلاث سنوات.كنت زاهدًا في الثالثة والعشرين من عمري، أرى وأستمتع في أحلامي فقط باللحم الضأن والسوفلاكي والكبد المطبوخ بالنبيذ؛ والجنس الوحشي.

في ذلك الوقت تعرَّفت على ماريو. مهندس معماري لديه شغفان كبيران: الموسيقى والشِّعر. بعد ذلك اكتشفت شغفًا ثالثًا، أكبر من السابقَيْن، والذي كان جذرَهما، متعمِّدًا تركهما يظهران للخارج للتمويه.

رجل وسيم وأنيق بشكل لافت ومتعلِّم وتقدُّمي، له عينان خضراوان تحدِّدهما دوائر سوداء حولهما. كانت تبهرني لباقته وغزارة معرفته؛ الأمر الذي كان نادرًا في قبرص في ذلك الجيل. يأسرني اهتمامه بكتاباتي التي يقرؤها ويدرسها بجدية، وهو ما كنت أجده مبالَغة، بالأخص لكتاباتي الأولى. ينصحني أن أترك كتابة المسرح والقصة، فكما كان يقول إنها «تؤدي دائمًا إلى الثرثرة، وأنه عليَّ أن أهتم بالشِّعر؛ فهو يتطلب كثافة في الجوهر والمعنى والشكل». فتوجَّهتُ إلى الشعر! بينما كنت أكتب كان أمامي دائمًا جمالياتي الشخصية وطريقة نظره في الحياة، ودومًا كنت أهدف إلى إثارة مديحه وإعجابه. تركت الرياضة والقراءات في العلوم الغيبية والميتافيزيقية والتهام الكتب، ورميت

حالي في الكتابة. أعمل، أكتب وأمحو وأعيد الكتابة، ويبقى لديَّ الأرق والتعب والسهر وبعض الأبيات ككلاب الشوارع تنبح في الخارج مثلما يفعل لادي الآن.

حتى لا تكون علاقتنا غير متجانسة اقترحتُ عليه أن يبدأ بمساعدة مني في دراسة العلوم الغيبية والحكمة اللاهوتية التي تعمَّقتُ فيها جدًّا، وفي الفترة الأخيرة أهملتها بشكل ما؛ أعَرته حزمة من الكتب: التبت، بلافاتسكي، أليس بيلي، كريشنامورتي، إلخ... نسخت تدويناتي وأعطيتها له، وكذلك مراسلاتي مع «معلِّمي» مدارس الفكر السرية؛ أدخلته إلى الديانات الغامضة والروحية وإلى عالم السحر الأبيض.

وأحيانًا إلى المدارس ذات التَّوجُّهات الأقل ضررًا من تلك الدرجات الرمادية... صار الرابط بيننا أقوى.

نتحدث بالساعات عن علوم الفلك والسحر والتنجيم، والديانات الأروفيكية، والصليب الزهري، والطاوية. ونسمع الموسيقى لساعات طويلة؛ مالير وهولست وسكريابين ورافيل وكسيناكي. كنَّا نعتاد على تنظيم جلسات للتأمل وحدنا أو مع أصدقاء، وكنَّا نسميها «ليالي الـ 'أوم'». وأحيانًا كنا ننظم أمسيات شعرية كي نقرأ كفافيس وسانت جون بيرس وسابمفو وطاغور. وبالتأكيد أنا، أي أشعاري. في نهاية كل أمسية كنَّا نقرأ الأبيات التي أنظِمها، في ليلة كنا أنا وهو فقط، وأسمع منه الكلام الطيب والمديح المعتاد:

- لو تصل الكثافة في كتابة الأبيات التي قرأتها لي لاستطعت أن أقول بكل ارتياح إن: «الآن قد ولد شاعر عظيم».

سألته:

- هل تقول هذا كي تشجِّعني؟

بدلًا من أن يجيبني، انحنى وقبَّلني في فمي. تفاجأتُ، ومسحت فمي، ثم دفعته. شعر بالإهانة، وجُرِحَت مشاعره، لكن ردَّ فعلي حرَّره ودفعه ليفشي لي سرًّا، ليتحدث لي. اعترف بما قد بدأت أن أشكَّ فيه. إنه يحبني بكل الطرق، بكل قوة يمكن أن تكمن في إنسان كي يحب. لا يستطيع أن يستوعب الحياة بعيدًا عني.

كل ما يطلبه مني هو بلاتونيَّة مُتبادَلة. مثل تبادُل لهذا «القليل، الأقل من القليل من الحب غير الجسدي»، قال إنه على استعداد أن يكون مخلصًا ومتفانيًا تمامًا ويوفِّر لي كل الدفء الذي يكفيني كي أنضج وأكتمل وأمتلئ إبداعًا خالصًا. راح يقول ويقول. قمت وخرجت من الغرفة وأغلقت الباب خلفي للأبد.

حكيت هذه القصة للموظف الكئيب في العلاقات العامة في الـ SUN، حيث إنه اليوم، وبأمر من الإدارة، كان مرشدي السياحي لحاملات الطائرات ومعهد هوبكينز ومنزل بو. لكن كان واضحًا تمامًا أن السيد آل ماكاي كان مثليًّا، فلم أُحكِم لساني كما كان واجبًا. فرسمت بروفيل ماريو وحدَّثته عن بحثه الدؤوب عن الرفيق المثالي، وماذا حدث للقاء عمره؛ ونضاله بين الشغف للأجساد المثالية والزهد الرهباني. لم أكن جبانًا بهذا القدر حتى أمام أكبر أسرار العلوم الغامضة التي تعلَّمتُها. خُنت صديقي كي أبهر شخصًا مجهولًا. كشفت لشخص تعرَّفتُ عليه قبل ثلاث ساعات فقط أن ماريوس وجد ضالَّته بعد أن صار عشيقًا لأخيه التوأم.

كان آل ماكاي يستمع وهو متوتر ويرتعش. هذا جعلني لا أرغب في

وصف الحقيقة، ولكن أتجاوزها، وهو ما فعلت، وضعتها على الورق قبل شهور:

«رأيتهما يتبادلان القُبَل على الأريكة بينما كانت موسيقى مالير تنثر أشعَّةً زرقاء في الغرفة. كانت أذرعهم وسيقانهم متشابكة. شعرت برهبة من مدى اتساقه بهذه الجو المريض والشافي في نفس الوقت، الضوء الخافت للغرفة وموسيقى العجوز غوستاف مالير! لقد كان لحنًا طويلًا خاضعًا، مأخوذًا من صدريهما، غامضًا وحسِّيًّا مع تحوُّلات غير متوَقَّعة، مثل رشقات رحيق العشق المثير على الشفتين، على الساقين المتقاطعتين. رأيتهما في مرة أخرى، في حالة أصعب. كان ينظر كلٌّ منهما للآخر بكراهية، على استعداد أن يفتك كلٌّ منهما بالآخر. لقد وقعا في عشق نفس الصبي، رسام، شخص خجول وجبان لم يجرؤ على مواجهتهما عندما فهم ماذا ينتظره من الديوسكوري (كاستور وبولوكس)[16]، حتى إنه لم يشأ أن يقطع علاقته بهما، حيث كان يراها مثل واحة على أرض قبرص الجدباء إبداعيًّا. الشك الصامت والعناء ارتسم على وجوههم الجميلة. المصباح الجانبي ألقى حولهم ضوءًا أخضر مع صوت الموسيقى المسموع، تلك المرة كان أكثر جدية للموسيقي العجوز يوانيس سيفاستيانوس. كنت أتألَّم من أجلهما، أشعر بهما، لكنني كنت أشعر بشيء من الشماتة وبساديَّةٍ مُغلَّفة كشفت لهما أن الشاب الذي وقعا في غرامه مرتبط بأحد زملائه، في مدرسة فنون، ويخطِّطان للزواج في الربيع. نظرا إليَّ مصعوقَيْن، وحلَّ عليهما الصمت. قام ماريوس وذهب إلى جهاز البيك

16- كاستور وبولوكس هم آلهة أشقَّاء توأم في الميثولوجيَّتيْن الإغريقية والرومانية، كانا يُعرَفان باسم ديوسكوري، والدتهم هي ليدا، في حين أن والد كاستور هو تينداريوس ملك إسبرطة، بينما بولوكس هو ابن زيوس، وهما رمز لبرج الجوزاء. تمَّ تقديسهما كراعيَيْن للبَحَّارة.

آب ورفع إبرته فأصدر صوتًا مدهشًا، كأنه أخرج الإبرة من فم باخ فخرج لوريس مهرولًا، «ليجلب الفاكهة». مرَّ وقت كي نراه. عندما عاد كانت عيناه حمراوين. كل ما قاله ماريوس وكل ما سمع كان مثل مونولوج داخلي، وهو أن «مع الأسف، لا زال هناك أشخاص متعلِّمون وأذكياء يؤمنون أنه من الممكن إنشاء علاقة مشتركة وضحلة لحياة كاملة تحت مسمًّى الملهاة المسماة بالزواج».

فور أن وضعت النقطة بعد أن أنهيت جملتي الأخيرة سألني آل ماكاي:

- هل ستكون حرًّا هذا المساء، أو بالليل؟
- لا، رتَّب جيمي شيئًا لهذا المساء.
- كنت أريد أن نتحدث. أن أسمع بقية هذه القصة.
- ربما في مرة أخرى... أتمنى أن تسنح الفرصة.
- لا، لا أصدِّقك. سامحني لو أنني أتحدث بلا لياقة وأقول ما أفكر. دائمًا ما يحدث هذا... كل شيء أريده لا يحدث أبدًا.

تقوقع في مكانه. بين الحين والآخر ينظر إليَّ بتحدٍّ. ربما بشيء من العداوة المبرَّرة.

هذا الولد، آل ماكاي، ليلة أمس، ذهب إلى إحدى الحفلات التنكرية مرتديًا حلَّة دوجي بندقي. لم يكن لديه رفيق. ذهب على أمل أن يتعرف على أحد هناك، بالتأكيد سيحدث... جلس وحيدًا لساعتين ينتظر محصّنًا حلَّته المبهرجة الفاخرة، في القاعة المزدحمة؛ بلا فائدة حتى الثانية صباحًا، عاد إلى شقته الصغيرة وحيدًا لمرة أخرى، دون أن يتحدث إلى أحد في تلك القاعة التي كانت تضجُّ بالأصوات والضحكات والموسيقى الصاخبة، بصحبة كأس من البوربون فقط، حتى إنه لم

يلمسه. رائحة وحدته هي ما جعلتني أتحدث معه. الوحدة أمر مرعب دائمًا. أشعر بالحاجة أن أعالجه، أعرف - أو ربما أعتقد أنني أعرف - كيف، لكن لا أجرؤ أن أقوم بالتضحيات المطلوبة. أكتفي بالكمات الفارغة والوعود والحكايات... عدو لدود لوحدة الآخرين يتخلى عن نفسه.

لماذا يا رب لم تجعل الإنسان مكتفًا ذاتيًّا؟ لماذا احتفظت لنفسك بالكمال؟ إذا كان لدينا كلا الجنسين في نفس الوقت، فلن نشعر، كما هو الحال غالبًا، بالاشمئزاز من أحدهما أو الآخر. سنكون وحدنا مسؤولين عن ملذَّاتنا وآلامنا. كنا سنلقي البذرة ونحمل ونَلِد وحدنا. لن نحتاج إلى تقبيل شخص قد يثير اشمئزازنا، فقد ينام أيضًا، وقد يمنح نفسه بدافع الشفقة.

وشيء آخر، يا ربي وإلهي، لأختتم الليلة معك. لماذا، بما أنك لم تَنوِ منح امتيازاتك، فلماذا ألقيت فينا بقليل من الذكورة وقليل من الأنوثة وقليل من الخنوثة أيضًا؟ لماذا لم تخلقنا إمَّا كائنات ذكورية بحتة أو كائنات أنثوية بحتة؟ أو، أخيرًا، كائنات محايدة تمامًا؟ هل فقط لمجرد رؤيتنا رجالًا مكتملي الشكل، مُشعِرين ومُشوَّهين، نداعب أنفسنا؟ أو نساءً كاملات، لتمثيل الفحول بفروع أنوثتنا؟

19

هذا، وعلى الرغم من ترددي وقلة جرأتي إلا أن آني جولدينبيرج لم تيأس مني تمامًا. الليلة، في اليوم الثامن عشر لي في بالتيمور، ثلاثة أيام قبل رحيلي إلى لويزيانا، هنا في حفل رقص لدى الجالية اليونانية القبرصية في ميريلاند، يوجد شيء كهذا هنا! سحبتني إلى رقصة الكالاماتيانو مع أبناء الجالية. كان لدى زوجها السابق الوقت ليعلِّمها - من بين أشياء أخرى متعددة - الرقصات اليونانية! لأنني فيما بعد رأيتها ترقص كيونانية خالصة رقصات الخاسابيكو والسيرتاكي.

ومن الكلاماتيانو اليونانية راحت تتوالى الرقصات اللاتينية المختلفة، فرُحنا نرقص التانجو، وعندما تبعته السامبا البرازيلية، ظهر مستواي الضعيف في الرقص.

- سأعلمك الرقصة.

قالت. وتمدَّدَت فوقي مثل العجين. الجميع حولنا كانوا يتقافزون بعصبية، بينما ركَّز كلٌّ منَّا على جسد الآخر، ورحنا نتحرك ببطء في مساحة نصف متر مربع. لم نكن نستمع إلى الفرقة الموسيقية، ولا الضجيج، ولا إلى تغريد المطربة الصاخب، لا شيء سوى أنفاسنا. رأيت عيني زوجها السابق تحدقان بنا.

- لقد تركنا صديقي جيمي.

- هناك الكثير من البنات، دعه يرقص معهن.

حاوَلتُ أكثر من مرة أن أسحبها على طرف ساحة الرقص كي لا يرانا مَن هم على طاولتنا، حيث كان جيمي وعائلة ستاسيف يتبادلون التثاؤب. لم تكن ترضخ. سندت رأسها على كتفي. خصلة من شعرها التصقت بفمي وأنفي.

لا بُدَّ بأي شكل أن نرضخ للأمر الذي يريده كلٌّ منَّا بجنون. الأمر واضح؛ إن كِلَينا يريد نفس الشيء. كل مرة تُدخل فيا ساقي بين ساقيها أثناء الرقص، أشعر بخصرها يرتعش تحت ذراعي الملتف حولها، وأرى فتحتي أنفها تتسعان، وأشعر بنهديها وحلمتيها تتصلَّبان.

- لديك حق... سيكون مملاًّ.

قلت فجأة. لماذا قلت هذا بلا أي مناسبة؟ وما هي عواقب الجملة غير المتَّسِقة التي خرَجَت من فمي؟

- ماذا؟
- لا شيء، كنت أفكر في شيء.
- يجب أن تقول لي.
- فيما قُلتِه عن الرجل والمرأة...
- عمَّن؟ أنا؟

كانت دهشتها تتَّسِع، وكذلك عيناها.

- ربما قلته أنا. كان ذلك الحوار الذي دار بيننا قبل الأمس ونحن في قمة النعاس.

- وماذا قلنا عن هذا... الـ... ماذا قلت؟
- إن الخنوثة ليست الحلَّ كما يعتقد الصوفيون أنه أمر مثالي. كلٌّ وجنسه! كل امرئ وسلاحه مثلما يقول الشاعر! لقد أخبرتني عدَّة مرات أنكِ سعيدة بما لديكِ وما تحصلين عليه. عندما تقولين إن جسدك عطشان، تروينه. عندما يتعلَّق الأمر بروحك، تأخذينها إلى المصدر. إمَّا ارتويتِ تمامًا، حسنًا، وإلَّا فلن تستسلمي. هذا ما قُلتِه أنتِ!
- أنا قلت هذا؟
- في الرابعة صباحًا.
- إذن فقد أحسنتِ القول، كلمات حكيمة! تأتيني الكلمات الملهمة وأنا ثملة! وأنت، ما رأيك فيما أعتقده؟ هل تتفق معي؟
- أحيانًا نعم، وأحيانًا أخرى لا. عندما يستيقظ الأرثوذوكسي الأهتم بداخلي أفضِّل التركيبة المحايدة. وعندما يستيقظ ديونيسوس أعشق الانقسام. الآن، في هذه اللحظة، أختار الاختلاف، فأنا من مُحبِّي vive la différence! عِش الاختلاف. سيكون من المأساوي لو أننا، أنا وأنت، لم نكن مختلفين. لو كنت أحتوي عليك أو العكس... سينقص شيء من مقايضة الفرحة الوحشية للافتراس. في النهاية الإغواءُ في العشق يكمن في المزاج القرصاني، في غريزة الخطف العنيفة.
- وهذا ماذا يعادل؟ اعترافك عن فكرة امرأة في محيِّلة تثيرك؟ أو أوليا الحاضرة دومًا؟
جاءني التحدي كلكمة قوية. تريد، تترقَّب، تتحداني لأقول وأعترف أنها ليست محض فكرة امرأة أو امرأة في مخيِّلة، وأنها ليست أوليا البعيدة، لتقتنع أنني أقول لها هي فقط ما أقوله، أنها هي

الوحيدة التي أرغب في خطفها، وأن أستسلم لها لتبتلعني الليلة أو غدًا أو بعد غد، قبل أن أغادر إلى نيوأورليانز. نعم، سأحدثها، سأتجرَّأ... أعيد ترتيب نفسي... لكن، علَّني لا أبدأ بهجمة مباشرة، ...لأحاصر الهدف أولًا، وأسيطر عليه على مراحل

- لا، لم أكن أعني شيئًا بعينه... كانت محض فكرة، لنقل إنها فلسفية فكَّرت فيها بصوت عالٍ، تعليق على كل ما كنا نحكي فيه طيلة هذه الأيام. لو أنه فُهِم على نحوٍ آخر، أعتذر.
- لكنك لم تقل شيئًا، ولا حتى فعلت شيئًا... خارجًا يا عزيزي، لتعتذر من أجله. هل تسخر مني؟ تتهكَّم؟ تلوِّح بالمنديل الأحمر؟ أيًّا ما كان فأنا لست جاهزًا لمواجهته.
- من الأفضل أن نعود إلى الطاولة. ربما تصرَّفت... قبل أن تجرفني تخيُّلاتي الفلسفية وأتصرف كحمار ناكر للجميل...
- اصمت وارقص. لن أغادر قبل أن أتعلم هذه الحركة. أمسِك بي جيدًا. لن أنشرخ...
- تحاولين دون جدوى يا آني. الفيل لن يتعلم الرقص البرازيلي... أحيانًا عندما أفكر في تحريك هذه الكتلة من اللحم بلا أي مهارة حقيقية وبشكل غبي، تقريبًا كاريكاتوري، أخجل من نفسي كثيرًا... أشعر بالقرف مني.

لو أنها قالت لي الآن «حسنًا تفعل وتشعر هكذا»، سأستحق ما تقوله، سأرى الأمر كتحدٍّ آخر، لن أتردد، سأخاطر، سأتكلم معها أخيرًا بكل صراحة، سأتصرف كحمار ناكر للجميل... كل شيء يتوقف عليها، على ما ستقوله الآن...

- هيا بنا نجلس.

قالت بحسم، ثم سحبت نفسها مني. هذا هو! عدنا إلى الطاولةً. انحنت وقبَّلَت جيمي.

- معذرة يا عزيزي لقد تركتك... لكن الذنب ذنب هذا الولد الشقي، فهو حالة ميؤوس منها، هل ستراقصني؟

اختفيا وسط حلبة الرقص تحت الأضواء والموسيقى.

- لقد لاحظت أن سوالفك مستوية وبنفس الحجم.

سمعت جوزيف ساسيف يقول لي... فقلت:

- الآن صِرتُ أقيسها. الآن أقيس كل شيء.

20

الغيوم تشتعل من عوادم المحركات. الشمس تأكل الصفيح. من داخل خنادق الغيوم، غابة وبحيرات وبلدات. وبالأسفل ممرات البوينج التي تشقُّ مسيرتي نحو الجنوب، ومن هناك إلى أعماق الشريط الفضي، النهر! المسيسيبي!

اختفت بالتيمور في غضون دقائق قليلة. وجيمي الذي كان يقف في المطار ينتظر الإقلاع.

- سعدت بمعرفتك يا صديقي. كانت فرصةً سعيدة وشرفًا لنا أن نستضيفك في منزلنا. كُن على اتصال. ولتحفظ وعدك بأن تأتينا مرة أخرى مع زوجتك.

مدَّ يده، ثم إنه همَّ واحتضنني قبل أن أمدَّ يدي بالمصافحة، ضمَّني لدقيقتين حتى انقطعت أنفاسي.

عبر الزجاج ظهرت آني، التي كانت شاردةً في الأفق قبل قليل، تقف خلف زجاج المطبخ، وحبَّات الثلج تتساقط. سحبت الستارة وأغلَقَت عليَّ، أغلقت وتركتني بالخارج واستمرت فيما كانت تقوم به في حوض المطبخ، تنظيف أطباق عشاء الأمس، وبيض إفطارنا المتعجِّل. عندما ودَّعتني قبل ساعتين، كانت شاحبة ومرتبكة. احتضنَّا بعضنا البعض. اقتربت بشفتيها نحو أذني وهمست بشيء. لو كنت قد سمعت

كل ما أريد أن أسمعه، قالت:

- في النهاية لم يحدث...

لا يا آني، لم يحدث. وها هو المذنب!

أغلقت كوَّة النافذة حتى لا أنظر للخلف، للأسف، للخارج. كل ما رأيت في الأسابيع الآخيرة هو غذاء كافٍ لكثير من التأمل، ولكن للقيء أيضًا.

وفقًا للبرنامج في نيو أورليانز، سيستقبلني من المطار - نيابةً عن جريدة Gulf Herald - شخص يدعى نيك أولاندو، ولكي أتعرف عليه سيمسك بجريدة اليوم مفتوحة. على الأغلب سيكون معه مصروف رحلتي.

سيرتدي بدلة رمادية ورابطة عنق خضراء. سيأخذني إلى الفندق أو البنسيون بسيارة الجريدة، حيث سيكون قد حجز لي غرفة سوف أدفعها أنا؛ ولهذا كنت أرجو أن تكون رخيصةً، وفي منتصف المدينة، ولو كان ممكنًا أن تكون قريبة من مقر Herald.

- سيكون البرنامج متخمًا في نيو أورليانز. هناك الكثير من الأماكن التي يجب أن تراها، كصحافي وكسائح! غير مقر جريدتنا، حيث ينتظرك الجميع بتلهُّف، يجب أن تفكر في زيارة قسم الاتصالات في جامعتنا، فهو بمثابة مشتل شهير للصحافة! أيضًا، الصحف المحلية الأخرى الأكثر جدية. وربما واحدة أو اثنتين من محطاتنا الإذاعية! هذا من أجل العمل. لكن هناك أيضًا المدرسة. بالتأكيد يجب أن ترى المدينة الجميلة، أن تسمع موسيقى الجاز. هل تحب موسيقى الجاز؟ وبالطبع لا تنسَ أن تجرِّب أطعمتنا البحرية،

الكابوريا الرائعة التي تُقدَّم مع المايونيز والشمبانيا. ولو أنك تحب الطعام الحريف فسوف تجدها في المطاعم السيشيلية والكوبيه، إلخ...

أطفأت المصابيح العلوية التي أضاءت من تلقاء نفسها فوق مقعدي. وما الفائدة، بعد قليل سأعيش كل هذا. انحنيت فوق وجبتي الجوية، وبيدي الأخرى الحرة رحت أدوِّن في مفكرتي الصغيرة التي حشرتها على صينية الإفطار أمامي، بعض الأحداث والأسماء والأعمال من الأيام الماضية في بالتيمور لا يجب أن أنساها: آني، جيمي، بيرج، وينستون، ستاسيف، بو، حاملات الطائرات، تقويم العظام والمساج ضد الصداع والسوالف غير المتساوية، آل ماكاي.

حقيقة، لماذا قلت لذلك الشاب إن لديَّ كتابًا عن الديوسكوري في درج مكتبي جاهز للطباعة؟ ألكي أتظاهر بأنني الصوفي العارف بأمور المثلية؟ ألكي أرتفع إلى مرتبة أعلى في نظره؟ أم لكي أصبح مثلما كنت بالنسبة لماريوس، هدفه وعشقه المستحيل؟

خطة الكتاب موجودة بالطبع، لكنها عبارة عن بضع صفحات وبعض التدوينات. جربت في مرات عديدة أن أبدأ فيها بشكل منتظم. يمكن أن تكون نصًّا نثريًّا أو مسرحية. لو استقررت على الشكل سأقوم بالبداية، لو كتبت عشر أو عشرين صفحة فسوف يكون إتمامها مسألة وقت. هذه الرحلة تمنحني فرصة أخرى. يجب أن أجرِّب أن أبدأها مرة أخرى. إمَّا بغرض التدريب أو لغرض العلاج. فكما يُقال، الوحدة والخوف يُحارَبون بهذه الطريقة...

وضعت المفكرة في جيبي، وسحبت من حقيبتي الدفتر الكبير الرسمي. فتحته. لم أكتب فيه حرفًا مؤخرًا.

ضحكت بتعبير غامض رسمتُه على وجهي فور أن انتبهت إلى فضول الرجل الذي يجلس بجواري عمَّا أفعله. حسنًا، هناك لحظات يرتسم على وجهي «تعبير جاد ومحمَّل بهموم كونية!»، أعتقد أنه يحدث عندما أنشغل بالأدب! هكذا كانت تقول أوليا، يحدث عندما أكون في الطريق نحو الهيمالايا!

دعك من النباهة وابدأ العمل.

حسنًا . . .

كان ألبومنا .[17]الرواية تبدأ بالريكويم. ليس لأماديوس ولا جوزيبي المفضل أنا وأوليا، وكنَّا نستمع إليه دائمًا، وبصوت عالٍ كان يُرعب الجيران والكلاب، وحتى الدجاج الذي كانت تربيه أمي كان يبدأ في ...الصياح في منتصف الليل، أو عندما تضع الدجاجات بيضها

«نجِّني يا رب من الموت الأبدي في ذلك اليوم الرهيب...».

لكن رواية أم مسرحية؟ ولِمَ لا تكون سيرة ذاتية؟ لماذا لا أسرد الأحداث وأقلبها وأخلطها كما لو كانت تأتيني في طقسٍ أشبه بالاعتراف؟ كُنْ شجاعًا ولو لمرة واحدة يا أحمق!

أصوات الكورس تنتشر في الغرفة. الأوركسترا تبحث عن مدخل...

وأنا أبحث عن مَخرَج... لا بأس بالنسبة للبداية... لنستكمل... الجالس بجواري يتجسَّس عليَّ. لقد أثرت فضوله. على أية حال، فإن ما أكتبه يبدو تمامًا وكأنه... «it's Greek to him» رائع!

17- الريكويم هو المرثية الجنائزية، وقد ألَّف أماديوس موزارت وجوزيبي فيردي مقاطعَ من المراثي في أوبراتهما.

في الركن الأيمن، الرياضي العاري. يحدِّق في الأقنعة الأفريقية. في الجانب الآخر ماريوس. ينظر إلى التمثال الذي اشتراه من متحف الأكروبول. المصارع الشاب وفي يده قرص الرمي. كانت الأجساد الرياضية نقطة ضعفه. كان يقول لي دائمًا إن الطبيعة وهبتني جسدًا متناسقًا؛ وكان يقول إنه يريد أن يتأمَّلني عاريًا؛ أن أجلس أمامه وهو يرتجل على البيانو. «لن ألمسك، كلمة شرف، لن أبرح مكاني على مقعد البيانو».

عندما كنت أعود إلى غرفتني متأخرًا في المساء بعد العمل والمقابلات، كنت أخلع ملابسي وأقف أمام المرآة المثبتة بمخطف في الحائط ومزيَّنة بمنحوتات خشبية بنية اللون على شكل عصافير وعناقيد عنب.

الوضع الأنسب لي كان نصف البروفايل، أي الرأس متجه في اتجاه عكسي من الجسد، بمَيْل. آه، والساق اليمنى مرتفعة على شكل زاوية قائمة. عندما كنت أنجح في اتخاذ الوضع والوقفة الصحيحة وسقوط الضوء والظلال، كنت أتمنى أن تكون بجواري أوليا أو بيير أنجيلي[18] لتنظرا إليَّ بهوس.

أقلب الصفحة. الفصل الثاني. سأعود لتخيُّلاتي قريبًا... «عنوان الفصل الجديد «ماريوس وسيمينا.

الأصداف تحت الثريا تطنُّ بشكل غير محسوس في سيل الضوء الأزرق. المطربون غير موجودين بالغرفة.

يتسكَّعون فوق الاسطوانة الـــ L.P، أفواههم تُضرَب برُمح له سِنٌّ من ألماس. المصارع العاري كان تمثالًا صغيرًا جدًّا في حجم الإصبع على

18- بيير أنجيلي، هي آنا ماريا بييرانجيلي (1932- 1971) ممثلة أمريكية من أصول إيطالية.

المكتبة. الأقنعة كانت تسند على الرفوف مجموعةَ الكتب التي جمعها ماريوس، أو التي أعرته إيَّاها وقرأها دفعة واحدة: هيرميس الهرامسة - تريسمجيستوس، سانت هيلاريون، سيرابيس، بلوتينوس، ليدبيتر، آنا بيلي.

الأصداف بجوار جهاز الإستريو. كنا قد جمعناها أنا وماريوس ولوريس من شاطئ إيبيا. كان ذلك في الفترة التي كان ماريوس لا زال يحلم ويمنِّي نفسه أنه سيحظى بحبي، وكان يعتقد أن الحب سوف يغير من توجُّهي الجنسي، وأنني كنت هذا الشيء الذي سيهب له الكمال؛ كانت الفترة التي وقعت في غرامه صديقتنا المشتركة سيمينا كرجل وكمرشد روحي، بمعاملته لها جعلها تفهم أنه لن يتزوج، وأنه قد كرَّس نفسه وحياته لعلاج الألم الإنساني ولدراسة العلوم الفيثاغورثية؛ كان يقول هذا بشكل دائم ومقنع يقتل أي نوع من الاعتراض عليه. حتى إنها في تلك الفترة كانت سيمينا الغبية تشعر بالذنب لأنها كانت تضايقه بحبها «المريض»، وأنها كانت تُشتِّته عن انشغاله السامي بمتطلَّباتها «ذات الطبيعة الدنيا»؛ كانت نهاية الفترة التي كنت أتردَّد فيها عن كشف الحقيقة، أن أدفعها كي تهدي حبَّها لرجل آخر، حيث إنه رخَّص منها جدًّا وجعلها تقليدًا سمجًا لـ «للحب العذري بلا لون ولا أي عائد»! نسخة من ماريوس نفسه!

الآن، وبينما أرى الأمور من على بُعدٍ، أعرف أن صمتي كان شريكًا في الجريمة. كان من واجبي أن أكشف لها أنه في اللحظة التي كان يرفضها ويرفض حبها سعادة الجورو بزهد وقداسَة، كان يرجوني أنا وصديقه الرسام وأخاه أن نكون له! صمت؛ وعذري كان: أنت لا تستطيع أن تنقذ نفسك يا أحمق، كيف ستكون منقذًا للآخرين؟

جبان ومتردِّد وعديم القرار، وما زلت حتى الآن. وهكذا أعتقد أنني سأبقى. لديَّ روح هزيلة لا تمتلك شجاعة الابتهاج والاستمتاع بأي شيء، ولا تتقبل من الآخرين سوى ما يفيض من آلام وأمراض. مثلًا؛ أعرف أنكِ وحيدة يا أوليا. وحيد يجب أن أكون أنا أيضًا. تشعرين بالحرمان، «أتمنى ذلك»، في غيابي، لممارسة الحب على الأقل. وهكذا يجب أن يكون حالي أيضًا. ستريدين أن نرى معًا كل ما أراه الآن.

أقول في نفسي، من الأفضل أن أسعد بأقل ما يمكن، ولأترك بعضًا من البهجة وسعادة الاكتشاف لما بعد حتى نتشارَكه معًا، إمَّا فعلًا أو من خلال مقتطفات الذكريات. نعم يا أوليا، أودُّ كثيرًا أن نأتي إلى هنا معًا، وأن أكون أنا مرشدك هنا. أعرف، ربما لن يحدث هذا أبدًا. ربما لن نستطيع أبدًا في شبابنا وبصحتنا؛ فغالبًا نحن مفلسون. ربما تتحقَّق دعواتي في كل مدينة أزورها، فألقي في «آبار الأماني» حفنة من العملات، دائمًا أصغرها قيمة! ربما كلها. لكني هناك، علق المحار على إصراري! وتذكر، أنني لا أرتب لفعل هذا أو أنني أقوم بتعويذة. بل أمر فطري، إنه تعبير عن فلسفة غير صحية تدمِّرني. لكن من الصعب أن أسعى، ومن الأصعب أن أمد يدي كي آخذ ما أريد. من المستحيل أن أسرق ما يغوص الآخرون بنهم عندما أقدمه لهم.

يجب أن أكتب إليك يا أوليا. لديَّ الكثير والكثير من الأمور لأحكيها لك. سأفعل هذا فور أن أصل إلى فندق إمباسادور النيوأورليانزي، أو كيفما يسمُّون المكان الذي سأسكنه. سأرسل لك ولماريوس بعض الكروت. سيسعد أن يعرف أنني لا زلتُ أذكره. لماذا، نعم، أتذكَّره، وأحبه، وأأسف وأتألم لأننا نعيش في بلد وفي زمن يعتبرون الاختلاف فيه ذنبًا. أي نوع من الاختلاف. تلك الثوابت الملعونة التي أحملها أنا

أيضًا.

وبالمناسبة، سأتحقَّق إذا ما كان قد تَعلَّم أن يصنِع أبراج التنجيم والفلك على نظام «مدرسة التنجيم الغامضة»، التي أُلغيَت؛ ثم إذا قرأ كتاب «التنجيم الداخلي» للمعلم التبتياني الذي أهديته إياه. سأرجوه أن يصنع لي برجي الخاص، فكم أنا في حاجة إليه!

أخيرًا تحدث الجالس بجواري:

- عفوًا...

- هل قلت شيئًا؟

أنتظر كي يسألني ماذا أكتب وكيف نبت على رأسي فجأة إكليل القداسة!

- هل يمكن أن أمرَّ؟

قام وخرج من مكانه وذهب إلى دورة المياه.

"Lacrymosa, dies illa qua resurget ex favilla" (19)

***

في مطار نيو أورليانز لم يكن في انتظاري أي نيك أولاندو بحُلَّة رمادية ورابطة عنق خضراء ولا شيك في جيبه. ربما أخَّره الزحام. انتظرتُ أكثر من ساعة. تعصَّبتُ ورحت أذهب وأجيء بالعربة المحمَّلة بأمتعتي نحو مَخرَج المطار وأنظر بين الحين والآخر؛ ربما هناك شخص ما ينتظرني. سِرتُ ذهابًا وإيابًا عشر مرات، عشرين

19- مليء بالدموع سيكون ذلك اليوم... عندما يخرج من الرماد.

مرة، دون جدوى. والآن أين ستذهب يا بتروس يا ارخونديذيس، ومع مَن ستناقش أمر النقود والبرنامج الذي أعدُّوه لك هؤلاء الناس غير المسؤولين والمهملون؟

في الباركينج خارج المطار كانت هناك أتوبيس من المطار إلى وسط المدينة يستعدُّ للرحيل. أشرت للسائق كي ينتظرني. ارتديت معطفي كي لا أحمله في يدي، ودفعت العربة للخارج، ووضعت أمتعتي في المكان المخصَّص في الحافلة. معطفي الثقيل المحشو بالفرو صار ساخنًا جدًّا. أتعرَّق مع كل حركة. ترموتر عصبيتي وصل إلى الخط الأحمر.

أعلن السائق أن المدينة تتعرَّض حاليًا لموجة حَرٍّ وسحب ترابية من ولاية نيفادا نهاية شهر فبراير.

- حساء بالتراب الذري من مناطق تجاربنا النووية.

قال مازحًا أحد الركاب.

- مَن أراد منكم أن يتجنَّب السرطان فليُنقِّ الهواء الذي يتنفسه.

ضحك السائق، وقال:

- نعم، نعم، على الفور!

وطلب أن نقول له أين سننزل. أربعة ركاب - كانوا مجموعة واحدة - سينزلون في نهاية الخط. الخامس، خفيف الظل، أعطى السائق اسم أحد الشوارع، وبقي الدور على السادس؛ وهو أنا. طلب السائق أن يعرف اسم الفندق الذي سأذهب إليه. ماذا تقول له الآن؟ إن السيد نيك أولاندو لم يحضر لاستقبالي وأنه كان من المفترض أن يأتي

ليصحبني لفندق رخيص ونظيف في وسط المدينة؟ وأنني مفلس. ليس معي سوى أربعين دولارًا وبعض قطع العملة. آخر مائة دولار اشتريت بها هدايا لعائلة جولدينبيرج، وساسيف، وبعض الكتب. وخصيصًا لآني اشتريت رواية زوربا بغلاف رقصة السيرتاكي.

كم يجب أن يكون معي للنوم والطعام حتى أحصل على البرديم؟

- أتحدث إليك يا سيدي، أنت الذي ترتدي المعطف الثقيل، هل تفهمني؟

سألني السائق مرة أخرى.

- Y.M.C.A

قلت في البداية الاسم الذي تذكَّرتُه أوَّلًا.

- معذرة، لكنه ليس في طريقنا.
- من فضلك، لو تستطيع أن تذهب بي إلى هناك؟ سأدفع لك الفارق.
- أوك.

إلى أن ينتهي توصيل الخمسة ركاب ونصل إلى بيت الشباب المسيحيين، حيث كنت أدعو ليكون لديهم غرفة متاحة أو حتى فراش خالٍ في عنبر مشترك- غرقت المدينة كلها في العَرَق المتساقط مني.

قبل ساعات قليلة تركت بالتيمور خلفي، كان الثلج يتساقط. جئت إلى هنا وكأني دخلت إلى منطقة حرائق.

نيو أورليانز

21

الغرفة تتَّسع لفراش ومقعد ودولاب وطاولة مبتورة الساق وكومودينو؛ وباقي المكان يمتلئ بي.

على الطاولة المبتورة بعض المهدِّئات، ونصف دستة أكواب ورقية. في هذا المكان وتحت «سقف المسيح» لا توجد مياه صالحة للشرب، ولا حمَّام فارغ. لكي تروي ظمأك يجب أن تدور على كل الممرات، وغالبًا في طابقين أو ثلاثة، لتحلب بعض ثلَّاجات المياه ذات التكنولوجيا القديمة. ولكي تقضي حاجتك عليك أن تنتظر خارج الحمامات المشغولة. ولكي تأكل يجب أن تستقلَّ الترام لعشرين دقيقة، وتنتظر عشرين دقيقة أخرى حتى تأخذ النادلة طلبك، الذي سيصلك بعد أن تكون قد فقدت شهيتك تمامًا. ولكي تستحمَّ ستُحشَر مع ثلاثة أو أربعة آخرين، وأحيانًا أكثر، في ممرٍّ ضيق، كان ذات يوم ممرًّا، حيث ثبَّتوا فيه نصف دستة من الأدشاش. الرجال ذوو الأجساد الضخمة يقطر الماء من رؤوسهم ويتضاحكون ويتشاجرون من أجل الشامبو والشباشب أو المناشف الجافة؛ أحيانًا في خِضمِّ كل هذا الارتباك تجد نفسك مشتبكًا في العراك. ويا ويلك إذا اشتكيت. أحد الطلاب الغانيين اضطرَّ فيما سبق أن يفرَّ عاريًا، ودخل إلى المصعد فضغط مطاردوه - الذين كانوا خمسة من الأوغاد العاريين من تشاتانوغا/تينيسي -

فوجد الغاني المسكين نفسه في اللوبي. بالطبع كان خطؤه فادحًا! عندما سألوه ماذا كان يفعل شخصٌ «ليس...» في حمامات البيض، لم يستطع أن يشرح لهم أنه أجنبي، و«ليس... محليًّا أبيض»، وأنه «ليس أمريكيًّا».

في الليل، قبل الحصار، أملأ كوبين أو ثلاثة بماء الشرب. ولو وجدت ثلاثة أكواب أخرى للتَّبوُّل. حتى الصباح أفرغ الأكواب الممتلئة وأملأ الستة أكواب الفارغة. في ساعات الفجر أفتح النافذة وأتأكَّد من عدم وجود أي أحد يمكنه أن يراني، وألقي بها كلها على سقف الطابق الأول الكائن تحتي بثلاثة طوابق، وهو مرمى المستأجرين من هذا الجانب، وصار ممتلئًا بعلب من الصفيح وزجاجات البيرة وبقايا شطائر وجوارب متآكلة وأوقية ذكرية وأعقاب سجائر وأشياء من هذا القبيل. أحيانًا أكون ناعسًا، وبما أنني أفتقد لذلك النوع من المهارات تسقط مني قطرات على جدار النافذة، أتعذَّب فيما بعد في إزالة آثار جريمتي. لا يجب أن تفهم عاملة النظافة ماذا حدث هنا ليلًا. لحسن الحظ، كما يقول النَّمَّامون إن رائحة بول السُّود قوية. لكن ما يُقلِقني هو صوت ارتطام الأكواب على السقيفة؛ فهو صوت أقوى بالمقارنة بنوع وكمية المحتوى. أعتقد أنه كل من على هذا الجانب يسمع هذا الصوت. ربما سبب هذا هو طبيعة السقيفة نفسها، فتحت السقف الصفيحي هناك فراغ تسكنه بعض العصافير والخفافيش، وأحيانًا ثعابين.

في المساء أحضر معي الفاكهة لأقتل الساعات بالمضغ وغياب التلفزيون. أحشرها في درج الطاولة العرجاء حتى لا أراها. وإلا، سينتهي عمرها في لمح البصر. أخلع ثيابي وأفرغ متانتي حتى القطرة

الأخيرة، أصوِّب جيدًا نحو كوب فارغ، ثم أغطِّيه بمنديل ورقي وألفُّ حوله برابط مطاطي، أتمدَّد وأفتح كتابًا. سمعت صوت طائرة بثلاثة محرِّكات تطنُّ على ارتفاع شاهق. ذهبت نحو النافذة، رأيتها، أتخيَّلها تحترق وتسقط في البحر؛ وكل ركابها يهبطون بالمظلات لينقذوا حياتهم وينزلون على الأسطح وفي الحدائق والأنهار سالمين أحياء. أرى أضواءها تومض في السماء، وأفكِّر أنه لو لم تسقط طائرتان أو ثلاثة هذه الأيام قبل أن أركب طيارة، أي شرٍّ سيلحق بي!

أخجل من نفسي ومن أفكاري تلك التي تأتي دون أي سيطرة مني، لكني أزَحتُها عن رأسي «أتمزح يا بيت؟».

أمسك الكتاب مجدَّدًا: اثنتا عشرة قصة مختارة. أبحث عن الفقرة التي توقَّفت عندها ليلة أمس.

«بعد ثلاثة أيام من استقرارهم في الكوخ عاد إلى القرية يحمل سلَّة المؤن وحبلًا طوله اثنتا عشرة ياردة ملفوفًا كالثعبان. خرجت لتستقبله وهي تمسح يديها وقدميها...».

فتحت الدرج وبدأت في قرض حبة الكمثرى الأولى لهذه الليلة. دون أن أدرك أن حركة فكي في المضغ صارت تتسارع. انتهيت من الحبة الأولى. تناولت الثانية. طحنتها هي الأخرى. ثم تفاحة نصف مأكولة تركتها من قبل.

«كانت تسير بجواره ممسكة بإحدى يديها حزامه، وراحت تهزُّه على نحو ماكر، وصارت تتمسَّح فيه. عانق خصرها، ثم أمسك بردفيها...».

يستحيل عليَّ أن أنهي القصة، فقط تبقَّت بضع صفحات حتى

الـ«كوي كوي»، هكذا يصف الكاتب الجنسَ الوحشي لأبطاله. الساعة الثامنة، وأمامي أربع عشرة ساعة. أو ثمانمئة وأربعون دقيقة. أو خمسون ألف وأربعمائة ثانية، حتى لحظة الخروج للفطور غدًا. تركت الكتاب يسقط على الأرض. الغلاف وبعض الصفحات تجعَّدَت. لو أن المرأة وضعت يدها تحت حزامه، لكان أكثرَ إثارة للقارئ، كان يمكن أن يكون بيست سيلر. رحتُ أتمشَّى في الغرفة الصغيرة، ثلاثة أمتار مربَّعة. جار يستمع إلى الراديو. المذيع يقطع الموسيقى باستمرار ويذيع «بيانات مهمَّة للمموِّل»؛ يتحدث بسرعة شديدة، كما لو كان هناك عطل ما.

أُسرِع من خطوتي بشكل منتظم، أحاول التوافق مع إيقاع المذيع. كل مرة أقف أو أمرُّ بجوار المرآة المشروخة المثبتة على الخزانة، أرى صلعتي المستقبلية تبرق تحت تمويه بواقي شَعري؛ أشعر بدافع ما لنَكْش رأسي، وأقف لأسخر من بؤس حالي. أطفأت المصباح المتدلي من السقف الذي أنطحه برأسي بين الحين والآخر وأشعل الأباجورة الصغيرة على الكومودينو. الآن تتضاعف الظلال فتصبح المرآة أكثر رحمة.

جلست مرة أخرى وأخرجت من المفكرة الكبيرة من الحقيبة.

«الراحة الأبدية»... هراء! هراء هليني!

كانت هناك أوقات كنت أضع على كومات الأوراق أكثر أفكاري بؤسًا وسوادًا. أفضل كتاباتي النثرية، أفضل ما كتبت مسرحيات ساخرة من فصل واحد، كنت أكتبها بينما كنت أعيش في القاع. من هناك عرضها على الجمهور هو ميزة كبيرة. التفاهات والحماقات والمضحكات والمبكيات تأخذ أبعادًا وأشكالًا أكثر عمقًا وشفافية. الآن،

بقدر ما أبذل جهدًا لأكتب بضعة أسطر، بقدر ما يستحيل الأمر. لا توجد تلك النشوة. هي كتابة ميكانيكية. أكتب مرارًا وتكرارًا صلوات «الراحة الأبدية». فعلى كل حال، في الطائرة استطعت أن أكتب ستَّ عشرة جملة. ألقيت عليهم نظرة أخرى. السطور تنضح نفاقًا. اعترافي المصطنع أمام رجل رائع دفعه هَوَسي الأعمى نحو الجنس الطبيعي إلى اليأس!

وضعت علامة X كبيرة على كل ما كتبته. أصابني الصداع مرة أخرى. خلعت ملابسي وارتديت البيجامة، أطفأت الضوء وتمدَّدتُ على الفراش. هدوء تام في الخارج في الدقائق الأولى. أطفأ جاري الراديو قبل بضع دقائق. بعد ذلك بدأت أصوات جديدة في التتابع. صوت الترام في شارع سانت تشارلز. طيارة جيت على ارتفاع كبير. صوت خطوات في الطابق العلوي. صوت قرقعة المدفأة. صوت أوليا:

- كان يلزم يا عزيزي. لا أرى لأي سبب... لن يصيبك شيء عظيم...

غطَّيتُ رأسي بالوسادة.

- بصراحة يا بترو لن يضايقني أبدًا. كان ماريوس المسكين يحبك.

الحرارة والغبار الملوث المنبعثان من ولايتي نيفادا وأريزونا أمرٌ لا يطاق حتى الآن في ظلام الليل. والحمقى هنا يشعلون نظام التدفئة المركزية. قال لي موظف الاستقبال، «إنها مبرمجة». قفزت ورحت أبحث في الظلام أحاول أن أفصل التدفئة في الغرفة. جرَّبتُ مرة تلو الأخرى... تعصَّبتُ وعرقت بشدة. نجحت بعد أن شَدَدتُ بقوة مقبض المدفأة. فتحت النافذة على مصراعيها وتمدَّدتُ. رحت أضع كلتا ذراعيَّ تحت الوسادة، حاولت رفعها قليلًا فرفَسَت الأخرى أحد الأكواب

الورقية فابتلَّت الوسادة والملاءة وبيجامتي. انتفضتُ وأشعلت الضوء مرة أخرى. فرشت الملاءة فوق معطفي وبدَّلتُ بيجامتي بقميص قديم.

يجب أن أنام... لو بقيت ساهرًا الليلة سأصاب بالجنون. أو أنني سأتسلَّق جدار النافذة وأقفز بدلًا من الأوعية الورقية الليلية.

الضجيج من الطابق العلوي لم يتوقَّف. اصمت يا هذا! دعنا نستريح.

وحيد في الزنزانة. خلف القضبان الحديدية. الضوء يومض، تك، تك، تك، تقطر دماءً من أصابعي على بطني فتدغدغها. أضحك. طبيبة الأسنان الصهباء ذات البلوزة البيضاء قالت باستهجان: «علام تضحك يا ذيل أفعى منظمة المناضلين القبارصة؟»، تمدَّدتُ على الأرض. الأسمنت عارٍ، كم هو نديٌّ ومُنعِش! وهنا أيضًا الأكواب ورقية مثل بيت المسيح في نيوأورليانز. والمقعد غير مريح وأعرج.

على مبعدة في الركن يقف ولد حزين، إنه آل ماكاي الذي رافقني ليوم كامل في بالتيمور. يبتسم لي. لا، خطأ، بل ينظر لي بإغواء...

«ماذا تريدني أن أفعل كي تختفي من أمامي يا صاحبي؟ فإن ما تفكر فيه، مع الأسف...».

خطوات خارج الباب. انكمشت في محلِّي أنتظر. المفتاح يدور مثل مفتاح منزل ميهيلور، جنزير الأمان يصطفق مُحدثًا صليلًا. دخلوا. يحملون أسلحة أتوماتيكية. ينبحون ويأمرون كي أقف أمامهم بلا حراك.

- هل أنت كوستيس؟
- ابن عمه.
- إنه كوستيس، انزعوا عنه ثيابه وفتِّشوه.
- لكنني عارٍ.

راحوا ينتفون شعر إبطي شعرة شعرة. فتحوا فمي ووضعوا أصابعهم حتى لمسوا اللوز ليبحثوا ماذا خبَّأت من خلفهم. نكشوا شَعري، ونتفوا خصلتين أو ثلاثة منه. أشعلوا مصباحًا ليفتشوا فتحة شرجي علَّهم يجدون «مستندات أو بكرات بارود».

- باسم صاحبة الجلالة، انحنِ.

لم يجدوا شيئًا، خرجوا مثلما دخلوا. ضحكت وتمدَّدتُ. الأسمنت لا يزال مبتلًّا من أثر ظهري. إنهم أغبياء لأقصى درجة! لم يمر بعقلهم الخاوي أنني أنثي، وأن شكل القضيب هو محض تمويه! لو انتبهوا وفتَّشوني من الأمام لوجدوا «جيب النشوة»، هكذا تُسمِّي الفرجَ كاتبةٌ تركية صديقة. فكل ما كانوا يبحثون عنه في الجيب الخلفي، «جيب الـ...»، في أعماق المهبل خبَّأت أفلام الميكرو التي ستُفجِّر عالَمَ فخامة جلالتها!

لا، لن ينتهي بي الحال لنفس مأزق نيويورك. يجب أن أقاوم كوابيسي، حتى ولو بقيت ليلتين ساهرًا بلا نوم. لقد تعبت جدًّا اليوم في غرف التحرير والتصميم والطباعة. الضوضاء والضجيج يؤجِّجان من صداعي النصفي وعصبيتي لتأخُّر صرف البرديم. أقضي يومي الثالث هنا ووعود التوأم فيشر - روبي أن الشيكات ستصل إلى كل محطَّةٍ لنا في البرنامج قبل وصولنا، لم توفَّ.

- ربما غدًا يا بيتر.

قال لي نيك أولاندو الذي صار همزةَ الوصل ورفيقي الدائم داخل وخارج «هيرالد». كان هو مَن يرتِّب مواعيدي مع مَن أريد أن أقابل، هو مَن كان يجري معي بسيارته الجيب، وأمَّن لي سلفة من مكتب حسابات الجريدة لكي آكل وأدفع ثمن قهوتي وأجرة نومي وسفرياتي القصيرة قبل أن يصل الشيك المبتغى.

تعرَّفتُ على نيك أولاندو - الذي أناديه نيك الآن - في اليوم التالي لوصولي. اتَّصل موظف الاستقبال ببيت الشباب المسيحيين بسيارة تاكسي، وأعطاه عنوان الجريدة. ثم بعد ذلك اتصل بموظف التليفونات في جريدة «هيرالد»:

- سوف أرسله لكم الآن، هو يا سيدي من سيراكوزا، عليك أن تتصل برؤسائك.

على مدخل البناية ذات العشرين طابقًا وقف شخصٌ قصير بدين بحُلَّةٍ رمادية ورابطة عنق خضراء فاقعة. كان يمسك بجريدة مفتوحة. اقتربت منه مباشرة.

- السيد نيك أولاندو؟
- نعم، بعد تأخير عشرين ساعة!

قال ضاحكًا، ثم صافحني بقوة مستطردًا:

- مرحبًا بكم في أجمل مدينة في القارة!

ذهب بي إلى المقصف وقدَّم لي القهوة والمافين، ثم اعتذر لعدم حضوره إلى المطار. عذَّبته بالأمس، وكان يتألَّم كثيرًا من حصوة في

مجرى البول وكاد أن يصاب بجلطة في المخ إثر حالة إمساك متعثِّرة. احتاج الأمر كما قال أولاندو أن يذهب إلى المستشفى كي يضعوا له حقنة شرجية. حقنتين شرجيَّتين!

سامحته عن طيب خاطر بعد كلِّ السبب الذي أنزلته عليه حتى اقتنع موظف الاستقبال أن يمنحني غرفة لشخص «ليس» مواطنًا.

قال لي إنه حجز لي قبل أيام غرفة في فندق مركزي مطابق للمواصفات التي أرسلتها عبر التلغراف من سيراكوزا، وأنني أستطيع أن أنتقل فورًا إلى هناك. فضَّلتُ أن أبقى في بيت «منظمة الشباب المسيحيين في أمريكا»؛ حيث إن المقابل الذي أدفعه هو قليل جدًّا، أظن أنني وصفت الأجر بالـ«معقول».

- مثلما تريد يا سيد أركونديتي.
- بترو، بيت.

صحَّحتُ له الاسم.

- أوك، بترو، أو بيت. وأنا إذًا نيك، نيك المذنب.

أعلن لي عن مقابلتي بعد التالية أنه حجز لي موعدًا مع رئيس التحرير، الذي عبَّر عن رغبته في التعرف عليَّ. قال:

- يمكن... أن يراك غدًا، لكن فكَّرتَ أنه من الأفضل أن ندعك تستريح قليلًا من الرحلة والتعب.
- وأنا أريد ذلك أيضًا... كان تفكيرًا صائبًا من جانبك. بعد غد إذن.
- هل تريد اليوم أن تقابل أشخاصًا آخرين أو ترى شيئًا ما؟
- لا، شكرًا. لأنني أشعر فعلًا بالإرهاق سأذهب إلى بيت الشباب

وأتمنَّى بعد غد أن أكون قد استرحت كي أستفيد من لقاء رئيس التحرير.

- حسنًا، سأوصلك أنا إلى بيت الشباب.

- من الأفضل لا. يجب أن أتعلَّم أن أتجوَّل في المدينة وحدي.

22

- ما هو المطلوب يا زميل في صفحات جريدة ما؟ في كل الصحف الجادة، انتبه. لا شيء أكثر من تنظيم المادة المحررة، المادة المختارة والمطروحة بأسلوب يجذب الإعلان، ومن ناحية أخرى يمنحه مساحة مريحة وبارزة.

هكذا قال لي بينما كنَّا نشرب القهوة في مكتب رئيس تحرير «خليج هيرالد»؛ الـ «مسيو» لوي دي ميرسيه. بهذه الجمل القليلة لخَّص فلسفته وسياسته، وأفتَرِض: كل زملائه وأقرانه في أمريكا. وربما في العالم كله.

كان المكتب الضخم، أحد أكثر المكاتب التي رأيتها فوضوية، خليَّةَ نحلٍ حقيقية؛ ظلَّ المحررون والمصورون الصحفيون والمعلنون وعُمَّال التجميع يدخلون ويخرجون، والهواتف ترِنُّ، والبرقيات تبرز. خلف السيد ميرسيه، سبورة سوداء، معلَّقة على الحائط، حيث رُسِمَت خطة صفحة الغد بالطباشير.

باللون الأبيض أحدِّد الأخبار الاقتصادية والسياسية والمقالات المتعلِّقة، المادة الثقافية بالرمادي، الأخبار الاجتماعية بالأصفر، والصور باللون الأسود، والإعلانات باللون الأزرق الفاقع أو الأحمر.

مصمِّمو الصفحات في هيرالد، الذين يعملون تحت إشراف مسيو

دي ميرسيه وأنا، هم كيميائيُّون! إنهم يحوِّلون الخريطة المطبوعة إلى ذهب، والمسافة بين أخبار الفضائح وجرائم القتل والكوارث والرياضة والقيل والقال، إلى أموال! أخبرني بذلك وأثبت ذلك لي بعد ذلك بقليل، في نفس اليوم، د. لي إسحاق، محاضر في الإعلام والميديا بجامعة سيتي، ولويولا، ومستشار هيرالد وشريك مقرَّب؛ سلَّمني دي ميرسيه إليه، بأمر أن أبدأ في نفس اليوم وبعد أسبوعين لإكمال استهلالي لأسرار ترقيم الصفحات، أو لأكون أكثر دقَّةً: «منجم ذهب» الصحافة اليومية.

البروفيسور الذي رافقني في جولة في معمل التصميم حيث يلتقي مصمِّمي الجرافيك والمصورين والمساعدين، ثم نزلنا معًا، وجعلني أقف لثلاث ساعات في قبو أرشيف المجمع كي يريني الصفحات التي صنعت تاريخًا عبر السنين.

- وجلبت الملايين لهيرالد.

أكمل ثم شرح ماذا يعني بكلمة «سنين»:

- إن تصميمًا جيِّدًا لصفحات جريدة يضاعف عدد القراء لإصدار معين!

قال يؤكِّد في تفسيره. ليرد على تعليقاتي المتحمِّسة على أعماله دعاني الدكتور لي أيزاك على الغداء، في اليوم الرابع لي في نيو أورليانز دعاني للغداء. لكن أي طعام وأين وماذا تحب! في مطعم دي لوكس، على سطح بناية الجريدة حيث إن الشيف في هذا المطعم يعلِّق وسام ميشلان! لكن، والأهم من هذا، أنه أثناء تناولنا للطعام وعدني البروفيسور برحلة في «طريق الحرير» الأمريكي.

رأى في عينيَّ التساؤل. فقال:

- يوم الأحد بعد القادم، بعد أن تتمِّم فترتك التدريبية، سنحتفل بهذا الحدث على سطح الماء! ستكون ضيفي لكورزيرا ليوم واحد في المسيسيبي. هذا هو «طريق الحرير الذي يخصُّنا»، المسيسيبي. هكذا يسمُّون نهرنا، وهناك سبب. ربما، كما تعرف، فإن نهر المسيسيبي يربط الشمال بالجنوب. فروعه التي تبدأ من كندا وتتَّحِد مع الفروع الأخرى التي تتشكَّل في الجنوب تتقاطع كلها وتلتقي في خليج المكسيك. هذا هو طريقنا، «طريق الحرير المائي».

هذه القصة دفعت حماسي لذروته من أجل الكورزيرا القادمة.

- شكرًا، ألف شكر... رحلة نهرية في المسيسيبي! وفي آخر يوم لي في لوزيانا... سيكون الوداع المثالي!.
- رائع، حسنًا، قُضي الأمر. وكنت أخشى احتمالية شعورك بدوار في السفن.
- على العكس تمامًا، فأنا أعشقها. وأعشق الأنهار أكثر. وبالأخص الأنهار الكبيرة؛ النيل والأمازون ونهر اليانجتسي ونهر ميكونج والنيجر والكونغو وينيسي وباراني والميسيسيبي وميسوري وفولجا وماتيرا ويوكون وبوروس وريو جراندي وبراهمابوترا، أما أورينوكو، فهو...
- برافو! كيف تتذكر أسماء كل هذه الأنهار!

قاطع ثرثرتي قبل أن أكمل فكرتي.

- الأنهار، منذ كنت صبيًّا بعد رحلة لي في نهر النيل، صار عشقي

الأوحد، إنها الشرايين في جسد كوكب الرب. السبب الذي جعلني أضع لوزيانا في برنامجي هو أن أرى نهر المسيسيبي.

- يا لها من صدفة رائعة!
- بل الأروع!

بهجتي الكبيرة لم تكن فقط بسبب الاتفاق على الرحلة، ولا أيضًا بسبب وجبة الرخويات اللذيذة والمحار وما إلى ذلك، ولكنها اكتملت باستلام البرديم المنتظَر من نيك أولاندو. نهاية رائعة ليوم رائع!

***

في أول المساء أوصلني نيك بسيارته الجيب إلى وسط المدينة، وتركني في منتصف طريق كانال، وقال لي:

- شارع كانال هو أوسع طريق في الولايات المتحدة؛ لهذا نسميه طريقًا وليس شارعًا... فهو يفصل المدينة إلى نصفين؛ فنحن الآن في المربَّع، أو ساحة الكريول، «فيو كاريه» على يسارنا، وأمريكا الجديدة على الجانب الآخر. هل تريد أن تذهب إلى مكان بعينه؟
- ليس لديَّ خطة. سأتمشى وأستكشف طعم ورائحة المدينة.
- أوكى، سأتركك هنا. ليلة سعيدة.

قفزت من السيارة الجيب واختفيت وسط الزحام. بالطبع بدأت في البداية بلا ثقة، مشيت كثيرًا. من كانال - دون أن أستوعب - عبرت إلى شارع «بوربون»، الذي هو أيضًا شارع واسع جدًّا، وطويل للغاية، مثل مهبط طائرات جيت. دخلت إلى متحف مارتي جرا في ميدان جاكسون ذي الملابس الكرنفالية الفاخرة والإكسسوارات المجنونة؛ وإلى متحف الـ«فودو»، الفريدة في العالم بأسره، معبد ماري لافو، إلهة وملكة

السحرة والتعويذات والأرواح الشريرة. بررررر... أصابتني الرعشة من المجسَّمات بالحجم الطبيعي للسحرة وضحاياهم، بشر وسكاكين مرشوقة في البطون والصدور والعيون أو في أعضائهم.. ولكي أغيِّر المنظر والانطباع أخذت العناوين وحدَّدتُ الملاهي «لما بعد»؛ جمعت منشورات ومواد دعائية ومعلومات مثيرة عن أماكن يرتادها المثليون والغَيريُّون والألعاب الجنسية، أكلت ذرة مشوية على الجريل في ساحة جاكسون المتكدسة بالرسامين. يجلسون أمام حوامل اللوحات ينفذون بورتريهات للسائحين في وقت قياسي، ويبيعون لوحات الكاتدرائية في المربَّع الفرنسي أو الأسباني، ولشارع بوربون؛ طريق الفواحش كما يسمونه. آخرون يجلسون على الأرض، وببضعة دولارات يرسمون بالألوان أو بالطباشير بورتريهات كاريكاتورية غالبًا ما يبول عليها الكلاب أو تفسدها كعوب السكارى والمتسكعين في الجوار.

اشتريت تفاحتين للمساء من سوق فاكهة مكشوف بين بنايات كولينيالية عند اندماج المدينة مع مصبِّ نهر المسيسيبي، لم أحتمل الإغراء، والتهمتهما في التو. ضحك البائع المتجول وهو منبهر بشهيتي، فأهداني تفاحة أخرى! صعدت وهبطت طريق كانال، وسرحت في الفتارين والمطاعم ومحال البورنو، ميني وسوبر ميني وسوبر سوبر ميني على سيقان السيدات الطويلة المثيرة، حتى الصغيرات النحيلات، إعلانات لكل أنواع الخيرات من جنة الجنوب، ومن الشرق الأقصى، في جيتو بائسٍ ذكَّرني بأحيائنا، أميريه وتاختاكالا وباليا إليكتركي في قبرص البعيدة العزيزة. لاحظت هنا أيضًا مصابيح حمراء فوق أبواب مفتوحة، كدت أندفع لأدخل لأرى إذا كانت بيبي أو سياكيه لديهم وردية الليلة.

بعد ثلاث ساعات أهلكني التعب، انحشرت في إحدى السينمات في قبو في شارع بوربون. فيلم لـ«لوريل وهاردي». كان الجمهور يضحك ويسقط على مطر من اللعاب وبقايا البذور التي يمضغونها. أمامي كان يجلس شابٌّ وفتاة لم يَكُفَّا عن التقبيل مثل زوج ببغاوات في الحديقة. مع كل نكتة قُبلة بدلًا من ضحكة! في كل موقف، قُبلَة! في كل تحوُّل لمشهد، قُبلة! يده محشورة في بلوزتها، ويقفز مثل قطٍّ صغير تارة بسرعة وتارة ببطء، يقف تارة ويزحف تارة أخرى؛ ممَّا يجعلها تتمدَّد وتنقبض بين تارة وتارة. «لا، لا يا بيلي، إنهم يرونني بيل»... لم أحتمل التلصص حتى نهاية الفيلم. خرجت من السينما بصداع رهيب، كان البخار يخرج من عيني، حمى ودخانًا.

الشارع والرصيف والمقاعد اكتظَّت بالناس الذين انتهوا من عملهم؛ بيض ونصف بيض وسود وحمر الوجوه وصفر وخليط من كل هذا. انزلقت بينهم كراكب أمواج من البشر، سرحت وسعيت نحو أي رد فعل من الكائنات الصامتة. لم أستقبل أي شيء، ولا حتى تَململًا. فقط مضيفة من شركة K.L.M. أعتقد تركت نظرتها تستريح عليَّ. دقَّ قلبي بسرعة. الآن ستتحدث معي... نظرت إليَّ بلا مبالاة ثم مرَّت. أردافها مستديرة ومتماسكة كما تظهر في تنورتها الضيقة، كعوب حذائها الطويلة الرفيعة كأنها إبر تحيك أرضية الشارع. لم أسمعها تقول أهلًا بك، كزميل لها في اللوفتهانزا أو في نادي «الدب السكسي»، في برلين. بإشارات وابتسامات فراولاين لوفتهانزا أشارت لي لنرقص؛ ترسل لي إشارات بفمها من خلف كأس النبيذ. كانت أكبرَ مني بعدد لا بأس به من السنوات، لكن كانت في حالة جيدة جدًّا. كل حركاتها تشبه تشنجات شخصيات إحدى كوميديات أريستوفانيس. فارو

كراوش مرافقتنا في بون، والتي كانت ترقص معي، رأت ما يحدث، وقالت لي مداعبةً:

- أتريد أن تقضي ليلة لا تُنسى؟ هيا اقفز إلى هناك!

عضضتها من أذنها. قالت لي:

- أنت بشع!

في ليلة السفر، الثلاثة زملاء الذين سافرنا سويًّا كبعثة صحفية إلى «جدار برلين» لعمل لقاء صحفي مع المحافظ بيلي براد انسحبوا إلى غرفهم، دقَّ هاتف غرفتي. كانت الفراو كراوش:

- لم تنم؟ أراهن أنك نادم على رفضك لميس لوفتهانزا...

دعوتها للشراب. جاءت على أطراف أصابعها حتى لا يدرك الآخرون مغامرات المرافقة، فقد كانت غرف الزملاء ملاصقة لغرفتي. حلَّت شعرها فور أن دخلت، فنزل شعرها الأصهب على كتفيها، وغاصت في الأريكة. كانت مُذهِلةً، بسيقان ملفوفة، وأثداء مستديرة مدكَّكة بالسيلكون. صَبَبتُ لها كأس الويسكي.

شَرِبَته في رشفتين أو ثلاثة؛ مدَّت بعد ذلك ذراعيها الطويلتين وعانقتني.

- أنت شقي.

قالت وهي تحشر لسانها في فمي وتحرِّكه. كانت عيناها مفتوحتين، أنفها على بُعد إنش واحد. على بُعد شعرة، دعوة مُلِحَّة ومجازية... نزلت يدها إلى أسفل وأخذت تداعبني وتثيرني.

- لا شكر على واجب.

راحت تتنهَّد بعمق:

- أنت رائع، تعجبني كثيرًا يا بيتر.

تحرَّرتُ من ذراعيها وركضت إلى الحمام لأرتِّب حالي. بعد أن عُدتُ إلى الغرفة أدركت أنها أعادت ربط شعرها وتستعد للمغادرة.

- لماذا قمتِ؟
- يجب أن نتمالك أنفسنا يا بيتر.
- الآن؛ لا، من فضلك.
- صديقي لود، عاد مصابًا من كوريا. لكن هذا ليس عذرًا... أم هو؟ لا أريد أن أجرحه... ولو لم يَعُد لودوفيك حبيبي كما كان...

عُدتُ إلى بيت جمعية الشباب المسيحيين بأمريكا عند منتصف الليلة، مُنهكًا من التعب، وأكثر ثراءً في الانطباعات، والمعدة، والجيب أيضًا صار ممتلئًا. أنا واثق أنني سأنام هذه الليلة. لكن على كل حال، سألتهم قُرصًا من الفاليوم؛ آملًا في ليلة طويلة وهادئة.

مددت يدي أبحث عن القرص على الطاولة. وجدت نصف القرص الذي بقي من ليلة أمس. وضعته على طرف لساني وهممت لابتلاعه برشفة ماء. «هذه الحبوب يا بيت بالتأكيد تُسبِّب الهلاوس، وأحيانًا أخرى الكوابيس» قال لي الدكتور سناسيف. بصقت القرص المرَّ الذي ذاب نصفه على لساني، وألقيت العلبة كلها من النافذة... وهو ما ندمت عليه على الفور. لا أدري ماذا تحمل لي الأسابيع القادمة في نيو أورليانز.

غدًا سأشتري علبة أخرى. لو استطعتُ... فهنا لا يبيعون الدواء بسهولة، يجب أن يكون لديك وصفة طبيب. لكن يمكن في هارولد أو نيك أولاندو الخدوم أن يستطيع أن يحصل على بعض منها، سيقول إنها تريحه وتساعده في الذهاب إلى الحمام.

23

الليلة يا أوليا وبما أنني ساهر سأكتب لكِ حكاية.

هناك ولاية كسولٌ في بطن شمال أمريكا تتمدَّد متملمة سِتَّ أقدام تحت مستوى سطح البحر على حافَّة خليج المكسيك. في مياهها تعيش كل أنواع المخلوقات البحرية؛ حيتان وأسماك قرش ودلافين وأسماك السيف، والكثير من الوحوش البحرية الأخرى التي حملها معهم الإيطاليون والأسبان والبرتغاليون رواد المحيطات، والآن، وفقًا لميحمد، «الإنجليز ذوو المؤخرات الباردة هم مَن يسودون ويسيطرون، خسارة! هم دون كل المحتالين الآخرين».

يمتصُّ التيار الشمالي مياهها الملوثة، ويكرِّرها ويصرفها إلى أيرلندا وجزيرة سكيلي في اسكتلندا، ومنها إلى كورنوال وجزر لوفوتين في الدول الإسكندنافية. كل يوم ترسل نيو أورليانز - هذا هو اسم أميرة حكايتنا الخيالية - نبضاتها إلى عالمنا القديم. وزفيرها المسال الساخن الذي يبدأ من هنا، الذي يفرك ويلعق السواحل الشرقية للبلاد كلها وكندا، تلك الأحزمة، والتي تعبر مياه سارجاسو لتنتهي في سنابلقنا، لتلطِّف من طبيعتنا هناك في قارتنا العجوز، لا يبقى ذلك بلا رَدٍّ. تيار عكسي يغادر كاليه، لشبونة، كومبوستيلا، ويصل إلى هنا ليغرق الولاية. يصبح لونًا وشكلًا وحجمًا مَرِنًا بين أصابع رساميها، وسياجًا

على النوافذ، وأبوابًا حديدية، وإيقاعًا في استوديوهات المهندسين المعماريين، وأناقة في سلوك سكانها الأصليين.

مدينة غريبة. ليست جميلة بالضرورة. ولا حتى فاتنة. ليس لها شخصية واضحة، أو إيقاع يطغى على غيره. ولا أعدُّها مدينة، إنما هي عبارة عن معرض للبناء العمراني. كل حي هو عالَم منفصل تمامًا. هنا باريس، ونيويورك هناك، وبعدها بقليل نيقوسيا، بيربيا أو عشوائية برازيلية. على مسافة خطوتين يمكنك أن تعبر من العالم القديم للحديث، من إلدورادو إلى بيافرا. هنا تتنفَّس القرن العشرين، هناك لا تزال تعيش في سنوات تجارة الرقيق. هنا القصور لونها أحمر، هناك لونها أبيض أو أخضر أو أصفر، هناك عند المزارع تحتوي على أكثر من عشرين غرفة وقاعة للرقص، وكلها محاطة بأعمدة شاهقة. بعد عدَّة أميال عند حقول القطن، أكواخ العم ثوماس، بلا لون، مزدوجة أو فردية، محشورة حشرًا برعب بجوار بعضها البعض لتصير مجتمعات من نسله.

هذا بالنهار. أمَّا الليل فيتغير المنظر تمامًا. الأحجام كلها تذوب والأضواء تخفِّف من حدَّة التباين، تخلب العقل للدرجة التي تجعله ينسى كل ما رآه في ضوء النهار. أضواء وبشر وأنفاس البحر التي تفيض من الميناء ومن نهر المسيسيبي وتصبُّ في النهر الضحل في طريق كانال، تختلط وتتَّحد وتنسجم.

في الليل تسبح المدينة في موسيقى الجاز. كل الأصوات الأخرى إمَّا تنسحب أو تتَّحد معه. على اليمين وعلى اليسار وفي الأزِقَّة والشوارع الضيقة ذات الأبواب المضيئة؛ وفوق رأسك تتقاطع وتشتبك وتتصاعد موجات مختلطة من الموسيقى مثل حلوى غزل البنات.

شبكات من المصايد والطعوم بأصوات رقيقة وفتحات على أرداف جذَّابة. تجد نفسك محشورًا في متاهة من آلات النفخ يعزف عليها عجوز من الجزر الأطلسية، وتتذكر الجد العجوز والت ديزني وخيالاتك الطفولية حين كان عالمك الخيالي أكثر خصوبة وحساسية.

أتسكع لساعات وأسمع. لو تجرأت أن أدخل إلى إحدى الكليات سأضطر إلى أن أدفع بسخاء للصحبة ولما يُقدَّم لي وللموسيقى التي أتنفسها. لكن الأسوأ من هذا هو ضياع هذا الإحساس الزائف والوهم. فأي سحر هذا الذي يُهدَى لك من عازفي الجاز السود عندما ينفخون بقوة وعرق الموسيقى التي ينتجونها؟

محطة «طريق الرغبة».

أنظر إلى الأفيشات. في مكان قريب من هنا يعزف ويغرد العندليب، صوت نهر الفويذوماتي[20]. كارميليتا معلَّقة في أفيش على الجدار وقد زمَّت شفتيها بتهكم. «لن تستطيع تحمُّل يا هذا!» وهنا التريو هارموني الأسود من لوس أنجيلوس يغنون البلو. في late late show ستشاهدون ساسا في ستربتيز غير معقول: الشقراء البيضاء البضَّة ساسا، التي كلما تتعرَّى تتحوَّل إلى أفروديت سوداء. كيف؟ «ادفع لتعرف...». بعد ذلك التوأم السوداوان ماهاليا وتينا تغنِّيان كانتري. وهنا فرقة جاز ساخنة وغيرها لموسيقى اللاتينو من هافانا، ثم فرقة مختلطة من بيتسبيرج تعزف «جاز أمريكا الأكثر طزاجة». وفي مكان آخر مُغنٍّ أسود من المارتنيز، وهناك الابن الأحمر «للثور الوحشي»، من بافلو، بصوته الذي يُذكِّرك بشلالات نياجرا.

20- فويذوماتيس هو اسم نهر في مدينة يوانينا بشمال اليونان.

هذا هو! أسمعه! إيقاعه يهمُّ بي ويتملَّكني، دون أن يعطيني أي فرصة لرد فِعل. أقف ثابتًا متجمِّدًا في أحد الأركان، تمامًا كما تخيَّلتُ بالأمس بعد منتصف الليل في غرفتي الصغيرة في بيت الشباب!

استندت بظهري ورأسي على الحائط، مثلما تخيَّلت، رفعت ساقي اليمنى على الجدار خلفي، وأيضًا كما تخيَّلت! الموظف على الباب يأكلني بعينيه، ثم أشار لي، «بعد قليل يا سيدي سيبدأ الاستربتيز. تعالَ لتشاهد البيضاء التي تتحوَّل إلى امرأة سوداء!».

كم سيكون العالم بسيطًا لو كنت فقط موسيقى أو كادنزا[21]، لعندليبٍ شَجيٍّ صوتُ نهر الفويذوماتي!

كنت سأنزلق من الصخور بشفاه مشقوقة من صدر محلوب ومن أعينٍ تومض في ظلام الموسيقى كفنارات.

يوتوبيا خالصة. لا يمكن أن نكون جميعًا أورفيوس أسود. ناهيك عن موسيقى هؤلاء الشامان السود.

اسمع، واستمع إلى هذه الموسيقى!

أليس هم جنس قوي وجميل؟ لهم شفاه غليظة متدلية ذات لونين، قوام ممشوق، قصبة هوائية غليظة مثل البولدوج. أي شيء أكثر من هذا يرغبه أي رجل؟ النساء حدائق زهو للأطفال ذوي الشعر المجعَّد، ومبايضهم مثل خلايا النحل. أي شيء أكثر من هذا ترغبه أي امرأة؟

أي رجل أبيض يمكن أن يجعل صوته بهذه البحَّة ويكون زفيره مثل زفير نهر الفويذوماتي؟ هل سمعت من قبل عن بارالاغيا؟ إنها

21- وصلة موسيقية أو غنائية بلا موسيقى.

زفير كريشنا، هو الذي يخصِّب ويوسِّع السُّدُم النجمية. هذا الأسود يعيش في بارالاغيا شديدة الخصوبة. يخصِّب ويوسِّع هذا الملهى في شارع كانال، وبوربون، والمدينة، والقارة بأسرها.

أنا شديد الإعجاب بهذا الجنس، لا أدري، لكني أعتقد لو أن المسيح ومحمَّدًا وكريشنا، أو على أية حال، أي آفاتار جديد، كان يجب أن يولد في هذا البلد، لقد حان الوقت! كان سيولد بلا شك، أسودَ طويلًا، على الأقل متر وتسعون، بعينين عسليتين رطبتين وحزينتين، بيدين مثل كاسيوس كلاي، وبشَعر قصير وكثيف مثل شَعر من ذقن محارب. لن يتكلم، سيغني. كان سيغيِّر الولايات المتحدة الأمريكية بغنائه. كان سيصل صوته إلى المستشفيات وينهض المرضى في مجموعات، يطاردون المرضات في الممرات والمصاعد وباركينج المستشفيات، أو سيأخذون زجاجاتهم ويذهبون مترنِّحين نحو بيوتهم وهو يصفِّرون ويردِّدون النغمات التي سمعوها. البشر البيض والشُّقر الذين سيسمعونه سيهذون: «إنا نسمعهم، اللعنة، إننا نسمع هؤلاء السود!» مطاعم الحبار ستُظهِرُهم في مطابخهم، والإيطاليون في محال البيتزا، والبورتوريكاريون في عصاباتهم.

أراهن أن المسيح لو وُلِد من جديد سيولد في بروكلين السوداء، أو في جورجيا، أو كارولاينا الشمالية، أو نيو أورليانز، أو تينسي. وسيأخذه أهله إلى مدرسة للسود. لكنه لن يشاء أن يتعلَّم الأبجدية؛ سيبدأ في الكلام بالسُّلَّم الموسيقي، وسيذهب به أبواه إلى أحد القضاة أو الأنبياء الذين جاؤوا ليعدوا له الطريق.

نات وستاسمو وماهاليا. وحنجرته هناك ستتعلَّم إنتاج وغناء أعمق أصوات وموسيقى الأرض الروحية والبلوز والأغاني الإنجيلية. وفور

أن يشتدَّ عوده سيذهب سيرًا على الأقدام ليجرب في لاس فيجاس سبعة أيام. حيث ستنتظره إغراءات الحياة وأضواء عجلات الحظ والثروة وأفخاذ المجدليَّات وجماليات صوته الاثنتا عشرة. سيحارب كل هؤلاء الشياطين وينتصر عليهم. سيصعد إلى قمة روكي الصخرية. سيقف يحدق إلى الجمع الهائل من النجوم لثلاثة أيام. مع كل شروق سيركع. ومع كل بدر سيلتفت لليمين ليرى أضواء المدينة الجديدة، نيويورك. ستبزغ متوحشة. على اليسار سيرى لوس أنجلوس، وسيملأ يده بتفاح ذهبي عفن. من الشمال ستمسُّه أنفاس باردة من شيكاغو، وزفير رياح عاتية من بحيرة ميتشجان، وإلَّا ستشعر طبريا بآلام المخاض. سيتجه نحو الجنوب ليرى الوحوش تبحر مهدِّدةً تحاصر نيو أورليانز. ستدمع عيناه، وسيصرخ عاليًا، سيرتدُّ صدى الصوت من سلاسل جبال روكي والأنديز والألب والهيمالايا. سيقوم الأنبياء من أضرحتهم: بيسِّي سميث لم يعالجه أسكليبيوس. السود الآخرون الذين دُفِنوا أحياء في كهوفهم الحجرية. وراي تشارلز سيقول لنا لو كان حقيقة ما حدث بأنه رفض دعوة إحدى المعجبات من فيينا، التي - وفقًا للإشاعات - كانت فائقة الجمال... ماذا تفعل العيون الغريبة لـ «راي»؟ فهو يرى أفضل من كل البشر! نعم، كنت أعرف دائمًا أنه يرى، ويرى جيدًا. لو أنكم في كامل قواكم العقلية ورأيتموه وهو يفتح فمه بينما يرتفع صوته وينتشر ستلاحظون ثمة نور يخترق القناع الأسود الذي يرتديه للتمويه، ومن داخله سترون وجهه الحقيقي الجميل الأسمر، وعينيه، توأمًا من ياقوت، تنيران العالم كله. لو سمعتم صوت بيسِّي سميث بانتباهٍ ستدركون الألم والغضب؛ إذ إن مستشفى البيض حيث ذهبوا بها أول الأمر وهي مصابة من الحادث قد رفَضَت استقبالها وعلاجها، فضلًا عن هذا تركوها تموت جرَّاء

نزيف حاد في سيارة الإسعاف التي كانت تنهب الطريق بالليل تبحث عن مستشفى يستقبل السود[22]. شيء كهذا... فقط هكذا.

ستشعرون الموسيقى تتخلَّلكم عبر الآذان والعيون وفتحات الأنف وحلمات الثدي، وتدخل لرئتيكم، وتصبح دمًا أسود حارقًا، وحينها تصيرون آلهة سودًا كهرميس وأفروديت، مثل ساسا، التي تَسوَدُّ كلَّما تعرَّت، وستأتي التماسيح البيض من البكور لتسمعكم.

في أحد المعابد اليهودية التي ذهبت إليها مع جيمي وآني سمعتُ أحد الأحبار يقول:

«مبارك هو الرب الذي خلق النبيذ».

الآن، وأنا أتذكَّر السود الذين رأيتهم في شوارع أمريكا خارج بيوتهم ذات الأسقف القرميدية وداخل مدرَّعات وحدتهم، سيارتهم الفارهة المستعملة غالبًا، وفي البلكونات، في نيويورك، ونيو أورليانز؛ يغنُّون ويرقصون في الطائرات والحافلات ومحطات السكك الحديدية وأسواق الخضروات والفاكهة وفي المناجم وعلى السفن، أتلو معهم:

«مبارك هو الرب الذي خلق الرجل الأسود».

تعرَّفنا على سيدة فاضلة من سيراكوزا، صديقة لخوانيتا، ميس جوناثان، كانت تكتب الشِّعر، وقالت لي إن السود ماكرون وغدَّارون ورائحتهم زنخة، وهم لصوص ومخرِّبون وخطرون. حسنًا، بكل

22- وفقًا لإحدى الروايات عن موت مطربة البلوز الكبيرة بيسِّي سميث في حقبة الثلاثينات، في يوم 26 سبتمبر 1937، جرّاء نزيف حاد في إحدى سيارات الإسعاف التي نقلتها بعد حادث تعرَّضت له. قصة «Blue Melody» للكاتب ج.د. ساليندر (1948) وأيضًا مسرحية «The death of Bessie Smith» لـ إدوارد ألبي (1959) والتي كانت كلها تناقش أمر موت المطربة، وشائعات رفض المستشفى علاجها لأنها سوداء.

صراحة، إن بعض فضائل السود القلائل الذين التقيت بهم، فإن أكثرهم إمَّا يشربون أو يغنون. لكن أكثرهم تفوح منهم رائحة حزن عَطِرة.

سأودُّ يا سيدتي الفاضلة في حياة أخرى أن أولد أسودَ. وأكون عدَّاءً أو لاعب قفز أو مُغنِّيًا.

أمَا وقد وُلِدتُ يونانيًّا قبرصيًّا أبيض. أهو من حسن الحظ أو لسوئه؟ سنرى.

ترك الـــ «فويذوماتيس» الكلارينت على الأرض، وراح يتلو ويغنّي:

- «اذهب موسى وانزل في أرض مصر».

يكفي هذا القَدْر الآن يا أوليا.

كتبت حاشية:

أختم تدوينات هذه الليلة بأمر يشغلني منذ الأيام الأولى لي في نيو أورليانز. أحيانًا يكون لديَّ انطباع أنني عشت في هذه المدينة من قبل، أو في مكان قريب منها، لكن دائمًا في لويزيانا. متى بالضبط وأين، لا أستطيع الجزم. ربما في بدايات القرن الماضي؟ أو ربما قبل ذلك؟ ولم أكن أعيش وحدي. كنت أعيش معك. كنتِ زوجتي؟ أمي؟ أختي؟ ابنتي؟ يستحيل عليَّ الجزم. تمرُّ فقط من أمامي بعض المشاهد غير المترابطة، مثل بريق عابر، فور أن تطأ قدمي شارعًا تاريخيًّا، أو عندما أرى أمامي مجمعًا للبنايات، أو أحد القصور الريفية في الأفق، وحقول القطن. ربما أستطيع أن أتأكَّد من هذا عبر التنويم المغناطيسي أو بالعودة إلى الماضي، إذا ما كنت هنا حقًّا من قبل في حياة سابقًا، أو أن

أتخذ قرارًا، إنها محض فكرة مُلِحَّة من خيالاتي. ومع ذلك، لن أحاول الاسترجاع هنا بمفردي. ربما أفعل ذلك يومًا ما في قبرص، بمساعدة طبيب نفساني ذي خبرة. صديقي ماريوس يعرف شخصًا ما.

24

الأحد، 8:00، ساعتان قبل رحلة المسيسيبي.

كي أقتل بعض الوقت حتى التاسعة والنصف صباحًا حتى يمرَّ البروفيسور والسيد أيزاك لأذهب معهم، خرجت للتمشية، متجاهلًا تحذيرات موظف الاستقبال، دخلت إلى الجيتو المجاور، وهو ترس في سلسلة من الأحياء المهمَلَة.

- هذه هي أحياء النيجرز واللاتين، إنها خلايا سرطانية في جسد المدينة، قذرة وخطيرة، انتبه جيدًا!

جيتو السود. كل مَن هُم في الخارج في هذه الساعة يوم العطلة يرتدون أفضل ثيابهم وأحذيتهم الجلدية اللامعة قديمة الطراز. يذهبون إلى كنيسة حيِّهم الصغيرة. لا يذهبون إلى نفس الكنائس التي نذهب إليها، لكن إلى كنيسة أخرى تخصُّهم. إنها كنيسة أيضًا على أيَّة حال. ربٌّ هنا هو ربٌّ هناك كما يقولون. المسيح كذلك. «كلاهما يعاني من عمى الألوان، الأب والابن»، أقول أنا. هذا هو المهم، وليس المكان الذي نركع فيه وكأننا نؤدي ما علينا.

بينما كنت أسير شعرت بالجوع. لم أتناول شيئًا هذا الصباح، وبالأمس قضيت اليوم كله بشطيرة هامبورجر من مقصف الجريدة في الظهيرة، وفي ماكدونالد في المساء. في مكان قريب من

هنا كنت قد رأيت مقهى. رحت أبحث عنه وأنا أتسكَّع، مقهى «كريول» قد اختفى. شابان: أحدهما ملمِّع أحذية، والثاني يبيع تذاكر اللوتارية يتبادلان الحديث في فناء الكنيسة الصغيرة. لا يبدو عليهما أنهما تحت تأثير أي مخدر. اقتربت منهما فسكتَا عن الحديث. ملمِّع الأحذية كان على وجهه تعبيرٌ يَشي بأنه يأمل أن أكون استفتاحَه اليوم. ابتسم لي، ثم قال شيئًا من بين أسنانه المتهالكة بالنسبة لعمره. فتح صديقه مقعدًا صغيرًا وعرضه عليَّ. قلت:

- شكرًا، لا تلميع الأحذية، أيها السادة. مجرد معلومة.

لا أدري إذا فهم «لا تلميع الأحذية» أم لا، لكن ملمِّع الأحذية فهمني، لأن وجهه بدا عليه التكدير، لوَّح الآخر بحزمة تذاكر اللوتارية على شكل مروحة يدٍ على بعد إنشين من عيني.

- لا، شكرًا. لا فائدة لها. سأغادر غدًا إلى كولورادو سبرينغز.

راحا ينظران إليَّ باستغراب من كل الجهات. ماذا يريد هذا النفر؟ لا يريد أن يلمِّع حذاءه، ولا أن يشتري شيئًا. قلتُ لهما مجدَّدًا بإنجليزية مهذَّبة:

- هل يمكنك إرشادي من فضلك؟ أنا أبحث عن الكافتيريا. لا يجب أن تكون بعيدةً من هنا.

تبادَلَا النظرات مندهشَيْن. «هل هذا النفر كائن فضائي؟». إمَّا أنهما لم يفهما ما قلته، أو أنهما يشعران بالملل ليجيباني، فكرَّرتُ:

أودُّ الذهاب إلى مقهى الكريول... أعلم أنه موجود، رأيته في ذلك اليوم.

استمرًّا في النظر إليَّ، لكن هذه المرة بلا مبالاة غلبَت التساؤل تمامًا. ملمِّع الأحذية انحنى على صندوقه وراح ينبش فيه. بائع اللوتارية أخيرًا أجاب بلغة إنجليزية غير مترابطة، بأقل عدد من الحروف الساكنة التي ينطقها، أو ربما التي لا ينطقها:

- So(rr)y, si(r), we don('t) spea(k) you(r) langua(ge).

.آسف، سيدي، نحن لا نتحدث لغتك

تحدَّث الآن مُلمِّع الأحذية. هذا يأكل عددًا أقل من الحروف الساكنة:

- We o(n)ly spea(k) Engli(sh). نحن فقط نتحدث الإنجليزية.

لم يفهما شيئًا من لغتي الإنجليزية السليمة التي علَّمني إيَّاها المغمور آنذاك في حقبة الخمسينيات والشهير بعد ذلك، لورانس داريل[23]. قلتُ لهم:

- شكرًا جزيلًا.

ثم سحبت خمس تذاكر لوتارية من فئة الدولار، أعطيته عشرين دولارًا، ولم أنتظر الباقي الذي قدَّمه لي؛ ابتعدتُ مرتابًا وآذاني منتبهة لما هو آتٍ خلفي؛ ربما أسمع خطوات أو «أتجمَّد»، فيخرج العداء القديم من داخلي.

على ناصية الطريق بالضبط، ها هو المقهى على حدود الجيتو مع حي كوبي. دخلت مقهى «كريول» مطأطئ الرأس، خَجِلًا من سوء

23- لورانس جورج داريل (1912- 1990): روائي وشاعر وكاتب لأدب الرحلات، بريطاني. وُلِد في الهند، واشتهر برباعيته عن الإسكندرية (جوستين، بلتازار- ماونت أوليف، كليا)، والتي وضعته في مصاف عُمَداء الأدب الإنجليزي.

مستوى لغتي الإنجليزية رغم أن داريل منحني - بسببه - جائزةً؛ نسخة مُختَصَرة من الموسوعة البريطانية!

كانت الكافيتريا مكتظَّة. في ساعة كهذه! الأغلبية من رواد المقهى، نساء عجائز بقُبَّعات يتدلَّى منها غطاء وجه شفَّاف وأحذية غليظة الكعب. وحيدات أغلبهنَّ، وأمامهم صينية بها عصير برتقال وكيك وبيض عيون ولحم بيكون ومربَّى. كلُّ الطاولات بجوار النافذة الزجاجية.

جلست بجوار أحد العجائز. أبيض، ينتمي هو الآخر معي للأقلية هنا. كانت معه حفيدته ذات السبع سنوات. بشَعر ذهبي وعينين زرقاوَيْن وأسنان قليلة مُدبَّبة وأنف سامية معقوفة، طفلة جميلة. ضحكت وطلبت من جدِّها بوتينجا. وضع لها الجدُّ الطعامَ في فمها، مممم، ثم راحوا يثرثرون. همهمة باردة لا تنقطع من العجائز اللاتي التَفَتن نحو الجدِّ وحفيدته منزعجاتٍ ورُحن ينظرن إليهما باستهجان. توقَّف الجرسونات عن السير ذهابًا وإيابًا ليتابعوا الجد وحفيدته بمودة.

وفجأة، ربما بسبب الحدث، أو بفعل الزمن إن شئتَ، تظهر الفتاة بقبقة وعطاء وجه شفَّاف ونظارة يدوية وملابس رمادية سوداء. غلَّظَت من صوتها الصغير وتجعَّد وجهها وجفَّ شَعرها؛ والعجوز التصق مثل ظلٍّ على الحائط وانطفأ.

نظرت بقرف إلى شريحة لحم الخنزير الذي وضعها أمامي الجرسون مع كوب الحليب، طعم سيئ للغاية. سعلت، ثم جحظت عيناي.

حينها سمعت...

موسيقى! إنها مقطوعتي المفضَّلة! مقطوعة إرنست جولد من فيلم «الخروج» لـــ«بريمنغر». كنت قد سمعتها بالصدفة في نيقوسيا قبل رحيلي، للمرة الثانية، في نيويورك، وقبل أيام لدى جولدينبيرج، عندما وضعها الصغير في المسجِّل. كل مرة أسمعها تتحول النغمات إلى آلاف الكادرات: مدخنة بارود، أسلحة مرفوعة، بنادق، تعبيرات عابرة لبول نيومان، لي كوب، بيتر لوفورد، إيفا ماري سانت، رالف ريتشاردسون، ألسنة اللهب ترقص وترتفع.

في البداية ظننت أنها تعزف من أوركسترا غير مرئية في ذاكرتي. بعد ذلك تأكَّدتُ أنها تصدر من مكبِّرات الصوت المخفية في وحدات الأضواء العريضة خلف الستائر. هدأت. وبدأ الحليب يتحول إلى قوامه السائل والطعم الذي أحبُّه.

تتعالى قوة الموسيقى شيئًا فشيئًا. القاعة بدأت تصبح ضبابيَّةً وتمتلئ بالدخان الأبيض. الآن تتصاعد الموسيقى. يصدر صرير من الأرضية، تنشرخ. شعلات تخرج من بين ألواح الخشب على الأرضية وتلفح الأقدام والمناشف والمشمع الرخيص المفروش على الطاولات والتَّنُّورات وسيقان روَّاد المقهى وتتصاعد لأعلى.

رحت ألوِّح بكلتا يديَّ لأحمي نفسي. تبرق في يدي شريحة خبز رفيعة وشعاع شمس. يستحيل التخلص منها، التصَقَت، مع كل حركة تزاداد الموسيقى قوة.

وها هي تستمر والمعجزة تكتمل! الشعلات تجعل العجوز فتاة وتعيد الجدَّ مرَّةً أخرى، وتجلب لي معرفة الذات. العجوز هو أنا،

أو حينئذ بول أومالي في السبعين من عمره! الفتاة هي أولي، حينئذ شارلوت، التي كانت حفيدتي في حياتنا في ذلك الحين، في نيو أورليانز، عندما كنت تاجرًا للأرز وكنت أعيش في قصر رأيته من قبل وتسارَعَت دقَّات قلبي. كل ما تمنَّيتُ أن أصل إليه بالتنويم المغناطيسي في قبرص، أن أقوم برحلة في الزمن الماضي، أن أرى مَن كنتُ، وأين، ومع مَن كنتُ أعيش، ظهر لي هنا في «مقهى كريول». أي شيء آخر مخبَّأ لي كي أرى وأعرف؟

الرؤية الحية تنتهي كما بدأت. الجد أومالي، بدأ في الحكي مجدَّدًا وهو يُطعم شارلوت الصغيرة البوتينجا.

بدأ الجارسونات في الحركة، وأنا تجرَّأت أخيرًا أن أضع شريحة اللحم في فمي. كان طعمها طيبًا. التهمت التوست، وإن كان نصفَ مقطوع. الوقت يمضي. صارت العاشرة إلا ربع. قمت. يجب أن أعود إلى بيت الشباب على الفور. تُرى، سأجد الطريق أم سأضيِّعه مرَّةً أخرى؟ ماذا لو كان الفتيان السود ينصبون لي كمينًا؟ ربما كان يجب أن ترك لهم ضِعفَ ما تركتُ كرسوم للعبور. تركت خمسة دولارات على الصينية وخرجت.

الشارع خاوٍ. من الخارج، ليس هناك خطر. من الداخل؟

25

المسيسيبي نهرٌ مياهه عَكِرة. فوقه يبتلُّ الهواء وتوحل الشمس وتسبح فيه صنادل عريضة محمَّلة في أحشائها الحديدية الممتلئة بآلاف مؤلفة من ثمار الأرض ويروي تماسيح عتيَّةً وسحالي زرقاء وخضراء وثعابين فضية بطول ثلاثة أمتار لا تميِّزها عن فروع الأشجار المقطوعة الطافية على سطح النهر.

لو غمستَ إصبعك في أعماقه ستُخرج طينًا عتيقًا من الأيام الأولى للإنسان على الأرض. هنا، وفقًا لأسطورة الكايون، فإن الرب وضع يده في أعماق النهر وأخذ الطمي وخلق به أول مخلوقاته.

مركبنا النهري يصفر فيصعق الآذان. جناحاه على الجانبين في المنتصف كانا محرِّكاتٍ في وقت سابق، هما الآن محض منظر كلاسيكي رائع عندما يغوصان في الماء فتتطاير المياه كالمطر. يهمُّ بكَ الهواء ويُسقِط قبَّعتكَ في النهر وكأنه على رهانٍ بأن ينزع شعر رأسك. تحتمي قدر إمكانك وتنظر إلى البروفيسور أيزاك والسياح الحمقى باستغراب وهم يلتقطون الصور. يصوِّرون كل شي: مؤخِّرة السفينة، وقوس المقدمة، والمعِدَّات، وصفارات الإنذار المنحوتة بالخشب، والسلاحف وثعابين الماء وسلاحف الإغوانا في المستنقعات، وقوارب الكايين التي تمرُّ بنا ممتطية الموج. الكوخ على يسارك، حيث قضى الأخوان القراصنة لافيت ليلة. إنهم يصوِّرون الكائنات الحية،

الثدييات والبرمائيات والطفيليات التي تعيش في النهر وحوله وفوقه. لا أحد منهم يصوِّر الماء نفسه. لو أشرت لهم كما حاولت أن أفعل مع مرافِقَيَّ اللذين يصوِّر كلٌّ منهما الآخر، سوف يضحكون، كما ضحك إسحاق باستخفاف «بمزحتي!» ولكن! تكفي صورة هذا الماء، بمثل هذه الموجة، بتجاعيدها، وعينيها، ودواليبها من إبر الصنوبر والأشنات والطحالب، والفم وجزيئات الأرض السائلة! ستأخذها إلى منزلك، وستضعها في ألبوم منفصل، بمفردها، وعندما تريد التواصل مع حاضرك ومستقبلك، ستنظر إليها، صورة المسيسيبي الإلهي.

«وروح الرب تطفو على سطح الماء».

اشعُرْ بالرطوبة في متناول يدك، اشعُرْ بها بينما تتحوَّل إلى تيار عالي الجهد، وتحترق، وتمهِّد الطريق للدماغ؛ وسترى على الفور النارَ السائلة تتساقط من قضيب كاجون سماوي، تسقط مثل المطر في حضن فتيات المستنقع العذارى، لكي تصبح أنتَ وهو وهي، لتصبح أنا، نصنع العالم الجديد في قبة جمجمتنا.

خُذ رشفة من هذا الماء المقدس، أذِب طميه على لسانك، ولا تتناول مرة أخرى بعد ذلك. هذا جسد ودم الله الذي بال فتشكَّل نهر المسيسيبي، وصار ينساب إلى الأبد، عطس الرب ففُتِحَت - مثل بيضة مكسورة - قشرة الجبل، وتشكَّل الوادي الكبير! انظر إلى وجهك في أعماق هذا النهر الجديد الذي لا يتغيَّر دائمًا. حتى تتألق عيناك وتتضاءل ويتدفَّق العَرَق من حاجبيك. في الداخل ستراني. إنه أنا، أنت، هذا، كل شيء. وحش الجوهر الوحيد مع تحوُّلاته الأبدية.

كل هذا يمرُّ بعقلك الآن، أريدك الآن يا سيدي أن تجلس وتكتبه، بما أنك تزعم أنك كاتب! اكتُب وأرسِل إلى حبيبتك الغائبة... بدلًا من صور

الكاميرات اليابانية التي ستنتهي فور انتهاء هذه الرحلة ولم تضعها في حقيبتك ولم تدوِّنها في دفترك الذي لم تحضره معك يا أحمق!

- عزيزي أرخونديذي، ماذا يعني «موتوتو يانجو»؟

سألني البروفيسور، قبل أن يصل المركب النهري «لويزيانا كوين» إلى مرفئه، بعد رحلة استمرَّت ستَّ ساعات. ردَدت على السؤال - مندهشًا - بسؤال آخر:

- هل حدثتكم أنا عن موتوتو يانجو؟
- نعم، عندما كنتَ نائمًا؛ كرَّرتَ أكثر من مرة. يبدو لي وكأنه اسم.
- لم أدرك أن النعاس غلبني... نعم هو... أغلقتُ عيني لبرهة لأريحهما بعد أن أحرقتها الشمس.

قال البروفيسور وهو يبتسم:

- لم تكن برهةً... لقد نِمتَ على الأقل نصف ساعة.

أضافت فانيسا أيزاك:

- لنتمنَّ ألَّا تصيبك نزلة برد.
- طالما أنه لم يُغمَ عليَّ فالأمور بخير.

تصنَّعتُ المزاح. لكن انتظرتُ مترقِّبًا سؤالهم. ماذا لو قالوا لي: «نعم، لقد أغمى عليك!»؟ ماذا لو حدث هنا نفس ما حدث في برج جورج واشنطن؟

قالوا لي:

- لا، للحظة ظنَنَّا هذا، حتى إننا فكَّرنا أن نطلب طبيب المركب، لكن

لحسن الحظ كنتَ قد بدأت في الكلام أثناء نومك فاطمأننَّا.

تنفَّستُ الصعداء. حتى ولو حدث، فلم ينتبه أحد. لكن ماذا حدث بالضبط؟ ولماذا حدث ما حدث؟ وماذا سيحدث لي؟ هذا المرة لحسن الحظ انتهى الأمر على خير... لكن ماذا لو تكرَّر هذا غدًا أو بعد غد أو الليلة؟ القلق يأكلني.. أتصنَّع الهدوء أمامهم، مثل الحبَّار أنضح الحبر وألوِّث الماء.

- أحيانًا عندما أصاب بالإرهاق أنام قليلًا... بسرعة، وعلى الفور. لكنني أعود لوعيي دائمًا بعد ذلك، حتى لو لم أتذكَّر الأحلام التي رأيتها.
- والآن، على الأغلب كنتَ ترى حلمًا.
- أفترض أنه على الأغلب كان شيئًا له علاقة بموتوتو يانجو... سألتني من قبل ماذا يعني؛ هي كلمات أفريقية محلية بلغة اليوروبا. وتعني «ابن»، «ولدي»، «ابن النهر»، أو شيئًا كهذا. كان اسمَ شهرة أو تدليل أحد زملائي اسمه أوكوكون. ويقول إنه ابن نهر النيجر... لا أدري لو كان مزحةً من لَدُنه أو من أمه، مَن يدري؟
- شيِّق للغاية!

قال البروفيسور. ثم استطرد:

- كما يجب أن يكون شيِّقًا الحلم الذي رأيتَه.

تبرق في عين السيدة أيزاك الرغبة في سماع حلمي. قلتُ لهم صورًا عابرة، أمورًا مختلطة وغير مترابطة.

ليس لها أهمية ولا أي داعٍ لتكرارها. غيَّرتُ الموضوع. لا يجب أن

أقول لغرباء أو أناس غير معروفين حلمًا كهذا. سيصفونني بالتأكيد بالغباء.

في سيارة أيزاك، البونتياك، في الطريق نحو منزلهم لتناول العشاء، رُحتُ أتذكَّر الحلم الذي جاء مع النعاس الطارئ أو الإغماء، أو أيٍّ ما كان الذي حدث لي في الرحلة النهرية، بكل تفاصيله.

الليلة، لو ظلَّ في ذاكرتي، سأكتبه.

على أية حال، لا يمكن أن يكون إغماءً... فلم أسمع أبدًا أن فاقدي الوعي يحلمون، ولا سيَّما يتذكرون أحلامهم بعد ذلك.

26

لين فرانكلين طالبة صحفية وطالبة دراسات عليا في لويولا، وهي إحدى طالبات البروفيسور لي أيزاك.

كبيرة الحجم، حَسَنة الطلعة، عريضة العظام، وتشبه هيئتها الـ «فراو كراوش»، شقراء، بعينين زرقاوين وبشرة ناعمة وسيقان رائعة.

تبدِّل الموسيقى في المذياع باستمرار، وتتحدث معي عن كُتَّاب يونانيين تعرَّفَت عليهم من مختارات مترجمة لبعض نصوصهم، حصل عليها أحد الأساتذة، وهو حفيد يونانيٍّ مهاجر من الجيل الثاني؛ تتذكَّر منهم: كازانتزاكيس وسيكليانوس ورويذيس وسيفيريس وحتى كالفوس؛ علَّقَت على رويذيس بشكل أكبر. قالت إن المقتطفات التي وقعت تحت يديها أبهرتها بشكل كبير، وأنها ستودُّ أن تقرأ أعماله كاملةً، ليس له فقط، ولكن الأعمال الكاملة للكتَّاب الآخرين. رجتني أن ألقي عليها بعض الأبيات باليونانية، لأنها أرادت أن تستمتع «بالسحر الصوتي» للأصل. لحسن الحظ كنت أحفظ عن ظهر قلب بعض الأبيات من قصيدة «بائع متجوِّل في صيدا»، لسيفيريس:

جاء البائع المتجول من صيدا

دون أن يخشى بوسيدون.

خصلات شعره حالكة السواد، ويرتدي خيتون

أرجواني

مثبَّت عند الكتف بمشبك ذهبي،

يفوح من جسده أريج العطور والزَّعتر.

دخل قبرص من بوابة البحر عند

فاماغوستا.

- لقد كان لي ما أردتُ واستمتعت بالموسيقى التي تنظمها الكلمات المجهولة ووقعها السمعي. هل سأزعجك إذا رجوتك أن تترجم لي المحتوى؟

اتَّفَق معها كلٌّ من أيزاك وفانيسا.

تجنَّبت الأمر، ولكي أكون دقيقًا: رفضت المحاولة، وقلت:

- إن هناك الكثير من الكلمات مثل «الزعتر» والبائع المتجول والمشبك وخصلات الشَّعر لا أعرفها بالإنجليزية. ومن ناحية أخرى، فأي ترجمة غير دقيقة ومتعجِّلة، ستقضي على السحر كله.

اضطرَّت هي والاثنان الآخران أن يتَّفقوا.

عرَّفني أيزاك وزوجته على لينين فرانكلين عندما عدنا من الرحلة النهرية. وصفها البروفيسور بالطالبة النموذجية، وأنها تستحق المنحة الدراسية التي تُجدِّدها لها جامعة لويولا كل عام، مضت منها أربعة الآن!

امتدحتها فانيسا أيزاك بأنها بيبي سيتر مسؤولة:

- الأولاد يحبونها، كما أنها طباخة ماهرة! ستتأكد من هذا بنفسك. فلين هي المسؤولة عن المطبخ اليوم.

زمَّت شفتيها الشابَّة، بعد أن سمعت الجملة الأخيرة، بتعبيرٍ يعني «لقد وقعنا في الفخ!» ثم وجَّهَت إليَّ الحديث لأول مرة، بعدَ أول «هالوو» بيننا، مُوجِّهة سؤالًا نحو ربة المنزل:

- لو أن أولادكم أكَّدوا لكم أنهم يقضون معي وقتًا جميلًا هل ستسامحونني لو حرقتُ اللحم؟
- أنتِ، مستحيل!

ضحكت فانيسا أيزاك بما يكفي من القلق، ثم خرجت من الصالون.

من الواضح أنها هروَلَت نحو المطبخ كي تتحقَّق من الأمر.

كانت لين قَلِقةً أيضًا، فاستعدَّت للذهاب وراءها، لكن البروفيسور أومأ لها بأن تجلس معنا.

- لا تصابي بالذعر. لو احترق سأذهب لأحضر وجبات جاهزة.
- سأذهب، أنا المسؤولة، وسأدفع ثمنها.
- اللحم على ما يُرام... لقد جفَّ قليلًا، إلا أنه لذيذ جدًّا.

أعلنت ربة البيت من المطبخ. تنفست الشابة الصعداء.

احتضنها البروفيسور، ثم قال:

- لم يكن لديَّ أدنى شك، ولا حتى فانيسا.

استشعرتُ منذ قليل - عندما صافحت يدَ لين فرانكلين الدافئة الكبيرة

- أن هذه الشابة السمينة ستكون أدفأ ذكرى لي من لويزيانا. اتَّضح هذا الانطباع بعد ذلك عندما غُصتُ في الحديث معها أثناء العشاء حول ما يثار حول ترشيح سيفيريس لجائزة نوبل للآداب، التهيتُ تمامًا، لدرجة أنني نسيت أن أوزِّع انتباهي بالتساوي كما كان ينبغي بين الضيوف والمضيفين، ونسيت تمامًا - بما لا يليق - أنني كنت آكل للتو طعامَهم. البروفيسور أيزاك وفانيسا، اللذان قد انتبها أنني والبيبي سيتر خاصتهم قد التهينا بعض الشيء في حوارات فلسفية، ولم يبدُ أن الأمر يسبِّب لهما أي ضيق، في البداية على الأقل؛ ممَّا جعلني أكثر جرأة وأقلَّ أدبًا، حتى وصلنا لنهاية العشاء، وإلى مرحلة احتساء القهوة، قمت من مكاني بجوار السيدة المضيفة وانتقلت إلى الأريكة، حيث ذهبت لين إلى هناك لتردَّ على الهاتف. حينها فقط ظهر أن السيدة أيزاك تضايَقَت قليلًا، وسألت الطالبة إذا ما كان الأولاد على ما يُرام. ثم اتَّجهَت نحوي وسألتني:

- هل كنتَ تتخيَّل أن لين أُمٌّ، ولثلاثة أطفال! نعم ثلاثة تواءم! أصابت الهدف بألم واحد!
- واحد، لكن كبير!

ضحكت الشابَّة.

كل ما قيل لم يستطع أن يضايقني. أجابت أن السعال الديكي لدى مولي ومايرا لا يزال موجودًا، إلا أن الحرارة قد انخفضت. هذا ما قالته لها للتَّوِّ البيبي سيتر خاصتها، أمها! أمَّا سامي، ابنها الثالث فهو على ما يرام؛ إذ إن العدوى لم تُصِبه. التفتت لي بعد ذلك فانيسا، ولكي تزيد الأمر قالت لي إنها تشعر بالاكتمال مع الثلاثي التوأم، «بالرغم من أنها أمٌّ غير متزوجة ومُفلِسة». حتى وإن ظهر الشخص المناسب؛

هي على استعداد أن تربِّي «الطفل الرابع!».

كان د. أيزاك يستمع إليها، فابتسم خلسةً؛ ممَّا جعل السيدة أيزاك تصمت في عصبيَّة، وراحت تقدِّم دفعة أخرى من موس الشوكولاتة لي فقط.

***

انتقلنا بعد العشاء وجلسنا في الصالون، حيث راحت تمتِّعنا السيدة أيزاك بعزف رائع على البيانو لمقطوعة لبرنشتاين، وقبل أنت ينتهي الحفل الموسيقي الصغير، وقبل أن يهدأ التصفيق، التفتت لين نحوي ورَجَتني أن أغنِّي شيئًا باليونانية بصُحبة البيانو، أو بلا موسيقى؛ أكابيلا، إن كنت لا أعزف البيانو.

قلتُ إنني لا أعرف سوى السُّلَّم الموسيقي كي أعزف على البيانو، «أمَّا صوتي... فلا، مستحيل، فهذا معروفٌ لن أسديه إليكم أبدًا».

- على الأقل حدِّثني عن أغانيكم، عن الأغنية اليونانية.

أحدِّثها أنا عن الأغاني؟! وماذا أعرف أنا عن الأغنية اليونانية سوى بعض المقاطع القليلة المنقوصة وبعض الألحان؟ نظرتُ إليها بغباءٍ، وهزَزتُ رأسي بالنفي. لكنها أصرَّت، رجتني مجدَّدًا، دعَّم الزوجان أيزاك.

شعرت، بل صرتُ محاصَرًا... بلا رغبة حقيقية قرَّرتُ أن أرتجل إجابة «وليُعِنِّي الرَّبُّ»، دعوت في سرى:

«لم أنشغل بهذا الأمر قطُّ في حياتي. فأي شيء سوف أقوله أرجو أن يُعدَّ حقيقة نافذة. كل ما أتذكَّر من قراءات وبعض الأفكار غير المجرَّبة».

كان البروفيسور يستمع بجدية دون أن يتدخل.

أول ما بدر إلى ذهني هو مواضيع أغانينا، الكلمات. الكثير من أفضل أغانينا، الراقية والشعبية والشائعة تتحدَّث عن الموت والعشق. كما أتخيل في الكثير من الأغاني لكل الشعوب. فالمعنيان مترابطان بشكل دائم. في حالتنا، في اليونان، وبالأخص في وطني، في قبرص، هما زوجان عتيقان منذ قديم الأزل، حيث إن جذورهما توجد في أساطير مثل: أورفيوس وإيفريذيكي وأدونيس وأفروديت وأروريافنوسا وريجا. ليست بعيدة عنها، إنها عشق الجمال، كما هي معنى مجرَّد بقدر ما هي هبة من الطبيعة للبشر والحيوانات والنباتات وأشكال الحياة الأخرى. لم أقصد أن أقول»الأخرى«، بل كل أشكال الحياة! في الواقع أعتقد أن المسيحية قد نجحت وانتشرت في اليونان لأنها تجمع بين هذه الثلاثة أشياء: الموت والقيامة من الموت والجمال، واتَّخذَت نموذجًا لها أكثر اكتمالًا من منحوتات براكيتيليا، المسيح. بشكل شخصي أرى أن أسلافنا أحبُّوا الرب الإنسان لجمال روحه بالتأكيد التي أودَت به بالأخير إلى الصلب، لكن بشكل أكبر لجمال جسده وسَمتِه، والذي يوصف في أنشودتنا: «الجميل يدعو على الرغم من أن الكلَّ فانٍ»... على أي حال، هذه هي أجواء شِعرنا بشكل عامن والذي يصبُّ في موسيقانا الشعبية والبيزنطينة والمعاصرة.

الثالوث المقدس لعقيدة للأغنية.

استمع البروفيسور وصمت. علَّه لا يتكلم، يا إلهي، دعوت في سري. لو كان على معرفة بالموضوع وقرَّر أن يعلق على ما قلته بشكل عشوائي سيسحقني. لحسن الحظ صمت. نفس الشيء فعلته فانيسا. كانت لين فقط هي مَن تحدَّثَت:

- إن ما تقوله شائق للغاية. أودُّ أن نتحدث في الأمر بشكل أكثر دقَّة. بالمصادفة أعِدُّ الآن نصًّا، بحث في مادة «الكتابة الإبداعية والصحافة» التي يدرسها لنا «لي».

صحَّحَت مباشرة نفسها، وقالت:

- «د. لي»... أبحث وأتعامل بشكل أساسي مع الأصول المشتركة للأغنية والمعتقدات الدينية والأساطير. هل يمكنك أن تأتي ذات ليلة إلى شقَّتي لأقرأ لك بضع صفحات؟ يهمُّني رأيك... أعِدُكَ ألَّا أحرق اللحم، وأشد الستارة على الثلاثة توائم.

ارتبك المضيِّفون، وبدا عليهم الضيق؛ ربَّما من المغازلة الخفية التي يرون تناميها، انسحبا لقليل من الوقت ليتركانا وحدنا في الصالون لنتحدث، بعُذر أن عليهما أن يتأكَّدَا لو نام الأولاد.

كرَّرَت لين دعوتها:

- حسنًا؟ هل تستطيع؟ مساء غدٍ ربَّما... سأمرُّ عليك بسيارتي الصغيرة، أوكي؟
- كنتُ أودُّ هذا كثيرًا. لكن مع الأسف، الليلة هي ليلتي الأخيرة هنا. غدًا سأغادر إلى كولورادو.
- دائمًا تعيسة الحظ!
- أنتِ؟ لا أظن هذا.
- أعرف ما أقوله لك... لكي أجعلك تفهم، حتى رفيقي السابق، المسؤول الثاني عن الثلاثي، الذي هجرني من أجل صديقتي، وقع في غرامي للمرة الثانية، وراح يتوسَّل لي كي أسامحه عندما لفظته تمامًا من داخلي، لكن كان الأطفال ومحفظتي في حاجة إليه.

لا تتوقف لين فرانكلين أبدًا أن تكون نفسها. لا تشعر بالحاجة لأن توجِّه لك الشكر أو تراوغ أو تغطي أو تجمِّل أي شيء يجول في عقلها. تقول أفكارها مباشرةً، دون أن تبذل أي جهد في أن تُراجِعَها أو تُفَلتِرَها أو تُموِّهها أو تُجمِّلها. تلقائية ومندفعة في كل انفعالاتها وأقوالها وكل ما يصدر أو يبدو عليها بلُغَة الجسد، على سبيل المثال، وفي الطريقة التي تتحرَّك بها وتجلس وتنظر إليك مباشرة دون أن تخفض عينيها، وحين تومئ أو تعبِّر بوجهها. عندما تشعر بالحاجة لِلَمسِكَ ستجلس بجوارك وستضع يدها بين يديك. أقول هذا لأنها فعَلَت هذا مرارًا تحت أعين الـــ «أيزاك». لو قرَّرَت أن تمارس معك الحب، أراهن أنها لن تتردَّد أن تتعرَّى أمامك في أول فرصة تسنح لها. لو كانت لديها الرغبة أن تتحدث عن أمرٍ شيِّق يهمُّها ستعصرك عصرًا حتى تقنعك بالأمر، حتى لو كنت الخبيرَ في الأمر وهو اختصاصك. لقد عشت هذا الأمر حتى الثمالة في هاتين الساعتين التي قضيناها معًا في غرفة جلوس البروفيسور. حَدسُها المتغذِّي على فوائض تعليم قوي يعمل بشكل مدهش. لحظة صمت، لحظة بريق في عينيها المتوهِّجتين، وفجأة! الإلهام، الفكرة! طازجة وعذراء مثل دلفين في الهواء... الكلمات التي تصف بشكل رائع حالة أو شخصًا ما تخرج من فمها بسلاسة في الوقت الذي تتصبَّب أنت عرقًا حتى تجمعها. لقد وجدت نفسها وبسطتها، وتمَّت إضافة كل الأشياء التافهة الأخرى للزينة.

- إن نيو أورليانز اليوم تُذكِّرني بالوطن... وهذا هو اليوم الأول الذي أحبها بالفعل.

قلت أنا. وقالت لي:

- من الغد سأحبُّها أقلَّ.
- كنت سأكون محظوظًا لو تعرَّفتُ عليكِ في الأيام الأولى لي هنا، أو على الأقل بالأمس.

قلت لها. وقالت لي:

- هذا ليس سيئًا تمامًا، أن تتعرف على شخص وترى أن احتياجاتكما الأساسية والجوهرية تكمل بعضها بينكما، وحتى وإن كنتما في نفس المكان ولا يعمل رادارك لسببٍ ما فلا ينتبه إليه، أو يحدث هذا متأخِّرًا. أليس هذا غبيًّا؟ أن تكون مجسَّاتنا ليست بنفس حساسية المجسَّات الصناعية.

***

في سيارة البروفيسور، الذي أصرَّ أن يُقلَّني إلى بيت الشباب، جلست لين في المقعد الأمامي بجوار السائق، وكانت ترشده دائمًا في أي طريق يسير، وأي شارع عليه تجنُّبه.

قال البروفيسور متذمِّرًا:

- أنتِ يا بنيَّتي تختارين شوارع تُبعِدنا عن المكان الذي نذهب إليه.

أجابته بأُلفَةٍ أدهشتني:

- ربما يا لي، لكن أقصر الطرق ليس بالضرورة أفضلها.

كان رأسها مُلتَفِتًا للخلف وتبتسم لي في الظلام طيلة الطريق. سندت يدي على المقعد الأمامي فمدَّت يدها وأمسكت بها.

أمام إحدى المكتبات المضيئة في ميدان الكاتدرائية، راحت تقفز في

مقعدها، وقالت:

- هل تريد أن ننزل ونبحث عن الكتب التي كنت تتحدث عنها؟ سيفيريس؟

فرصة رائعة شفَّافة، أمسكت بها.

- نعم بالتأكيد! فقد صدر عديد من الترجمات مؤخرًا.

قاطعنا البروفيسور معترضًا. داس على دواسة البنزين وأسرع السيارة مغيرًا الاتجاه.

- إنهم على وشك الإغلاق.

قال أيزاك بعد أن تركنا المكتبة خلفنا مفتوحة ومضيئة. بدا على صوته شيء من العصبية. إنه دوري لأصرَّ. حاولت مرة أخرى، الدعوة لا يجب أن تذهب سُدًى. قلت لها معاندًا البروفيسور:

- هل لديكِ وقت صباح الغد؟ إن موعد سفري متأخِّر في المساء. بالتأكيد سيكون لدينا وقت لنتسكَّع في الحال.
- نعم، لديَّ وقت، أستطيع.

قالت وهي تضغط على يدي بقوة.

- هل نسيت موعدنا في المكتبة؟ أخشى أنه لا يمكن أن نؤجِّل المشروع الذي اتفقنا عليه.

تدخَّل البروفيسور. شعرت في صوته بنبرة شبه عدوانية، بالإضافة للعصبية السابقة.

نعم، أنت مُحِقٌّ.

حدَّثَته بألفة وبصيغة المفرد مرة أخرى. التفَتَت للخلف وقالت لي:

- مع الأسف يا بيت.

كنا قد وصلنا بالفعل أمام فندق «ذهب مع الريح» الذي يسكن فيه إيمانويل أوماسيولا وأوكوكون، اللذين وصلا صباح اليوم للمدينة. قلت سأنزل هنا لأراهما. بينما كنَّا نتصافح لاحظت أن أصابعها باردة جدًّا، وعينيها تتفحَّصانني بوحشية أرعبتني.

- وداعًا يا لين فرانكلين. لقد كانت حقًّا فرصة سعيدة.

يا له من كلام معتاد! شكرت وودَّعتُ البروفيسور، وإن كان قد خرَّب عليَّ الأمر بقسوة للمرة الثانية عشرة، إلا أنه أهداني في الصباح جولةً لا تُنسَى في طريق الحرير؛ ولهذا فقط أنا ممتنٌّ له. آخر كلمة قالها لي:

- رحِّب بموتوتو يانجو نيابةً عني في نيو أورليانز.

نزلت بلا رغبة حقيقية من السيارة، التي أسرعت على الفور. وقفت للحظات بلا حراك، مُخدَّرًا، وكان ذهني فارغا تمامًا. قرَّرتُ ألَّا أدخل إلى الفندق الأنيق الحديث، ذي الاسم الجميل، الذي يُذكِّرني بقوة بحالتي... لقد ذهبت، انتهى الأمر، لقد ذهبت لين فرانكلين مع الريح مثلما أخذ آني جولدين بيرج قبل عشرين يومًا.

تمشَّيتْ نحو بيت الشباب الذي على مبعدة ثلاثة أو أربعة مربَّعات سكنية. أخذت المفتاح وصعدت إلى غرفتي؛ أغلقت الباب وانتظرت؛ رُحتُ أسير ذهابًا وإيابًا، سقطت على الفراش، نهضت، نظرت إلى الساعة: «الآن، بين لحظة وأخرى سيتصلون بي»، تحسَّستُ معدتي

الممتلئة، التي صارت كالحجر مثل حلم لينين، «سوف يخبرونني الآن أن لديَّ مكالمة تليفونية وعليَّ أن أذهب إلى اللوبي».

بعد نصف ساعة، متمدِّدًا بملابسي على الفراش. لم أعُد أنتظر... لن يدقَّ أيُّ جرس. الآن سيوصل لي الطالبةَ الجميلة إلى بيتها وتوائمها. يمكن أن تحتسي شرابًا... على الأغلب... سيرتِّبون معًا الأعذار التي سيقولها لفانيسا عن التأخير للعودة إلى المنزل.

«لقد أوصلت لين بعد أن قمنا بجولة مع القبرصي. أردته أن يرى المدينة في أضواء الليل». الساعات تمر والهدوء يتكاثف. عُدتُ إلى الطاولة العرجاء حيث تنتظرني ستَّة أكواب ورقية... نصفها ممتلئ والنصف الآخر فارغ.

أخرجت دفتر اليوميات من حقيبتي. لأضع يأسي على الورق وأدوِّن ما أحجبه عن أحلامي في لوزيانا كوين.

***

مُسودٌّ ومُسِنٌّ، الأمير كايون، أجلس على لوح خشبي أو قارب، لا أستطيع أن أجزم... أقطع خليج التمساح.

كل مَن ينظر إليَّ من على ضفاف النهر أو من القوارب الأخر يطأطئ رأسه، يسمُّونني دلتا، ابن المسيسيبي.

بين الحين والآخر أنحني على النهر، وأرى وجهي بين تجاعيد الماء. تارة أرى شَعري طويلًا، وتارة أرى رأسي حليقًا، تارة أرى شَعري أشقر، وتارة أسود فاحمًا، وتارة أخرى كستنائيًّا، وتارة رماديًّا، وأبيض كالقطن.

أراني تارة بعضلات هرقل، وتارة بجلد رهيف ناعم بلا شَعر مثل عذراء، وتارة أرى أثداء مستديرة ممتلئة بالحليب، وتارة بقضيب كبير متضخِّم.

رجل وامرأة، خالِدٌ وفانٍ، بِناء وبَنَّاء. أستطيع أن أمارس الحب معك، أستطيع أن أمارس الحبَ مع حالي.

ينزلق القضيب ويغرق، قضيب استهلالي في مكمني المقدَّس. أنا مكتفٍ ذاتيًّا وأنا غير مكتمل. أتضاعف منشطرًا. موتوتو يانجو، إنسان الأميبا.

تركت القلم. تعبت.

أحمل، أنا؛ كايون المنفي، في حقائبي كمًّا هائلًا من الأشياء التافهة؛ هدايا، وهدايا للرد على هدايا، وليس لديَّ قنينة واحدة من ماء النهر الحسي الخصب.

كولورادو سبرينجز

27

اليوم السبت الموافق 23 مارس، من كولورادو سبرينجز، أو كولو، كما يسمِّيها الجنوبيُّون، أطير إلى لاس فيجاس. أتمنى ألَّا ترهقني هذه الرحلة مثل السابقة، من دنفر إلى هنا، وكانت رحلةً لننسَ أمرها أفضل... أول شقٍّ في تلك الرحلة كان بطائرة بوينج بانام، نيو أورليانز- دنفر، وعلى الرغم من أن الطائرة مرَّت بعواصف، إلَّا أن الرحلة كانت محتَمَلة. لكن من دنفر إلى كولو، وإن كانت المسافة على الأرض لا تتعدَّى الستِّين ميلًا، إلا أنه بعد أن ركبنا الطائرة عندما بدأ المحرك في العمل، راح يهتزُّ، وصارت الطائرة تتأرجح في الجو، كانت الطائرة صغيرة جدًّا، بسعة 20 مقعدًا، لا يشغلها سوى خمسة ركاب، كادت روحي أن تنسلَّ من جسدي من فرط الرعب... بدأ الاهتزاز والرجرجة من أول الرحلة حتى هبطت الطائرة في كولو، كنا في غاية الرعب؛ أغلقنا نحن الخمسة ركاب أغطية النوافذ حتى لا نرى بريق الصواعق من الخارج، التي كانت تسقط كالمطر على قمم الجبال التي كنَّا نطير من خلالها، ولا تدري مِمَّ نخاف؟ من الحريق أم من السقوط!

باختصارٍ يا أوليا، كِدتِ أن تخسريني فوق جبال روكي.

على أيه حال، وصلنا في وقت ما. في المطار كان في انتظار وصولي كاتبان من جريدة الـ «دايلي كولو جازيت».

كانا شخصين دافئين وودودَيْن، ذهبا بي - وأنا شاحب وفي حالة دوار - إلى فندق أدلر بالاس، أقدم وأفخم فنادق المدينة. طلبا الشاي والبسكويت، لم أستطع أن ألمس أيًّا منها، كرَّرا أكثر من مرَّة أنهما سيكونان متاحَيْن في أي وقت لي طيلة الخمسة أيام التي سأقضيها هنا. قالا أيضًا إن غرفتي في أدلر، التي حجزوها لي من سيراكوزا، قد بدَّلاها بجناحٍ، وكل المصاريف الإضافية تحمَّلَتها الجريدة. قالا إنني ضيف شرفٍ للجازيت.

- الجميع في الجريدة يريدون أن تكون زيارتك للمدينة لا تُنسَى. نريد أيضًا أن نستغل فرصة وجودك هنا لنتعرَّف على زميل من مكان بعيد جدًّا، من جزيرة نعرفها فقط من الميديا، وقبل وقتٍ قريب انبهرنا بنضالكم البطولي من أجل الاستقلال.

شكرتهما متأثِّرًا، وعلى الرغم من الإرهاق استطعت أن أجيب على سيل أسئلتهما: عن شخصية الرئيس ماكاريوس «المثيرة للجدل»، كما قالا، وعن أهداف الحكومة لو كانت تهدف إلى أن تنضمَّ للناتو، وما هي قوة اليسار في الجزيرة؟ ولو تمَّ حلُّ الخلافات بين اليونانيين القبارصة والأتراك القبارصة بعد الاستقلال، إلى آخره... أجبت قدر ما استطعت عن الأسئلة بدبلوماسية؛ بالرغم من محاولتي لم أنجح في إخفاء النعاس والتعب الذي ألمَّ بي. تثاءَبتُ خلسةً مرَّتين أو ثلاث، وكنتْ بالكاد أُبقي على عينيَّ مفتوحتين.

انتبه الزميلان الكريمان إلى ذلك، وقالا إن الوقت قد حان ليتركاني أستريح، وراحا يستعدَّان ليتمنَّيَا لي ليلة سعيدة عندما دخل إلى اللوبي

شخصٌ أنيق طويل جدًّا، وبشوارب. همَسَا في نفس الوقت:

- ميشيل!

بنبرة إعجاب في صوتهما. ذهب المدعو إلى الريسبشن وسأل عن شيء، فأشار الموظف بهدوء نحونا. أومأ بالإيجاب، وقال: «نعم، أراهم»، واتَّجَه بخطوات واسعة نحو طاولتنا. عرَّف نفسه ثم صافحني وضمَّ كفِّي بكفَّيْه الكبيرتين:

- ميشيل جالا.

قال. ثم أضاف باليونانية، وهو ما أدهشني:

- سمعت عن قدومك من المذياع، وتحرَّيتُ وعلمتُ أنك حجزت غرفة، أين؟ ليس في مكان آخر بالطبع غير فندق أدلر، وقد جئت إلى هنا من أجل خطفك.

سأل كلاهما بحماقة واضحة:

- يوناني؟
- كالاماراس! ألا تسمون القبرصي كالاماراس في قبرص؟
- قديمًا نعم، لكن الآن لم يَعُد.

في لحظةٍ رسم سيرته الذاتية، التي أكملها بشكل مقتضب الصحافيَّان اللذان بقيا واقفَيْن يتابعان الحوار باهتمام شديد:

- «ميخائيل جالكسيذيوتيس»، هذا هو اسمي المعمودي. جئت إلى هنا من جالكسيذي، أجمل بلدة في اليونان إلى أجمل ولاية في الولايات المتحدة!

- وسيطر عليها.

قال أحد مرافِقَيَّ.

وأكمل الآخر:

- إن السيد جالا شخصية معروفة، وهو من أهم المواطنين في الولاية. شهير جدًّا في كولو.

- شكرًا لكم يا سادة...

قال السيد جالا، ثم أكمل حديثه:

- لكن الآن، بعد أن تعرَّفنا، اسمحوا لي أن أخطف صديقكما.

ثم التفت لي:

- سوف تكون ضيفًا في منزلنا أنا وزمارو.

- لكننا حجزنا له جناحًا يا سيد جالا.

قال أحد الصحفيَّيْن مقاومًا العرض.

- هو ضيف للجازيت.

أضاف الآخر. التفتت للصَّحفيَّيْن وقلتُ هامسًا، ولا أخفي، بل وأعترف، برعبي من شواربه الكبيرة:

- لا أريد أن أثقل عليك ولا على الجريدة، ليس هناك سبب لكل هذا... كما قلت لك، إنني حاصل على منحة من هيئة المنح في الدولة. هذا في أي مكان آخر إلَّا هنا. هنا أنت ضيفنا.

قال الصحافيَّان.

- أرخونديذيس ليس ضيفًا لأي أحد.

تدخَّل جالي مجدَّدًا. وقال بنبرة لا تحتمل الاعتراض:

- إنه أجنبيٌّ يخصُّني. ابن وطني، ولي الأولوية.

ثم التفت لي ووجهه يعتريه تعبيره صارم:

- أنت تقول يا عزيزي بترو، سأناديك بترو من الآن، إنك لا تريد أن تثقل عليَّ بالضيافة، وهو الأمر الذي سيمنحني أنا وزوجتي سعادةً كبيرة، لكن أشعر كأنك تحاول أن تهيننا برفضك. لأن هذا ما سوف يحدث إذا لم تقبل عرضي.

بُهِتُّ وأنا أنظر إليه متجمِّدًا في مكاني، دون أن أدري كيف أتعامل مع هذا الوضع الطارئ الذي وضعني فيه السيد جالاكسيذيوتيس. دون أن ينتظر ردَّ فِعلي التفت نحو الشباب وقال:

- حسنًا يا سادة، كما قلت. القبرصي سيأتي معي.

رفع بسهولةٍ شديدة حقائبي الثقيلة، وحشر حقيبة يدي تحت إبطه، وأشار لي أن أتبعه.

- هيا.

قال كأنه قائد عسكري يعطي أمرًا لجندي.

أطعت صاغيًا. لم أعرف فيم أفكر أو ماذا أقول، ولا كانت لديَّ أي مقدرة أن أنطق بكلمة. خرجنا من فندق أدلر بينما كان الصحافيَّان يشرحان لموظف الاستقبال المندهش ممَّا حدث. في السيارة، صار «خاطفي» يتحدث لي بيونانية دارجة وأُلفَة كبيرة كصديق قديم،

وقدَّم لي أول تقرير.

«هاجرت إلى أمريكا في 1918، في البداية كنتُ في نيويورك مثل أكثر أبناء وطني. استقرَّ بي الحال في كولو، في 1920، عندما كنت في العشرين من عمري. عملت في مصانع وحدائق كبستاني؛ وفي عام 1925 فتحت متجري الخاص للحلويات والآيس كريم. في عام 1926 قمت برحلتي الوحيدة إلى اليونان، فرشَّحوا لي زمارجذا كعروس، تزوَّجتُها وعُدتُ بها. أنجبنا طفلين؛ ولدًا اسمه أندرو، يعمل طبيبًا في دنفر؛ والابنة ميلاني، التي درست بناء السفن، تعمل في كاليفورنيا. تصنع المراكب الشراعية للمليونيرات».

بعد أن انتهى من سيرته الذاتية، راح يقذفني مثل الصحافيين بسيل من الأسئلة؛ لم يكن لديَّ اختيار، أجبته؛ سؤالًا بعد سؤال. عرف هو أيضًا الكثير من الأمور عني. حكيت له عن الوضع في قبرص في السنوات الأخيرة منذ الاستقلال وحتى الآن. عن عملي وعن عشقي للكتابة. اهتمَّ كثيرًا ليعرف إذا كنَّا نصنع الآيس كريم في قبرص. قلت له عن متجر «هيراكلي» في شارع ليذراس في نيقوسيا، وعن سكانافي في كيرينيا، هذا ما كنت أذكره. وسألني أي نوع من الأيس كريم أفضِّل؟ وقال:

- سأعطيك بعض الوصفات لتعطيها لهم، لتتذوَّقوا وتستمتعوا بآيس كريم ميشلاين!

منزل الزوجين كان في شارع خاص بهما. «Alley Michel Gala»، منزل كبير! يتكوَّن من طابقين، تحيط به غابة خاصة من أشجار الصنوبر. في عمق الفناء صففنا السيارة بجوار حوض سباحة دافئ كبير.

وبجواره مكان للشواء، تعلوه لافتة مضيئة: «مطعم مزَّات اليونان»، قائمة الطعام: سوفلاكي، جبن مشوي، سلاطة الزادزيكي، سمك بصوص الثوم، إلى آخره، ثم الأسعار بالدراخمة!

المنزل الكبير يحتوي على خمس غرف للنوم وصالونين وغرفة للجلوس ومطبخ ضخم. مزيَّن بعشرات اللوحات: لافين وصور من الميتيورا وجزيرة ميكونوس وميناء جالاكسيديس، وأشياء مثل هذه في كل مكان، أيضًا، نماذج مُصغَّرة لسفن وأُصُص ورود وصبار وسجاد، أغلبه على طراز أراتشوفيتيكا، يتلاءم كثيرًا مع السجاد الفارسي. آه، وطيور مغردة أيضًا، طيور نادرة متعدِّدة الألوان، يعتني بها أصحاب المنزل بحب كبير؛ يضعونها في أقفاص كبيرة: «كي تطير قليلًا وتغرِّد».

الزوجة، زمارجذا جالا، هي أكثر يونانية عرفتها لطفًا وأدبًا وبشاشة وضيافة وقبحًا. قصيرة وسمينة بملامح غير متناسقة، إلا أنها تتحوَّل وتصبح غاية في الجمال عندما تتحدث إليك. صوتها العذب ونبرتها الموسيقية وطريقة كلامها تحاول إخفاء نغمة موسيقى وأغاني مَنشَئِها، دون جدوى.

جاء بي ميشيل إلى هذا الركن من الجنة. أعطاني أفضل مَضيَفة في البيت، لديهم ثلاثة، حمل البيك أب ودستة من الأسطوانات اليونانية الشعبية الخفيفة لـ «أتيك» وجوناريس وماروذاس، وحزمة من المجلات اليونانية، وتلًّا من البسكويت اليوناني.

- ستحتاج الكوكيز عندما ينتابك الحنين... هذا ما نفعله، وكما ترى، ازداد وزننا.

على العشاء، في الليلة الأولى طبخت زماراجذا ومساعدتها المكسيكية،

التي عرفتها بأنها صديقتها الحميمة رومينا، لحمَ الماعز المشوي في ورق الألومونيوم، والبطاطس، والذرة بالزبد، وللتحلية فطيرة التفاح مع آيس كريم ميشلين. نكهات إلهية من أجل أوديسيوس الرَّحَّال!

في المرات التي كنت أجلس معهم على العشاء لأنه في مرات أخرى كنتُ مضطرًّا لقبول دعوات زملائي في الجازيت، كانت زمارو لكي تبهجني تضع كل معرفتها بالمطبخ اليوناني، وتعدُّ مع رومينا - التي أتقنت تمامًا الطبخ اليوناني - أطيب الأطعمة. لن أكتب كم هي الأطعمة التي جرَّبتها، وكم من الوصفات رجوتهم ليكتباها لي كي أحضرها لكِ. بالأخص بعض التورتيلا المكسيكية والبوليو وأطعمة أخرى حريفة من التي كانت تصنعها رومينا من أجلي. لكن هذا سنحكي عنه في الثامن من مايو.

الآن، قبل أن أذهب إلى لاس فيجاس من أجل لقاءات أخرى، ولكي لا أنسى، سأكتب بعض الأفكار والمعلومات المتناثرة التي جمعتها عن كولو، والتي أظن أنها شيِّقة ومهمَّة.

حسنًا! كما قلتُ لكِ، هي ليست مدينة كبيرة. ولاية صغيرة ليست أكبر، إلَّا أنها أجمل بكثير من مدينتنا الكئيبة نيقوسيا. هي مركز مقاطعة إل باسو، وترتفع تقريبًا ميلًا فوق سطح البحر. أمامها قمة Pikes Peak، أشهر قمة جبلية في الولايات المتحدة. الجبل وكل المنطقة المحيطة في الماضي كانت تجذب - مثل المغناطيس - الطامعين من المستكشفين والباحثين عن كنوز الذهب. وليس فقط من الولايات المجاورة مثل يوتا ونيبراسكا وكانساس ونيو مكسيكو، إلخ... لكن أيضًا من أماكن بعيدة جدًّا، كانت تصل كارفانات من مستكشفي

المعادن وعمال المناجم ومربِّي الماشية والكاوبوي؛ لينعموا بالطقس الرائع الذي كانوا يسمعون عنه على قمة Pikes Peak.

تأسَّسَت المدينة عام 1871 على يد القائد ويليام بالمير، الذي بنى فندق أدلر. في السنوات التسعين التالية، وبسبب الطقس البديع؛ صارت كولو الوجهةَ المحبَّبة لقضاء الإجازات للمصطافين وعشاق الطبيعة، والكُتَّاب والفنانين، الذين كانوا يأتون إلى هنا ليعملوا في أجواء هادئة؛ والسينمائيين كانوا يصوِّرون أفلامهم هنا أيضًا؛ أمَّا عشاق الرياضة فيأتون إلى كولورادو التي لديها ساحات للتزلج على الجليد وطُرُق للدراجات وملاعب للجولف وأنهار لممارسة الرياضيات المائية والتجديف وسباق القوارب والصيد، جبال ومنحدرات شديدة الانحدار للتسلق، وعشرات من البالونات للرحلات فوق جبال روكي.

مع ذلك، كانت أكبر تنمية شهدتها ولاية كولورادو عندما قرَّر دوايت أيزنهاور بتحديث قاعدة عسكرية محلية إلى مركز تدريب طيارين للقاذفات الثقيلة. وأيضًا في عام 1958 في عهد الرئيس أيزينهاور جعل كولورادو قاعدة لأكاديمية الطيران العسكري.

هذه المعلومات، وغيرها، جمعتها من جالا، ومن الزملاء في الجازيت، الذين بخلاف كل هذا قالوا لي وهم يغمزون لي ليُفشوا لي سرَّ نجاح جريدتهم الناجحة الرابحة. «وصايا» مؤسِّس الجريدة، التي نفَّذها هو وخلفاؤه من بعده، موسيس أرون (اليوناني)، الوصايا ليست عشرًا، بل اثنتان. الوصية الأولى: «اختر مدينة غنية وقابلة للتنمية لتؤسِّس جريدة». والثانية: «أعطِ للقارئ فقط كل ما يفاجئه ويريحه. ولا تصدِّر له المشاكل أبدًا».

هذا، وأشياء أخرى، عرفتها، وكلها أمور ساعدتني لأفهم لماذا اختار ميخائيل جالاكسيذيوتيس، رجل القوارب والبحر، هذه المدينةَ وسط الجبال ليجعلها وطنًا له، ويبني إمبراطوريته بالسُّكَّر والحليب.

على كلٍّ، «لماذا وكيف ومتى؟»، أوضح لي بنفسه في ثاني يوم لوصولي، عندما أخذني إلى «مكانه المقدس»، كما يسمِّي متجره.

في متجر «Pâtisserie Michelen» ذهبنا صباح يوم الثلاثاء. فور أن دخلنا شدَّ انتباهي سلسلة من صور رؤساء لأمريكا ولمشاهير المجتمع. جاليري كثيفٌ مُمتدٌّ على الحوائط الأربعة. لحظات تُخلِّد مصافحات وأحضانًا، أو بعضهم يلتقط أكوابَ أو أقماع الآيس كريم من ميشيل، والبعض من زماراجذا. توقَّفتُ عند حائط الرؤساء أولًا، الصور متراصَّة تحت وحدات الإضاءة، روزفلت وترومان وأيزينهاور وكنيدي ونائب الرئيس الحالي جونسون، والنائب القادم سبيرو أجنيو. كلهم دوَّنوا بخطِّ أيديهم كلمات شكر لميشيل، «ساحر الحلويات»، على حُسن استضافته لهم، ودائمًا ما كتب أغلبهم تعليقًا ذكيًّا عن الآيس كريم، مثل «أفضل آيس كريم بلا منازع» تذوَّقوه في كل أمريكا، وليس فقط كولو.

كل هذه الصور على الحائط الأول في مواجهة المدخل مباشرة. على الجدران الأخرى الثلاثة هناك العشرات من الصور متراصَّة كلُّها بإهداءات، ومع وزراء وأعضاء من مجلس الشيوخ وحُكَّام ولايات وقادة عسكريين، كلهم من مشاهير الولايات المتحدة، وكذلك مع ممثلين وفنانين وكتّاب وأثرياء أمريكيين وغير أمريكيين، يمرُّون على المتجر. من بينهم توقَّفتُ أكثر عند صورة ميشيل مع أوناسيس وماريا جالاس وسيناترا ولوثر كينج.

- هل وجدت ما هو شيِّق؟

سأل ميشيل وهو يبتسم، ثم احتضنني.

- غير معقول! معجزة أخرى يونانية!

قلتُ، وكنت أعني ما قلته. أعماني فلاش كاميرا بينما كان المضيف يحتضنني. التقط المصوِّر الصورة، ثم اقترب وألقى التحية.

- ماذا كنت تعتقد؟

قال ميشيل، وأكمل:

- هل كنت ستغادر هذا المكان دون أن أخلِّدَك؟ ستكتب لي إهداء على الصورة، وعندما ستأتي إلى هنا مرة أخرى ستجدها بين الصور الأخرى.
- وأي مكان لي أنا بين كل هؤلاء المشاهير؟
- سوف تصبح من المشاهير. لديَّ حاسة سادسة، سترى.
- ألم تتساءل لماذا علَّقتُ صورة سبيروس بجوار الرؤساء ونوَّاب الرؤساء؟ هو اليوم أحد المستشارين في ميريلاند، لا شيء أكثر من هذا.
- هل تجامله بسبب جذوره اليونانية؟
- هذا أحد الأسباب، لن أنكر! لكن السبب الرئيسي هو أنني أعتقد أنه ذات يوم سيدخل البيت الأبيض. سيكون أوَّلَ رئيس يوناني للولايات المتحدة الأمريكية. وأنت سوف أضع صورتك في مكان جيد. بجوار إرنست هيمنجواي. هل رأيتَ إرنست؟
- رأيته. لكن كما قلتُ لك، ليس لي أي مكان هنا. في ألبوم في بيتك، نعم ممكن، في ركنٍ ما.

- هذا ما سأقرره أنا.

جلسنا؛ طلب الآيس كريم:

- نكتار جالاكسيذي.

قال للجرسونة. وبينما كنت أفتك بطبقي ببطء شديد واستمتاع كي أطيل من غبطته التي يبرِّرها وجود كل هؤلاء الأشخاص في الصور، وعددهم أربعمائة، طلبت منه أن يكشف لي السر الأعظم للآيس كريم.

- الذي لم تُعطِه لأوناسيس، ولذلك يظهر متذمِّرًا في الصورة.

- سأقوله لك أنت؛ لأنك لن تنافسني أبدًا، أليس كذلك؟ حسنًا، السِّرُّ هو أنه ليس هناك أي سرٍّ! أصنع الآيس كريم مثلما يفعل العالم كله. ما يجعله ممتازًا هو جودة الدهون في حليب المنطقة وهريس الفواكه الذي أصنعه من فاكهتنا المحلية. كل ما ينبت في Peak هو نقي ولذيذ! الهواء والطقس نفس الشيء، وهو مكوِّن عظيم للآيس كريم! هذا ما استطعت استغلاله. الشيء الوحيد الإضافي في الآيس كريم الذي أصنعه وما يجعله بلا مثيل هو الأسماء التي أعطيها للأصناف؛ أختارها بعناية شديدة، بحيث تجلب تلك المسميات إلى الذهن أشياء عظيمة. «نكتار جالاكسيذي»، «ملاك الملائكة»، «سوبر بريموم دلفي»، «الأبولوني»، «الأوليمبي»، «الأم اليونانية»، وهكذا... الجودة مع الاسم الرَّنَّان هو ما يجلب السحر.

كنت أسمع اليوناني الداهية من جالاكسيذي وكأنني تحت تأثير التنويم المغناطيسي، الذي صنع اسمًا وثروة طائلة مُستغلًّا حب الأمريكان الفطري للآيس كريم وللكلمات الرَّنَّانة.

سألته كيف حدث وقرَّر أن يشتغل بالـ «شِعر الآيس كريم»، كما يسمِّي عمله هنا، في كولوراد الباردة.

- هذه قصة أخرى تمامًا. رواية كاملة!

أجاب. وبدأ يحكي:

- عندما جئت إلى أمريكا أصابني مرض السل. كان طبيبي قبرصيًّا، رجلًا رائعًا، قالي لي: «يا ميخالي، إن المكان الذي يُعدُّ دواءك هو كولورادو. هنا منتجعهم الصحي، مثل سويسرا بالنسبة لنا. فهنا يوجد أفضل طقس، وبها ينابيع مياه حرارية، ويشفي من كل الأمراض. وليس السُّلَّ فقط؛ يشفي المعدة وعسر الهضم والإمساك وأمراض أسنان المختلفة، عن طريق الفلورايد، وهي مادة رائعة، يحتوي عليها الماء هنا». سمعت نصيحته، جئت إلى هنا وبقيت لعامين، عملت بأشغال يدوية كي أعيش. لكن عندما عدت إلى نيويورك ورآني الطبيب، قال إن رئتيَّ صارتَا نظيفتين تمامًا، وأنني قد شفيت. عدت إلى كولو، التي أعجبتني وأحببتها، ولأنني منذ كنت صغيرًا علَّمَتني أمي أسرار العظيم نيكولاس تسيلمنديس[24]، خاطرت وفتحت هذا المتجر. كان ركنًا صغيرًا، ثلاثة أمتار مربَّعة. صنعت الحلويات وأنواع الآيس كريم والجرانيتا والشربات وأشياء أخرى. كنت أحب الآيس كريم. بعد ذلك فكَّرتُ في أسمائها التي كانت تدهش الكلورادويِّين. الآن، بعد ثلاثين عامًا منذ ذلك الوقت، هذا الآيس كريم مطلوب جدًّا. ويطلبونه في كل مكان. ستجده في البيت الأبيض، وفي الحفلات الكبرى، كلهم يطلبون مني عدَّة أرطال توصيل خاص.

24- طباخ يوناني شهير، في شهرة أبلة نظيرة عند العرب.

هذا هو ميشيل من كولو يا أوليا! الذي تملأ إعلاناته كل القنوات التلفزيونية المحلية في كولورادو، والتيمة الرئيسية هي: «كولو، تعني الصِّحَّة وآيس كريم ميشيل!»، وميشيل تعني «مارد روماني»! أعتقد أنني كنت محظوظًا للغاية أنني تعرَّفتُ على هذا الرجل. يبدو أنني كنتُ مُلهَمًا عندما وضعت كولورادو في طريق رحلتي عندما خطَّطتُ لها.

في نهاية هذا الخطاب الطويل سأقول لكِ آخر ما قاله الزوجان جالا على طاولة غداء الوداع. (ملحوظة: طبخوا لي دلمة ومحشي ورق عنب؛ إذ تصادف أنني قلتُ إنني أحب هذه الأطعمة).

«لن ننكر يا عزيزي بترو أننا نحب أن يأتي الرؤساء وكبار القوم إلى هنا، إلى القاعدة العسكرية والأكاديمية، أو للاستجمام، وبالمناسبة؛ يستمتعون بالآيس كريم الذي نصنعه. يروق لنا هذا ونسعد به. لكن السعادة الحقيقية تأتينا من أبناء جلدتنا، مثلك أنت؛ فهذا يساعدنا كي نسترخي قليلًا، ونتكلم لغتنا يا أخي. مثل أوناسيس على سبيل المثال، أو بعض الشباب اليونانيين من أبنائنا. طيَّارون في الناتو يأتون إلى هنا للتعليم. وصديق إنجيو بلغته اليونانية العرجاء؛ تخيَّل إنه ينطق جالاكسيذي، 'جالاكسوذي'! ويريد أن يكون رئيسًا للولايات المتحدة الأمريكية، الملعون!».

هذا هو كله يا صغيرتي أوليا، وكوني بصحة جيدة!

قبلاتي

ب. أ.

28

مائتان وخمسون ميلًا جنوب شرق لاس فيجاس، في مرتفعات كولورادو، جراند كانيون، جرح عميق وغير قابل للشفاء في جسد أمريكا.

بين الشفاه الصخرية للوادي، التي تضحك، مُنفرِجَةً عن آخرها، ساخرة، باتِّساع ثمانية عشر ميلًا عن بعضها، وفي القاع حالِكِ الظلمة، على عمق ميلٍ يجري نهر كولورادو العجوز، ينخر ويلتهم يومًا بعد يوم، عامًا بعد عام، ألف عام بعد ألف عام- الحجارةَ والرمال الصخرية والتربة والمعادن، ويتَّسع في طريقه حافرًا ندبة الخلود أكثر عُمقًا ورُعبًا.

على مسافة أقل من ستين ميلًا شمال غربي المدينة في صحراء نيفادا تستمر التجارب النووية للولايات المتحدة بلا انقطاع منذ يوليو 1945.

المقيمون الدائمون والموسميون والمقامرون والسائرون بالمركبات والطائرات والعابرون أو السائحون؛ كلهم يتلقَّون التحذير. التجوال يتوقَّف أو يتحجَّم. الشجعان وغير الصابرين والفضوليون، بالنظارات السوداء، أو بدونها، ينتظرون مشاهدة المنظر الباهر للوَهَج الذي

يرتفع لعنان السماء. الحكماء يلجؤون إلى الأماكن المغطاة المظلمة، باحثين عن شعور زائف بالأمان.

الوهج الأخَّاذ الباهر والاهتزاز الذي يأتي في وقت مُحدَّد، تمامًا مثل استيقاظ العملاق إنسيلادوس فيُحدث هديرًا كالزلزال، فتنكسر النوافذ وتتشقَّق الأرضيات وينشرخ الزجاج وتهتز البيوت والمكاتب والمدارس والكازينو؛ التلاميذ يختبئون تحت مقاعدهم، والمقامرون في الكازينو ورواده يجدون ملجأً تحت طاولات الروليت والكريات تدور فوق رؤوسهم أو تتطاير بعيدًا.

أصحاب الفنادق والوكالات السياحية في لاس فيجاس ولوس أنجلوس القريبة ينظمون رحلات لعملائهم على تلال الرمل حول المدينة لمشاهدة المنظر البانورامي: «المغادرة في الساعة المحددة، ومن الضروري أن يكون معكم نظارات وسدَّادات للأذن». الفنادق الكبيرة لا تتقاضى مقابلًا من عملائها عن الرحلة؛ فالبرنامج يتضمن السعر كما يقول الإعلان: «نمنحكم فرصة الاستمتاع بالمشهد المثير صوتًا وضوءًا!». أهو بالأمر الهين؟ الصوت والضوء عرض مجاني؟!

سمعت مؤخَّرًا من سائق تاكسي، كان هذا عمله لسنوات، أصيب بعمى وصمم مؤقَّت من الانفجار النووي. علقت سيارة الأجرة في عمود كهربائيٍّ، وقُتِل أحد الركاب. منذ ذلك الحين يطلقون سرينة تحذيرية. كل مَن يسمعها عليه أن ينتبه.

بعد كل اختبار، يبدأ المطر، كثيفًا وغير مرئي؛ تستقرُّ تريليونات الجسيمات الدقيقة الصخرية المتطايرة على الأسطح وأوراق الشجر والعشب والإسفلت وخزانات المياه والري والأنوف والحنجرة، ورئات المقيمين وزوَّار مدينة لاس فيغاس ومدن وبلدات أريزونا ونيفادا

وسونورا وما بعدها. حتى إنها وصلت إلى لويزيانا يومًا ما، مثل موجة الحر.

أوه، نعم، دعني أقول إنه لا توجد بيانات رسمية منشورة حول عدد المرضى الذين يصابون بالسرطان كل عام في المنطقة؛ عدد المصابين بالغدة الدرقية؛ ولا عدد الذين يخسرون المعركة.

***

أثناء النهار لاس فيجاس كلها عبارة عن طريق أسفلتيٍّ، بطول أربعة أميال، الشهير باسم ستريب. يتنفَّس بصعوبة، ويلهث تحت أشعة أشمس بين المباني الضخمة والدُّمى الكبيرة المغرية العالية كالمآذن. وكما لو أن الشمس لا تكفي، تضربها الرياح الرملية الناعمة من الصحراء التي تهبُّ في تشكيلات خرافية. طريق ستريب في الليل يتحوَّل إلى سفينة نهرية تتلألأ على مياه راكدة، وأضواء ملوَّنة تتغير مثل موجات في حركة مدٍّ وجَزْر، تتلاحق وتتشابك، وتلعب راسِمةً على ضفافه أكثر ثلاثة ألعاب محلية شيوعًا: السحر والغواية والنرد.

وشيء آخر! عند الغسق، الدُّمى الكهربائية الضخمة وأشكال حرَّاس البوابات على اللوحات البلاستيكية للكازينو تعود للحياة من جديد، وتبدأ في التراقص والغمز والإشارة بالدعوة، «تعال، تعال إلى الداخل؛ فستجد كل ما تبحث عنه».

غيري أنا وميحمد الذي انضمَّ لي منذ الأمس لن تجد مُشاةً في لاس فيجاس. لو وقفت على شاطئ المتوسط وحدَّقتَ في الأفق بالتأكيد سترى كائنات حيَّةً تتحرَّك على سطح الماء أكثر مما ستراها في شارع ستريب.

طائرات عملاقة وجيت وهليكوبترات وحافلات فاخرة وسيارات ليموزين مثل النمل في كل مترٍ مربَّع، وكل أشكال الميكنات والمركبات تروح وتجيء حاملةً قطعانًا من مريدي وعشاق الميْسِر.

على مرمى حجر، في صحراء أريزونا، توجد الحقول التي تهبط فيها الأقراص والسيجار الطائر، التي تحمل الكائنات الفضائية من مجرَّات أخرى. في الواقع، إذا تجوَّلتَ في الكازينوهات وقضيت وقتًا ممتعًا، خلال ساعة الذروة، فسترى بالتأكيد بعض الكائنات من قصار القامة ذات عيون منتفخة على جماجم متضخمة، مزيَّنة بالقرون، تراها بمقابس مثل الميكروتشيب من كواكب أخرى.

وعلى خشبة المسرح ستاسيمو![25]

على صوت الترومبيت، وصوت النجم العريض، ونجمة داود المتدلية دائمًا من على صدره؛ راح يحكي نِكاتٍ من سنوات طفولته؛ عندما كانت جدَّته جوزفينا ترسله مع أخته بياتريس إلى نهر المسيسيبي ليملؤوا دلوين من الماء للاستحمام أو الغسيل.

- آمِلةً أن تنجو تيارات الماء والتماسيح من شقاوتنا ولساننا، وبالأخص من البوق الذي أعزف عليه.

قال الحكَّاء الكوميدي. لم يكن يعجبني قبل أن أراه من على مقربة بضعة أمتار. الألبومات والكاميرات لم تستحوذ على قدرٍ قليل من موهبته. وصوته، لكي تفهموني وتتخيَّلوا، هو نصف فَنِّه، النصف المستحيل.

25- الاسم المشهور به ساحر الجاز لويس أرمسترونج (1901- 1971): وُلِد في أسرة فقيرة في نيو أورليانز، عزف مع فرق الجاز في شوارع المدينة، كما اشتهر أيضا كممثِّل في أفلام مثل «نيو أورليانز» 1947، و«المجتمع الراقي» 1956.

النصف الجميل الممكن الإعجازي لا يسجِّله تِقَنيُّو الصوت في الأسطوانات ولا في الأفلام. شفتاه فريدتان وعيناه جاحظتان حمراوان. صوته يأخذ الانسجامات وبحَّتُه فوق وجهه المتعرِّق. في الأسطوانات لا يظهر شيء من هذا، يختفي سحر الأصوات التي يُخرجها. فقط الارتعاشات الجافة لنفس الأوتار التي لا تنبض وتهتزُّ على لوحة استوديو الصوت المصنوعة ببراعة. أستمع إليه وأشعر بالسعادة بأن هناك فنانين سودًا في لاس فيجاس. وهنا أيضًا كما في نيو أورليانز هم ملحها وفلفها وبهاراتها.

أسمعه مستمتعًا وشامتًا في نفس الوقت؛ إذ إن الطائرة التي كانت تحمل علماء الفيزياء النووية، والتي أقلَعَت من هنا في قبل أيام، علقَت في الجهة المقابلة، على قمة الجبل. كان هذا انتقامًا لروبسون وآلاف السود الآخرين المضطهدين.

أراهنكم أنه في العالم الآخر وفي كازينو الجنة لو سينتهي بنا الأمر هناك، سنقابل ستاسيمو ونات ودستة أخرى من المغرِّدين الذين يرتجلون على أبواقهم ويغنُّون، ويتوقَّفون بين الحين والآخر ليحكوا نكتة أو قصة كوميدية. الملائكة والقدِّيسون الذين سيكونون في إجازة سيقهقهون ويعدُّون نقودهم إذا ما كانت ستكفيهم لزيارةٍ أخرى إلى الجحيم أو إلى لاس فيجاس.

كل جسد من تلك الأجساد الأبانوسية هو معبدٌ مُقدَّس للموسيقى. يدخِّنون الحشيش والرب يتعرقل بينهم في أماكنهم، وينظر في عيونهم الساهرة. يغنُّون وكلمات الرب تقطر من شفاههم مصحوبة بلعاب متطاير. لم أسمع أبدًا صوت الرب إنسانيًّا بكل هذه الغواية من قبل. طبقة صوت الكونترالتو التي تمسك السماء بخطَّافها وتمسك بيديها

شموعًا لها لهيب أبيض وأصفر، وتطوف في الأرجاء. قُبَب البازيليكا السامقة مثل أثداء. فمها هو فم النبي: «لا أحد غيرك يا رب»[26] يفتحه ويختنق الصوت كما لو كان يختنق من سيف رئيس الملائكة.

في تلك القاعة الشاسعة حول خشبة المسرح يؤدي مريدو الجاز والبلوز أدوارهم المقدَّسة، وعجلات الحظ تدور بلا انقطاع. ماكينات القمار اليدوية التي تلتهم بنَهَم شديد العملات الفضية. سحرة بشعور قصيرة وبزَّات زرقاء مزيَّنةً بالشرائط الذهبية يلقون بالأوراق بعِصيِّهم السحرية فيشقُّون أخاديد على طاولة الميسر. المال والدخان يتبعان حركة عِصيِّهم. حراس وشرطة خاصة بأسلحة على أهبة الاستعداد يجلسون على مقاعد عالية، يمضغون العلكة وينظرون بعيون ساهرة نحو كل الاتجاهات. فتيات بصدور عارية يقدِّمن المشروبات والوعود. كل ما يقال عن جرائم القتل وحوادث الانتحار في فيجاس هي محضُ قصص للاستهلاك. كل مَن يأتي إلى هنا يستطيع ومُستعدٌّ أن يخسر كل شيء.

«لا أحد غيرك يا رب»!

هذه السيدة ضئيلة الحجم تلعب وتلعب، وتسحب يد ماكينة القمار وتُلقِمها بالدولارات كأنها تحت أثر تنويم مغناطيسي، ساعات طويلة قضتها أمام هذه الماكينة الطقسية: يدها تَدخل حقيبتها وتسحب الدولارات المعدنية، واليد الأخرى تسحب مقبض الماكينة.

رأيت فنانين يعملون تحت خَدَر الإلهام، وعشّاقًا للقراءة ينحنون على المخطوطات، وزاهدين منغمسين في صلواتهم من أجل رغبة

26- Nobody but you, Lord! من أغنية «Nobody Knows the Trouble I've Seen (1962)».

روحية، سائرين عالمين على الحبال، وراقصين قبرصيين يرقصون وعلى رؤوسهم عشرات الأكواب. لم يكن أحدٌ منهم مستغرقًا ومنغمسًا في طقسه بقدر هذه السيدة.

أصابتني الغيرة منها، دون أن أعرف ما الذي أغار منه بالتحديد.

- ماذا تقول يا ميحمد؟ هل نلعب الميسر؟
- وبأي نقود نلعب يا عزيزي؟
- قليل من الدولارات يا أخي.
- ولو أكلتها الماكينة، ماذا سنأكل؟ هل سنبيع مؤخِّراتنا؟
- لنصرف الشيك الذي أعطاه لك صديقك في جيرسي. كم كانت قيمته قلتَ؟
- مائتا دولار. حاولت أن أصرفه في واشنطن وفي دالاس. يا مسكين أفندي! لم أستطع، وقال لي الجميع إنه يُصرَف فقط في نيو جيرسي.
- جَرِّب هنا أيضًا، لِمَ لا؟ ولِمَ تحمله معك؟ هنا لديهم قوانين أخرى، لديهم ربٌّ عُملَة لهم وحدهم.
- حاوَلتُ، قالوا نفس الشيء. محض حفر في البحر.

المرأة مستمرَّة في نفس الطقس على مقبض الماكينة اليدوية، بحركات عصبية، وبسرعة جنونية. والنتيجة صفر آخر دائمًا. توقَّفَت وخرجت من حالة الخَدَر؛ وخرج من فمها سيلٌ عَارم من السباب القذر.

اللاعبون على الماكينات الأخرى تركوا مقابض حظوظهم وراحوا يسمعونها في صمت، فأغلبيتهم يعاني من نفس السأم، فكانوا ينظرون إليها بتفهُّم تام.

صوت شخشخة طويل كهطول مطر وحبيبات جليد صدر من الماكينات اليدوية التي راحت تلقي العملات المعدنية بلا توقُّف، وفاضت من الكوب الذي امتلأ عن آخره، فسقَطَت، وأخذت تدور على السدادة. الجميع راح يصفِّق ويهنِّئ المحظوظ. المرأة الضئيلة فقط لم تنزع يدها عن مقبض ماكينتها اللعينة.

- يجب أن نجرب يا ميحمد. لا تدري أبدًا... ربما نفوز. ليلة أمس في المطار بينما كنت أنتظرك ربحتُ من أول سحبة عشرين دولارًا!
- هذا لأنك كنت تنتظرني، فهل يُعقَل أن تخسر؟

بالطبع كانت قفشاته دائمًا مضحكة! ضحكت وقلت له:

- نعم بالتأكيد، لديك حق، بالأخير أنتَ ملاكي الحارس، جالِبُ الحظ في هذه الرحلة!

ربَّتُّ على كتفه بعد مجاملتي له، وجرَّبتُ مرة أخرى أن أجعله يغامر بقليل من الدولارات.

- شخص من معارفي كسب آلافًا. وشخص آخر، صحفي زميل...
- لو كان محظوظًا في القمار فهو تعيس الحظ في الحب.
- لدينا نفس القول المأثور، ليس يونانيًّا حصريًّا... أكمِلْ ما كنتَ تقوله.
- كنت أقول عن زميل لي، بابيس ميراكليس، مصوِّر صحافي ومقامر كبير. في كل فرصة وهو كمصوِّر صحفي كان لديه الكثير من الفرص يقضي أوقاتًا طويلة في الكازينوهات؛ في بيروت، ومون بارنيز، ومونت كارلو... كان زبونًا دائمًا! هنا فقط لم يأتِ، وكان يتوق لهذا؛ إلى أن سنحت له الفرصة في عام 1960 في رحلة مع

الرئيس القبرصي إلى الأمم المتحدة. جاء إلى نيويورك، وقام بعمله، ثم طار حتى هنا ليجرِّب حظه. فُتِن تمامًا بالأوضاع هنا، جاء ليقضي يومين فمكث في كازينو ستارداست أسبوعين كاملين. وربح هنا أيضًا، لكن مبالغ صغيرة. هذا إلى أن تعرَّف على أحد الزملاء المحليين من لاس فيجاس، الذي أعطاه فكرة رائعة! أرسله إلى إحدى المطابع لا يطبع سوى الأخبار الزائفة بالأمر. دفع ميراكليس للمطبعة فكتبوا له صفحةً كاملة، ثلاثة أعمدة ونصف، بعنوان، «فلان القبرصي الذي مرَّ من لاس فيجاس ربح في لعبة الروليت نصف مليون دولار!»، وفي منتصف الثلاثة أعمدة حشر صورةً له بين الفتيات وهو يمسك بيده شيكًا عاديًّا، وآخَرَ نُسخةً ضخمةً عنه، تقريبًا أكثر من نصف متر؛ حتى يبدو الاسم والمبلغ بوضوح! أرسلها إلى قبرص فأعادت صحفنا نشر الخبر، فأحدث ضجَّةً كبيرة. عندما عاد وجد في انتظاره عروسًا ثرية بثروة طائلة.

- الآن صار السيد بابيس مالِكًا لصحيفة ومجلتين.

هل ابتلع الطُّعم وصدَّق القصة زميلي في السكن؟ كانت عيناه وتعبير وجهه يشيان بما يدور في عقله.

ألححت:

- رُعاتي قالوا لي إن الكثير هنا يقومون بهذه الدعابات. البعض من أجل المرح، لكنَّ آخرين لديهم أسبابهم الخاصة مثلما فعل بابيس. وأعطوني عنوان المطبعة: رمسيس برينتج، شارع بونانزا. ما رأيك؟
- خِدَع وأعمال نصب كهذه ربما تنجح في جمهوريات الموز... أمَّا

لدينا، فمصلحة الضرائب تنصب لك فخًّا في المطار. وعندما أفسِّر لهم أن الأمر برُمَّته كان مزحةً أو دعابة مع صديق قبرصي. أها، أهكذا إذن؟ سيضحكون، ومن ثَمَّ يلقون القبض عليَّ...

كان الشرر ينطلق من عينيه:

- أهذا ما علَّموك إيَّاه في نيفادا برس؟ كيف تزيِّف الأخبار؟
- بالطبع لا، في هذا الأمر أنا أستاذ! هل صِرتُ رئيس تحرير في الخامسة والثلاثين من فراغ؟
- صحيح، أنتم تضعون النظارات لمينهاوزين وتقولون إنه كاتب معاصر! وماذا يعلِّمك أساتذتك هنا؟
- ليس أعمال نصب وخدع، أقصد أمورًا جادَّة تتعلَّق بالصحافة.
- وماذا يعلمونني يا ميحمد هؤلاء الملاعين؟ لقد أرسلوني في جولتي لا أكثر، من المفترض أنها جولات تعليمية! كي أكتب على الطريقة الأمريكية، أخبارًا جذَّابة عن جراند كانيون وسد هوفير. أرادوا أن يرسلوني إلى Nivada Test Site لأكتب شيئًا كأجنبي محايد.
- وهل كتبت شيئًا؟
- عمودين فقط، ودفعوا لي بسخاء، دولارين ونصف في الكلمة. من فضلك! تردَّدتُ في الذهاب إلى Test Site. قلت إنه لديَّ حساسية من الشمس والرمال! لكنني بحثت في الأمر وعرفت ما يحدث هناك، تصفَّحتُ العديد من التقارير الإخبارية القديمة، قمت ببعض العمل لهم في هذا الشأن... ودفعوا لي، لكن نصف السعر.
- أنا يريد يرى، يقرأ كتابه لك أنت.

عُدنا مرة أخرى للغتك اليونانية!

- سا أريك كتابة أنا.

قلت وأنا أقلِّده.

- بشرط واحد؛ وهو أن أقرأ كلَّ ما دوَّنتَه من كل الأماكن التي كنتَ تتسكَّع بها. واشنطن في البداية، البرج يهمني كثيرًا. هل صعدت إلى قمته أخيرًا؟
- لم يكن مقسومًا.
- لماذا؟

أكمل بإنجليزية مخلوطة ببعض العبارات التركية واليونانية.

- رتَّبت أمري أن أقوم بالتسلق يوم الخميس، قبلها بيوم، يوم الأربعاء، اشتريت حذاء رياضيًّا، أخذت فيتامينات كي أكون نشيطًا، نِمتُ من العاشرة مساءً، واستيقظت في اليوم التالي على عاصفة رعدية لم تحدث من عقود، فساء الجوُّ بشكل غريب... جُنَّ جنوني، لكني لم أيأس، ذهبت إلى المسلة بسيارة تاكسي، فوجدت الباب مغلقًا، كل المكان مغلق. قال لي الحارس هناك، صاعقة، ظرف طارئ، غير مسموح لأحد بالدخول، يجب أن ننتظر، تعال غدًا سير- غدًا سير، غادرتُ... سوري سير، next time، قال لي الملعون.
- يا لحظِّكَ التعس! لم تكن محظوظًا على الإطلاق. وأنت لما لا تجد شيئًا أصغر منه، تسلَّق مئذنة على سبيل المثال.
- لا بل سأجرِّب مرَّةً رابعة وخامسة حتى أنجح في الأمر.
- لِمَ لا تنتظر إذًا أن تستقل المصعد؟
- بمصعد يذهب بأقدام يذهب. أنت لا يفهم أركونتيتيس؟ كتركي أصيل أنا متسلِّق بالفطرة!
- برافو! هل تسلَّقتَ قمة إيفريست يا مستر أوكزيول؟

- لقد سبقني سير هيلاري!

بينما كنا نحكي في هذه الأمور، كانت المرأة الضئيلة القصيرة غرقت في عَرَقها، وصارت ترتعش، وتبحث في حقيبتها. ذهبت إلى الخزانة وعادت مُحمَّلةً بفيشات فئة الدولار الواحد، وهي العملة الوحيدة المتداولة هنا، وجدت الماكينة التي كانت تلعب مشغولةً. تعصَّبَت، وكانت على وشك الانفجار والصراخ. لو لم يغادر المغتصب ستصاب بذبحة صدريَّة. حولها ثلاث ماكينات أخرى خاوية. لكنها لا تريد سوى تلك. وستحارب مع تلك الماكينة حتى النهاية إلى أن تفوز.

أحد الحرَّاس المسلَّحين يقود رجُلًا آسيويًّا أنيقًا جدًّا إلى الخارج بشكل رسمي، وقد قيَّد يديه، ويتحدثان كصديقين.

29

إنه يومي العاشر في لاس فيجاس، وكلمات الرفض والنَّهي بتنويعاتها لا تنتهي.

ها هي بعض النماذج:

لم أنجح بعدُ في إقناع الأفندي التركي أن نقامر بمائة دولار، وبحرص شديد. حتى أنا لم أجرؤ أن أقامر بشكل فردي بمبلغ أكبر من عشرين دولارًا التي تبخَّرَت في غضون دقائق قليلة. قلت لا لعرض جديد من Nevada Press لمرافقة فريق من الصحافيين النيوزيلانديين والأفرو آسيويين، جاء في زيارة عمل لـ Nevada Test Side، كي أصف إزاء مقابل ماديٍّ مشاعرَهم وردود أفعالهم. لم أكن مخبرًا. تردَّدتُ، لكن أصابني البخل أيضًا لأذهب إلى مطبعة رمسيس كي أزوِّر خبرًا مجنونًا كنت أفكر فيه، وهو «الصحفي القبرصي بتروس أرخونديذيس كان لديه اجتماع مع أحد الكائنات الفضائية في إحدى حدائق لاس فيجاس». فكَّرتُ أيضًا أن أرجو ميحمد أن يكون معي في الصورة مرتديًا ملابس غطس وخوذة وإريال على رأسه، كنَّا سنستأجرها من متجر «مارتي جرا»، في شارع ستريب المتخصِّص ببيع الإكسسوار والأقنعة والملابس التنكرية. إلى اليوم لم يحالفني الحظ في مشاهدة التجارب النووية، لا تحت الأرض ولا فوقها. كما لم أجرؤ لا أنا ولا رفيقي على قبول عروض موظف الاستقبال بتأمين

جنس آمِنٍ وبأسعار مرضية. ولا حتى استطعنا، برغم محاولتنا، أن ننجحً في أن نوقع بأيٍّ من الصغيرات اللاتي يبعن السيجار في الكازينو الذي كنا نسهر فيه حتى الصباح. وشيء آخر أيضًا، ربما يكون مُقلِقًا. منذ أسبوع تقريبًا لم أستطع أن أضع كلمة على الأوراق عن انطباعاتي عن شارع ستريب.

لا ولا ولا، بكل تنويعاتها النافية والناهية... إلى متى سأسمعها، لن أقول؟ تمضي الأيام وسوف نبقى حتى السادس من أبريل. في السابع من أبريل سيأخذنا الأتوبيس إلى لوس أنجلوس. لو أردنا أن نبدِّل هذا الوضع السلبي قبل أن يتمكَّن منَّا، علينا أن نستيقظ... بداية من اليوم، من الآن.

- حسنًا يا ميحمد، أين سنقضي ليلتنا؟ ماذا تقترح؟
- بعد كثير من التهليل. من أين نبدأ؟

نظر إليه بسياديته المعهودة وصاح:

- سنبدأ من عاملة النظافة الشمطاء في الموتيل، ماذا تظن؟ لمرة أخرى سنقضي ليلتنا مع البيبسي والبطاطس.

وهذا ما حدث؛ ارتدينا معاطفنا الأناروك المنفوخة بألواننا القومية، أنا باللون الأزرق وميحمد بالأحمر، وارتدينا الكوفيات، واشترينا أكياس الشيبسي الورقية والمشروبات الغازية وانطلقنا.

واليوم، مثل كل يوم، خرجنا للتمشية في هذا الوقت، بعد الظُّهر، حيث إننا نستيقظ في الظهيرة، كنا المشاة الوحيدين في الشارع. نتمشَّى على مهل، نقرمش الشيبسي، ونشفط البيبسي بكل هدوء، دون أن نتحدث تقريبًا... ماذا يمكنك أن تقول في هذا الصقيع، مع الريح

التي تحاول خلعك برميك في الرمال، في شارع لا ينبض بالحياة قبل حلول الظلام، حيث تضيء أضواء النيون وتبدأ في الغمز لك وتدعوك إلى القمار وشتى أنواع المتع والمصايد في الكازينوهات؟

فبرنامج اليوم هو مثل كل يوم، ومثلما كان في الأيام الأخيرة، وكما سيبقى على ما أعتقد في الأيام التالية كالتالي:

استيقاظ، مثلما نستيقظ كل صباح تقريبًا عند الظهيرة؛ وهكذا نتفادى الإفطار...

عند الواحدة تقريبًا، نأخذ القهوة من الماكينة الأتوماتيكية في اللوبي، ومظروفًا صغيرًا يحتوي على بسكويت، ثم ننطلق إلى الشوارع. تمشية جيدة في الجوار، واستطلاع لنوافذ المتاجر هو أفضل ما يكون كي نستيقظ ونتريَّض.

في الثانية والنصف ننحشر في سينما «جراند فيجا»، لديهم دائمًا برنامج مزدوج يتغيَّر كلَّ يوم؛ فنقتل هناك ساعتين أو ثلاث، ثم نخرج من السينما بعيون متهيجة في الخامسة والنصف تقريبًا.

في الطريق إلى الموتيل نجلس في مطعم إيطالي للطعام؛ غالبًا ما نطلب البيتزا أو الإسباجيتي، وأحيانًا أطلبها بلحم الخنزير، وميحمد يطلبها باللحم البقرين أو دون لحم؛ وسلاطة خضراء لكلينا. في مطاعم الوجبات السريعة أتذكَّر دومًا وجبات العشاء في كولورادو، وأصف بإصرارٍ ساديٍّ آيس كريم ميشيل، ووصفات زمارجذا، حتى لا يتبقى لميحمدٍ أي لُعابٍ في فمه ليبتلعه.

بعد العشاء نعود إلى الموتيل. نتمدَّد على أسِرَّتنا. يتصفَّح وهو على الفراش مجلة Las Vegas by night التي توزَّع مجانًا. في غضون

عشرين دقيقة يترك المجلة تسقط من يده، ويخلع نظارته، ويستدير بظهره نحوي، ويبدأ في وصلة شخير متواصل.

أمَّا أنا، وقبل أن أحاول أن أكتب رسالة أو كارت بوستال أو يوميات؛ أشغِّل التلفاز، وأسرح في مشاهدة الإعلانات التي تتخلَّلها جرعات من الأفلام. في الغالب يغلبني النعاس بعد قليل، إلَّا إذا بدأت في الكتابة، حينها أقول وداعًا لمورفيوس.

بعد الحادية عشرة ببضع دقائق يوقظنا مُنبِّه ميحمد. نستيقظ، ونحلق ذقوننا بعناية، ونتعطَّر، ونرتدي حللنا الجيدة نوعًا ما، والبابيون، ونضع المنديل في جيب الجاكيت، ونخرج، أسودًا تبحث عن فرائسها. ينتهي بنا الأمر في المساء في أحد الكازينوهات التي تعرض أفضل البرامج التي يختارها ميحمد من المجلة.

العروض الترفيهية في الكازينو عمومًا تبدأ عند الثانية عشرة، ويمكن للمقامرين والرُّوَّاد وأي أحد من مريدي «معابد الميسر»، أن يشاهدوها مجانًا. الشيء الوحيد المطالَب به المشاهد هو أن يطلب على الأقل كأسًا واحدًا من الشمبانيا أو النبيذ، أو أي مشروب كحولي، ويدفع ثمنه المضحك، دولارًا واحدًا! والجدير بالذكر أن المشاهدين لا يشاهدون في تلك العروض فنانين من الدرجة الثانية، فمن منحدرات لاس فيجاس تمرُّ فقط أفضل المواهب من العازفين المشهورين وفرق الباليه والممثلين ولاعبى خفَّة اليد والسَّحَرة والكوميديانات. كلهم من نجوم الصف الأول!

وهكذا إذن، وباختيارات تعتمد على الجودة، نقضي أيامنا ولياليا في لاس فيجاس في «التَّعلُّم والاستطلاع».

اليوم الثلاثاء الثاني من أبريل، الساعة تقترب من الثالثة مساءً، دخلنا دار سينما «جراند فيجا». لم نقرأ البرنامج على لوحة الإعلانات. أيًّا ما كان سنشاهده. نحن هنا فقط لتمضية الوقت. ساعتان أو ثلاثة حتى الساعة السادسة ستمضي بأي شكل.

فور أن استطعنا أن نجد طريقنا في الظلام أدركنا أننا نصف عدد المشاهدين الأربعة. حشد كبير هذه المرة! قبل ذلك كنَّا وحدنا تمامًا في دار السينما... واليوم أيضًا، صرنا أغلبية سريعًا، عندما رأى أحد الحضور الأربعة أن الفيلم محضُ حماقة، ولم يكن مخطئًا. ضابط الدورية الشرس الذي يلعب دوره، ليس أحد غير جون واين، الذي يدافع عن البيض الطَّيِّبين، وهو جلَّاد الهنود الأشرار في الغرب الأمريكي، سيكون برفقتنا حتى الساعة الخامسة. يتبع ذلك خمس عشرة دقيقة لأهم الأحداث الجارية وإعلانات للأفلام التي ستُعرَض قريبًا، تمامًا مثلما يحدث في دور سينما «أثينيون» و«ميجالو بالاتي» في نيقوسيا.

في الخامسة والنصف يبدأ الفيلم التالي. فيلم حربي عنوانه «هو والحرب». يلعب دور البطولة الممثل الممل عديم الموهبة المدعو «رونالد ريجان».

أصابنا الضَّجَر؛ على كلٍّ، هذا هو وقت قيلولتنا. خرجنا. بدأت لمبات النيون ترتعش مضيئة بالتدريج.

من أجل التغيير، ونحن في طريقنا إلى الموتيل؛ بدلًا من أن نذهب إلى المطعم الإيطالي توقَّفنا عند محل يصنع الشطائر افتُتِح قريبًا بجوار موقف سيارات النقل عابرة الصحراء. المطعم يبدو نظيفًا ومرتَّبًا؛ طلبت ساندوتش كبيرًا بالجبن ولحم الخنزير، وطلب المسلم بالجبن

والدجاج. التهمناها بشهية كبيرة وشربنا زجاجتين كبيرتين من الكوكاكولا، ثم التحفنا معاطفنا ولففنا الكوفيات حول رقابنا وعدنا للموتيل.

خلعنا أحذيتنا، وشربنا الماء من الصنبور، ثم استخدمنا المرحاض بالتتابع. أخرج زميل السَّكن من الخزانة الحُلَّة الجيدة وعلَّقها، ثم راح يمسح حذاءه الآخر ويُلمِّعه بورق التواليت وبلعابه، بدَّل جواربه، وراح يعدُّ ما تبقَّى من الأوراق النقدية والعملات المعدنية في حقيبته. عادةً بعد أن ينتهي من عدِّ النقود يزوم قائلًا: الليلة لا، أو، علامة جيدة! سيدفع هو ثمن المشروب في العرض. ينتهي من استعداده الدقيق لخروجنا، يمسك بمجلة Las Vegas by night ويبدأ في التصفح، ويتمتم بكلام غير مفهوم، مصحوب عادة ببعض الهمهمة.

أصيح من أعماق حنجرتي بنبرة موسيقية، فرصة بالنسبة لي أن أضع على الأوراق بعض الصور والأفكار التي تمرُّ على ذهني في الأيام الأخيرة.

غرور اللا جدوى، وكل شيء بلا جدوى

على الرغم من كل شيء، تعجبني مدينة روما الجديدة، الرقيقة، الشِّعرية، المتباهية، حيث يلقي نيرون إلى الأسود، قبل أن يداعب المشاهدون بالمناظر والنشوات، عبدة آلهة الحظ المتحمسين حيث نكون نحن الاثنين، ميحمد وأنا، لا نتعرض لخطر الالتهام بالطبع؛ لأننا ببساطة لدينا إيمان، أما حظ وفيشات المقامرة فلا... نحن نقضي يومنا بدولارين أو ثلاثة، ونستمتع بكل المناظر والعروض التي يقدِّمها نيرون في الكوليسيوم مجانًا، كطُعم؛ حتى نقع في شباكه، ومع الفرائس والغنائم من أشباهنا؛ نحن في نُزُلنا الرخيص وليس

في الفنادق الفاخرة، الموتيل المتواضع هو واحد من مئات الموتيلات المنتشرة في «هايواي بارك».

بالرغم من هذا، ومثل كل الأخوة وأولاد العم في الفنادق الفاخرة والموتيلات والنُّزُل المتواضعة في «هاي واي بارك»، كلٌّ منها لها حارسه الخاص؛ القديس بتروس. كل بوب وديك وماك يقف خلف طاولة الاستقبال وأمامه جرس وحزمة من الأوراق، وخلفه المفاتيح المرصوصة، يعرض عليك وفقًا لبقشيش مُعتبَر الدخولَ إلى أي دائرة ترغب من الجِنان الاصطناعية: «نشوة» عبر الماًريجوانا والحشيش أو الـ LSD، بسعر أوكازيون؛ ألعاب حظ على خلفية مغامرات فنية ملتهبة؛ جولات ورحلات حتى ترى المناظر الطبيعية بصحبة فاتنة في العشرين، حتى إنه يمكنه إزاء مقابل سخي أن ينظِّم لك زيارات لمراهقين من الجنس الثالث في غرفتك، والمشاركة في حفلات جماعية للساديين والمازوخيون، أو خليط منهما؛ بل ويمكنه أن يجد لك مُسدَّسًا غير مُرخَّص ولا مُسجَّل، أو يوصلك بقاتل محترف مثل برونسون؛ لأي انتقام ترغب في تنفيذه. يمكنني أيضًا أن أتباهى بتعاطفي المفضوح مع هذه المدينة ومحاولتي أن أدخل إلى دوائرها السماوية حتى دون إرشاد من القديس بتروس في مكتب استقبال الموتيل، ولم يَستَأ الرَّبُّ أبدًا! والدليل هو: إنه، وعلى الرغم من كل ما فعلتُه ورأيتُه وفكَّرتُ فيه، لم يمسخني إلى عمود ملح. .فقط ألقى على رأسي، وربما في حلقي، بعض غبار نيفادا

منذ أول يوم لوصولي هنا حاولت قطع أي اتصال لي مع ذويَّ في قبرص، ومع أوليا. حتى إنني لم أرسل أي خطاب إلى كولورادو، ولا حتى ملخَّص أو حتى كارت بوستال. تركت كل هذه الأمور في قائمة تؤخذ بعين الإعتبار في وقت لاحق. الخطابات تخلق أو تحافظ على

الروابط. وأنا، في هذه الأيام القليلة أريد أن أكون حرًّا تمامًا. أن أنام مع الشروق على شاطئ الأطلسي، وأستيقظ مع الغروب مثل الكونت دراكولا المنحل في جانب هادئ. أشرب الشمبانيا والنبيذ والبوربون اللاذع وأسمع نات وأرمسترونج، وغدًا ربما فرانك سيناترا! حان وقت الحياة. حان وقت شرب الكأس الذي كنت أحتفظ بها في مبرِّد رغباتي.

بالطبع خطاب بهذا الشكل لم يُرسَل أبدًا إلى أوليا.

ربما، إذا وجدت وقتًا سأكتب وأرسل لها مُختصَرًا مُفلَترًا على كارت بوستال. كنت قد رأيت كروتًا كبيرة الحجم، اثنتي عشرة أو ثماني عشرة صورة لشارع ستريب، حجمها تقريبًا نصف متر، وعليها وصف في الخلفية. سأرسل واحدة منها. بل سأشترى بعضًا منها: سأرسل واحدة إلى ميلهيور وإلى جولدنبيرج وإلى أيزاك وزوجته، وواحدة إلى لين فرانكلين. لن أنسى أن أكتب على الكارت الذي سأرسله إلى كولو تحيَّةً خاصة إلى رومينا. سأدفع كثيرًا من الرسوم في مكتب البريد؛ لأن هذه الكروت ثقيلة، وليكن. ماذا سأكتب لهم، أكثرهم يهود، إنني مدين لهم بالكثير.

دقَّ منبِّه ميحمد. وصل الوقت للحادية عشرة. خلال ثلاثة ساعات كتبت صفحتين. إلهام رائع يا سيد إرنست الجديد!

30

بدأ كل شيء في الثالثة صباحًا، بالطبع في ستريب، أين يمكن أن يحدث أمر كهذا غير هنا؟

في الطريق إلى الموتيل من كازينو «الواحة». بردٌ قارس. وريح عاتية تغسلك بالرمال. رأسي ثقيل من الشراب وسخام السيجار ودخان السجائر. شربنا ثلاث كؤوس من النبيذ الأبيض. ميحمد ثمل قبلي، وغادر في الواحدة والنصف، في أفضل فقرات الاستعراض قبيل ذروته، يا له من أحمق! راقصات البالية عاريات الصدور يرقصن فوقنا، تقريبًا سيقانهن المستديرة وأردافهن وأكتافهن ورؤوسهن المزينة بالريش، ويمسكن بمراوح ملوَّنة يَطُفن وهُنَّ يهتززن حولنا وتفوح منهن العطور والوعود. هرولت لأغلق على نفسي في المرحاض لأفرغ قدراتي الوهمية، وأستسلم لتأمُّلات الحوض الأبيض. بالكاد أتجنَّب المحتوم.

وصلت إلى الموتيل. كان ميحمد في نوم عميق. أقدامه الصغيرة تخرج خارج الملاءة العلوية، وإحدى ركبتيه تنكشف من تحت الغطاء، وكذلك مشط قدمه. شعرت برغبة خبيثة في دغدغته لكنني تراجَعتُ. الآن يجب أن يكون متكئًا عاري الصدر يستمتع بموسيقى الباجلما والبوزوكي بين حوريات الجنة.

الباب الملاصق لبابنا كان مفتوحًا. في ساعة كهذه؟ خرجت، مررت من أمام الباب مرة أخرى، نظرت بجانب عيني، هناك مستأجرة جديدة طويلة، أنثى! ممدَّدة على الفراش! ترتدي تنُّورة سوداء قصيرة! تنظر نحوي وهي تنفخ دخان سيجارتها!

توقَّفتُ قليلًا. التفتت، نظرت نحوي؛ نظرتها باهتة بلا تعبير. ارتبكت. عدت إلى زنزانتي كأنني مطارَد.

تسارَعَت ضربات قلبي. ماذا لو جاءت وطرقت الباب؟ لو دعتني للشراب؟ «آدم في الجنـ...» كيف أصبحت هكذا يا رجل، بائسًا عديم المنفعة؟ ماذا يحدث لك؟ فهل أنت عاجز ولا مثلي، إذن ماذا؟ ليس من المعقول أن تكون جِدَّ خائفًا أنها ستحشر مسدسًا في جنبك وتطلب منك أن تعطيها ما لديك أو تمارس معها الجنس عنوة. هذه الأمور لا تحدث، لكن وإن حدثت، لماذا تحدث لك أنت يا أحمق؟ هرااااء! أنت ببساطة لديك حساسية من المغامرة، هذا هو، وللشخوص الجديدة وكل تجربة لم تمرَّ عليك، أنت ملـ..!

هذه سُبَّة كي يكون الأمر واضحًا!

مع الأسف، تلك هي الحقيقة! أعلم أنني لو تجرأت وألقيت تحية بسيطة «هالووو» إلى السيدة في الجوار، يمكن أن يتغير كل شيء في حياتي الغبية إلى الأفضل. وتكون هذه الليلة هي بداية التحرر. كما يقول القول المأثور: «جرِّب كل شيء والخير سيأتي»... هل من المعقول يا أبله في عصرنا هذا حيث يسافر الإنسان للفضاء، أن تعتقد أن الطائرة ستحترق، أو أن الحافلة التي ستذهب بك إلى كاليفورنيا ستنقلب فقط لأنك مارست الجنس مع امرأة عابرة؟

أسمع بعض الحوارات تأتي من الجوار. آه يا أحمق. «نعم يا حمار! ها هي فرصة أخرى ذهبت سُدًى»... لكن لو نظرت لحقيقة الأمر، في أعماقي أنا سعيد أن ثمة شخصًا أشجع مني سبقني. أو أن المرأة كانت تنتظر شخصًا ما؛ لذا ترَكَت الباب مفتوحًا.

أشعلت التلفاز ورحت أسمع: «نعم، إنه هو، ابن الأباتشي! الابن الوحيد لسارق الأحصنة، وابنه الطاووس الثَّمِل...». لكن ألم يكن هذا...؟ ألم يكن هذا الصوت وهذا الحوار كان يأتي من الغرفة؟ إذن لم يكن لدى الصغيرة زائر... كان التلفزيون.

اشتعل خوفي مجددًا، وصار قلبي مثل الطبلة بين يدي الهندي الأحمر سارق الأحصنة. «إذن لم تكن تخونني اللعوب الصغيرة» فتحت الباب لألقي نظرة أخرى. لا زال هناك ضوء. خطوت في الظلام بضع خطوات على أطراف أصابعي على مضض. البرد قارس يخترق العظام، والرمال تهجم كالأمواج. خطوة أخرى وسأكون أمام بابها.

تنُّورتها السوداء أو الزرقاء كانت مرفوعةً وتكشف عن جسدها البض الشهي الأبيض، يعلو سُرَّتها العميقة الحمراء ارتفاعٌ صغير وجرح ينتظر مداواتي. شعرها يسقط مثل الميدوزا على الوسادة. دعوة حريرية.

عيناها متبَّتتان فوقي، وساقاها مرفوعتان كمثلَّثَيْن حِسِّيَّين وأخدود بينهما يدخِّن. تدخن هي أيضًا وتخرج دخانًا من فمها وأنفها.

رحت أخطو خطوة لأبتعد فوجدت نفسي داخل الغرفة. جلَسَت ونظَرَت إليَّ ببرود وعدم اهتمام. شفتاها جافتان، وقلبها جرانيتي وعر.

تثاءَبَت، وعقَدَت يديها خلف رقبتها. هذه الحركة عزَّزَت وضع ثدييها للخارج؛ الآن ينظران بشمَمٍ لأعلى.

إبطاها مملوءان بخطوط داكنة.

بينما أخطو للخلف على وشك أن أسألها إذا كان بإمكاني المكوث لندخِّن معًا سيجارة، ومن فرط ارتباكي لم أستطع سوى أن أدفع الباب بظهري فانغلق بصوت دويٍّ عالٍ جاف، يصمُّ الآذان، وتردَّد صداه في الأرجاء؛ أردت أن أعتذر، لكنني لم أستطع أن أفتح فمي.

اعتدَلَت في جلستها، وانحنت، وركلت في الهواء فطار حذاؤها ذو الكعب العالي، ثم خلعت تنُّورتها وبلوزتها. لم تكن ترتدي شيئًا تحتهما. حلمتان بنيتان على ثدييها الممتلئين. لو ضغطتهما في يدي سيسيل منهما حليب أسود. اقتربت منها، انحنيت، قبَّلْتُ عنقها الذي كان باردًا. قبَّلتها خلف رقبتها المشدودة. اتسعت مسام بشرتها. التفتت واحتضنتني؛ التصقتُ بظهرها العاري. أرى في المرآة المقابلة يداي يدخلان تحت إبطيها وتتسلَّلان إلى ثدييها، ثم أسفل، فأسفل، فأسفل؛ في الأعماق. عيناها تتفحَّصانني في المرآة، وتظهر القوة والثقة والغرور. أشعر بالتواضع والفخر الشديد، لو أن أمرًا كهذا ممكن... يزداد احتكاك ظهرها بي فتبتل جاكتتي بعرقها. أداعب بَظرَها المتهيِّج، أضغط على ثدييها، وأسحب شفاه فرجها قليلًا، فتحاول الانسحاب قليلًا، وتتنهَّد، وتحاول التَحرُّر مني، إلَّا أنها تلتصق بي تمامًا.

* * *

في الخامسة صباحًا هزَّةٌ عنيفة أيقظتني من نوم فوضويٍّ مرير، في البداية كانت الغرفة تبرق كما لو كان هناك اقتحام بالنيران والقنابل والأسلحة الفتَّاكة، سقطت المرآة من على مسمار الحائط وتهشَّمَت.

«شختير، كيوبيك أوبينهايمير»، راح ميحمد يتمتم في نومه ويحمي رأسه بوسادة أخرى.

كرات النار تصوَّب نحو عيني وتهجم نحوي وتخترقني بسرعة كبيرة، واحدةً تلو الأخرى في البداية، بعد ذلك اثنتين اثنين، أربعًا أربعًا، ستًّا، مجموعات؛ راحت الأعداد تتضاعف، مائتان وخمس وستون، وصلت لأكثر من خمسة وستين ألفًا، الأرقام تزايَدَت بشكل مذهل، تخطَّت الاثنين وأربعين مليونًا، وتستمر في الزيادة والكثافة، وصارت تحيطني وتغرق في مصابيح فسفورية في أركان رأسي بالكامل، وفي صدري ترتعش أجنحة ترفرف مُحدِثةً صوتًا رتيبًا متكرِّرًا يصيبني بالدوار؛ وكل ما أفعله بشفافية ووضوح مدهشين هو الاستمرار في العدِّ، حتى وصلت إلى بليون وتريليون.

شعرت بأصابع تزحف على رأسي، ونَفَسٍ دافئ يلمس جبهتي وعنقي وصدري المكشوف. هدأت غارة الصواعق والقنابل والبرق الذي كانت تهجم عليَّ. استطعت أن أفتح عيني. كان ميحمد منحنيًا فوقي. يفرك ذراعي وكفي بالكحول ويُمرِّر زجاجة الكحول تحت أنفي.

عندما رأى عينيَّ تتحرَّكان وتتابعانه بتساؤل، توقَّف:

- حسنًا.

قال وهو يعتدل في جلسته ويتنفَّس الصعداء. كان لونه شاحبًا.

- ماذا حدث؟
- لقد أرعبتَني يا رجل... رأيتك تسقط فجأة... لحسن الحظ كنتَ بجوار الفراش، وإلَّا لكانت رأسك شُجَّت مثل البطيخة.
- لم تَقُل لي ماذا حدث؟
- ماذا حدث؟ أُصِبتَ بالإغماء.

صمتنا للحظة، وتجنَّبنا النظر لبعضنا البعض. كسرتُ أنا الصمت أولًا:

- كم استغرق الأمر؟
- دقيقة أو اثنتين... هل حدث لك ثانية بعد واشنطن؟
- لا... ربما نعم، لست متأكدًا.
- ما هذا؟ هذا غير معقول! لا، ربما، عمَّ، لستَ متأكدًا! هل يُعقَل أن تفقد حواسك وتسقط على الأرض ثم تنهض ولا تكون متأكدًا؟ هل كان أحد بجوارك؟
- في مركب نَهريٍّ في المسيسيبي. كان بجواري البروفيسور وزوجته. قالوا لي إنني كنت أتحدث، جلست على سطح المركب المريح ونِمتُ بعمق، وفجأة. فكَّروا أن يستدعوا الطبيب، لكن عندما بدأت في الحديث أثناء نومي هدَّأ ذلك من روعهم.
- لقد فعلتَ هذا معي أيضًا في تورنتو، هل تذكر؟ عندما كنَّا نتحدث، ثم فجأةً سقطتَ... أن تسقط في النوم مثل جذع الشجرة فجأة هذا طبيعي، جذع الشجرة يسقط... لكن، هل بحثت في هذا الأمر؟ هل ذهبت إلى طبيب؟
- لا لم أبحث في... الأمر، ليس هناك داعٍ، ليس لديَّ شيء. ولا أثق في الأطباء.

- لا تثق بهم، لكن اذهَبْ إليهم ليفحصوك... أنا أعتقد أن الأمر له علاقة بالقلق والإرهاق. أنت قَلِق طيلة الوقت، يا أخي... لو هدأت قليلًا ستصبح على ما يرام، لكن تحسُّبًا لأي وضع، اذهب إلى الطبيب لينظر في الأمر. الإغماء ربما يكون جرس إنذار من الجسد.
- قلت لك إنها مجرد دوخة ومرَّت.
- الدوخة لا تلقي بك على الأرض.

توحَّشَت نظرته فجأة؛ يبدو أنه كان يفكِّر في شيء آخر، قال:

- ثم اسمع، لأقُلْ لك شيئًا يا أرخونتيتيس، لو أننا سنكمل صحبة في رحلتنا الملعونة هذه أريد أن أكون متأكِّدًا أنك لن تموت بين يدي... يوم الاثنين في لوس أنجلوس ستذهب للطبيب.
- أوك، سأذهب. لكني أقول لك مرة أخرى، الأمر ليس بالمهم... إنه كما قلت، إرهاق وتوتُّر، جرعة كبيرة من أمريكا... هذا هو المسمَّى الأفضل للمشكلة، لمرضي، أمريكينيتيس. مثلما نقول ميلينجيتس أو إنكيفاليتيس.
- خراء قبرصيتيس.

أكمل ميحمد.

ورحنا ننحت مُسمَّيات جديدة لأمراض على نفس الوزن... ليزبيانيتيس، أرخونتي تيس، ميحميتيتيس إلى آخره.

31

حقيقةً، ماذا عرفت في لوس أنجلوس؟ أناسًا في سن المعاش، سيدة في الخمسين من عمرها، وآخرين عن بُعد ممَّن يعجُّ بهم فندق «نيو باسيفك». نسخ طبق الأصل من العجائز الذين كنت أعيش بالقرب منهم لأربعة أسابيع في نيو إمباسادور النيويوركي.

«مُنِحتُ كلَّ نِعَم حياتنا بلا ألم وبلا سبب»، أسراب تحوم في لوبي وصالونات وممرَّات ومراحيض الفندق، تجمُّعات تتدفَّق بلا توقُّف، يتوقفون قليلًا حتى يتجمَّعوا مرة أخرى أمام المصعد، أو في طابور عند مدخل المطعم؛ بعد الظهيرة يُحشَرون مرة أخرى في قاعة البلياردو للترفيه، وفي قاعة المطالعة، أو عند مواقف الحافلات التي تنتظرهم من أجل خروجاتهم الأسبوعية داخل وخارج لوس أنجلوس، أحيانًا حتى مونتري وسانتا باربارا، أو سان دييجو، وحتى أبعد من هذا، إلى تيخوانا وإنسيناذا وميكسيكالي في ميكسيو.

يتفرَّقون فقط في وقت النوم. كلٌّ ينتظر دوره ويقف في طابوره حتى يصل غرفته.

أكثر كبار السن إبهارًا هُنَّ تلك السيدات العجائز المتحصِّنات بدأب شديد بملابسهن الغالية، خلف طبقات سميكة من البوردة الحمراء، وكلُّهنَّ مُتسلِّحات بكل الإكسسورات. تمرُّ من أمامهن في أي اتجاه

لأي غرض هام أو غيره، لا يهمُّ، فينظرن إليك بطرف أعينهن، وتقرأ في نظرتهن تساؤلًا: ماذا حدث لكَ يا هذا، لماذا تهرول هكذا؟ ما الذي يستدعي كل هذا الانشغال والتركيز؟

كل فنادق الولايات المتحدة التي تصادف أن مرَرتُ عليها أو زُرتُها أو مكثتُ فيها وجدتهنَّ. في مكان ما متحرِّر من الكهرباء والعجلة، يجلسن بالساعات خلف الجريدة، دائمًا أمام نفس العمود، عند نفس الاسم: «ماذا تعني بحقِّ السماء هذه الكلمة التي من صغري بدأت في التَّوحُّد معها وأسمِّي الناس بها؟ كانت لغزًا محيِّرًا مكتوبًا بحبر غير مرئي على جسدٍ يثرثر أو يضج وأحيانًا يحمرُّ من الغضب أو الخجل، مُصدِرًا أصواتًا غير مفهومة وهمهمات. ثم بعد قليل، وبالتدريج، هذا الاسم الذي كنت أراه عندما كنت صغيرًا شيئًا مميزًا ومتفرِّدًا صار يتضاعف وينكمش معناه. الآن هي محض غصن ذكريات جاف، صوت غير مفهوم: جي-ري! جدِّي المرحوم، أخي قبل سنوات طويلة، زميلي في السوق، الذي انحنى لي واعترف أنني تاجر وبائع أفضل منه، الفنان الكوميدي جيري لويس، الذي كان يجلس بجواري في رحلتي الوحيدة نحو الشاطئ الشرقي، أخو زوجتي المريض بداء السرقة، حفيدي، وابني، وابن حفيدي الذي لم أره بعدُ، وعلى ما يبدو لن أراه أبدًا، لكنني سمعت عن أشياء كهذه.

مسيرة حياتي، ثابتة لا تتغير:

8:00 صباحًا. استيقاظ بطيء. تبوُّل مُطوَّل يستمر لعشر أو خمس عشرة دقيقة، أو أكثر، على دفعات صغيرة.

8:30 صباحًا. تريُّض هادئ جدًّا جدًّا جدًّا.

9:00 صباحًا. إفطار وابتلاع جرعات الأدوية الصباحية.

9:30 ص. تصفُّح الصحف والمجلات في قاعة القراءة، أو متابعة التعليقات في البرنامج التلفزيوني «القهوة الصباحية» في اللوبي.

10.00 ص. جولة في الداخل أو الخارج، لكن في كل الأحوال في الجوار، وليس بعيدًا.

12.00 ظهرًا. مغامرة تَبوُّل من جديد أو تفريغ الأمعاء، لو لم يحدث في الصباح - أو كلاهما - ومن ثم استعداد للغداء.

12:30 حتى 13:00. تناوُل الغداء، ثم ابتلاع الحفنة التالية من الأدوية. أربع أو خمس حبَّات أو كبسول، وإضافة معها مُبطِّن للمعدة وواقٍ للاثني عشر؛ من كثرة الأدوية أو الأسبرين الذي أتناوله باستمرار ودأبٍ بأمرٍ من طبيب القلب.

13:30 مساءً. قيلولة، لو سمَحَت لي حموضة المعدة.

16:00 مساءً. جولة من الثرثرة مع لعب الـ«بينجو» أو بلياردو.

17:00 مساءً. تناول القهوة أو الشاي، مع بسكويت دايت على الأقل، ومتابعة المسلسل المفضَّل في التلفزيون.

17:30 مساءً. جولة تسوُّق بالنظر لنوافذ عرض المتاجر، ثم تسكُّع، ومن ثمَّ ساعتان من الراحة والنوم في دار السينما.

19:00 وحتى 21:30 مساءً. عشاء خفيف. مثلما يقول القول المأثور «تناول غداءك كالأمير وتعشَّ كالفقير».

21:30- 22.30 مساءً. مشاهدة التلفزيون مرة أخرى. النشرة الإخبارية الرئيسية، أو برنامج «24 ساعة».

23.00 مساءً وحتى 7.59 صباحًا. سهر متقطِّع بنوبات النوم، خفيف، وقَلِق، أو زيارات للحمام كلَّ ساعة أو ساعة ونصف على الأكثر، صباح فوضوي.

هذا هو البرنامج، مع بعض الاختلافات أو التغيرات أو المفاجآت الصغيرة.

أتابع زملائي في السكن من نافذة شباكي المتميزة؛ ومثلما كنت أفعل قبل شهور في إمباسادور؛ أشبِّههم تاره بـ«فئران تجارب معمل العجوز مدام أصلان» كما أقول لهم، وأحيانًا «مكابس ومكابح خربة لماكينة مهترئة»، معدَّلة من أجل الجولة الأخيرة في الحياة؛ الحياة التي تنبض حولهم وتحتدم في عاصمة الكوكب هذه للإغواء والشباب والجمال والطبيعي والاصطناعي والخيال.

كاليفورنيا مليئة بهؤلاء. تقابلهم في كل مكان. ويغيبون فقط عن أعشاشهم العالية التي كانوا يحلمون بها فوق أجساد أجِنَّة العائلة طيِّبة الرائحة. أولادهم يكبرون - مع الأسف - ولا يريدونهم بين أقدامهم. رفقاء حياتهم تركوهم من وقت طويل. في أحيان كثيرة هم السبب الرئيسي، وليس أحدًا آخر. عذارى من الفتيات والفتيان سلَّموا أسلحتهم مبكِّرًا وباعوا روحهم في حساباتهم البنكية قبل أن يتعلَّموا كيف يستخدمونها بشكل صحيح، واستسلموا طواعيةً وعنوةً للوَرَثة والاغتراب وتسوية الحياة مع القطيع.

هنا في لوس أنجلوس تحتوي الفنادق على العديد من نماذج هذه

الطبقة التي تتضخم على المستوى العالمي، ومؤشر متوسط تعدادها يزداد بغرابة. كل هؤلاء الذين تقوقعوا في فندق الباسيفك ليسوا نماذج نادرة، بل إنها أكثر من شائعة. السمات تنطبق إذا ما نظرت لهم، هؤلاء الناس كلٌّ على حِدَة. لأنهم على المستوى الجمعي هم دائرة قوية، زمرة، عصابة، إذا وقعتَ بين تروسها، حتى لو كنتَ مراهقًا، فستخرج، إذا خرجتَ، بروح مهترئة. هم على الجانب الآخر، ولحسن الحظ يستحيل اختراقهم من قِبَل المتبجِّحين غير المؤهَّلين أو الفضوليين إلى طبقاتهم. فهم ككتلة وكمجوعة لديهم آلية طاردة ومصفاة تكرير تختار بعناية المرشحين الجدد وليس العمر معيارًا بالضرورة بل العنصر الحاسم دومًا هو درجة وحدات الألم الواقع على كلٍّ منهم، وكثافة هذا الألم وقوته على مرِّ السنوات تتناسب تناسبًا طرديًّا مع نسبة الاحترام الذي يتمتع به كل عضو في هذه الزمرة. تستبعد من البداية الآلام الخيالية والمتضخمة التي تُسبِّبها أية ظروف عارضة. لو أن هناك شيئًا يفوح من هذا المجتمع المتماثل، حَسَن التنظيم، ليُدلِّل عليه فهو بلا شك صراحة كل عضو مرشح؛ وهذا لأن هؤلاء القدامى قد عاشوا كل أنواع الآلام. ولا يزالون يرون ماضيهم المظلم في المرآة حتى الآن مثل صديقنا روبرت ماك جريجور في فندق إمباسادور. إنهم يعرفون كل التجاعيد التي تؤكد حقيقة كل عبارة وكل ادِّعاء، مثلما يعرفون كل انحراف في الفم الذي يُحوِّر الكلام، ويُكذِّب حتى أكثر الإيماءات خفيةً.

***

جلست في لوبي الباسيفك على المقعد الوحيد الخالي. كنت أنتظر مايكل روسيل الكاليفورني الذي تعرَّفت عليه عن طريق المراسلة وعبر بعض اللقاءات التليفونية.

وصل في الوقت المحدَّد. كان يمسك حافظة كبيرة وثقيلة. يجب أن يكون هو! كان قد قال لي إنه ينشغل بالرسم مؤخرًا. في الماضي كان يعمل ممثلًا للأدوار الصغيرة في الأفلام ومقدِّمًا للفرق الموسيقية وموزِّع ألبان ومصحِّحًا في جريدة تابلويد. داخل حافظته لا بُدَّ أنه يحمل نماذج من أعماله لسبب لا أعرفه.

تأكَّدتُ أنه هو الشخص الذي أنتظره من الطريقة التي يجرجر بها ساقه. «أنا أعرج، أحد ضحايا شلل الأطفال». كان قد كتب لي في إحدى رسائله عندما طلبت منه أن يرسل لي صورة له؛ وهو ما فعله. على الرغم من أنه طلب وتسلَّم صورة لي؛ قال لي في رسالته: «لن تعرفني من ساقي العرجاء».

كان ينظر يمينًا ويسارًا كي يجدني. تلاقت نظراتنا عدَّة مرات. هَمَمتُ أن أنادي عليه أو أشير له، لكنني فضَّلتُ أن أتركه يكتشف وحده. راح يمسح اللوبي ذهابًا وإيابًا ببطءٍ ودأبِ ساقَيْه العرجاء، ثم مضى ومدَّ يده إلى سيدة عجوز، يده الحرة. بعد أن حيَّاها عرَّف نفسه:

- مايكل روسيل، رسَّام.

وسألها لو كانت رحلتها من قبرص مريحة. حتى إنه لم يتذكر المعلومة التي قلتها له عبر الهاتف من لاس فيجاس، وهي أنني في الولايات المتحدة منذ خمسة أشهر!

السيدة العجوز نظرت إليه باندهاش وارتباك ثم زامت:

- ماذا؟

فتجمَّد في مكانه. وأنا كذلك!

- ألستِ أنتِ السيدة أرخونديذيس، من قبرص؟
- بالطبع لا! أنا وُلِدتُ وعشت في سانتا آنا. ليندا مالوي... مَن هذه الـ... كيف قلتَ اسمها؟

تلقَّيتُ لمرة أخرى في أمريكا صفعةً مدوِّية عن جزيرتي. مثل تلك المرة في إعادة التوجيه، عندما قال لي أحد الضباط في قسم المنح الدراسية، يُدعى مستر بولوك، وهو يتفاخر بمعلوماته الجغرافية ويشير بعصاه على الخريطة على المدن والدول التي أتى منها الطلاب الحاصلون على المنحة، مضيفًا كلمتين عن كلٍّ منها، إلى أن وصل دور قبرص، فحلَّ عليه الصمت. العصا أصابها الشلل. بعد ذلك، صار يتصبَّب عرقًا وتهتز العصا في يديه من الشك، بدأ شيئًا فشيئًا يشير نحو المحيط الهندي، ثم البحر الكاريبي، ونحو مُثلَّث بيرمودا، كي يصل إلى جزر الكناري... لا جدوى يا مستر «بلوك» للجزيرة؟ جزيرة قبرص كما ذكرها الرئيس كنيدي فيما بعدُ بعدم اكتراث.

لو لم تكن نبرة العجوز وهي تصيح «ماذا، وبالطبع لا» بها كل هذا الكَمِّ من الإنكار والرفض، لدرجة أنني تجمَّدتُ في مكاني من الدهشة، لكنتُ قد اقتربت منها لأرى إلى أيِّ مدى تُشبِهني العجوز. ولو أنها تشبه الصورة التي أرسلتها للمعتوه الكاليفورني. لم أجرؤ بالطبع، لجأت للهروب. صعدت إلى الدور الحادي عشر، رقم 11، «السكن المشترك»، مثلما أسمِّي «الأوضة» كما يسمِّيها ميحمد. لقد خرج الأغا تاركًا مثلما يعتاد، وأعتاد أنا أيضًا، فوضى عارمةً في الغرفة؛ فِراشًا غير مُرتَّب، حقائب مفتوحة تفيض منها الأغراض، أحذية وجوارب على السجادة، ومناشف الوجه والحمام على المدفأة. رتَّبتُ الغرفة بإهمال وسرعة، وجمعت الأغراض فوق بعضها، والملابس المتسخة،

وألقيتها في الحمام، ثم اتصلت بالاستقبال كي يرسلوا الزائر الذي يُدعَى مايكل روسيل.

استقبلته على الباب. راح يتفحَّصني باستغراب. كان أكثر ارتباكًا وحيرة من العجوز في اللوبي. تساءلت لماذا يا تُرى؟ لأنني بالطبع لم أكن أطلب أية تفسيرات عن الموقف الذي حدث في اللوبي، ولا حتى عن حَوَل عينيه.

جلس على المقعد، وجلست على الفراش. ثرثار كبير. يتحدث عن حلمه، يريد أن يستقرَّ في قبرص. ترك لي الانطباع أنه يرى قبرص المجهولة وكأنها مشفى أسكليبيوس، حيث إنه بعد سهر وصلوات وتهجُّد سوف يُشفَى من كل الأمراض... ثلاث نقاط. هكذا قال. إنه، قال، كم هو متحمِّس وسعيد أنه أخيرًا قد «قابل شخصًا من قبرص!»، قالها بنبرة وحماس يناسب شخصًا وجد نفسه فجأة قد تعرَّف على شخص من الشامبالا[27] أو جبال الأوليمب!

لم أُخرِجه من أوهامه. آثرت الصمت شامتًا، وكأنني أسمع خطيبًا مُفوَّهًا يلقي خطبة عصماء ضد الولايات المتحدة، ليفضح سياساتها، على عكس وطنه الجديد.

- هنا، في بقعتنا الأمريكية، على العكس من أوربا وقبرصـــ... نـــ... ا، حرية الروح الفطرية أو المزروعة من قِبَل العائلة، ومن بيئة الكرامة والاحترام الأوسع، هي قِيَم مجهولة أو مهملة لدى الأغلبية

27- مملكة شامبالا هي مملكة أسطورية من الميثولوجيا البوذية، وعاصمتها «كالابا». تعني كلمة شامبالا باللغة السنسكريتية «أرض السلام والسكينة»، وتُعرَف أيضًا بأسماء كثيرة، مثل الأرض المحظورة، وأرض الأحياء، وأرض العجائب، وهي أسطورة من التِّبت، عن مخلوقات مثالية تنير الدرب لتطور البشرية، أعمارهم مديدة وأجسادهم مثالية، ويملكون قدرات خارقة ومعارف روحانية عميقة، وتقنيات متقدمة جدًا.

الذين يتعرَّضون بشكل ممنهج لغسيل أدمغة من قِبَل ساساتنا، ومن المدرسة والميديا والكنيسة والميكنة الدعائية، وبالأخص الأخيرة، التي تُعتبَر الإنجيل الجديد لنا. بشكل منظم ومقصود يسحق الشخص من قِبَل النظام الذي يهدف بشكل رئيسي لخلق أشباه بشر منتجين. الذكرى الوحيدة السعيدة بالنسبة لي في هذه البلاد هي بصقة صائبة، صائبة للغاية! غادرت نيويورك بالسفينة ووصلت إلى تمثال الحرية. رفع الهواء لعابي إلى أعلى وألتصق برأس التمثال الفرنسي. كانت اللحظة التاريخية في حياتي! فأنا، وتذكَّر هذا، لست فوضويًّا ولا شيوعيًّا. أنا ببساطة إنسان مُفكِّر، ذاتي وفردي، في دولة يُقَطَّع فيها الإنسان كي يصبح موادَّ خامًا قابلة للاستهلاك.

فتح حافظته وأخذ يضع لوحاته بجواري، وعلى الحائط، والأثاث، والمدفأة. مهتمًّا بمعرفة لو أن لوحاته ستلقى إعجابًا في قبرص. بخلاف تشاؤم صارم وسواد كبير ليس بها أي قيمة تُذكر. أكَّدتُ له أنني صريح، وبما أنني أعرف «ذوق» أبناء وطني وهَوَس كل ما هو أجنبي الذي يضربهم- أن لوحاته سوف تلقى إعجاب محبي الفنون من الأثرياء الجدد:

- سيتهافتون عليها ويخطفونها خطفًا.

***

راح مايكل روسيل بشغف واستسام متجدِّد يسرد خططه ورغبته القوية للاستقرار في قبرص؛ قبرص الحلم كما وصفها، بألوان زاهية. قبرصيٌّ غبي من لارناكا، كان طالبًا هو الآخر في جامعة لوس أنجلوس... كان هو مَن أعطاه اسمي وعنواني، وشجَّعه أن يكتب لي. يقول إنه

يخطِّط أن يتعلم لغتنا، «القبرصية»، كما سمَّاها، هكذا أيضًا كان قد أسماها صانع القِباب، وأنه سوف يعتنق الأرثوذكسية وسيتعمَّد في أحد الأديرة، وسيبني بيتًا وأتيليه في إحدى القرى الجبلية؛ كما أنه يريد - كما قال - أن يبني فناءً، ويرسم ويعيش وحده، وسيصنع حديقةً يربي فيها الدجاج ليحصل على البيض، وعنزةً من أجل الحليب، وسوف يصبح نباتيًّا، وسيحتسي شايه وقهوته في مقهى القرية بجوار المداخن، بينما سيهطل الجليد، وسوف وسوف وسوف...

لكنني لن أكون معك.

عدم اكتراثي بالأحلام والمشاكل الغريبة - وهو الأمر الذي بدأت أشعر به في هذه الرحلة - يُسبِّب لي من ناحيةٍ شعورًا ما بالذنب، ومن ناحية أخرى يحرِّرني على نحوٍ غير معتاد. أعتقد أن نفس الشيء يحدث لكل ساكني فندق الباسيفك. عندما تسكن روحَك اللا مبالاة مثلما يحدث لي الآن هنا؛ كل ما هو خارجك لا يعنيك على الإطلاق، ولا يكون لديك أي رغبة في الانشغال به.

في الفترة الأخيرة، ودون أن أتعمَّد مثلما كنت أفعل عن قصد فيما سبق، قديمًا عندما كنت أغرق يوميًّا لثلاثة أرباع الساعة في تأمُّل عميق، وأنظر إلى خيوط مصائر البشر التي تتهادى حولي مثل خيوط العنكبوت، تمتدُّ وتتشابك، أو تنفصل وتمتدُّ نحو المجهول على نحوٍ متوازٍ غير متصل. في تلك الساعات أشعر بثقة كبيرة أن نقاط الاتصال الثابتة والدائمة التي بيننا نحن الكائنات الفانية، ومهما كنَّا ضروريين أو نريد أن نعتقد أننا كذلك، كلٌّ منَّا للآخر، هي غير موجودة. فقط صدفة دورية عرضية للمصالح أو الأهداف أو الأحلام. ومع ذلك، من المستحيل بالنسبة لي أن أعزل نفسي، وأعيش بعيدًا عنهما، بعيدًا عنكم

يا صديقي روشيل وسيا. ما أكرهه يجعلني أسيرًا لك: الخوف من أن أكون وحيدًا مع نفسي، وجهًا لوجه؛ أمام الحقيقة المروِّعة: أنا عدوِّي اللدود. الوحيد!

32

بقيت ممدَّدًا في الفِراش في سان فرانسيسكو إثر الدُّوار الذي ألَمَّ بي بالأمس في القطار في طريقي إلى هنا، بدأت أشعر بنشوة مشوبة بالرعب الذي يولِّد دومًا من الحضور المتوازي في مكانين بعيدين جغرافيًّا عن بعضهما البعض؛ شعور وتجربة قوية تستمر في الحدوث، وتُسبِّب لي التوتر والتَّعرُّق الغزير.

أنا وحدي. خرج ميحمد في جولة مع صديقنا المكسيكي الذي استقرَّ هنا بعد أن اختار أن تكون فترة تدريبه لثلاثة أشهر هنا. كان ميجيل دائمًا معجبًا بمدينة سان فرانسيسكو، بقي هنا طيلة الفترة. كان ريبوتر تحت التدريب في «S.F. Times». في الصباح كان زبونًا دائمًا في البارات وحانات التَّعرِّي وكل أشكال وألوان المطاعم على اختلاف جنسياتها، من الليل وحتى الصباح. بعد سيل من المكالمات التليفونية أقنعنا أن نزوره ونقضي معًا بضعة أيام. حجز لنا غرفة في الفندق الذي يقيم فيه، لا بالاوما. الآن خرج كلاهما ليصوِّرَا المناظر السياحية والمثيرة ويتجوَّلا في البارات وحانات التَّعرِّي ويتضحاكا مع المثليِّين.

وأنا مع هذا الدوار أخشى أن أقضي الثلاثة أيام في الفراش. لكن وهكذا، بين الحين والآخر، ولبضع لحظات، وأحيانًا لبضع دقائق، أجد نفسي بالقرب منهما مثلما كان د. ميلهيور عندما قريبًا من خوانيتا عندما تقوم بخروجاتها. أصاحبهما في زياراتهما للـ«ألكاتراج»

وجولدن جايت والحي الصيني والفانسي كلاب وغابة سيكويا. لكنني، وعلى فترات، أتجوَّل في أماكن أخرى، حيث لا يذهب هؤلاء، من خطوط رسمة جسدي، لكن متَّحِدًا بالحبل السري الفضي؛ أرى نفسي مستلقيًا على الفراش من الخارج، من أعلى، من على السطح، أو من النافذة، أو أنطلق وأتحرَّك بحرية في الأماكن المفتوحة دون أن أتحقَّق، ودون أن أبحث عن مخارج. في هذه الساعات لا أرى بوضوح كما ترون، أو تعتقدون أنكم ترون عالمنا الثابت. من وجهة نظرٍ الفاعل أرى المفعول أحيانًا، وأحيانًا أخرى أرى العكس. أعيش في نيقوسيا، في لوس أنجلوس وفي سان فرانسيسكو وفي نيوأورليانز في نفس الوقت. ودون وعي أرى وأسمع أمورًا مجنونة، أتفاعل وأتبادل الأحضان مع بشر معروفين ومجهولين بالنسبة لي، أسمع أفكارًا ونظريات من البشر جديدة ومجنونة. لكن، لا مبالاتي الدائمة لما يحدث خارجي، لا تتزحزح أبدًا؛ تكبر إثر التَّوتُّر ونفاذ الصبح الذين يصاحبان انتظار تجربة جديدة مثيرة أعرف وأشعر أنها على وشك الحدوث؛ أتمنى قريبًا لأنني لا ولن أحتمل انتظارًا أطول من هذا؛ أن أعيش دومًا وأمامي حزمة من الأخطار تتربَّص، في نهاية ماراثون حياتي الضائعة وبداية ماراثون آخر مارثون انقطاع الحبل السُّرِّي الفضي، والدخول إلى المجهول، والعيش بلا جسد. إلى أين؟

***

خارج نافذة فندقنا في لوس أنجلوس تنتصب لافتة عملاقة لإحدى شركات الطيران. هي نفس الشركة التي أسافر بها منذ شهور، بتذاكر اشتراها لي آخرون، ومسيرات اقترحها عليَّ آخرون. بغَضِّ النظر أنه من لاس فيجاس وبعدها أننا حوَّلنا تذاكر الطيران إلى تذاكر سكك

حديدية. وما الذي لم أفكِّر فيه ولم أفعله كي أقنع ميحمد ليفعل نفس الشيء.

- أنت تهوى تعذيب ذاتك يا أركونتيتي، وقد استطعت التأثير عليَّ، اتفو... عليَّ أنا؛ لأنني استمعت لك! الأتوبيسات والقطارات تُفقدِني تركيزي.

اللافتة العملاقة تحجب عني تمامًا الرؤية نحو المدينة التي تمتدُّ عشرات الكيلومترات تحت سفح تلِّ الباسيفك. الطائرة النفاثة بكل تكبُّر تنحشر داخل السحب. أراها كل يوم، فور أن أفتح النافذة وأفكر أنني في التاسع من مايو عندما أجلس في كابينتها للعودة مرة أخرى إلى إيثاكا، وإلى عزيزتي بنلوبي، (هل تسمعين يا أولي، أناديك بنلوبي، وأريدكِ هكذا)، سينفجر ويهتز مثل انفجار فوق المحيط داخل أسطول من أسماك القرش أو فوق ناطحات السحاب حيث ستستمر حياته.

خارج فندقي هنا في سان فرانسيسكو تلهث الحافلات بشكل مخيف. السائحون الأغبياء يعشقونها. ميحمد وإيميليو لا يستخدمون وسيلة نقل أخرى. أمَّا أنا فترُعِبني. لو كنت بكامل صحتي وكنت أخرج معهم لن أثق بها. هناك خطر دائم، هو نفس الخطر الذي سيحملني في أحشائه، أو لأنه سيحملني أنا! سينقضُّ نحو قمَّة التل ثم يسقط متهاويًا في المحيط.

أرى الجسر الذهبي من النافذة، ويثور فكري في أن البشر يبنون الجسور كي يتجنَّبوا قدر الإمكان المياهَ العميقة والأسماك الكبيرة، التي - شئنا أم أبينا - هي مصيرنا المحتوم. على الأقل بالنسبة لي.

أعرف أن هناك هلوسة وبُعدًا عن المنطق في هذه الأمور التي أكتبها في دفتري، أعرف أنني قد فقدت تدفُّق الكتابة. أنا نبات متسلِّق، أتوبيس مثقف خرج عن مساره ويسقط بلا أي سيطرة. البنايات والبشر هي دفقات دوار، ينحشرون في كل منطقة من ذاكرتي، وتمتزج في صفحات الكتاب الكوني، فتربكني. داخل هذه الدوامة تتوحَّد الأزمنة: المضارع والماضي والمستقبل. أتحدث عن كاليفورنيا من نيقوسيا التي أنا منها بالأساس، إلى كاليفورنيا. أنا في كاليفورنيا، وفي قبرص، وفي بلاد ما بين النهرين، ومصر، وروما أدريان وكاليجولا ونيرون، هذا هو حاضر وعيي.

***

عندما تصبح أوليا حنونًا وتلتصق بظهري، دفء جسدي يهرب إلى جسدها، فأشعر بالتَّجمُّد. «كانت هناك قوة خرجت مني». في ساعات كهذه أشعر بين الحين والآخر بالألم لمصير ووحدة العجائز حولي. أفكر وأعدُّ الساعات التي أسرفتُ في تمضيتها في سان فراسيسكو ولوس أنجلوس باحثًا عن شيء ليس له معنى بالنسبة لي ولا للعالم ولا حتى للعالم القادم بالنسبة لنا، حزمة من القمامة أو أعماق قارة أطلانطيس جديدة غارقة. أفكر في الساعات التي قضيتها هباءً وأنا أجمع المعلومات حبَّةً حبَّة، والمعارف، والخبرات؛ كي أستطيع في الغد أن أدير جريدتي المصابة بتصلُّب الشرايين، كي أبثَّ الحقائق الصارخة وكل ما هو جديد إلى أناس يشعرون بالذعر من كل هذا.

انتهى، أفلَ نجمي، خرجت عن مساري، لقد صرت نيزكًا. أطير نحو هاوية الاحتكاك والاشتعال. عندما أستحضر في ذهني الأطفال الجائعين الذين كان بإمكانهم الرضاعة من صدر زوجتي أو أمي ينتابني اليأس.

أبكي على العجائز الذين في هذه اللحظة التي أتحدَّث إليكم فيها يحاولون بكل قواهم أن يستسلموا للنوم وأياديهم محشورة تحت جماجهم النحيلة ولعابهم يسيل على وسائدهم. لكل هؤلاء الذين ليس لديهم يدٌ تغطِّي أجسادهم، ملاك يهزُّ سلوان ذاكرتهم، شعرة شخص آخر تداعب أنوفهم فيضحكون أو يعطسون، أنفاس تردُّ على أنفاسهم.

في ساعات كهذه، أقول، لا النار ولا الحيتان تُرعِبني. قولوا لي إن العجائز، تلك الكائنات الساهرة، سيستطيعون أن يهزموا الموت، تلك الكلمة العتيقة الأزلية. لو أنني استسلمت وأنا على استعداد تام أن أكرر بطولة إيون.

عندما أشيخ وأنكمش وأعيش وحيدًا، سأراعي أن يكون لديَّ مال وفير. لا بُدَّ من أن أكون من الثراء بمكان حتى أستطيع أن أشتري الرفقة، رجلًا كان أو امرأة أو طفلًا. أن أنام بجواره، كي يوقظني كل صباح بتثاؤبه، يقول لي كل ليلة تصبح على خير، أن يضحك معي، ونخاف معًا في الليل من نفس الخطوات ونفس الأصوات.

لو لم يتحقق حلمي هذا سأكون جديرًا بمصيري؛ لهذا أنصحكم «طالما أنتم شباب، اجتهدوا وثابروا ووفِّروا؛ حتى لا تندموا لاحقًا». ستأتي الساعة التي ستحلمون فيها نفس الحلم. نعم، برغم كل الغرابة التي تبدو لكم فيه، سنحتاج جميعًا لندفع غاليًا كي نحظى بهدوئنا وسكينتنا.

إننا حقًّا مضحكون للغاية، لو فكرنا قليلًا بعقلانية في الأمر: إننا كرات معلَّقة بخيوط رفيعة في الفراغ، رفيعة للغاية. وإذا ما انقطَعَت، الموت أو الجنون أو الخوف أو الوحدة أو...

ونحن أقوياء، أو قُل قادرون تمامًا! يمكننا أن نهب أنفسنا كل لحظة. لكننا فقط لا نفعل دون أن نضع شروطًا قاسية.

***

قلت سابقًا إن ميحمد لديه هوسَ شراء المجلات الجادة، السياسية والاقتصادية والبيئية، وكل هذه المطبوعات يكوِّمها، ويعتبر شراء المطبوعات والمجلات الخفيفة عن السيارات والطائرات والجنس والطبخ والفكاهة، إلخ... محض إسراف. فبعد أن يكوِّمها يرتِّبها ويُعدُّها ويقرؤها، أو يحدِّد بقلم ما قد يتصفحه في المستقبل أو يقيِّمه، كل عمود يثير اهتمامه كتركيٍّ وكصحفي ومحبٍّ للحياة الرغدة، ويرتِّبها كلها بشكل بديع في حقيبته. هذه الحقيبة الصغيرة هي دليل دامغ على أن قانون المساحة معطَّل بالنسبة لشريكي في السكن؛ أو بالنسبة للأتراك بشكل عام! فداخل هذه الحقيبة الصغيرة يجد المرء كل أنواع الملابس والأحذية والأغراض، مُبطَّطة، وموضوعة بشكل يصعب على أيِّ امرأة خبيرة في السفر أن تضعها بهذه الأريحية.

- أيها التركي.

راح إيميليو يمزح معه كعادته، بينما كان يشاهده وهو يرتِّب الأغراض في حقيبته للعودة من سان فرانسيسكو إلى لوس أنجلوس.

- قُل لي يا كابرون، ما هو سِرُّك، كيف تستطيع حشر كل هذه الأغراض في حقيبة بهذا الحجم؟ يبدو لي وكأنك تخفي بين أعضائك مصباح علاء الدين.
- ربما قبر القدِّيس نيوفيتوس... فهو يكبر ويصغر حسب ما تلقيه بالداخل.

قلت مداعبًا بنفس المزحة بعد خمسة أشهر. هذه الحقيبة بها كل شيء وأكثر! ملابس وأحذية ولعب أطفال وجهاز راديو وكاسيت اشتراه من دي سي لاد، كيوروس عند سدِّ خوفير، وأيضًا محشور بنفس الحقيبة تقريبًا دستة من آلات النفخ والمزامير التي يهديها إلى أي شخص في الولايات المتحدة يبدي إعجابًا ببلده.

- ماذا ستفعل بكل هذه الأشياء يا أغا؟
- كلٌّ منها يمثِّل ليلة ساخنة جيدة في تركيا!
- أهكذا إذن؟ فأنت على ما يبدو تخطِّط لأن تنكح نصف نساء تركيا.
- قدر ما يسعفني الوقت يا بك.

بعد دقائق، وبينما يسندانني كلاهما كي أقف على قدمي ليذهبا بي إلى محطة القطار، ألقى إيميليو بفكرة عبقرية:

- لماذا لا تحشر الجريكو أيضًا في حقيبتك التي بها عجلات وندفعها حتى محطة القطار؟
- سيُلوِّثها بفلسفاته... دعه يمشِ على قدميه.

33

عدنا إلى لوس أنجلوس، إلى حديقة الحمضيات، حيث تنمو وتزدهر الورود، وكروم العنب، والحمضيات، والسيكويا؛ أكثر مكان معرَّض للزلازل في أمريكا، وحسب المتنبِّئ الأمريكي المعاصر إدجار كيسي، ستغرق قريبًا إثر زلزال مهول. عاصمة الجلامور بلا منازع؛ مكة السينما؛ جنة راكبي الأمواج؛ أرض ميعاد المكسيكيين وغيرهم من المهاجرين اللاتينيين غير الشرعيين و... و... و... يمكن أن يقال الكثير، أوليا، عن هذه الدولة، أجمل ما رأيته حتى الآن في هذا البلد.

لكن ثَنائي هذا لن أشوِّهه بكلمات في دفتر يومياتي، أو بكارت بوستال. انطباعاتي ستبهت بهذه الطريقة، أفضِّل أن أقولها مباشرة، بعد الثامن من مايو، اتَّفقنا؟

حسنًا!

كتبتُ لك قبل شهرين عن جولة خطَّطتُ لها في برنامجي في لوس أنجلوس كي آخذ فكرة عن تصوير الأفلام والبرامج الكبيرة التي تُعرَض على الشاشة الصغيرة. عن طريق اتصالات روبي حصلت على تصريح دائم لبلاتوهات هوليود، ولبعض الاستوديوهات التلفزيونية الأخرى. أقضي ساعات طويلة في هذه الأماكن وحدي في الصباحات؛ فضَّل ميحمد أن يرى عن قُربٍ كيف يحصل ناشرو جريدة تابلويد على هذا الثراء.

على كارت بوستال بالتأكيد لم تتلقِّيه حتى الآن، أكتب انطباعاتي من تصوير البرنامج الجديد للوسي بول «I love Lucy»، الذي كنتُ أتابعه مُسجَّلًا في إحدى دور السينما بالمدينة. موهبة خارقة هذه الممثلة الكوميدية! تعشقها الجماهير في كل الدول التي يُعرض فيها مسلسلها. في يوم التصوير ذلك الذي شاهدته، ألفان ونصف من الجمهور في المسرح انفجروا في الضحك. تعرفين هنا عند تصوير مسلسلات وبرامج كهذه، «التسجيل» كما يسمُّونه، مدير خشبة المسرح يشير إلى الجمهور بلوحة مكتوب عليها «الآن تضحكون»، «الآن تصفِّقون»، «الآن تخافون»، الآن كذا، وهنا كذا... في ذلك اليوم الذي سعدت بالتواجد في التصوير خلاله رأيت الجمهور يضحك ويصفق قبل إشارة المخرج. كان الجمهور خارج السيطرة تمامًا، كانت لوسي رائعة. أدركت أن تفاعل الجمهور كان تلقائيًّا وطبيعيًّا إذا ما قارنتها بردود أفعالي أنا. كنت أضحك وأصفق قبل أن ترتفع اللافتة. مع كل تعبير وجهٍ للوسي، وكل مقلب وسوء فهم وكل مزحة ذكية. استمتعت كثيرًا، على الرغم من أنني كنت أواجه بعض الصعوبات في متابعة بعض الحورات - التي كانت مضحكة جدًّا - بسبب خصوصيات اللغة، أو الإشارات إلى أحداث محلية كنت أجهلها.

اليوم مررت بتجربة مختلفة. في الصباح مررت على بلاتوه MGM / UA. تابعت تصوير العمل الكوميدي لوايلدر، تعرفين عمَّن أتحدث، بيلي وايلدر:

Seven Years Itch, some like it hot, Appartment، إلخ!

أشعر بالامتنان لروبي لأنه أمَّن لي دعوات مشاهدة التصوير. حظٌّ كبير أن يرى المرء شخصًا مثل وايلدر وفريقه أثناء العمل! الآن يُخرِج

عملًا كوميديًّا بعنوان «إيرما لادوس»، إيرما الجميلة. مع متعدِّدة المواهب شيرلي ماكلين وغير المتكرِّر جاك ليمون.

ذات يوم لن تصدقي ما حدث خلال ست ساعات، ربما لم يتم تصوير أكثر من مشهدين لا يستغرق كل منهما دقيقة! قاموا بالبروفات أمامنا، مائة مرة، كل مشهد، وقاموا بتصويرهما مرَّات مثلها. المرة الأولى، ثم الثانية، وإعادة، ثم إعادة، حتى المرة الثلاثين للمشهد الأول، وخمس وعشرين مرة للمشهد الثاني، حتى قال الآمر الناهي «أوك»!

الأبطال والمساعدون والكومبارس والبقية؛ كلهم كانوا هناك، مرتدين ملابسهم ومكياجهم، وأدُّوا بروفات أدوارهم؛ كلٌّ في مشهده، بكل صبر، وبلا تذمُّر. وكذلك كان الفنيون والمصورون وعُمَّال الإضاءة والصوت وفتاة السكريبت وفنِّيُّو المكياج، إلخ... جيش غير مرئي يقاتل وينتصر في معارك في البلاتوه، ويخلق العالم السحري الزائف الرائع الذي يأسرنا. الأمر الذي ترك انطباعًا عجيبًا لديَّ هو أن كل هؤلاء البشر في الاستوديو - الذي هو أكبر من ملعب كرة قدم - لم يكن يصدرون صوتًا واحدًا... فقط بين الحين والآخر كان المايسترو الكبير بيلي يصيح قائلًا: «لا، لا، لاااا، إعادة»، ثم يعطي تعليماته، حتى يقتنع، ثم يقول: «هذا أوك، يا سيد مونتير، ضَعه في اعتبارك».

الأمر الآخر الذي أبهرني كان الديكور! البنايات والمقاهي والبنسيونات، إلخ... حيث تصوَّر المشاهد، كلها كانت مصنوعة من الكرتون أو من أشياء مثيلة؛ مواد بسيطة؛ مزيَّفة ومرسومة ومنحوتة، ومثبتة من الخلف بأعمدة الأخشاب والدعامات والحديد. أمَّا عن العربات على الطرق الخضراء فكانت أصغر بكثير ممَّا نراها في

اللونا بارك وفي حدائق الأطفال. كل هذا بالطبع بالعين المجردة. عندما ترينه على الشاشة الكبيرة البيضاء ستُقسمين أنك في الحي اللاتيني.

قمة لحظات اليوم كانت عندما تبادَلتُ كلمة هالو ومصافحة مع بيلي وايلدر؛ ثم قلت له:

- تشرَّفتُ بلقائك سيدي.

ولا أذكر ردَّه بأي حال؛ فقد كنت متوترًا للغاية... لكنه أجابني على كل حال.

كما كنت محظوظًا للغاية عندما تركوني أدخل إلى حجرة العرض، حيث البطلان والمخرج والمنتج وخمسة أو ستة من صُنَّاع الفيلم يتحدثون مع الصحفيين الأجانب، الفرنسيين بالتحديد. هنا أعجبت بهم حقًّا، أي بيلي، والنجوم، والروح الطيبة التي لديهم... قفشاتهم الذكية كانت تهطل كالمطر. لو كان لديَّ كاميرا للتصوير أو مسجِّل صغير مثل تلك التي لدى ميحمد! لكنني لم أفكر في هذا كالأحمق.

من كل ما قيل ماذا أذكر لأكتب؟ هؤلاء الناس لديهم عقول فيَّاضة! فـ«وايلدر»، على سبيل المثال، عندما سُئل لو كان يتوقَّع جائزة الأوسكار؛ قال:

- عندما يبلغ شخصٌ مثلي سن الستين أو يقترب منها، فأنا سبعة وخمسون، يكون تقريبًا متأكِّد أن الحياة ستنعم عليه بالبواسير وبعض السراويل.

أما جاك ليمون... فقد سألوه لو كان سعيدًا بالأجر الذي يتقاضاه في أفلامه؛ قال:

- أنا أتقاضى أكثر ممَّا أحتاجه، وبالتأكيد أكثر بكثير ممَّا أستحقُّه.

وماذا عن شيرلي؟ امرأة فائقة الذكاء، ولديها فلسفتها الخاصة! سأكتب لكِ فقط شيئًا واحدًا ممَّا قالته:

- الإنسان الذي يعرف كيف يضحك مع نفسه ويسخر من أفعاله، لن يكُفَّ أبدًا عن الضحك وإمتاع الناس.

غدًا سأذهب إلى البلاتوه، وسآخذ معي كاميرا ومُسجِّلًا صغيرًا. أتمنى أن يسمحوا لي باستخدامهما لأخلِّد بعض اللحظات. ولو استطعت أن أحشر نفسي بجوار هؤلاء الوحوش المقدَّسة، أو مَن ستسنح له الفرصة كي يدوس على زرِّ الكاميرا واستطاع أن يضعني في الكادر خلف أو أمام جاك ليمون أو شيرلي ماكلين، سأضعها في إطار بجوار الصورة الأخرى التي صوَّروها لي في المكتب البيضاوي في البيت الأبيض في الوقت الذي كان يوبِّخني كنيدي.

أمَّا عن شعوري بالدوار والدوخة الملعونة التي أرقدتني في الفراش في سان فرانسيسكو، فكما انتبهتم لم أذكر شيئًا لـ«أولي». على الرغم من أن ميحمد يضغط عليَّ كثيرًا، أو على الأقل أن أنبِّهها. بالتأكيد سأذهب إلى الطبيب. وهو الأمر الذي أتجنَّبه.

ربما في الرسالة التالية أو في الكارت بوستال التالي من بورتلاند أوريجون عندما سأكتب لها من جديد سأشير لها من بعيد عمَّا يحدث لي. ربما أيضًا، لو هدأت مخاوفي بشكل ما، أقرِّر أن أقوم بفحص شامل مع الطبيب. ربما، سنرى.

34

كان ميحمد الليلة عنده مزاج لحوار خفيف، بالتركية «كونوشما». فور أن دخلت للغرفة ترك مجلة البلاي بوي، والصفحة المزدوجة التي بها صورة الموديل العارية كاملة، بحُلَّة الأرنب الوردية، التي كان ينظر إليها من كل الاتجاهات والزوايا، وبكل درجة مَيل؛ يتخيَّل أنه هكذا ربما سيستطيع أن يرى كل تفاصيل الجسد العاري الرائع المغري.

تصنَّع الغضب، والتفت وسألني، لأنه دُهِش أنني تركته طيلة اليوم دون شيء يفعله.

- أرى أن لديك ما تفعله يا مدمن البورنو... أين يمكن أن أكون، تعرف أنني ذهبت اليوم لمشاهدة تصوير فيلم لادوس.

التقط حبَّتي يوسفي من الميني بار.

- هل استطعت أن تلتقط أي صور معها على الأقل؟
- لم تكن شيرلي اليوم في البلاتو. لكنني التقطت صورة حاضنًا جاك ليمون ووايلدر، وسجَّلتُ لهم خلسة بعض الحورات عن أحد الكادرات. أحدهم كان يريده خلفيَّةً، أي بظَهره، والآخر أراده العكس. في النهاية اتفقا بعد نصف ساعة من الاختلاف، وصوَّرا المشهد بروفيل! لكن على كلٍّ، أتمنى أن أصادف غدًا السيدة

ماكلين.

- وغدًا، ستقضي يومك هناك أيضًا؟
- ألم آتِ إلى L. A لهذا السبب؟
- هل أفهم من هذا أنك ستغير مجال عملك من الصحافة إلى السينما؟
- أتمنى لو كنت أستطيع. ربما سينتهي بي الحال في التلفزيون. الآن ننظِّم أنفسنا لافتتاحه في قبرص، ستكون هناك فرص كبيرة.

قشَّر حبَّات اليوسفي. قارن فيما بينهما، ثم أعطاني الحبة الأصغر.

- إذن قضيت يومك في هوليود؟
- حتى الثالثة مساءً.
- وبعد ذلك، هل انفردت بإحداهن وذهبتما إلى أحد الفنادق من أجل الـ«سيكو سيكو»؟
- ومن أين لي بحظٍّ كهذا! على كلٍّ، كنت مع امرأة... إحدى سيدات اللوبي.
- هل نِمتَ مع إحدى العجائز؟
- لم تكن كبيرة لهذا الحد، كانت تقارب الستين من عمرها. لكنها في حالة رائعة.
- أين وجدتها، في ثلاجة الموتى؟
- حقيقة أقول لك، لقد كانت سيدة رائعة.
- هل مارست معها الجنس؟
- عقلك لا يذهب إلى أي اتجاه آخر. المرأة كانت شاعرةً. قرأَت لي بعض الأبيات.
- اللعنة عليك!

سبَّني، وعاد إلى البوستر العاري واليوسفي.

- هل تريد أن تسمع الحكاية؟ أراهنك، ستجد بالقصة الكثير من العِبَر. لو كنت تحفظ بعض القصائد عن ظهر قلب ربما ستدعوك أنت أيضًا إلى الشاي في جلسة أدبية.

أغلق المجلة وأخرج نظارته.

- قُل يا هذا...

ثم أكمل:

- لكن عليك أن تعرف، لو كانت قصتك مخبولةً سأُخرج كل جنوني عليك.

استجمعت كل قدراتي في الحكي وبدأت:

- بعد أن عُدتُ من الاستوديو، تحمَّمتُ، وذهبت لأتناول بعض الشاي. كان اللوبي ممتلئًا عن آخره. أحد كبار السن نهض مسرعًا للتَّبوُّل، فهممت وأخذت مكانه على المقعد الذي كان بجوار السيدة التي نتحدث عنها. كانت تقرأ؛ كانت بين الحين والآخر تترك الكتاب وتنظر حالمة إلى الفراغ... وتهمس بعض العبارات لم أكن أسمعها. في لحظةٍ ما استدعوها لتذهب إلى الهاتف، فور أن ذهبت إلى كابينة التليفونات انتهزتُ الفرصة والتقطت كتابها الذي ترَكَته مفتوحًا على الطاولة. كانت المرأة تقرأ أبيات شِعر، والهمس والهمهمة لا بُدَّ أنها كانت ترديدًا للأبيات، أو ربما كانت تحفظ تلك التي أعجبتها. انبهرتُ! آخر ما استطعت أن أتخيَّله كان كيف يمكن لشخص في سن المعاش هنا أن يقرأ ويحفظ قصائد! الحقيقة هي أنك لا يمكن أبدًا أن تعرف حقيقة البشر الذين يعيشون بالقرب منك، لا خلفياتهم ولا تاريخهم ولا

تعليمهم. ربما قبل شهور قليلة كانت هذه المرأة تُدرِّس الأدب الإنجليزي أو ربما تكون هي نفسها شاعرة. تلك الأفكار جعلتني أُقلِع عن تردُّدي. عندما عادت حيَّيتها. قلت لها:

- هالو، إنه يوم رائع أليس كذلك؟

- أجابتني بحياد تام، وبإيماءة باردة. كان واضحًا أنها لا تستطيع الصبر حتى تغوص مجدَّدًا في عالم تريبسوخوري ربَّة الفنون. انتظرت بضعة لحظات حتى تضع نظاراتها، وقلتُ إنني انتبهت بالصدفة أنها تقرأ الشعر. سألتني باندهاش وامتعاض:

- وما الغريب في هذا؟

- قلت:

- أنا لا أجد الأمر غريبًا، بل أجده ساحرًا! هو أكثر الأمور راحة وجمالًا في مكانٍ غزاه التلفزيون والبوكر!

- سألت:

- وهل تعتقد أن الشِّعر شيء... شيء جميل.

- الشعر، الأدب الجيد بصفة عامة، هو بالنسبة لي أشبه بالعقيدة.

- أجبتها بمبالغةٍ جعَلَت تصريحي عن حبي للأدب يتَّسم بالبلاهة. والغريب يا سيدي أنه أقنعها! فأغلَقَت الكتاب ونظرت لي في عيني، للمرة الأولى، بلا أي ترتيب. سألتني وهي تومئ لي بأن أقترب من مقعدها:

- إذن أنت تعتقد أن الشعر عقيدة.

- اقتربت منها وأجبتها. أو لكي أكون أكثر دقَّة: ألقيت مونولوجًا، وأسهبتُ، وبدلًا من الأفكار ووجهات النظر وسيل الأسئلة والأقوال المعتادة:

- الشعر! لو أعتقد أن الشعر عقيدة... بالتأكيد، هو عشق وعقيدة!

نبع للحياة وللصحة والحياة المبهجة... مَن هو الشاعر الذي تقرئينه؟ ما هو رأيك في الأدب الأمريكي، المعاصر على وجه الخصوص؟... وعن الأدب الأوروبي واليوناني بوجه خاص؟ هل قرأتِ سيفيريس؟ نعم أهتمُّ بالشعر، أنا أيضًا أكتب الشعر... بل ويجب أن تعرفي لو يهمُّك الأمر أنني هنا بسبب أنني شاعر، فلقد دُعيتُ إلى هنا لهذا السبب...

- كنت سأستمر في حكي المزيد من نصف الهراء الذي لا يرقى حتى لأن يكون أنصاف حقائق، إلَّا أن السيدة الصامتة الرَّحَّالة أبدت اهتمامها الذي استيقظ فجأة بداخلها بصيحة عالية «أووووه، واااااو!»، وأمسكت بوجهي وقبَّلتني على خدي. طلَبَت لي المزيد من الشاي، وجدَّدَت شايها الذي برد، وأجابت على أسئلتي بمونولوج طويل دون أن تلتقط أنفساها: «أوه، الشعر، الشعر، قاتل الكليشيهات! إنه يسحرني، يفتنني، يأسرني... إنه الحياة، جوهر الحياة، الهدف، الغاية في حد ذاتها بالنسبة لكم الشعراء... كم أفهمكم! على أي حال، أعترف، أنا أيضًا مهتمَّة جدًّا بالشعر الجيد، أنا مهووسة بالشعر، ربما أقول إنه الآن، في السنوات القليلة الماضية، هو المحور، والغرض الوحيد من وجودي... الشاعر الذي أقرؤه؟ هنا أخفقت، هو ليس شاعرًا، بل شاعرة! وستتفاجؤون بالتأكيد عندما تعلمون أن اسمها إديث هاليفاكس وليس اسمًا آخر... إنه كتابي الأخير!

- أمَّا عن الشعر الأمريكي الحداثي وما بعد الحداثي، يمكنني أن أقول إنني أعتبرها... من الأفضل ألَّا أقول... أفضِّل أن يتدفق الشعر كالموسيقى، بوزن وقافية، مفعمًا بالخيال... على الأقل، حسنًا، أنت زميل إذن! ماذا أقول! ربما يكون تبجُّحًا من طرفي أن

أدَّعي أنني زميلة، أو أي مجدٍ أو شهرة من الكتابة.

- لكي يدعوك إلى هنا كشاعر، ماذا تقصد بالضبط؟ كيف صِرتَ معروفًا، كيف عبر كل هذه الجسور؟ سأكون سعيدة لأَستمع لبعض أبياتك، بالأحرى في منتهى السعادة سأكون! ليس مهمًّا ألَّا أفهم الكلمات والصور. هو الوقع السمعي، الأهم هو موسيقى الجملة... متى يكون مناسبًا لك؟ اليوم؟ أوه، رائع، عظيم! ما رأيك في الساعة السادسة والنصف... بعد خمس وأربعين دقيقة... في الطابق الثاني عشر، رقم اثني عشر... رائع، سوف أنتظرك. أوريفوار!

- نهَضَت بحماس شديد، حيَّتني ثم دخلت المصعد.

- في السادسة والنصف، حلقتُ ذقني، وبدَّلتُ ثيابي، وطرقتُ بابها. فتح الباب فوجدتُ نفسي في جناح صغير وأنيق.

- كانت الشاعرة ترتدي روبًا وحذاء منزليًّا؛ اعتذرت لهيئتها الـ«كاجوال» وبرَّرَت بأنها خرجت للتَّوِّ من الحمام، ولم يكن لديها وقت كي تستعد كما ينبغي. قالت لي أن أستريح وهي ستذهب لتبدل ثيابها وتعود في أسرع وقت لنتحدث عن «عقيدتنا المشتركة». في تلك الأثناء أحضرت من الكومودينو مجلَّدًا مغلَّفًا بالجلد ومجموعة شعرية أخرى لها، وكتبت عليهما إهداءات استعارتها من قصائد كفافيس، «من ترجمة كيموناس فرايير» أضافت. وقرأت الإهداء:

بهجتي ومنتهى حياتي، ذكريات ساعاتي
التي لقيت فيها متعتي، وبها احتفظت قدر مشيئتي.
هي لي بهجتي ومنتهى حياتي، أنا الذي
أعرضت في متعة الحب عن كل رتابة

- شكرتها على الكتاب والإهداء وقبَّلتها مرة أخرى على خدَّيها. كان الأمر واضحًا، لم تكن في عجلة من أمرها لتبدِّل ثيابها؛ عن قصدٍ بقيَت بروبها الحريري والخُفَّين. علَّقت على الأبيات والترجمة البديعة لفراير، قلت لها إنه من يونانيِّي المهجر في أمريكا، وبدأت أقرأ لها بعض أبيات من قصائدها بشكل عشوائي. تأثَّرَت وقالت إن صوتي الذكوري الرخيم الأجش ولهجتي الأجنبية يثري من أبياتها الفقيرة، ويمنحها موسيقى وأبعادًا مختلفة لم تكن تعي أنها موجودة. أجبتها بما يليق، ثم سألت شيئًا آخر، فأجبتها، ثم دخلنا في حوار مليء بضبط النفس وتبادُل المجاملات اللطيفة. ومثلما أرادت تمامًا؛ نسيت كلِّيَّةً أن تبدِّل ثيابها، وجلست أمامي، ونزعت خُفَّيها، وعقدت ساقيها، ورجتني أن ألقي شعرًا باليونانية، بالأحرى شعر لي. وكيف أتذكر؟ بدأت في الإلقاء بصوت مرتعش، النشيد الوطني. اعتمدت على الموسيقى التي فيها النشيد و«انسجام كلمات سولوموس وكلماته الرنانة والقافية المتجانسة»، وهو ما غرقت فيه تمامًا، كنت أسترق النظرات خلسة إلى ساقيها البرَّاقتين اللتين يكمن بينهما كهف عميق به ينبوع الحياة.

- في اللحظة التي كنتُ أكرِّر فيها عبارة «خرجت من عظامنا»، سمعت صيحتها التي رنَّت في اللوبي لمرة أخرى «أووووه، وااااو!» وهي لا تزال غارقة في بحر حورية الشعر وصوتيات اللغة اليونانية، الشاعرة إيديث هاليفاكس، زحفت بجواري وعرضت خدَّيها للمرة الثالثة. كان عطرها مُسكرًا. ذيونيسيس سولوموس قام بمعجزته! قبَّلت الرعشة الشعرية. هذه المرة بالقرب من الشفاه.

- وبينما كنا مستلقيَيْن على الأريكة نحتضن بعضنا البعض، تملَّكتني رعشة مثلما يحدث دائمًا. بدأت أسناني تصطكُّ. ارتعشت من رأسي حتى أخمص قدمي حين راحت تحكُّ قدميها في قدميَّ بعنف وسادية؛ علقت شفتي بين أسنانها. وبينما كانت تتملكني تلك الرجفة خفت أن تطحن أسنانها الباردة فمي.
- هممت في الابتعاد بأدب وشرعت في الهروب، حينها همست في أذني بصوت مرتعش باكٍ تقريبًا طفولي:
- أنا لك، من فضلك!
- احتضنتها من خصرها، وبارتعاشٍ أسقطتها على السجادة. كان أول قربان مقدَّس في حياتي أقدمه ككاهن للشعر!
- ردَّت على ذلك بأن قدَّمَت لي حليبًا باردًا خالي الدسم، مع بسكويت خالي الدسم أيضًا، صنعته حفيدتها، ثم قصة حياتها. صارت أرملة في الأربعين من عمرها، كانت باحثة في الكيمياء البيولوجية، بدأت في كتابة مرثية- سوناتة لزوجها الذي لقي حتفه في حادث سيارة، ثم لأقاربه وأصدقائها ومعارفها الذين كانوا ينشرونها. كتبت حتى الآن اثنتين وثلاثين سوناتة. بعد ذلك بدأت أنا أيضًا أحكي قصتي...

لقد قاطعتني صفارة طويلة خارقة. ميحمد يشخر. نعم، يشخر وبقوة! بينما كنت أحكي له المعجزة التي أتى بها الشعر كان السيد الهمام يسبح في أنهار النوم.

- عار عليك يا سيد ميحمد!

بالطبع بعد أن فكَّرتُ في الأمر فيما بعد، أعتقد أن الرجل يفعل هذا بدافع غريزته المتحفظة. نعم، يجب أن يكون الأمر هكذا، لو حكمت

من نظراته الجانبية الفضولية قبل أن يغلبه النعاس. ليس مستحيلًا أن يكون قد فكَّر بأن قسمته أن يتشارك الغرفة مع طالب يوناني قبرصي مجنون، وأنه من الأفضل في هذه الحالات أن يُخرج من الأذن اليسرى ما يَدخل في الأذن اليمنى. بل وربما كل تلك الحركات التي كنت أراه يقوم بها قبل أن ينام أن تكون ركوعًا أثناء الغطس، تمويهًا تحت الشراشف والبطاطين.

- ساعدنا يا الله.

35

رقم هاتف ماثيو لويد جونيور أعطاني إياه صديق كان يعمل في السابق مديرًا لهيئة الآثار عندما علم أنني سأذهب إلى الولايات المتحدة الأمريكية في منحة دراسية.

- لو تصادف وذهبت إلى لوس أنجلوس، اتَّصِل به، سيسعد كثيرًا أن يتعرَّف بك. لقد قضينا أوقاتًا رائعة قبل ثلاث سنوات عندما زار لويد وماريا جزيرة قبرص.

اتَّصلتُ به، وتحمَّس كثيرًا عندما سمع «قبرص»، وعلى الفور دعاني إلى بيته. سأل مازحًا لو أحضرت معي من قبرص «عصافير الكروم». عندما قلت له لم أحضر معي، وأنني أسافر مع طائر مُستَأنَس من الشرق، من تركيا، ضحك كثيرًا، ودعا ميحمد أيضًا بنفس الحماس.

- سنسعد كثيرًا أن نرى كليكما. سأدعو بعض الأصدقاء أيضًا، سنقضي ليلة رائعة.

أعطاني عنوانه:

- سانسيت فوليفارت، الرقم. هذا ما ستقوله لسائق التاكسي، بعد خمسمائة متر من بيفرلي جاردنز.

* * *

المنزل شديد البياض مُطعَّم بعيِّنات من المكتشفات الأثرية لصاحبه. جمعها من بعثات في كولومبيا وبيرو وأيرلندا واليونان وتركيا، وإذا لم تخُنِّي ذاكرتي من إريتريا أيضًا. على جدران الممرات معلَّقة صورًا فوتوغرافية تذكارية من حفرياته مع أسراب من الطلاب والعمال، وزوجته الحاضرة دومًا؛ يعلوهم الغبار جميعًا، وفي حالة من النشاط المحتدم. في الصالون لوحة مائية لرسَّام كريتي رسمه فيها وهو يجلس على مقعد صغير يدرس في دفتر يحمله في يده جدارية كنوسوس.

ماثيو لويد رجل ممشوق الجسد، رشيق، ويتَّسم بالصراحة. يبلغ طوله مترًا وتسعين سنتيمترًا، شعره ناعم وكثيف وحالِك السواد مثل جاري جرانت، وله عينان ثاقبتان وإن كان قد حشرها خلف نظارة متعدِّدة البؤر، وله صوت مهيبٌ عريض باريتون الطبقة.

أمَّا مارا لويد فهي شاحبة ضئيلة الحجم، عيِّنة أمريكية لكاثرين دينيف. تتحدث بصوت خفيض، وعلى وجهها الشبابي تنطبع دائمًا ابتسامة عشوائية. البورتريه الخاص بها معلَّق بجوار بورتريه ماثيو وهي ترتدي الزي اليوناني الكيكلادي.

هم أكثر أصدقاء اليونان وعيًا، وأكثرهم معرفة بتاريخ قبرص الذين قابَلتُ في أمريكا. منحوا أبناءهم أسماء يونانية: كورينا وألكينوس وفيبي. عندما يخرجون عن النص يهدِّدونهم بألَّا يصطحبوهم إلى سانتوريني في الإجازة الصيفية، أو أنهم سيستمتعون بإجازتهم مع معلِّمة اللغة اليونانية.

يقولون إنهم قضوا شهرًا لا يُنسى في قبرص، في ضيافة صديقنا المشترك «عالم عظيم وعاشق للطعام» كما وصفوه، وزاروا معه أهم المعالم الأثرية في البلد التي أعجبوا بها، وذكروا أسماءها واحدة تلو

الأخرى.

- إنها جزيرة مفعمة بالتاريخ، اليوناني أولًا، ثم ما قبل المسيحية، ثم البيزنطي، ثم العصور الوسطى. لكن حتى فترات التاريخ الحديث من الاحتلال التركي والحكم الإنجليزي- لا يسلبونها أية أهمية تاريخية. هذا المكان هو جنَّةٌ لأي أثري أو لُغَويٍّ يتعاطى بسهولة مع لغة ليوندوس ماخيراس، ولكنة العديد من المناطق والجذور الهوميرية. سأذهب إلى قبرص مرة أخرى، أتمنى قريبًا. وليس فقط من أجل تعارُف أوثق مع الأثريين العظام في البلد، لكن من أجل طيور الكروم والعصافير والسوفلاكي والفطائر ونقانق فخذ الخنزير، وأيضًا من أجل البروشوتو. عندما كنت هناك في المرة السابقة زاد وزني كيلو جرامًا ونصف!

كان ميحمد يسمع دون أن يعلق. لكن عائلة لويد كانت تتسم بالذكاء واللباقة. فهموا أن صمت الصديق يشي بشيء من الارتباك أو الاستياء. فراحوا يتحدثون عن آخر زيارة لهم في شرق تركيا، وعن الحفريات التي بدؤوها هناك على بُعد بضعة كيلومترات من العراق. وأخذوا يثنون على الآثار اليونانية والرومانية وغيرها في غرب تركيا. ميحمد، الذي صار يشارك الآن في الحوار شرع يتحدث عن الحضارة التركية النقية في مناطق أخرى لتركيا، «دون أية قصدية بالتأكيد للتقليل من شأن أن ما تبقى من سكان وطنه الأصليون». بينما كان يقول هذا، نظر إليَّ بطرف عينيه، وكأنه يقول لي بعينيه الصغيرتين الماكرتين «ماذا كنت تعتقد يا أركونتيتي؟!». ثم شرع يجيب على أسئلة المضيفين وضيوفهم باختصار عن الموسيقى التركية الشعبية ودوران دراويش المولوية، ونشوتهم المنغمسة في الرقص المحموم،

وسعيهم بذلك للتوحُّد مع الرب، وعن التراث العثماني في فنِّ الخط، والذي طوَّره بعض الفنانين الأتراك المشهورين إلى فنٍّ عظيم، وعن الخيال الخصب والحكمة الصوفية لشعبه.

صديقي ميحمد! أنت مُحِقٌّ في أن تُعدِّدها وتُحلِّلها، لكنك تسهب في الأمر. حضارة بلدك يمكن أن تختصر في كلمة واحدة يا ميحمد. أنت والكثير مثلك، وهم أتمنى أن يكونوا كُثرًا، القشرة، النسيان الذي يغطي كل سواد مرتبط في ذاكرتي لتاريخنا المشترك بطبقة مضيئة. أنتم بذور ميداس التي ستحوِّل أنهار تركيا وتنقِّيها من دماء كل هؤلاء الذين أسميتَهم قبل قليل «سكَّان بلدك»، الذين تمَّ تهجيرهم قسرًا.

- العشاء جاهز.

أعلنت المضيفة، وفتحت بابًا أكورديوني قابلًا للطي مصقولًا حديثًا.

انكشفت غرفة الطعام الكبيرة المضيئة. في منتصفها مائدة بيضاوية عليها مفرش أبيض وفي منتصفها حزمتان من الشموع السيرلانكية تنشر رائحة طيبة. سبع لمبات بيضاء صغيرة تضيء وتتهادى فوق شمعدان برونزي كبير. يهتزُّ الضوء فوق الديكِ الرومي المحمر، وعلى الأطباق البورسيلانية وأدوات المائدة الكريستالية والشمعدانات الفضية، أمام كل طبق لكلِّ فردٍ من المدعوِّين، والتي تحمل وردة حمراء بدلًا من الشموع.

يشير لي المضيفون أين سأجلس. في البداية أشاروا لي قبل أيٍّ من ضيوفهم؛ وهو الأمر الذي يُعدُّ شرفًا كبيرًا، إلا أنه سبَّب لي بعض الارتباك. منحوني المقعد على يمين المضيف. ثانيًا أجلسوا ميحمد على

الطرف الآخر من المائدة في مقابلتي، بجوار سيدة المنزل المضيفة. ثم واحدًا تلو الآخر راحوا يأخذون أماكنهم من المدعوين الآخرين. في مقابلتي كان البروفيسور شون لورنس أستاذ الأدب المقارن بجامعة كاليفورنيا، لوس أنجلوس. بجواري كانت زوجته المكسيكية دولوريس. على يمين البروفيسور مستورد اللحوم المجمَّدة وصاحب مصانع الأجبان الذي عندما قدَّمه لي لويد في الصالون راعى أن يخبرني بأنه يهتم بالفلسفة، «بل يعمل بالفلسفة» صحَّحَت له زوجته. بعدها التفت لي وأكمل التعريف:

- متبحِّر ومُتعمِّق في الفلسفة، العزيز فات داجلاس. كما تعرف هو قد درس وتفوَّق كعالِم اجتماع، لكن في النهاية عائلته حمَّلَته أعباء أعمالها في مجال اللحوم، المربحة جدًّا... لذا...

على يسار داجلاس أخذ مكانه السيناريست قليل الكلام وصاحب آخر نجاحات هوليوود والمرشَّح مرتين لجائزة الأوسكار: أدرو ريميك. (يكتب الآن سيناريو فيلم مستوحى من حياة جريتا جاربو؛ وإن كانا أصدقاء، لديه القليل من المعلومات عن الديفا)، خبَّرتني السيدة لورنس. على رأس الطاولة جلس بالطبع لويد وبجواره على اليسار أمامي فتاتان جميلتان: ميس هاتسون وميس ترُوي. ميس هاتسون جاءت من سان فرانسيسكو خصيصًا ضيوف ابن عمها. ميس تروي هي عازفة كمان في أوركسترا لوس أنجلوس السيمفوني، وصديقة المايسترو زوبان ماهيتا. الشابتان كانتا يغازلانني قليلًا، ثمَّ هذا ميحمد، وراح يعضُّ على شواربه ويحاول أن يفتح حوارًا مع مضيفتنا. هي بدورها كسيدة مهذَّبة استجابت لمحاولته، لكن قليلًا.

كان يجب عليها أن توزِّع اهتمامها على كل الموجودين. أقلع ميحمد عن المحاولة، وراح يتفحَّص أظافرها، ومعها الأطباق وأدوات المائدة.

أشعر بعدم الارتياح؛ الألفة التي تظهرها لي الشابَّتان هو أمر غير لائق. «توقَّفا عن هذا أيتها الشقراوات الغبيات، كُفَّا عن البخترة في رأسي»، رحت أسبُّ وألعن بداخلي، وأعبث بعصبية بمنشفتي المحشورة داخل حلقة غليظة من البرونز، منقوش عليها اسم عائلة لويد. ازداد ارتباكي عندما بدأ أقطاب المضيف وكل أعضاء جمعية «حجر ميديا» لعشاق الفلسفة، تارة فرادى وتارة في مجموعات، يتحدَّثون بلغة وبمصطلحات لم أكن أفهمها أنا حتى وقت قريب، لكن بالنسبة لميحمد أعتقد أنها لغة مبهمة تمامًا، نعم صديقي متعلِّم ومُثقَّف، لكنه لا يهتم ولا يفقه شيئًا فيما يدور. فازداد ارتباكي أكثر.

تدخَّل لويد بلباقة وأستاذية قبل أن يطول الحديث ويتمدَّد الحوار عن البلاتونية والأخلاق قبل سبينوزا، نقر بشوكته على كوبه. التفت نحو ميحمد، وسأله لو كان الغجر يسكنون في إقليم الأناضول.

«نعم، لكنهم لا يسكنون الأناضول فقط، بل في كل تركيا؛ إنهم يأتوننا عن طريق التهريب عبر البلقان من اليونان وبلغاريا»، أجاب. وبعدها مباشرة سأله لماذا يهتمُّ عالم آثار كبير لأمر الغجر... هل لأنه يعتبرهم تجَّار آثار، وهو أمر صحيح بالتأكيد؟

فاجأتنا إجابة لويد. يقول إنه هو وصديقه الحميم البروفيسور شون يخطِّطون في إجازة صيفهم بعد القادم أن يقوما برحلة إلى الشرق الأوسط، لبنان وسوريا والأردن والأناضول.

- سنبحث في حياة بعض القبائل في المنطقة. ولكي يُعرِّفني شون مبادئ أسرار الرُّوما.

عرفنا أن البروفيسور الأيرلندي وصديقه، لعشرات السنوات، هو

دارس وباحث في موضوع غجر أوروبا.

«كل صيف، ولمدة ثلاثين عامًا»، راح يخبرنا بنفسه، وكانت أعيننا قد تسمَّرَت فوقه، «يهجر لوس أنجلوس ودولوريس وأولاده وأحفاده»، لدينا أربعة أحفاد، وأطير إلى أوروبا. في كل مرة إلى بلد مختلف.

- أنضمُّ إلى جماعات الغجر الذين أقسمهم في أرشيفي. أتخلَّص من الملابس القاتمة وأرتدي الجينز، وأرتدي السلسلة والإكسسوارات اللازمة، وأتبعهم في تجوُّلاتهم.

ما نسمعه أنا وميحمد يبدو لنا أمرًا لا يُصدَّق. قلنا هذا أنا وهو في نفس الوقت، فضحك البروفيسور من قلبه.

- أنا غجريٌّ في يوليو وأغسطس، وبروفيسور بقية العام. كنت أتمنى أن يكون الأمر بالعكس. لكن يجب أن نحافظ على الأصول. خلال العام شئت أم أبيت، أعيش مثل باقي زملائي. أو لكي أكون دقيقًا: كيفما تريدني دولورويس! كربِّ أسرةٍ تقليدي، برجوازي ملتزم! أرتدي البدلة والسموكينج أحيانًا، وأذهب إلى الكنيسة أيام الآحاد، وإلى حفلات الكوكتيل وعشاءات عيد الشكر، وأذهب مع الصغار إلى حديقة الحيوان وحديقة الأسماك- الأكواريوم، باختصار؛ أخدع الجميع، أجعلهم يرون ما أسمح لهم أن يروا وكما يودُّون أو يعتقدون عني. لكن الحقيقة هي أمر آخر، وهي أنني مُحاكي القمر. أخفي دائمًا وجهي الآخر... وبالتأكيد دون إثارة الفضول في محيطكم، ودون أن أنشر رائحة الغموض.

ثم أضاف تاجر اللحوم وعالم الاجتماع والفيلسوف:

- وهذا هو أصعب ما في الأمر! لو نثرت حولك رائحة الغموض، فألطف ما يمكن أن نقوله هو إنك محكوم عليك باللعنة.

اتَّفق البروفيسور.

- فعملك سيبقى بلا تقييم حقيقي من الباحثين الجادين، أو أنه سيُؤَسطَر من قِبل التافهين. والقرَّاء سيواجهونه إمَّا باحترام مصطنع أو بريبة. الأفضل هو أن تبقى كما يريدك مَن حولك وبمقياسهم. عندها ستكون لديك الاحتمالات كي ترى مع الزمن كيف أنهم يُقدِّرونك ويُقدِّرون أفكارك، وبالأخص المحايدون، والمادحون عن بُعد.

سألنا كيف يقضي الشهرين مع أصدقائه المتجولين.

- نقطع البلاد من أولها لآخرها. وطبعًا دون بوصلة أو اتجاه مُحدَّد أو هدف. كل هذه الأمور تتغير باستمرار، يتكيَّفون حسب الطريق وما يُمليه الطقس والظروف؛ بل وأمزجة الناس في كل منطقة، والتي غالبًا ما تكون متقلبة وغير متوقَّعة.
- غياب البرنامج والتغييرات المفاجئة، ألا يمكن أن أسمِّيه معاناة؟

سألته.

- على العكس تمامًا، بل هو حرية! هذا ما نفتقده هنا في لوس أنجلوس. غير المتوقَّع، صدِّقني، إنه يشحذ القوى والطاقة، وهو أمر فاتن للغاية. بل سأزيدك في القول وأؤكِّد لك أنا ودولوريس أنه أمر مضاد للشيخوخة... ففي النهاية يا عزيزي هما شهران يمرَّان بسرعة إلى حدٍّ يصيب بالإحباط.
- وبأي موارد يعيش هؤلاء الناس؟ إذ إنني أعرف أنهم لا يمارسون

أي مهنة.

سألَت إحدى الشابات، عازفة الموسيقى.

- أينما يكونوا وأينما يحِلُّوا؛ هناك دائمًا أشغال وأشياء يقومون بها.

تدخَّلَت دولوريس لورنس:

- أقول أنا لكِ يا عزيزتي... يكملون قوت يومهم وحاجاتهم بغارات على المزارع والأفنية غير المحصَّنة.

انتقلَت نظرة الشابة إلى البروفيسور وسألت:

- وأنت؟

ضحك شون لورانس عاليًا.

- وأنا! برغم العمر، بدلًا من أن أتعاطى مع سرقات صغيرة مثلما يفعل الأصغر سنًّا وقوة، أجمع النقود الصغيرة والعملات من عزف الكمان والأكورديون في احتفالات القرى وفي الميادين.

- أحيانًا كان يكسب كثيرًا من المال كمُلمِّع للأواني والنحاس أو بيطار للبغال... كان اسمه قد لمع كبيطار ممتاز... لكنَّ بغلًا ما ركله في سلوفاكيا، ومن حينها يقتصر على الأعمال الخفيفة. عندما لا يلعب الكمان يدور بالصينية.

خبَّرَتنا زوجته باستياء مُخفيٍّ بجدارة.

- كما ترون، الرَّكلة كانت أكثر إقناعًا من نصائح السيدة لورانس.

قال وهو ينظر برقَّةٍ إلى زوجته المعبِّرة التلقائية.

- هل تذهبين معه يا مدام؟
- لا، لا، لا، بالطبع لا، أكره الكمان والدجاج المسروق الذي يصيب بالمغص.
- لا تستمعوا إليها، إنها تحب الحياة التقليدية، المرفَّهة؛ مثلما قلت لكم، هما أروع شهرين في العام. نخيِّم في أجمل بقاع البلاد، ونتعرَّف على الناس، ونصبح خبراء في النبات والحيوان والبشر في كل منطقة. في تجوُّلاتنا، ماذا نفعل؟ نتحدث بالساعات، عن كل شيء بلا استثناء؛ بل إنني أتحدث في الفلسفة مع الغجر أكثر من أصدقائي في جمعية «حجر ليذيا» أو مع زملائي المتعلمين المثقفين أو مع طلابي. في الليالي نغني حول النار، ونرقص، ونؤلِّف الأشعار، ونسخر من أنفسنا ومن الآخرين. العجائز يحكون قصصًا قديمة وحكايات. فلدى شعوب الرُّوما/ الغجر الكثير من الحكايات والبطولات والتراث والعادات والتقاليد الجميلة! لديهم حضارة، صدِّقوني، لديهم ثقافة رائعة وشيِّقة خاصة بهم تمامًا.

صمت للحظة ثم أضاف:

- ماذا عساي أن أقول لكم عن تلك الحياة؟ إنها الإجابة على الحياة التي نعيشها في المدن الأسمنتية. لكن مع الأسف، ككل الأمور الجميلة، هذا التحول الصيفي الخاص بي له تاريخ انتهاء. في نهاية أغسطس أودِّع أصدقائي وأتحوَّل مجدَّدًا إلى رب أسرة حَضريٍّ متمدِّن، حيوان مجترٍّ. أعود إلى بيتي وأحفادي وعاداتي.
- ولا حتى في الشتاء يترك الرُّوما خلفه، لا تصدِّقوه.

عادت لتدير الحوار مرة أخرى دولوريس لورانس. وأكملت:

- إنه يقضي كل وقت فراغه في الشتاء داخل تدويناته.

قال لويد:

- لقد أصدر عشر مخطوطات عن هذه الموسيقى والحياة وفنون الأدب الشفهي للرُّوما. إنه أهم كُتبه، على الأقل من وجهة نظري، تلك التي كتبها عن أخلاقهم وقواعدهم غير المكتوبة ولكن المصونة.
- أريد أن أعرف هذه الأمور عن قُرب.
- لا بُدَّ أنها تجربة شيِّقة، كما أنها موضوع جميل لكتابة سيناريو.

اشتعل خيال أندرو ريميك.

- هو كذلك بالفعل، لو لديك استعداد، اترُكْ خلفك كل سبل الراحة والدفء والأمان، وأسرتَكَ، وعملَك.

قالت مارا لويد، التي ربما لا تتَّفق مع قرار ماثيو كي يتبع شون لورانس ذا الخمسة والستين عامًا في تسكُّعاته الصيفية.

- مَن مِن بين كل هؤلاء الغجر الذين تعرفهم تحب أكثر يا سيادة البروفيسور؟

قال ميحمد.

- أولئك الذين في شرق أوروبا والبلقان، وفي البلدان الشمالية بدؤوا ينظِّمون حياتهم بشكل ما، يضحُّون بالقليل من فوضويتهم من أجل بعض سُبُل الراحة. بعضهم قلَّص تجوُّلاته التي صارت أصعبَ الآن، حيث الكثير منهم - وبالأخص الشباب - اعتادوا على الحياة السهلة وسُبُل الرفاهية؛ مثل الثلاجة والتلفزيون والمدفأة

والمكيِّف، إلخ... لأنه، وكما تعلمون صار من الصعب أن ننقل هذه الأشياء على ظهور البغال. ثم أنا أيضًا، حيث غالبًا ما يصيبني التعب فيقرضونني بغلًا مسكينًا يعاني معي كثيرًا.

ضحك ثم أكمل:

- الخلاصة يا سيد أوزكيول، أظن أنه في المناطق التي لم تقتحمها التكنولوجيا والثقافة الاستهلاكية بعدُ، لا يزال شعوب الرُّوما يحتفظون بعشقهم لحياة التجوال. هؤلاء هم مَن أحبُّ. هؤلاء الذين يرفضون الخضوع والتَّكيُّف ويعبِّرون عن أسبابهم، وهي غالبًا ما يكون لها منطق، عن رفضهم لأسلوب العيش والحياة في البلاد التي تستضيفهم، أولئك الذين يظلُّون غير مهتمِّين اجتماعيًّا وسياسيًّا ودينيًّا، بل ويعارضون الظروف القاسية التي تحدِّدها الحياة.
- هل هناك روما في قبرص؟

سأل تاجر اللحوم.

- بالتأكيد.
- أي لغة يتحدَّثون؟

لم أكن أعرف. لكنني ارتجلتُ:

- خليط من اليونانية والتركية، وربما العربية، لست متأكِّدًا.
- لا تتفاجأ إذا ما رأيتني ذات يوم في جزيرتكم.

قال البروفيسور. واستطرد:

- أنتم تنتجون نبيذًا جيِّدًا؟

- قوي وغزير. لو كان جيدًا هذا ما سوف تكتشفه بنفسك. على كلٍّ، فيما يخصُّ النبيذ، أنا واثق من أنه سيعجبك أكثر من غجرنا. نفس الشيء يسري على دجاجنا.
- إذن فمن المؤكد أنني سأزوركم.

هذا الكائن البدائي المستنير المفعم بالحيوية سحرني. الحوار معه كان مليئًا بالمفاجآت. بعد قليل تحدثنا عن الأعياد والاحتفالات والعروض المرتَجَلة التي يقوم بها أصدقاؤه الخارجون عن النظام، كي يقضوا أوقاتهم أو يكسبوا بعض المال، أخذنا الحوار إلى المسرح والفنون الأدائية. ومع تجاذب أطراف الحديث عرفت أن البروفيسور شون لورانس دعَّم أحد أبناء وطني في إحياء المسرح القومي في قبرص، وفي دبلن، ومسرح أباي المعروف، بعد الحريق الذي ألمَّ بالمبنى في عام 1951.

كان يعرف، أو كان صديقًا لبعض كتَّاب المسرح الذي أحبُّهم: برنارد شو، حيث قضيا معًا إجازة صيفية في عام 1949 قبل قليل من وفاة الكاتب الكبير؛ وصمويل بكيت؛ وبرندان باين. حكى عن محاولاتهم كي يدعِّموا ويطوِّروا المسرح القومي، وعن أول تجاربهم الفاشلة- بنفس البساطة التي كان يتحدث بها عن أحبَّائه من الغجر.

دخل في الحوار مجدَّدًا ماثيو لويد:

- كما ترون، إن الحفاظ بتعصُّب على المؤسسات الاجتماعية وغيرها، مثل الحفاظ والتمسك بالمسافات بين الطبقات والطوائف والجماعات، بالنسبة لنا نحن البشر العاديين هو سُترة مقيِّدة. أمَّا بالنسبة لآخرين أقلَّ حظًّا، فإن تلك الطبقية والتباينُ غير موجود، ولا توجد حتى حواجز مصطنعة. أو أنها لا تظهر إلَّا

نادرًا. في النهاية، الإنسان يقاس بمقياس واحد: هو الحقيقة والأصالة وخصوصيته في التعبير؛ وليس بالصفات التي يحملها له الآخرون. إن شون صديق مع برنارد شو الحاصل على نوبل، وشون أيضًا صديق لبلغاري غير حليق، وبولندي، وغجري. أليس كذلك يا شون؟

صمت البروفيسور ولم يجب، وكان صمته يقول الكثير من الأمور. الصمت الذي عمَّمَته فيما بعدُ السيدة مارا لويد، التي استغلَّت الفرصة مع مساعدتها الشَّابَّة في المنزل ووضعتا أمامنا الأطباق التالية: شرائح الديك الرومي بحشوه المعاد تسخينه.

* * *

غيَّر تاجر اللحوم فات داجلاس الموضوعَ وعيناه تتجه نحوي؛ ربما لأنه يعرف أنني أحد أحفاد ستاسينوس! حَمي هوميروس، والأخ الأصغر للفيلسوف زينون الرواقي، معلنًا تفانيه التام للفلسفة والفكر اليوناني بشكل عام. معرفته وثقافته ومواقفه حتى بالنسبة لي أنا، نصف العالم.

بالرغم من جذوري! هي قطرات ورتوش أكثر منها أفكار. أشعر بالرغم من هذا أنني مُلزَم بالمساهمة في الحوار. لحسن الحظ كنتُ قرأت شيئًا من بلاتون وأرسطوتيليس وبعض الفلاسفة المعاصرين مثل كانيلوبولوس وتساتسو وغيرهم، وأستطيع أن أتابع بشكل ما ماذا يقال، وأن ألقي بفكرة أو تعليق بين الحين والآخر كي يحتفظ الحوار بطزاجته والنبرة الشَّيِّقة في كلام محاوري.

ركَّز فات في مونولوجه على ميتافيزيقا اليونانيين القدماء، قائلًا:

- الميتافيزيقا الوحيدة في تاريخ الحضارة التي بدأت من طقوس إليفسينا، تدثَّرَت بالكلمة وتطوَّرَت بالكلمة.

أزعجتني نبرته المتباهية في الكلام، لكن أبهرتني السهولة التي رتَّل بها نصوصًا قديمة كي يدعِّم وجهة نظره.

لقد اهتمَّ أن يثير ويضيئ بطريقته الخاصة كلَّ النقاط التي تشير إلى خلود الروح. الآيات والحجج التي استخدمتها أيضًا في الماضي والتي ناقشتها مرارًا وتكرارًا مع أوليا وماريو وسيمينا وأصدقاء آخرين.

بدأ الحوار يشعلني؛ ولم أكن الوحيد؛ أكثر الحضور كانوا يشاركونني نفس الشعور واحدًا تلو الآخر، راحوا يزيحون الأطباق وأدوات المائدة جانبًا كي يتابعوا باهتمام كلَّ ما يقوله صديقهم. ويعلقون من حين لآخر بشكل غير منتظمٍ، مثلما كنت أفعل، بعض ملاحظتهم وتعليقاتهم كانت تُطوِّر مونولوج فات، فتحوِّله إلى حوارٍ صار مُعمَّمًا على المائدة تدريجيًّا، ونشط، وتوسَّع الحوار حتى صار يغطي القضايا الفلسفية، ولكن أيضًا في تناول الطعام، والتي تُذكِّر أحيانًا بالمآدب الأفلاطونية، وأحيانًا بالمآدب الصوفية.

صارت، أو هكذا أظن، الشموع إزدادت رائحتها حسية وسكرتها وقوة ضوئها.

اكتشفت أن مارا تدرس الفلسفة، وبالأخص الميتافيزيقا؛ لأهداف عملية؛ كالهروب أو ربما اللجوء. عندما فشلت في الالتحاق بكلية الطب، شعرت بالإحباط، منحت الاستئناف للمساعدة في تخفيف الألم من خلال ممارسة معالجة الأزواج في مشاكل الزواج والطلاق والعلاج

النفسي، مجانًا. عمل لسنوات مع فرق من علماء الأمراض النفسية في بيركلي، حيث كان يُجرِّب تطبيق الخضوع الذاتي في الطب، وخاصة الجراحة المجهرية والتوليد، جنبًا إلى جنب مع حقن الإيكوبلازم بالأصابع.

ماثيو لويد لديه نفس الاهتمامات، من وجهة نظر أكثر تقليدية وعلمية. فهو يعتقد أن الميتافيزيقيا، مثل أي رؤية مثالية للحياة، لا تتمتَّع بالشمولية التي يؤمن بها الكثير. إنه، كما يقول، لكل شخصٍ القيمة التي يعطيها وتساهم في تقدُّمه بدرجة تتناسب مع الجهد الذي يبذله. يقول:

- إن الصراع الشاق من أجل التَّعلُّم هو الذي يشحذ وعينا، وليس المعرفة المكتسبة من الخارج.

للبروفيسور شون لورانس نظريته الخاصة. إنه يدَّعي أن الإنسان يحصل على الخلاص فقط عندما يتوقَّف عن السعي وراءه بشدَّة، باعتباره الهدف النهائي، فيكفُّ عن إرباكه. ويضيف:

- حينها يحقِّق جمود تام، داخليًّا وخارجيًّا. هذا ما يصفه كريشنامورتي، إذا كنت أفهمه جيدًا بالطبع.

تتدخل مارا لويد وتسأله:

- كيف؟ في هذا العالم الذي يتَّسم بالتدفق والتغيير الدائم، هل من الممكن تحقيق مثل هذا التوازن الذي يعتمد على السكون والتباطؤ؟

يجيب البروفيسور بغموض نبوئي:

- بالتسريع المستمر وتحقيق الحركة النهائية، إذا أصبح ذلك ممكنًا، عزيزتي مارا.

يقول عالم الاجتماع والفيلسوف تاجر اللحوم:

- شون لورانس مُحِقٌّ.
- بهذه الطريقة فقط يتمُّ ترويض المكان والزمان. يقاس تقدُّم البشرية بالسرعة التي يتطوَّر بها كل عصر. عاجِلًا أم آجِلًا، في غضون بضعة عقود أو قرون، سنحقِّق سرعات الضوء، أو نقترب منها. ثم سنغزو ما وراء العالم. سوف نحصل على البُعد الرابع المفقود. وعندما نتجاوز سرعة الضوء، بعد عدَّة آلاف من السنين، سيتَّحِد الماضي والمستقبل في الحاضر الأبدي، في المضارع. ثم سنرى وجه الله.
- لقد رأيت وجه الله.

هذا ما قلته أنا؟ نعم، مع الأسف، خرجت كلمة كهذه من فمي. هربت مني. بعد ذلك سأتراجع عنها... تعالت الأصوات والحوارات وتجزَّأت وتفرَّعَت. صوت رفع وخفض ملاعق الفتيات أمامهن، البودينغ المحشو، الذي وجدته الشابات أكثر إثارة من حديثنا، يجمِّد الشهب.

غريب! على الرغم من الضجة، ومفاجأة كل مَن حولي، بقيت هادئًا. لأن ما قلته هو ببساطة الحقيقة، حقيقتي! ها أنا ذا مرة أخرى، آخذ الطبشورة وأرسم على السبورة الملطّخة قطعة أخرى من الخط الذي بدأتُ برسمه منذ سنوات، لعمل دائرة كاملة.

ارتسم على وجه عازفة التشيلو تعبيرٌ مأساوي. التعبير الذي

ستحصل عليه إذا أمسكنا التشيلو المفضَّل لديها، والذي تمَّ تقديسه من قِبل يَدَيْ العازف الأسباني الأشهر كازالس، ودفعنا بآلة كونترباس نادرة بلا هوادة بين ركبتيها.

ينظر ميحمد إليَّ من الأمام، وبشرارة من الفكاهة والشماتة في عينيه. نعم، أعلم بماذا تفكر، كابرون! كيف خدعتهم جميعًا، كيف من خلال ما صرَّحتُ به كنتُ أعني أنه في أحد أحلامي، أو في ساعة سُكر، أو في لحظة جنون الكتابة، رأيت «زيوس الغامض»، أو «المتأنق أبولو»، وليس محمَّدًا أو يسوع. لسوء الحظ يا ميحمد، سأخيِّب ظنَّك.

يتبادل ماثيو ومارا لويد نظراتٍ قَلِقة، محرجة من الارتباك الذي تسبَّبوا فيه، عن غير قصدٍ، وبسببي أنا، لضيوفهم. دعهم يشعروا بهذه الطريقة، إنه آخر شيء في ذهني الآن بعد أن أسقطت المكعَّب.

انحنى تاجر اللحوم على طبقه وراح يشوِّه البودينغ بشوكته. ومن الواضح أنه حزين لإهانة الأفكار والمبادئ التي يؤمن بها.

في خِضَمِّ الارتباك، تجد دولوريس لورانس فرصة لترسم شارة الصليب: «مادونا دولوروسا».

لا أهتم على الإطلاق بما يفكِّرون، ولا بما سيقولون عني عندما أغادر. ليس هناك أهمية تُذكَر لأسباب غير مفسَّرة، في وقت غير مرغوب فيه، حتى لو اعترفت بذلك، في مكان غير مناسب، زنبرك بداخلي، ظلَّ خامدًا لسنوات، عمل فجأة، دفع الباب المغلق، فتحه.

لقد ظللت أبقي هذه التجربة الشبابية سرًّا لعَقدٍ من الزمان. وها أنا الآن أكشف عنها وأروي كيف ومتى، وتحت أي ظروف، رأيت الوجه المحفِّز للرب؛ كيف ومتى تَشكَّل بيني وبينه ضوء غامر طاغٍ، لكن

للحظة فقط، ومع الأسف، غيَّرني تمامًا.

ها أنا لا زلت أقول إنني رأيته لجزء من الثانية، وفي هذه المساحة القصيرة توحَّدتُ على الحركة المذهلة، وهو أمر خارق للطبيعة، ومنذ ذلك الحين، بشكل متقطِّع، وبين الحين والآخر، مع رجفة قوية، أحيانًا مع تقلُّصات في الجسد كله، أستدعي في ذاكرتي مياهَ نهرالأردن النجمي التي غسلتني، وأذابتني وصقلتني.

أتحدث وأشعر بالخجل للسنوات التي صُمتُ فيها لأنني احتفظت في دولابي بعباءتي مطوية؛ لأنني كنت أتجنَّب الحديث لمن حولي وكلِّ مَن يقترب مني خشيةَ أن يروني كشخص مريب وغريب الأطوار، ويُعجَبوا، ليس بي، ولكن بكل ما يرجونه مني، وما قد يشعرون بأنني قد رأيت ورسمت: الطريق الذي وثقوا بي من أجلهم، والطريق المتفرِّع والمسار الذي يقود إلى النهر مع الزواحف آكلة اللحوم، والثاني في إغراء النمور الذهبية المدجَّنة.

نعم، أشعر بالخجل من انحرافاتي، من الصلاة التي يمكنني التوسُّط فيها أمام العرش لإخوتي، ومن بينهم أنا الدنيا؛ نعم، أشعر بالندم لأنني الليلة، الآن، انجرفت وقلت هنا، بين حفنة من الغرباء، ما كان من المتوقَّع أن أصيح به من فوق أسطح المنازل في عالمي ولم أفعله؛ نعم، يمكنني، بعد التدريب المهني المؤقت، أن أعلن أن الموت غير موجود، ولا حتى الصفر. كيف عشت في الماضي مرات لا حصر لها، كرجل، كامرأة، وحتى قبل ذلك، كنبات وحيوان؛ وسأعيش حيوات كثيرة في المستقبل، وأن كل هذا بالنسبة لي، كما هو الحال بالنسبة للآلاف من قبلي أو في نفس الوقت معي، هي حقائق ملموسة ومرئية ومثبتة؛ وغدًا، بعد غد للجميع؛ لإثبات أن الأحداث التي وقعت

في الماضي وتلك التي ستتكشَّف في المستقبل، كلها تحدث ا لــ آ ن، كل هذا في هذا الوقت! كل شيء، في الحاضر، وإلى الأبد.

- والآن، أصدقائي من كاليفورنيا ومن نيفادا ولويزيانا ومن جميع أنحاء أمريكا، استمعوا إلى اعترافي، الذي هو الاعتراف بذنبي. لم أفعل ما بوسعي؛ لأنني كنت مقتنعًا أننا في العالم الخارجي، حيث نعيش محرومين ومنفيِّين، لا نهاية أو بداية، ولا حتى ما نسميه «أبدًا». فقط «دائمًا»، «أنت» موجود. كانت هذه المعرفة هي التي أصابتني بالشلل، عن خلودنا الكثيف، وإعادة طيِّ التجربة واجترارها، وتعظيم الحب، والقضاء النهائي الحتمي على الألم والمرض. قلت: ولماذا أتحدث عن المقدَّر أن ينكشف عاجلًا أم آجِلًا؟ وقلت أيضًا: هذه المعرفة والخبرة التي تمنحنا إيَّاها المغامرة الرائعة التي نسميها «الحياة»، هذا المسار الصادم للتطور والتأليه، أريد بشغف أن أعيش في الأبدية؛ لكي أبدأ مرارًا وتكرارًا دورة الحياة من البداية. لأصبح مرة أخرى قطرةَ ندى على ورقة كونية والضوء يخصَّص لي ببطء. أتمنى أن يعيدني أسياد الكرمة مثل قرد أو ذئب كبير في الغابة؛ هذا ما أسعى إليه وأريده؛ أن أنسى اليونان ومصر وقرطاج وبرسيبوليس وروما ونيقوسيا ولاس فيغاس؛ وأن أرتقي في داخلي مرة أخرى، أن يشرق بداخلي مرة أخرى صانع معجزة: التعطش إلى المعرفة، والفضول التام لبدء الخلق، العودة لحالة الرضيع، وما إلى ذلك. اسمحوا لي أن أقف مرة أخرى أمام علامة الاستفهام الإعجازية العظيمة، وهي شعار نبالة القدِّيسين والأبطال! ثم سأجد براءتي مرة أخرى. ثم سأبدأ في التَّحمُّل مرة أخرى، الشعور بالألم، بلمسة الحنان. سأقول «أمي» وسأرى القديسة «الرحم». «أبي»

وسأرى «القضيب» المقدَّس. سأقول «الله» وسأرى «الجِماع اللا نهائي الخصيب». الآن وإلى الأبد.

أصداء تصريحي كانت عبارة عن موجات صمت مُدوٍّ ومُتوالٍ. ثم قطعته دعوة لويد للمرور للصالون لتناول القهوة.

الفتاتان اختَفَتا مع السيدة لورانس والسيدة لويد في المطبخ. تاجر اللحوم فات داجلاس طلب الإذن ليقوم باتصال هاتفي. أغلق على نفسه المكتب. لا بُدَّ أنه يتصل ببلاتون، هل يتصل به ليشكوني إليه؟ جال بخاطري أن أضحك. البروفيسور تبعه، ولكن الفقرة الأكثر فتنةً كانت الخسوف التام. فجأة تحوَّل إلى برجوازي مهترئ مُملٍّ، ينضح شكوكًا في كل ما ومَن حوله. ماثيو لويد يحاول بلا جدوى أن يتظاهر برباطة الجأش. كل اهتمامه وتركيزه انصبَّ على ميحمد زيزا أوزكيول. وكلما سنحت لهم الفرصة رفعا أعينهما ووجَّها نظرةً نحوي، ويتهامسان، ثم يلقيان عليَّ نظرات جانبية، نظرات قَلِقَة.

36

في الطريق إلى فندق باسيفك وفي سيارة التاكسي كان ميحمد متجشِّمًا. تظاهرت بالبراءة والسذاجة، سألته ما الخطب فلم يجب؛ راح يلوك شواربه. انفجر فور أن دخلنا إلى الغرفة:

- لِمَ كانت كل هذه التعليقات الساذجة يا أركونتيتي؟ يجب أن تخجل من نفسك.
- أهذا ما تظنه؟ أنني كنت أمزح؟
- كُفَّ عن التظاهر يا ملعون، فأنا أعرفك. لم أكن أمزح. لم أكن أبدًا أكثر جدية.
- بل لم تكن أبدًا أكثر...

لم يَقُلها، لكنه فكَّر أن يقولها.

- يجب أن تذهب للطبيب حالًا. ليس بسبب ما حدث لك في فيجاس أو عند المسلة، بل بسبب ما فعلته هذه الليلة. أنت في حالة يُرثى لها... لا يمكن... أنت لا تستريح، لا تنام، لا... صرت مثيرًا للعصبية. وكُفَّ عن تقيُّؤ ما يحلو لك من كلام في صالونات الناس مثل لويد بكل ما يغلي في عقلك المريض. أمسك لسانك قليلًا. وفِّره لدفاترك حتى تجد ناشرًا مجنونًا ينشر لك، أرسِل لي نسخة كي أتذكَّر كم كنت مهرجًا طيلة هذه الشهور... والأمر لا يتوقف فقط

على ما تفكر به، وهو محض هراء، ولكن...

كبح جماح غضبه فجأة وهدأ صوته. لا بُدَّ أنه ارتعب وهو يرى وجهي وشفتيَّ تنكمش وتذبل، ويديَّ ترتعشان. يجب أنني أبدو أصفر كحبَّة ليمون.

- ولا حتى تنتبه لصحتك... تتقيَّأ، ومصاب بدوار وتشنُّجات وإغماءات... وزنك ينقص، ملابسك تسقط منك... ربما الأفضل لك أن تعود إلى قبرص.
- أنا على ما يرام يا صديقي العزيز! كل ما في الأمر أنني أفرطت قليلًا في الشرب. هذا هو كل الأمر! بعد خمس أو ست ساعات نومًا سأعود من جديدة اليونانيَّ الطيب عديم الخطر وســ.. ســ.. ســ...

.. فتحت عينيَّ بصعوبة، جلست بصعوبة أكبر... مفاصلي كلها تؤلمني. فتحت قبضتي، شعرت بتصلُّب في رقبتي فحرَّكتُ رأسي لأعلى ولأسفل، نفس الشعور الذي انتابني في الأروقة آنذاك... سمعت محادثات، رأيت كُتلًا تتحرك داخل غيمة ضبابية، فركت عيني وانتظرت أن تتَّضح الصورة... أكبر خوف لديَّ هو العمى... لا، لحسن الحظ، اتَّضحَت الصورة، وإن كانت باهتةً... هيكلان باهتان يقتربان، أشكال متعددة تختلط ألوانها، تتماهى، وشيئًا فشيئًا تتضح... إنه ميحمد في الخلف ينظر من خلف كتف شخص طويل.

- إنه يستفيق.

سمعت صوتًا، وفسَّرت الكلام وسط ضجيج. هل كان ميحمد هو مَن تحدث؟ أم الآخر؟ هل قال هذا عني؟ هذا الفعل، هل هو في الماضي أم المضارع؟ «يفيق، أم يستفيق»، أنا الذي أسمع تصريفه...

لكن، لماذا جاء الطبيب؟ لماذا، يجب أن يكون طبيبًا غير معروف لي، يعلِّق في رقبته سماعة. ربما... أصابني الدوار مرَّةً أخرى، وانتهز ميحمد الفرصة ودعا طبيب ليفحصني. اقترب الرجل الطويل مني دون أن ينطق بكلمة، نزع عني الجاكيت. استسلمت له، لم أقُل ما يدور في عقلي. رفع كُمِّي وقاس النبض، ثم وضع جهاز الضغط في يدي؛ عيناه مثبَّتتان على المقياس. وجهه لا يشي بأي قلق ممَّا يراه. طلب مني أن أعرِّي ظهري وصدري. وضع السَّمَّاعة وحرَّكها للخلف والأمام، ثم طلب أن أطلق زفيرًا ثم آخذ شهيقًا، أو أن أسعل، ضغط بأصابعه على ظهري ثم طرق، توك توك توك باليد الأخرى.

- انتهينا. ارتدِ بيجامتك.

سألت ميحمد:

- متى حدث هذا؟
- فور أن عدنا.

فكَّرت أننا قد عدنا من منزل لويد حوالي العاشرة مساءً. الآن الساعة... بعد الحادية عشرة! قلت:

- لقد نِمتُ كثيرًا... كنت مُنهَكًا.
- لم يكن نومًا، في البداية على الأقل.

صحَّح لي الغريب. واستطرد:

- كان إغماءً، مطوَّلًا... شكلًا من أشكال الخَدَر.
- أخفتني، حاوَلتُ أن... لكنك لم تستيقظ.

قال ميحمد.

أومأ الطويل وقال:

- كفى.

نظر إلى ساعه يده، ثم حسب الوقت، وقال:

- مرَّ من حالة إلى أخرى. لقد تغيَّر فقده لوعيه، أظهر شيئًا آخر... لحسن الحظ كانت ساعةً فقط... لقد احتاج الأمر لمحاولة كي تستيقظ.
- لقد قلت إنه تحوَّل إلى شيء آخر. هل هذا الشيء له اسم؟

أنا مستفز.

- لا أستطيع أن أحدِّد بالضبط؛ سيكون تشخيص حالتك صحيحًا بعد أن تُتمَّ بعض الفحوصات أولًا. ويستحيل عليَّ كطبيب باطنة أن أقوم بها. يجب أن يفحصك طبيب مختصٌّ. هناك أطباء مختصُّون في لوس أنجلوس، لكن أمهرهم في نيويورك.
- الآن سيستمع إليك.

التفت لي ثم قال:

- إن هذه الأزمة أيها الشاب كانت جادَّةً. يجب أن يُفحَص سببها، وسبب الأزمات التي سبقتها.
- أنت طبيب، قُل لي ماذا تعتقد. بعض التفسيرات، حتى وإن كانت تصوُّرات، ماذا يمكن أن تكون...
- لا يمكنني أن أعطي تفسيرات. تصوُّرات، ربما يمكنني، لكن أعتقد أنه من الحكمة أن أتجنَّب هذا.

- أريد أن أعرف، من حقِّي أن أعرف.

عَلَت نبرة صوتي.

وضع سماعته وجهاز الضغط في حقيبته. بدأ في ارتداء البالطو، وأخيرًا انفكَّت عُقدَة لسانه:

- كل ما أفترضه سأعطيه لك مكتوبًا، سأعطيك غدًا تقريرًا طبِّيًّا. على كل حال، وفقًا لما قاله لي السيد أوكزيول، ربما يكون إجهادًا أو قلقًا واضطرابًا في النوم هو ما يمكن أن أفترض أن يكون سبب الإغماءات. الخمول الذي تلا فقدانك للوعي هذه الليلة ربما يكون الهروب الذي اختاره طبيبنا الداخلي كي يتخلَّص من التوتر الشديد.

قلت ساخرًا:

- أو أنا... إن ما قلته، قلق، إجهاد، اضطراب نوم، إلخ... هل تُعدُّ أمراضًا؟ وإن كانت، ما مدى جديتها؟
- يتوقَّف الأمر دائمًا على درجتها. لو أنها قوية أو مستمرَّة فيمكن السيطرة عليها. ويمكن أيضًا أن تكون أعراضًا لحالات أصعب، أو أنها يمكن أن تسبِّب أمراضًا جديدة.
- والإغماء؟
- نفس الشيء يسري عليه. لأنه يمكن أن يكون سببيًّا، ربما يكون محض تنبيه لحالة أخرى. على أي حال، ما مدى خطورة أو عدم خطورة الاضطرابات وأسبابها، وما الضرر الذي يمكن أن تسبِّبه، وكيف يتم معالجتها، هذا ما سيخبرك به المختصُّون. أقترح عليك تحديد موعد مع الدكتور جونستون على الفور.

دكتور إريك جونستون، هو القائد في هذه القضايا. أنا أضمن ذلك، لقد حصلنا على درجة الدكتوراه معًا في جونز هوبكنز، بالتيمور. اتَّصِل بمستشفى Good Samaritan. غدًا سأعطي للسيد أوزكيول العنوان ورقم الهاتف وكل البيانات.

نظر إلى ساعته.

- لقد حان الوقت لأذهب. أتمنى أن يسير كل شيء على ما يرام. وبالتأكيد ستذهب إلى الدكتور إريك جونستون.

صافحني، رفع حقيبته وخرج. خرج ميحمد خلفه. سمعت تمتةً في الممر؛ بعد ذلك صوت المصعد.

على مَن أصبُّ غضبي؟ على نفسي بالطبع: أينما تَحِلَّ يأتِ الخراب، أيها الحمار، لم يأتك المرض سوى هنا في بلد غريب، وأي مرض، مرض مجهول؟ اللعنة.

- يا حيوان، يا عديم الشرف، بأي حقٍّ أحضرتَ طبيب الباطنة؟ ومن أين تعرف كم أكره الأطباء؟ لو كنت تريد أن تُحمِّلني بأعباء وتوتُّر وقلق آخر فقد نجَحتَ!

عاد السيد! سمعني بالتأكيد... لكني أتساءل إذا كان قد فهم خطأه؟ ألقى القصير بنفسه على الفراش وهو لا يزال بكامل ملابسه التوكسيدو والبابيون.

- يجب أن نتحدث بجدية يا أركونتيتيس... الأمر لا يحتمل أي تأجيل... إن شئت؟ أوك. عندما ستقرِّر سأكون بجوارك.

لو تركت نفسي الآن وتحدثت سأصبُّ كلَّ غضبي ومرارتي عليه.

وسأكون مخطئًا ولن يكون لديَّ الحق... لأوفر كلامي إلى أن أهدأ.

شعر ميحمد بحالتي... أدار لي ظهره وتغطَّى.

- تصبح عليه خير.

سمعته يقول بصوت مخنوق تحت الوسادة:

- لو ستصيبك إغماءة أخرى أخبرني.

الحيوان، لديه مزاج للمزاح.

***

في سهرتي الطويلة حتى الثالثة صباحًا تذكَّرتُ أنه في صالة القراءة، التي أقضي بها من وقت لآخر بعض الوقت، كنتُ قد رأيت موسوعة ما.

نزلت إلى الطابق قبل الأرضي، بين الطابق الأرضي والطابق الثاني. كانت القاعة مُغلقة ومظلمة، أشعلت كل الأضواء. ربما تستطيع الإضاءة أن تحسِّن من حالتي المزاجية... لكن هيهات! ذهبت نحو الرَّفِّ. هنا تكون المجلدات، أحضرتهم إلى الطاولة. تردَّدتُ قليلًا، أفتحها أم لا أفتحها؟ to read or not to read؟ ضحكت لبؤس حالتي، وإن كان قلبي لا يزال يدقُّ.

في النهاية تجرَّأتُ؛ من الأفضل أن أعرف أي مخاطر تتربَّص بي. حدَّدت بقصاصات من الورق الفصولَ التي تهمُّني، «التي تهمك يا سيد أرخونديذيس»، قلت شامتًا لرأسي الأشعث، ولهيئتي المنعكسة في زجاج المكتبة. ولكي أتجنَّب نظرتي المتفحِّصة حشرت أنفي في الفصل الأول.

«القلق: هو حالة عاطفية ناتجة عن الخوف والقلق وانعدام الأمن وما إلى ذلك... هي حالة إمَّا عابرة، عندها تُعتبَر طبيعية، أو مستمرة وعالية الكثافة، حينها تُعتبَر مَرضيَّة، على سبيل المثال كعَرَض من أعراض العصاب، الذي ينشأ كتوقُّع قلق لخطر كبير أو حالة غير سارة. تشمل السمات الجسدية والسلوكية للضغط، من بين أمور أخرى، التَّغيُّرات في الجهاز العصبي اللا إرادي أو العصبية المفرطة.

خصائص الإجهاد: شديد/ دائم/ عادي/ يومي/ مهني/ ضغوط حرب/ مرض/ امتحانات/ بطالة/ وقت/ وهلم جرًّا.

ردٌّ فعلي على القلق يمكن أن يُسبِّب مشاكل عندما يعجز الجسد أن يعود إلى حالته التي تسبق نوبة القلق.

- وصف رائع لحالتي!

قلت للرجل الذي في مقابلتي، والذي ينظر إليَّ عابسًا من المرآة. مضيت إلى الموضوع التالي:

«الإغماء أو الغشيان: فقدان مؤقَّت للوعي، ويرتبط مع تدفُّق كافٍ من الدم المؤكسج إلى الدماغ».

في المقالة الموسَّعة التالية، قرأت ما الذي يسبِّب الغشيان أو الإغماء، والأخطار العديدة المصاحبة له. من بين الأسباب الرئيسية: الشحن العاطفي الشديد، والأرق لفترات طويلة، والتغيير المفاجئ في الموقف، والحرارة، والزحام، وانخفاض ضغط الدم، والتمارين المفرطة، إلخ... لكن الأسباب الأكثر خطورة هي مشاكل القلب والأوعية الدموية المختلفة، وعدم انتظام ضربات القلب، وضيق الشريان الأورطي، وما إلى ذلك، والتي يمكن أن تكون قاتلةً في بعض الأحيان بالنسبة لفقدان

الوعي. تقول المقالة أيضًا إن الشخص الذي يفقد وعيه إذا لم يتم وضعه في وضع أفقي أو في وضع آخر يسهل تدفُّق الدم إلى الدماغ، يكون معرَّضًا لخطر شديد.

قرأت وأعدت قراءة المقال القاتم؛ كلمات وأرقام وخطوط بيانية تتراقص أمام عيني؛ بدأت أشعر بالبرودة. علَّها لا تكون نوبة غشيان جديدة...

خرجتُ إلى الشرفة بحثًا عن نسمة هواء...

الآن أعرف أنني محظوظ للغاية. فلديَّ أعراض المرضين، وبنسب كبيرة: عدم الأمان والقلق الشديد وتوقع دائم للكوارث العظمى... هذا هو غذائي اليومي، شبعت منه في نيويورك وفي الأروقة التي حفرتها في نومي وانحشرت فيها كالجرذ الأعمى. أما عن حالات الغشيان، التي صارت دائمة بالنسبة لي، فالكثير من أسبابها أعيشه بالفعل: الأرق والإجهاد والشحن العاطفي والنوبات والتقلُّبات النفسية المفاجئة. تلك المسببات أفهمها. لكن الأسباب الأخرى، شرايين القلب؟ تلك هي الأسباب التي كان يفكِّر فيها طبيب الباطنة الذي فحصني وأوصى بالفحوصات الأخرى. على أية حال، بغضِّ النظر عن أسباب فقداني للوعي الذي يمكن في أي لحظة أن تودي بي... أنا بالفعل محظوظ للغاية؛ لأن في كل المرات التي حدثت لي كان ميحمد بجواري؛ لأنه بعد الحادثة في البرج، قال له المكسيكي الذي كان على دراية بهذه الأمور، «في حالات فقدان الوعي أو الإغماءات يجب أن تكون الرأس في مستوى أدنى من الساقين والجسد. وإلَّا وداعًا للماضي!». يبدو أن ميحمد سمع كلمته ودوَّنها في رأسه. ومن الواضح أيضًا أنه طبَّق النصيحة في لاس فيجاس وليلة أمس.

ماذا لو اليوم أو غدًا جاءتني النوبة وكان شخصٌ آخر لا يعرف ماذا يفعل؟ أبي يعاني من ذبحة صدرية، لي أخ وأخت ماتا بسبب أزمة قلبية. يجب أن تكون على عِلم ومستعدًّا يا بتروس. من الجيد أن تعرف إذا ما كان السبب أزمة قلبيًة أو ذبحة صدرية أو جلطة؛ وإلَّا ستغادر الدنيا سريعًا.

نعم، يجب أن أقوم بالفحوصات اللعينة. لكن ليس هنا، في قبرص سأقوم بها، كي تكون أوليا حاضرة. فهي تجلب لي الحظ في كل ما أفعله! حتى في الفحوصات الطبية العامة التي أقوم بها كل عام. كل مرة أغادر فيها عيادة الطبيب اليوناني سامباتاكيس بالعيِّنات والنماذج وأنا كلِّي ثقة أن النتائج كلها ستكون سلبية، وأن كل ما يقول لي أخصائي التحاليل، بعد أن يثقب ذراعي ليأخذ عيِّنات الدم، وبعد أن يحلِّل بولي، ثم يُرهِقني الطبيب بمُعِدَّاته وأدواته لقياس الضغط والإيكو وضربات القلب، وبعد أن يُجلسني على الدراجة من أجل فحص الإجهاد- يقول لي دائمًا:

- النتائج رائعة يا سيد بتروس!

هناك والآن، في عيادة سامباتاكيس، ستتمُّ كل الفحوصات. وأتمنى لمرة أخرى أن تكون النتائج جيدة وأكون محظوظًا لمرة أخرى! وأن الطبيب الماهر سيقول لي: «أمسك الخشب يا سيد بتروس! إن قلبك وشرايينك وضغط دمك ونسبة السكر والكوليسترول وتحليل البول، وكل شيء، في معدلات طبعيية! لو كنتَ تعاني من أي شيء فهو بسبب الإجهاد والقلق. بضعة أيام على البحر مع أوليا وستصبح كطائر الحجل»!

.«بل مثل الديك»، سأصحِّح له

***

تحدَّثتُ مع ميحمد في المساء. ذهبنا إلى المطعم، كلٌّ على حِدَة، لكن في النهاية جلسنا على نفس الطاولة الوحيدة الفارغة.

- هل دفعت للطبيب؟

كانت أول مزحة بعد تحية الصباح المتململة التي تبادلناها.

- دفعت له.
- كم؟
- مائة بعد التخفيض. فثمن الفيزيتا يزيد في ساعات الليل.
- وأين وجدت طبيب الباطنة؟
- إنه يسكن بالقرب من هنا. العجائز يحتاجونه بشكل دوري.

أخذ رشفة من قهوته وأكمل:

- عندما هززتك ورششت عليك الماء والكولونيا ولم تفق خفت... اتصلت باستقبال الفندق، ورشحوا لي مارلو. قلت لهم اتصلوا به. بعد عشر دقائق وصل.
- ليس لديَّ المال... سأعطيه لك عندما أحصل على البرديم.
- سنرتِّب هذا فيما بعد. على أية حال مصاريفنا الطبية يغطِّيها التأمين. كل ما عليك الآن هو أن تهدأ وتستريح، وغدًا تعود إلى سيراكوزا.
- بعد غدٍ ينتظروننا في بورتلاند.
- انسَ بورتلاند.

إنه متسلِّط وصلب الرأس، ويثير أعصابي.

- أهذا ما قرَّرتَه يا سيد أوزكيول؟

- إيفيت يا أركونتيتي!

قال بسخرية، ونظر إليَّ في عيني مباشرة، وعلى وجهه تعبير يشي بأنه قد قرَّر، وأنه هو المتحكِّم.

- من هذه اللحظة أنا القائد، هذا من بعد إذنك.
- أقنِعْ نفسك بهذا. ومَن أعطاك هذا الحق؟
- أنتَ، حالتك البائسة... لو لم أجرجرك إلى الطبيب، سيجرُّونك إلى قبرص. إذن، لن نذهب إلى أورجون، انتهى الأمر.

أشعر أنه ربح المعركة. لكنني أقاوم، ألقيت بحجَّةٍ أخرى:

- هل سيرسلون البرديم إلى هناك.
- سأبلغ روبي... طلبت من الريسبشن أن يتصلوا به، وسيدفع هو ثمن المكالمة.

صمت للحظة، أخرج من جيبه مظروفًا وأعطاه لي:

- دكتور مارلو ترك لنا هذا التقرير. اقرأ ماذا يقول.
- لا.

ألقيت بالمظروف على الطاولة.

- ألا تريد أن تقرأ بِمَ يوصي الطبيب؟
- كل ما كنت أريد أن أعرفه قرأته في الموسوعة.

بعد وقفة مقتضبة. حشر ميحود المظروف في جيبه، ثم سأل مجدَّدًا:

- حسنًا إذن، لقد اتفقنا بخصوص غد؟
- ماذا تعني؟

- المغادرة، العودة إلى سيراكوزا.

دون أن أظهر شعوري بالهزيمة وبطريقة آليَّة أومأت بالموافقة.

- حسنًا، سأتحدث مع سيراكوزا من أجل تغيير خط السير. سأطلب منهم أن يحوِّلوا البرديم على المركز التعليمي في شيكاغو- إلينوي. لو لم نلحق قطار العاشرة السريع مساءً إلى سيراكوزا سنبيت في شيكاغو. سنحتاج المال للفندق وباقي المصروفات.

صمت للحظة، ثم فجأة تذكَّر شيئًا، وأكمل:

- سأرجوهم ليبلغوا سفارتك أيضًا.

انتفضتُ؛ الهدوء والسيطرة على النفس التي أردتُ أن أتحلَّى بهما بعد كل ما قرأت ليلة أمس في تلك المقالات وأدركت أنني بغضِّ النظر أنني تجنَّبتُ أن أعترف بأن ميحمد قد أحسن التَّصرُّف بأن جلب الطبيب الطويل، كل هذا نُسي فجأة. غضبت، وعلا صوتي إلى أعلى درجاته، حتى إن النُّزلاء القريبين، والشاعرة إيديث هاليفاكس التي كانت تجلس على مقربة من طاولتنا مع كتاب، التفتوا جميعًا، ونظروا إلينا مندهشين ومنزعجين.

- لا تخبر أحدًا. لا روبي ولا السفارة. وكُفَّ عن لعب دور الوَصيِّ. لقد تسبَّبتَ لي في كثير من الأذى بإحضارك طبيب الباطنة. لقد جلبتَ لي الأمراض.

- أنا؟

- هو.

- هو مَن جلب كل الأمراض؟

- كما قلتُ لك يا أوزكيول. لا تغيِّر التذاكر، قُل لهم أن يرسلوا النقود

ولا شيء آخر، اتفقنا؟

- سيسألون عن إلغاء رحلة بورتلاند. وعن تغيير خط السير.
- قُل لهم إنني أعاني من اضطرابات هضمية.
- ولا نحجز موعدًا لدى الطبيب؟
- لا، لا مواعيد مع أي طبيب... سأفعل كل المطلوب، لكن في قبرص.
- هذا خطأ... المختصُّون هنا هم الأفضل على الإطلاق. إنها فرصة بالنسبة لك، استَفِد منها.
- قلتُ لك لا، لـــ اااااا. انتهى الحديث في هذا الأمر. لن أذهب إلى نيويورك، هذا أول شيء. الشيء الآخر، لن تقول شيئًا لـ«روبي»، ولن تذكر شيئًا عمَّا حدث. ولا حتى أنني أنتوي أن أعود إلى قبرص مبكرًا. سأقول لهم أنا.
- أوك، جانوم. كما تأمر. هذه مشكلتك.

أنهينا طعامنا في صمتٍ. الشاعرة إيديث هاليفاكس بعد أن رأت أنني هدأتُ أشارت لي مبتسمة.

قُمنا، وبينما كنَّا في طريقنا للخروج أدركت أنني أسأت التَّصرُّف. توقَّفتُ وقلت له:

- على كل حال، أشكرك... على كل ما فعلتَ، وعلى كل ما تعانيه بسبب مجنون مثلي.
- قسمت!

37

في كل العربات تجد نفس الشعار: «مليون راكب كل عام».

هذا الشعار وضعني في القطار. الأمان يُفرض مباشرة.

المناظر الطبيعية، تحت ضوء القمر الغريب، تبدو معاديةً. بحيرات وشلالات وسيول ومياه متبلورة.

المرتفعات والمنخفضات في كل مكان. أذرع أشجار الصنوبر والصوان العملاقة الحادة، تندفع نحوي، مرشوشة بالثلج. أسراب من الخفافيش، في تشكيلات متناوبة، تحلِّق فوق العربة، وتلتهم غيومًا من الفراشات، وتسقط مثل شظايا تلتصق بالنوافذ الرطبة، وتلطِّخها بالدم واللحم الذائب.

- سيستغرق القطار أكثر من يومين بقليل، من كاليفورنيا إلى الساحل الشرقي. ثلاثة آلاف ميل، اثنتان أربع وعشرون ساعة على أرجوحة حديدية. الطائرة بالتأكيد أكثر راحة، عليكم اختيارها. والطعام وفير ورائع.

نصحنا الدكتور فيشر قبل ثلاثة أشهر عندما سلَّمناه برنامج جولتنا. لكننا تجاهلنا نصيحته. أنا؛ لأنني أحب القطارات، وكذلك

ميحمد، كما قال، إنه لو خُيِّر «بين رحلة مريحة بالطائرة والخروج بالقطار، ولكن مع رفقة جيدة»، فإنه يفضِّل الاختيار الأخير.

الحقيقة هي أن ساعات هذا القطار طويلة ومُملَّة، والأصوات كثيرة ومزعجة، والوجبات صغيرة، والأسعار باهظة. هذا غير أن الطعام يسقط على ملابسك مع كثرة الاهتزاز. لكن على متن الطائرة هناك دائمًا خطر الاشتعال. والنار من مخاوفي الأبدية. لم أجرؤ على قول هذا لفيشر، ولم أعترف به لميحمد.

«سأسعد بجمال البلاد واتساعها، وإن استطعت سوف أكتب عنها»، قلت لكليهما.

تيار من الهواء تدفَّق من النافذة المفتوحة فقط بقدر سنتيمترين، وراحت تلعب بأوراق دفتر ملاحظاتي.

أغلقت النافذة وشددت الستارة.

يعيش الناس في الخارج، تهديد غير مرئي. ألف واثنان من أنواع الرُّهاب التي أحملها، منذ أشهر، والأخرى الجديدة التي عليَّ حملها من قِبَل أخصائي أمراض الجهاز الهضمي، ونظرية المعرفة هي أكثر من كافية بالنسبة لي.

كم عدد ساعات اليقظة التي سأحسبها حتى يعبر بي قطارنا القديم المصاب بالربو من المحيط الهادئ إلى المحيط الأطلسي؟

انحنيت على دفتري؛ وسيلتي الوحيدة للهروب.

وُلِد حبيبي في برج الحمل. يقول إن النار هي شعاره. طفل صغير أشعل النار في منزلهم أثناء اللعب. في وقت لاحق، عندما كان مراهقًا،

تعرَّض لخطر التَّفحُّم حرقًا في مرآب منزل مجاور، عندما اشتعلت النيران في بعض رقائق الخشب من عقب سيجارته.

«يقول لي بين الحين والآخر، إن يدي تحترق عندما ألمسك».

كفُّه، المفتوحة، شبه جزيرة، بيلوبونيز جديدة؛ يشعُّ إثارة جنسية. مغلق، إنه لغز لم يُحلَّ. يلامسني وأرتجف. حبه يحوِّلني، إلى باب الجنة. ثم يهدأ كل شيء مرة أخرى. تصبح النار سائلًا فاترًا في مهبلي.

يملؤني الجِماع أحيانًا بالزهور آكلة اللحوم. إنها تلخيص لكل الحركات التي لا تُعدُّ ولا تُحصى التي أجريها في حياتي، عن طيب خاطر أو عن غير قصد، ملخَّص، ولكن أيضًا استنتاج جديد، تحديد الذاكرة مع الجسد، يعطي شكلًا صلبًا للأول، يسيل الثاني.

أشعر بتعب حلو، يا حبيبي. أجمع، أجثم على الموقد المنطفئ من سعادتي، أعيد لملمة شتات نفسي. لقد تحقَّق الغرض من وجودي، مرة أخرى.

عند العودة، ساعات الاستيقاظ، إلى العربة، كان ميحمد ينام على سريره، على بُعد نصف متر فقط فوقي. تتغيَّر تعبيرات وجهه نائمًا؛ يسعل، أو ينحني بنصف ابتسامة بشفتيه من تحت شاربه. بين الحين والآخر يغمغم بعبارات وأسماء باللغة التركية. أو يضحك في نومه. أقف وأراه، وفي فيض مفاجئ من الصداقة الحميمة الذي أشعر به من وقت لآخر مع التركي القصير، أتمنى أن تتحقَّق كل أحلامه، مع استثناءين: أن لا تختفي قبرص واليونان من على الخريطة.

عندما استيقظ سألته عن الحلم الذي جعله يغمغم وهو نائم.

قال إنه كان في واحة في الصحراء. من الممكن أن يكون المكان واحة جوبي أو في أريزونا. كان يجلس في الظل تحت نخلة ويعزف على العود. النخيل حوله راح واحدةً تلو الأخرى يتحوَّل إلى ذهب والثمار تبرق مثل المجوهرات. وضع أتباعه السيف على الزَّلَّاجة وعلَّقوا حفنة من الياسمين على أذنهم مثل قرط. ركبوا بغال الأناضول، وتماسيح النيل، وكلاب البحر الأحمر، وثعابين السافانا ذات القرون، وانتقلوا إلى العالم الجديد يغنون المواويل.

قلت مازحًا باليونانية:

- الحمد لله.

ترجم بالإنجليزية:

- ماذا يعني هذا؟
- كلمات من أغنية.
- آه، فهمت... هل نِمتَ؟
- ربما قليلًا.
- هل حلمت؟
- أنا لا أرى أحلامًا.
- آه صحيح، أنت ترى أحلامك مستيقظًا.

لو قلت له ما أراه، عندما يتصادف وأنام، ولو كشفتُ له كلِّيَّةً عمَّا أشعر به كل مرة يتحقق سا في أحلامي ونشوتي الإيروتيكية كامرأة، سيتأكَّد من جنوني وفصامي، ولا أدري كم من الأمراض النفسيَّة التي سيظنُّ أنني أعاني منها. وسيكون مُحقًّا بكل تأكيد.

المهم هو أنني أشعر بالصفاء دائمًا مع أحلامي تلك. إنها تُغذِّي

روحي وقلمي. وجنوني أيضًا الذي أصبح له الآن اسم جديد، علمي ولائق: الضغط المفرط، الذي يؤدِّي إلى...

أنا امرأة، لقد خرجت للتو من سن المراهقة، وعاء للمتعة في يد الرجل المجاور لي. ثابتة، بلا حراك، ولا مشاركة. لا أشعر بشيء إطلاقًا، ما دام الجِماع يدوم بلا نشوة أو ألم، ولا شعور على الإطلاق. أنا في فراغ نفسي وعقلي. لكن عشيقي - الذي هو نسخة طبق الأصل مني - ينسحب من داخلي، حينها أغرق في بحر من النشوة.

في ساعات كهذه اتَّخذتُ القرار: سأنجب بناتٍ ذات يوم، سأشجعهنَّ على الاستمتاع بالحياة والاكتمال الحسِّيِّ مثلما أفعل أنا. سأعلِّمهنَّ مثلما تُعلِّم المصريَّاتُ بناتِهنَّ كيف يرتَشِفنَ العشق ويَعصِرنَه حتى آخر قطرة. أليست هذه هي الوجهة المثلى للأم؟

كان ميحمد يراني غارقًا في أفكاري، تمتم بشيء ثم تركني. أخذ حقيبته التي تحتوي على أدوات الحلاقة واختفى... خلعت ثيابي، بقيت بالسروال الداخلي. الجو هنا في الداخل حار جدًّا، له رائحة أقدام وضراط.

في هذا القطار لا أفعل شيئًا سوى أن أرتدي ثيابي وأخلعها، تارة في صحوي وتارة أخرى في منامي. أرتدي ثيابي كي أذهب إلى عربة المطعم أو عربة المرصد/ الأوبزرفاتوار، أو إلى عربة التبول والتبرز/ الخراتواز. في أحلامي أخلع ملابسي لأمارس الحب مع نسختي الذكرية أو الأنثوية؛ أو أشاهد نفسي كيف أرتدي ملابسي وأربط الكرافتة وأجلس كما أفعل الآن مثلًا، أو أكتب أو أصحِّح كتابتي الأشبه بنبش الدجاج.

هل أنا مستيقظ الآن أم...؟

كم ساعة وأنا على سَفر؟ عشر، خمس عشرة، عشرين، ثلاثين، ومَن يحسب الوقت؟ الساعات معدودة بعشوائية ساعة الذهن، عشرات الساعات! تخدَّر جسدي، وشُلِلتُ بسبب التراخي. تصلَّبَت مفاصلي وكذلك مخاوفي. كل نفق، عدسة. في كل منعطف، انهيار محتمل في الفراغ. كل ضوء أحمر، تحذير من انحراف وشيك. لا أحد يستطيع أن يضمن لي الشخير الهادئ. أعيش بالبركة. أقترض كل ثانية. كل ممرٍّ آمن إلى الغد هو معجزة ليس من المؤكد أن تتكرر. الدقائق تمر بإيقاعات الساعات البطيئة وأصلِّي لبضع ساعات من النسيان، من أجل عودتي إلى حالة الرضا المحظور! نعم، هذا هو أعلى مستوى لطموحي، وعيي، عقلي، كل شيء غير مكتوب، إسفنجة جاهزة لاستيعاب ما يقدمه العالم للمرة الثانية...

أحدهم ينام بجواري. ميحمد أوزكيول أم بتروس أرخونديذيس أم شبيهي؟

كيف ينام هكذا دون أن يزعجه الاهتزاز والوقوف في المحطات والصافرات المدوية؟ كم هي مقرفة هذه الضوضاء! الآلات هي الأكثر وقاحة وفجاجة على الإطلاق، في عالم المستقبل الأكثر تحضُّرًا ستَقلُّ الأصوات إلى أقصى مدى ممكن، وقدر الاحتياج. والأصوات الخارجية وكل الأصوات التي تخرج من الإنسان.

«قل كم عدد الأصوات التي تصدر منك، أخبرك مَن أنت».

الاستنتاج والخلاصة: داخل الصمت الصوت الجميل يسقط كحجرٍ خفيف في البحيرة، يرتطم مثل زهرة على غصن في الفضاء الصامت...

وأنا، هنا، بعينين حمراوين، ساهر داخل كتل معدنية ضخمة تصطكُّ وتصدر صريرًا وأزيزًا مدوِّيًا. وأصلِّي أن ينزل على رأسي المشلول على جناح يمامة لسانٌ من النار ليضيء طريقي مرة أخرى. أنا في أمَسِّ الحاجة إلى معجزة جديدة. الآن أكثر من أي وقت مضى. لقد زادت بل وتضاعَفَت اعتراضاتي ومقاومتي. وازدادت من فرط الاستبطان المرضي الذي كشف لي أنني - وليس أحدًا آخر - عدوِّي الوحيد الأول والمميت. لقد قلت هذا قبل ذلك... لكن متى ومع مَن يا تُرى؟

على أية حال أنا في أمَسِّ الحاجة إلى معجزة ثانية منقذة. أي شكل منها. ليظهر لي الرب ثانية بكوب من العسل ويغسلني ويقبِّلني على صُرَّتي وصدري وشفتي. ليشقَّ جسدي وتخرج منه ديدان الخوف والشك التي تأكلني، لأرفع يدي مقاومًا فتخرج شعلات من أظافري. ليظهر شكلي البدائي كمرآة بعيون تستطيع أن ترى من خلال الزمن الكتل التي تحدِّدني وتحجِّمني.

معجزة واحدة يا رب، أطلب منك، كالقديسة كاسياني التائبة، معجزة صغيرة فقط. سيصيبني الجنون هنا.

انتفضت بعد لحظة أو ألف لحظة من الخمول وعقارب الساعة تبرق مهزوزة أمامي. الوقت لا يتحرك وميحمد لم يعد بعدُ.

بعد كم ساعة يا سائق القطار يا صديقي سيظهر المحيط الشرقي؟ هل يمكنك أن تزيد السرعة على قضبانك وتُخرِجنا من هذا النفق المظلم؟

آه يا هيراكليس! بالطبع أفهم غضبك! أن تكون زوجتك وابنك

نائمين بعيدًا عنك وأنت - بطل الأبطال - تدور حول نفسك من الأرق كدرويش تركي. حسنًا فعلتَ وخنقت غضبك... حسنًا؛ لأكتب هذا.

ذات ليلة يا هيراكليس بدأت في التخطيط لإبادته. كنت أحسد نومه الطويل. كنت سأخنقه بالوسادة وأدعه يرفس بكلتا ساقيه التركي الملعون... كنت سأقوم بعمل وطني.

لكن لماذا يا أنتَ تفكر بكل هذا؟ ألا يوجد شيء أكثر «غواية»؟ فكِّر في شيء حتى يعود الشرقي من الخراتواز وتذهبا إلى عربة المطعم. اقلب الصفحة. فكِّر في «حبيبتك أوليا، أوليا صغيرتك، وأمك الطيبة، ماما كما كنت تقول لها»، أو في «أقاربك أو أصدقائك»...

- أنت تحبها أكثر مني يا بترو، كُفَّ عن التظاهر.
- حبُّك لأمك غير حبِّكَ لأوليا.
- لا، لا، لقد صرت شخصًا آخر، شخص آخر تمامًا...
- أقسم لك يا ماما، لا.
- في كل مرة تذهب إليها تأتيني مختلفًا، تأتي وكأنك...
- أنتن النساء يا أمي، لو حاولتن قليلًا أن تكُنَّ مختلفات قليلًا، حتى لو تجاه بعضكن البعض، ستسهلن حياتنا علينا. لكن، كلكن متشابهات.
- لا أفهم لماذا تقول هذا يا بتروس؟
- تفهمين يا ماما! وهي أيضًا تقول نفس الشيء، فعندما أخرج من البيت لأجيء إلى هنا لأراك تقول نفس الكلام لي. كأنها زيادات لازمة.

الآن تذكَّرت هذا؛ كيف أن أمي كانت تعاني دومًا من الأرق. هل يمكن أن يكون الأمر وراثيًّا؟ قلت لها متجاهلًا حينها كيف أن الأمر

قاسٍ ومُعذِّب، «حقًّا يا ماما؟ لماذا يا أمي؟ قولي لي»، وكان الحوار دائمًا ينتهي هنا. لم أكن أفهم المعنى حينها، كيف أن كلمة الأرق قاسية ومُعذِّبة. لكن لو كانت لديَّ رغبة صادقة وشيء من التَّفهُّم، فيما كان قد ينفع يا أمي؟ الوحيد الذي كان يمكنه المساعده هو أبي، كنت أناديه «بابا»، كان ينام بجوارها نومًا عميقًا مثل ميحمد. بالأخص بعد مرضه الأخير، كان يستلقي في الفراش من الساعة الثامنة. هل توقَّفَت عن ممارسة الحب من حينها؟ ربما من السنة الفائتة عندما أصيب بذبحة صدرية، وربما من قبلٍ هذا عندما زاد وزنه وبدأت مشكلات التَّنفُّس لديه، ربما... على كلٍّ، بعد زواجهما قبل ثلاثة عقود، كان توقَّف أن يُشعِرها بأنها امرأة. من معلِّمة خالية من الهموم بنت مدينة كيرينيا الجميلة تحوَّلَت في غضون بضعة سنوات إلى ربَّة منزل عابسة قليلة الكلام شاخت قبل أوانها.

تُرى بما تشعر الأم الآن وهي تعرف أن أولادها يستمتعون بممارسة الحب؟ هل تغار مني ومن بناتها؟ هل إذا كانت الكريمات التي تدهن بها أجسادنا الرقيقة أتت بأي نفع، والقبلات المتتابعة والأنفاس وهي بجوار أسِرَّتنا ونحن صغار كي تملأ رئتيها برائحتنا ونحن رُضَّع؟

بدأت مجدَّدًا... لماذا؟ لأفكر في شيء آخر، شي آخر أكثر بهجة... دفتر يومياتي... وهل هذا أكثر «بهجة»؟ لا، مستحيل! لكن حاوِلْ، أوجِدْ شيئًا آخر، قُل شيئًا أو اكتُب شيئًا عنها.

عندما أعود سأغيِّر كل شيء، سأثور! سأصبح أكثر أناقة وأكثر سفرًا! لقد فقدتُ الكثير من وزني على أية حال، صار قوامي رشيقًا. لكن بالأخص سأثور مستخدمًا قدراتي الجديدة التي اكتسبتها. سأكون رائدًا في مجال ربط الصحافة المقروءة والتلفزيونية التي

تعلَّمتها في جريدة Sun في بالتيمور. ورائدًا في مجال تنسيق الصفحات التي تعلَّمتها من د. أيزاك، وفي كيفية صناعة الأخبار. وكيف تغزو جمهورك النسائي من خلال تمويه عطشهن الجنسي بالشعر.

أنا متأكِّدٌ من الترقية. وبصفتي سأكون مديرًا تنفيذيًّا سأعيد تنظيم الجريدة. سألهم في زملائي احترامَ العمل الذي يقومون به. سأفرض إيقاعات جديدة، سريعة، جنونية، يومًا ما، كما يطلب المحرِّرون الأمريكيون من موظَّفيهم. المعلمون هنا ينصحون«الموظف، مهما كانت درجة أدائه»، «يجب تطبيق طريقة مروِّض الوحوش: السوط والجزرة!»، هذا ما سأفعله. وسوف يتغير كل شيء بشكل جذري. الآن، بعد أن أكون قد واجهته، الآن، بعد أن... سأفعل... وسأفعل... و...

الليلة، لأحاول أن أكون، أو أتظاهر بأنني المتفائل الذي لا ينام... فجأة رأيت شمسًا تشرق بداخلي، شمس كبيرة ومجموعة نجوم من المستقبل ونهر كبير بفروع ممتدَّة من الآمال، أزرق كما المستقبل.

تثاءبت وأزحت الدفتر المعَنوَن بـ«يوميات». ألم يكن من الأصح أن أسمِّيه «ليليات»؟ فركت عيني، أجاهد كي أبقي على جفنيَّ مفتوحين. يبدو ميحمد حليقًا ومتيقظًا، وكيف يمكن ألَّا يكون بعد كل ساعات النوم هذه، عاد وصعد على فراشه. كانت ساقاه تتأرجحان فوق رأسي، وجورباه المغسولان لتوِّهما تفوح منهما رائحة المنظف. ركلته فسبَّ، ثم لملمهما. جلست بعد أن كنت مستلقيًا. كان الأغا يبتسم ابتسامة ذات مغزى. ربما، في ساعةٍ ما، وبينما كنت أكتب غلبني النوم ورحت أتحدث في نومي. هل من المعقول، مستحيل. حتى الآن لم أنم. كنت أكتب وأمحو.

هكذا قضيت ليلة أمس حتى الصبح. أو هكذا أعتقد...

لكن، لماذا يبتسم الحيوان...

وما الذي يكتبه ويخفيه؟ في الغالب لا يهتم كثيرًا إذا قرأت أو رأيت خطاباته أو تدويناته التي يكتبها بالإنجليزية. يتركها أينما كان، أحيانًا يستشيريني في بعض الصياغات أو بعض المعلومات. لكن ما يكتبه الآن، هذا الخطاب أو أيًّا ما كان، يخفيه عني بكل جدية وحذر؛ هذا يعني أنه يكتبها باللغة الإنجليزية.

سألته عن سبب هذه السرية.

- هي رسالة غرامية للسيدة الأولى.

تُرى، هل هو مستاء مني؟ لكن لِمَ؟ هل أَخَذَته الحمية لما قلته له بالأمس في وقت الغروب أن ثمة فكرة تراودني أن ألقي به من القطار أو أخنقه أثناء نومه؟ هل يكتب وصيته أو شهادته بعد الموت إلى الـــ F.B.I؟

لو أن طبيب الباطنة شرح له ما هو القلق وإلى ماذا يؤدي؟ ربما يكون قد أقلقه؛ من يونانيٍّ قَلِق ومتوتر ماذا تنتظر؟ سألته مرة أخرى، قلت له مجددًا إن كل ما قلته كان محض تدريب للخيال. جحظت عيناه...

هل كان خوفه حقيقيًّا أم مسرحيًّا؟

- هكذا إذن يا أرخونتيتي، لقد وصلنا إلى هذه الدرجة... أتمنى فقط عندما تقرر أن تفعل فعلتك هذه أن تراعي ألَّا أكون منتبهًا، وأن يحدث الأمر بسرعة.

- لا يا عزيزي، لم أكن أعني يا صديقي العزيز. كل ما قلته كان تدريبًا على الخيال كي أرهق عقلي الصغير؛ لأن لديَّ عقلًا صغيرًا غير منضبط، وليس عقلًا راسيًا ومُخًّا أحمر مثل باقي البشر.
- وماذا سيحدث لو قرَّرت غدًا يا مجنون، لو قرَّرت أن تدرِّب يديك؟
- قلتُ لك يا أخي، كنت أمزح! بالطبع أتفهَّم مخاوفك. تبدأ دائمًا من فكرة أننا أعداء: يوناني وتركي، هذا ما أراده التاريخ. لكن أنت صديقي، أنت صديق أكثر منك تركيًّا.
- وهل هذا سبب يا أنت أن تفكر فيما تفكر به؟ أنت تعلم أنني الوحيد الذي كتب كلامًا طيبًا عن ثيوذوراكيس؟
- بالضبط! كيف يمكن أن أخطِّط لجريمة بحق محبٍّ لليونان؟

صمتٌّ للحظة فقط. ثم بدأت أقدِّم له حِسَّ فكاهتي الأدبي مع الصلصة اللازمة:

- أنا فقط أدرس إمكانية تحالفنا معًا في أن نحارب تراث العداء العتيق الذي بيننا، والذي يريدنا أن نكون دومًا أعداء. خطؤنا أننا نصمت ونؤجِّل الأمر، أمر تشكيل دويتو الحب بيننا ونبدأ في التجوال به، اتحاد العود والبوزوكي. ذات يوم يجب أن نفعل ما نريد، وأن نوحِّد تراثنا وموسيقانا ورقصاتنا ولغتنا، ونصبح ما كنَّا عليه قديمًا. سنرى حتمًا هذا الجمال يومًا ما! كل شيء يمكن أن يحدث ويتكرر مرات عديدة، وكذلك البشر. في بداية الخليقة عاشوا هذا. وسوف تعيشه آخر موجات البشر على الأرض، أنتَ وأنا! لأنه لو لم تكن غبيًّا، وهو أمر واقع، لكنتَ قد فهمت أننا قابيل وهابيل، وأنه بعد موتنا سنصبح آخر أحفادنا. بداية البشر وآخرهم أو مثلما حكوا لنا. أتدري يا ميحمد، ما هو تاريخ

العالم؟ هو فيلم ثلاثي الأبعاد، مطبوع عليه ما أراد الله أن يُنزِلَه على أرضنا. من النمو البطيء للسيكويا إلى انفجار محطة نووية في نيفادا أو سوبر نوفا. كل شيء تم التقاطه بدقة، في كل لحظة، من رفَّة ذبابة، أو مؤخرتك، وكل لحظة مُتعة في قتال حب بين وحش أو خنفساء أو مجرَّة، من أكبر الأمور إلى أتفهها... ويتم تشغيل الفيلم، ويتم تشغيله مرة أخرى عبر القرون، Loop. ربما تكون قد دخلت إلى Cineplex لقد بدأ الفيلم. الصبر! بمجرد ظهور Fin، سيبدأ من جديد، ابدأ من البداية وستتمكَّن من رؤية البرنامج بأكمله مرارًا وتكرارًا. وبما أننا نتحدث، سأخبرك بالشيء الآخر. لا تظن أن قصة حياتك أو عائلتك أو بلدك، أنت تصنعها مع أبناء وطنك وجيرانك وأصدقائك أو أعدائك. وهي مصنوعة، جاهزة، أيها التركي الأبله! منتهية، متبلورة، مُبَرمَجة حتى آخر التفاصيل، حتى آخر جزء من الثانية. أنت لا ترى بالعين التي ترى دائمًا. بمقلتَيْ عينيك، أنت فقط تشاهد الفيلم الذي تلعب دور البطولة فيه أو تجرؤ على التمثيل، لتُظهر عيناك الحُمُّصتَيْن. وأنت تجرؤ على العيش والعمل بمفردك. ضحكوا عليك. الآن ستقول لي: كيف يمكنني مشاهدة فيلم، حيث ألعب دورًا، دون أن أجرِّب هذا الدور؟ سؤال جيد، ماكر. جوابي هو: هل أنت متأكد أنك مَن أنت؟ كيف حالك أنت؟

- الشيء الوحيد الذي أعرفه هو المحطة القادمة التي يجب أن أرسل هذا الـ... الخطاب الغرامي.

في المحطة التالية نزل. تاه في المبنى حتى آخر لحظة لتوقُّف القطار. عاد لاهثًا في اللحظة التي بدأ فيها صفير القطار قبل الحركة.

- لقد تأخَّرتَ.

- ابتهجت من الحركة. أحضرت مجلة أو اثنتين.

- هل تريد أن أقرأ لك قصيدة؟ كتبتها بينما كنتَ تشتري المجلات.

- أفندم، نعم، لنسمعها.

عجلته في أن يقبل وينصاع لعذاب سماع كتابتي كان لا يُخفي بُعدَ الكوميديا السوداء، ويحمِّلني بعض الارتباك والشعور بالذنب.

- أسميتها «صلاة»، ولها علاقة برحلتنا.

- هل صلَّيتَ أنت؟

- أنا.

«فجأة رأيته؛ لا يتَّسع عالمي للبشر...

أغرق يا حبيبتي، قومي بمعجزتك!

لو صلَّيتِ من أجلي سأنجو.

لو تركتِ نفسك لرجل لا تحبينه

ستنقذينني.

لو جمعت كل طموحي الرطب وأوراقي المبللة وأحرقتِها

كي تدفئي ثمَّةَ عجوزًا أو طفلًا يرتعش من البرد

سأشعر بدفء في ولايات أمريكا

وسأحلم.

من فضلك يا أوليا، يا حبيبتي.»

- ما رأيك؟

- مممم، جيدة! فيما عدا كلمتين، أو ثلاث هنا وهناك.

انحنى على المكتوب كي يشير إلى التعديلات، لكني لم أهتم. سحبت علبةً من جيبه دون أن يشعر ووضعتها على أحد الصناديق البارزة ورحت أقرأ ما عليه:

- من أجل محاربة الأرق. كي تبقيك ساهرًا، دون أن يصيبك التعب.

بالتأكيد كان يبحث عن هذه العلبة في محطة القطار؛ ولهذا تأخَّر. الفيتامينات التي ستُبقيه ساهرًا، كي يواجه كل الاحتمالات... ربما أحضر بعض الأكسجين، من أجل مواجهة أي إغماءة مفاجئة لي أو ما شابه.

- المحطة التالية شيكاغو.

صاح المحصل من خارج العربة وهو يدقُّ الجرس.

شيكاغو

38

كانت شيكاغو متلفِّحةً بالضباب الكثيف، ودرجة حرارة عشرين تحت الصفر؛ يأتي البرد من جانب بحيرة شيكاغو، ويتمدَّد ويكمن في الشوارع، فوق الأرض، وتحت الأرض، وحول عضلاتها الفولاذية، حيث تروح وتجيء القطارات وعربات الترولي والحافلات وسيارات الأجرة دون توقُّف؛ فهي تدور وتحيط بمبانيها الزجاجية والفولاذية والحجرية.

أعطينا العنوان لسائق التاكسي الذي التقطناه من يونيون سنترال ستيشان: بوليفارتو بانكانوتو 400. بصق من فمه كلمة «أوكي»، ثم حمل الحقائب، ووضع نصفها على الشبكة فوق السيارة المزيَّنة بالجليد، والنصف الآخر في صندوق السيارة.

نشعر بجوع شديد، لكن النقود لن تكفي للهمبورجر وأجرة التاكسي. لو احتاج الأمر سنبيت ليلتنا - وهو الأمر الأرجح - على مقاعد يونيون ستيشان. نتمنى من أعماقنا ثلاث أمنيات: أن نلحق بالقطار الليلي لسيراكوزا؛ أن نجد فرع مكتب تحويل النقود مفتوحًا؛ إذ إن روبي أكد لميحمد أنه سيرسل حوالة البرديم الخاص بنا بالشحن السريع، ويوم الثلاثاء سيكون قد وصل.

من أمنياتنا الثلاث تحقَّقَت اثنتان: القطار السريع سيتحرَّك في تمام العاشرة مساءً؛ إذن سنلحق مكتب التحويل، الذي كان مفتوحًا، على الرغم من أن اليوم كان السبت. لكن الحارس الشاب الذي فتح لنا أخبرنا أنه لم يستلم أي مظروف من سيراكوزا.

راح ميحمد يكيل السباب على روبي بالتركية، لكن بطريقة لا تشي بفحوى السباب؛ ثم تحول إلى اللغة الإنجليزية وسأل بأسلوب معسول لو أن قسم الحسابات بالمركز يمكن أن يصرف شيكًا معه:

- فقط مائتان وخمسون دولارًا. حُرِّر قبل شهرين ونصف، والحساب من بنك نيوجيرسي.
- مع الأسف.

قال الموظف، واستطرد:

- على حدِّ علمي، هناك في نيوجيرسي فقط يمكنك صرف هذا الشيك. كما أن الخزانة لدينا تُغلق في الويك إند.
- ولا حتى من بنك قريب يتعاون مع المركز؟
- كل الفروع مغلقة. اليوم يوم إجازة البنوك في ولاية إلينوي.

لحسن الحظ، ورأفةً ببطوننا الجائعة، بفضل الرب، حالَفنا الحظ وكلُّ القوى الإلهية تجسَّدَت هذه المرة على شكل إلهة! أطول وأسمن وأكثر إلهات شيكاغو إنسانية. طولها متر وسبعون تقريبًا، تزن مائة كيلو ويزيد! وجهها المستدير خلف بلورات نظارتها، «عدسات بالومار»، كما قال ميحمد، وحول رأسها شعرها الموكسج متناثرًا في كل جهة.

يعاني المصعد حتى يصل للطابق، لكنه لا يستوي على نفس

مستوى الأرضية، يرتفع نصف قدم تقريبًا.

كانت السيدة الضخمة تتهادى نحونا بإيقاع بطيء.

- هي مدير المركز.

قال لنا الحارس.

تعجَّبنا من صيغة التذكير. لكن بدافع الفكاهة في تلك الساعة نحن في أَمَسِّ الحاجة لها. اقتربنا لنعرِّف أنفسنا، عبَّرنا بحماس عن مدى حماسنا للتَّعرُّف «عليه»، قلنا هذا «لها» وراح ميحمد يشرح المشكلة مرة أخرى.

- لو صرفت الشيك، تؤكِّدين لي أن المقابل موجود؟
- بالتأكيد!

ضحكت.

- أنا أمزح يا أعزَّائي. تبدوان شبابًا لطيفًا.

مررنا إلى المكتب، جلَسَت، أشارت لنا بالجلوس، وأفرغت على الطاولة محتويات حقيبتـ(ـه). بخلاف حزم البنكنوت كانت المحتويات عبارة عن أغراض متعدِّدة ومتناثرة، علب بودرة وأمشاط وأحمر شفاه ومرآة صغيرة، إلخ... ألفان أو ثلاثة. وبينما كانت تعدُّ أوراق البنكنوت التي ستبدلها بالشيك المهلهل، سألتنا لو أننا سنبيت في المدينة. وعدَّدَت لنا اثنين أو ثلاثة من الفنادق الرخيصة الجيدة القريبة. لم نُجِب على الفور، انتظرنا حتى ننتهي من عملية الصرف. فَرَد ميحمد الشيك المهلهل وأعطاه لها، مع بطاقتين؛ إحداهما لصديقه في نيوجيرسي والأخرى له، مدوَّن عليهما رقم الهاتف والعنوان في

سيراكوزا. أعطيتها بطاقتي أيضًا. ألقى الـ»مدير» الكروت - دون أن يفحصها - بين كومة محتويات حقيبته، ثم أزاح نحو ميحمد حزمةً من الدولارات.

في منتصف خطوات الخلاص الجارية دقَّ الباب وظهر الحارس. انتظر أوَّلًا حتى تنتهي عملية الصرف، ثم سأل مَن منَّا يكون مستر أسكيول. لقد وصل للتو من سيراكوزا مظروفٌ باسم: «مستر ميهمد أر. أوسكيول».

- الشيكات.

خمَّنَت الإلهة. قطع ميحمد طرف المظروف على عجل.

- لا، مع الأسف، هي شيء آخر.

قال. وأكمل:

- والاسم هو ميحمد زيزا أوزكيول.
- سوري، سير.

اعتذر الشاب باقتضاب.

قرأ ميحمد الرسالة على عجل. بدا منزعجًا. عضَّ على شاربه كما يعتاد في أوقات الاستياء أو الانزعاج.

قلقه أثار لديَّ همومًا ومشاكل نائمة. كلما اقتربتُ جغرافيًّا من سيراكوزا كلما اقتربتُ من ذروة معضلتي؛ يجب أن أقرِّر لو سأخضع لعذاب الفحص الشامل أو سأغادر إلى قبرص. في لوس أنجلوس كنت قد قرَّرتُ قبرص، «حتى لو سأقرض الحجارة» في سيراكوزا، كنت

أخطِّط أن أمكث ثلاثة أيام وأودِّع الأساتذة والزملاء وميلهيور وأحجز مكانًا مريحًا على الطائرة المتجهة إلى نيقوسيا. لكن حجج ميحمد أن المختصِّين هنا هم الأفضل، وأن تكاليف الفحص المطلوب مني، وربما إذا احتجت أن أمكث في المشفى؛ كل هذه التكاليف ستغطيها بوليصة التأمين، كان الأمر يشغلني. فكَّرتُ في الأمر، في المزايا والعيوب، لكن حيرتي كانت تزداد بين الاختيارين، ولم أستطع الاختيار. لو كان بمقدوري أن أؤجِّل القرار يومين فقط.

- ليست فكرةً سيئة أن نقطع رحلتنا قليلًا. هي فرصة جيدة لنرى شيكاغو.

قال ميحمد.

- ستخسران إذا لم تفعلا.

تدخَّلَت المديرة قائلة.

- مع الأسف... صديقي يجب أن يكون غدًا في سيراكوزا.

قال ميحمد. انتفضتُ وكأن ثعبانًا قرصني.

- أنا؟

سألت باستغباء، ولو أني أعلم الإجابة.

- أنت!

- لماذا؟

- إن هذه الرسالة من د. فيشر. يريد أن يراك غدًا في أي وقت، يريد أن يتحدث معك في أسرع وقت، بشكل شخصي.

- لو كان لديه شيء ليقوله لي، لِمَ لم يكتبه لي؟
- هو مدين لي بردٍّ على شيء طلبته منه، منحة من أجل جريدتي.

بينما كان يشرح مَن هو فيشر، رحت أنا أتصبَّب عرقًا؛ تراودني الشكوك حول سبب رغبة الأمريكي اليهودي في لقائي. ليس بالتأكيد لكي يمنحني ترقية... لكن من الواضح أن التركي قد تجاوزني ونكث عهده معي على الرغم من كل وعوده لي بألَّا يتحدث لأحدٍ عمَّا حدث لي في لاس فيجاس، ولا في لوس أنجلوس، لم يحتمل، وأفرغ جوفه إلى فيشر وروبي، ومَن يدري إلى كمْ من البشر قد نشر الأخبار. أعرف أنه بعد أزمة الباسيفك تحدَّث معهم مرات عديدة عبر الهاتف، وليس من الغرفة، لكن من فرع شركة الاتصالات تيليكوم في لوس أنجلوس؛ بحجَّة أن الاتصال من هناك كان أرخص. «لقد خبَّرتهم بتغيير خطِّ السير، إلخ...»، لقد أكَّد لي.

هذا الـ«إلخ...»، على الأرجح كان يحتوي على قُبلَة يهوذا. هذا ما حدث لا محالة. بالحديث في أمور أخرى انزلق لسانه وشرح لهم أساب تغيير خط سير الرحلة.

- أريد أن أرى الرسالة.

قلت ومددت يدي لأخذها.

- لقد قلت لك ما بها.

ثم طواها.

- إذن فمن حقي أن أراها.
- إنه يكتب لي عن أمور لا تخصُّك.

وضعها في جيبه.

ازداد انفعالي. ظهر هذا في عَرَقي وتعبير وجهي وشحوبه وارتعاش يدي الذي لم أعُد أسيطر عليه. صار دمي يغلي، أنا في خطر أن... لا أريد أن أصاب بالإغماء هنا.

الارتباك نفسه اعترى ميحمد، موقفه المدافع وشعوره بالذنب الذي يحاول أن يموِّه عنه بالهجوم. كل شيء يشير أننا على مشارف صدام.

تدخَّلت إلهة المركز كي تطفئ النيران:

- أنا متأكدة يا أصدقائي أنكما ستعودان إلى سيراكوزا، السيد الذي أرسل لكما الرسالة سيشرح لكما كل شيء، وسوء الفهم هذا سوف يزول. ألا تتفق يا سيد أوزكيول؟ وأنت يا سيد أرخونديذيس؟ مُتَّفقيْن؟ رائع، جميل! حسنًا، أكرر نصيحتي لكما بأن تبيتا في شيكاغو، بل وسوف أستضيفكما.
- لكن الإنذار يقول إنني يجب أن أغادر على الفور. لا يعرف عن السيد...
- وأنا.

«المدير(...) شعر بالأسف. كانت فرصة أن نتعرف على المدينة، «مدينته»»، كما قال. أن نقتنع أن المدينة بخلاف أنها مركز للمافيا بها العديد من الأماكن التي تستحق الزيارة في إلينوي الضبابية؛ راح يعدِّدها ليغرينا:

- برج سيرز، أكواريوم، جراند بارك، متحف العلوم، معهد الفنون الجميلة، مئات من مطاعم الرائعة... وأشياء أخرى بالتأكيد، أنتما تحرمانني من سعادة إرشادكما في المدينة؛ سوف أعطيكما وقتي

كاملًا الليلة وغدًا، وسوف أقنعكما أن هذه المدينة هي مدينتي أكثر من آل كابوني.

أسمع وكأني داخل فقاعة. ميحمد يؤكِّد أن التَّعرُّف عليها في حدِّ ذاته كان مقنعًا؛ «أي شيء آخر هو محض فوائض كلامية». كما قال أيضًا إننا ممتنون لثقتها التي أظهرتها لنا، وكرَّر أنه في حالة لو لم تستطع أن تصرف الشيك سوف يرسل لها المبلغ على الفور عبر البريد. انحنى قليلًا واتجه نحو الباب. تبعته وأنا أغلي من الغضب وغارقًا في الهموم. دون أن أضيف كلمات شكر أخرى.

لكي يتجنَّب التركي الحوار معي في المصعد التفت ليسأل الحارس الذي يرافقنا لماذا تستخدم المديرة صيغة المذكر.

- هي نفسها مَن طلبت هذا، مُعتقدَةً أن هذا يضفي عليها نوعًا من الوقار والثقل!
- ثقل أكثر من هذا؟
- أعني وقارًا، وقار أكثر!

ودَّعنا الشاب، وصافحه ميحمد بحرارة مُطوَّلة، ثم أنا من بعده، بارتباكٍ، وخرجنا إلى الشارع. أشعر أنني أغرق في بحيرة باردة. كل أعضاء جسدي غير المغطاة تؤلمني. أنفي ويداي وكفَّاي بدأت أشعر فيها بشيء من الخدر. أشعر ببنطالي كأنه عمودان من الثلج. أسناني تصطكُّ؛ وأسمع أسنان ميحمد أيضًا تصطكُّ. لم نقوَ على الكلام، وبالطبع ليس هناك مجال للشجار؛ فلم يكن لدينا أي رغبة فيه في هذا البرد. وكما لو لم يكن كل هذا كافيًا، ارتفَعَت من ناحية البحيرة ريحٌ قوية باردة جرَفَت في طريقها صناديق القمامة والجرائد واللافتات الدعائية، والمجلات انتُزِعَت من صناديقها، وراحت تزوم وتدفعنا،

فرُحنا نمسك بالأشجار وأعمدة إشارات المرور، إلَّا أنها كانت تُنتزَع وتهتزُّ بعنف، وكادت تقتلنا.

استمرَّت هذه المغامرة بضع دقائق على رصيف متعرِّج لم يكن عليه أي شخص آخر، وفي شارع به صفوف من السيارات لا تكفُّ عن النعيق، ولحسن الحظ انتهت المغامرة بعد أن دخلنا في أول مطعم وجدناه أمامنا. عيناي تؤلمانني، وأنفي قد تجمَّدَ على وجهي المشدود. أخرجت منديلًا كي أمسح وجهي، لكن خطفته مني يد ميحمد الباردة.

- إيَّاك! أنزِلْ يدك، لو مسحت عينيك أو أنفك الآن ستدمى. كل السوائل متجمِّدة الآن، وهي حادة كالشفرات. لنقف قليلًا بجوار المدفأة حتى تذوب.

انحنينا على المدفأة حيث يخرج منها الهواء الساخن، فبدأت الدموع والمخاط تسيل وتتساقط... أحضروا لنا المناشف.

- إن البرد هنا في أبريل أسوأ بكثير.

قال الجارسون. جفَّفنا وجوهنا وجلسنا على إحدى الطاولات، أقربها إلى المدفأة. فتح الجارسون المينو أمامنا وتركه.

- حساء ساخن الآن هو أفضل شيء.

قال لنا مرشِّحًا الطبق الأول.

أزحته دون أن أنظر في المينيو. كان ذهني لم يفِق بعدُ من صدمة العشرين درجة تحت الصفر، بدأت تغلي بداخلي من جديد دعوة فيشر للحضور.

- ماذا ستطلب؟

سألني ميحمد وهو ينظر إليَّ بقلق. لم أجبه. التفت إلى الجارسون:

- أنا سآخذ مينسترونى أولًا. والطبق الأساسي ستيك دايانا بالصلصة والبوريه والبروكلي.
- وحضرتك؟

سألني الشاب.

– Bloody Trukey.

كان ميحمد على وشك الهجوم، رأيت هذا واضحًا في عينيه، كان الرد المناسب جاهزًا كالمعتاد على طرف لسانه، وبغرابة شديدة ابتلعه ولم يعلِّق.

دوَّن الجرسون الطلب؛ لديهم «تركي»، لكنه سيذهب الآن للشوي، قال لي معترفًا:

- قدر ما يشوونه لا يؤكل...

غمغمت. نظر إليَّ متسائلًا.

- أوك، سآخذ «تركي» أسود الوجه بلا جلد.
- أوك.

أجاب الشاب، الذي لم يشُكَّ لحظة في إمكانية سقوطه بين نيران يونانية تركية؛ ولذا لم يبتعد. استمرَّ في الوقوف منتبهًا أمامنا؛ ينتظر أن نقول له ماذا سنشرب.

- ما رأيك في نبيذ أحمر جاف؟

سألني ميحمد ببرود.

لم أجب. لا أريد أن أتحدث إليه، ولا أن أنظر إليه. أريد أن أسبَّه، أن أنفجر فيه. يفهم ميحمد بالطبع ما أفكر فيه؛ ولهذا يحاول أن يؤخر اللحظة التي سنبقى فيها وحدنا وجهًا لوجه. راح يتفحَّص الكتالوج ويستفسر، ويطلب ويلغي، وانتهى به الأمر إلى نبيذ كاليفورنيا نصف حلو. «إن أمر اختيار الطعام والشراب جدِّيٌّ للغاية»، قال لي قبل أيام بينما كنَّا نأكل في أحد المطاعم في ماليبو. وها هو يؤكِّد على فلسفته مرة أخرى.

عندما ابتعد الجرسون، ولكي يتجنَّب انفجاري الذي يراه قادمًا نحوه، قام وذهب إلى الحائط خلفنا، كانت عليه صور مُعلَّقة، لوحات وأفيشات لشركات رجال المافيا، وبورتريه لـ«إيليوت نيس»[28]، وهو نفس اسم المتجر. ثم عاد وجلس بتردُّد.

- هذه ثاني زيارة لي للمدينة.

قال وهو يعبث بالأطباق والملاعق، محاولًا عزف السُّلَّم الموسيقي، وجاهدًا يحاول استنباط إذا ما كان مزاجي السيئ قد اعتدل. لا يا يهوذا، لم يعتدل ولم يمر أي شيء، ولن يحدث. أنا واثق من أنه يقرأ أفكاري، لكنه لم ييأس. استمر:

زيارتي السابقة كانت مختلفة تمامًا... مسرحية درامية في ثلاثة فصول! الفصل الأول: مداعبات وقصة حبٍّ مع بنت أرمينية

28- إليوت نيس Eliot Ness (1903-1957) وكيل للحظر الأمريكي، وقائد فريق مشهور من موظَّفي إنفاذ القانون من شيكاغو، الملقَّب بـ«المنبوذين». اشتهر بجهوده لإسقاط آل كابوني وفرض الحظر في شيكاغو، إلينوي.

كانت زميلة لي في كولومبيا اسمها سيلفيا. الفصل الثاني: ممارسة جنس متوحِّش مع أمها التي كان اسمها تاكوي. كانت امرأةً لديها خبرة؛ لذا عرفَت أنني فحلٌ؛ فسرقتني من ابنتها. الفصل الثالث: عَلِم بأمرنا عشيقُ الأم الذي كان اسمه شمشون، كلب مسعور! فأكل صديقك ميحمد علقة حياته... جاءت سيارة الإسعاف وأعادتني إلى نيويورك. هل تريد أن تسمع التفاصيل؟ تفاصيل غنية جدًّا.

- يا رجل، هل أنت في كامل وعيك؟ هل ستقول لي ماذا يريد اليهودي؟

انفجرت وأنا أدقُّ بيدي على الطاولة.

- سأقول لك! يعني على ما أتخيَّل، أننا سنرتِّب كل الأمور.
- ماذا تعني بكل الأمور؟ عن أيِّ هراء تتحدث؟
- لقد رجَوتُه... نعم، أنا، دعنا لا نختبئ خلف أصابعنا، لقد أخبرته، وجدت أن ذلك كان ضروريًّا.
- أخبرته ورجوته. رجوته ليفعل ماذا؟
- أن يحجز موعدًا لدى الطبيب.

استبَق الجرسونُ انفجاري ووصل بزجاجة النبيذ. فتح الزجاجة بطقسيَّة، وراح ينتظر ميحمد ليتذوَّقه.

- رائع.

قال التركي وهو ينظر لي بطرف عينيه. وبينما كان الجرسون يصبُّ النبيذ كان لدى ميحمد الأمل أن حضور الجرسون سوف يضطرُّني إلى التماسك، فأضاف معلومة أخرى:

- قال إنه تحدَّث مع سفارتك، وأشار إلى المشكلة. فعل هذا، قال هذا،

على الرغم من توصيتي له بأن يتركك أنت تتعامل في هذا الأمر. لكنه قال إن لديه أسبابه، وسوف يشرحها لك.

- بأي حق؟

انتفضتُ وأنا ألقي بالمنشفة على الأرض. هرول الجرسون ليحضرها من على الأرض وأعطاها لي. فرميتها ثانية وأنا في ذروة غضبي:

- ألم أقُل لك إنني لا أريدك أن تتحدث لأي أحد؟ لا للجامعة ولا للسفارة؟ أنا لم أقُل شيئًا لـ«أوليا» ولا حتى لأمي... وأنت نشرت الأخبار للجميع.

صمت ميحمد. بدا عليه أنه بدأ يشعر بالذنب أو بالندم. قال للجرسون:

- شكرًا.

وأعطاه الفرصة ليبتعد. لكنني لم أتوقَّف:

- لقد قلت لك أليس كذلك؟ ألم يكن كلامي واضحًا؟

أومأ لي بأن أهدأ وأن أخفض صوتي الذي علا للغاية. زبائن المطعم حولنا كانوا ينظرون إلينا بغضب: «مهاجرون أوغاد».

- قلت لي، نعم.

أجاب بصوت خفيض، لكن بشيء من العصبية في صوته؛ ثم أشار لي ثانيةً بأن أهدأ.

- إذن لماذا يا يهوذا؟

الآن بدت عليه العصبية واضحة. ثار تمامًا.

- لأنك أرعبتني؛ لهذا تردَّدتُ كثيرًا قبل أن أتحدث إليهم، فكَّرتُ في كل ما قلته لي مَلِيًّا، ثم وزنت الأمور؛ من ناحية رغبتك الطفولية غير المنطقية، ألَّا نقول شيئًا لأي أحد وندفن رأسنا في الرمال كالنعامة، ومن ناحية أخرى المسؤولية التي كانت تقع على عاتقي، دون أي رغبة مني. وزنت الأمور وقلت لو أصاب هذا المجنون غدًا شيء أسوأ ممَّا سبق، شيء كان يمكنك أن تدركه لو أنك سحبته بالقوة لزيارة الطبيب، بِمَ ستشعر يا ميحمد؟ بالمسؤولية أم بالذنب، ستشعر بإحساس مريع... هكذا فكَّرتُ وقرَّرتُ أن أخبر مَن يتحمَّلون مسؤوليتنا بالوضع.

توقَّفَ عن الكلام وأفرغ كأس النبيذ دفعة واحدة ثم انفجر:

- ماذا كنت تريدني أن أفعل، أيها الطفل غير الناضج؟ أن نقع في المصيبة ثم يعلم الجميع بالأمر بعد فوات الأوان، أنني كنت أعرف، وبغباء منقطع النظير أخفيتُ الأمر؟ أهذا ما كنت تريده؟ لقد كان مارلو واضحًا تمامًا. الفحوصات يجب أن تتمَّ في أسرع وقت.

ملأ كأسه؛ ممَّا أثار استياء الجرسون الذي كان يقف على مقربة ويتابع كأسه. أكمل على نفس الوتيرة:

- لكي أنقذك من حماقتك أخبرتهم، لأجل مصلحتك. قلت لهم كل شيء بالتفصيل من أجل مصلحتك ومصلحتي؛ كي لا أموت أنا أيضًا من رعبي لو مِتَّ بين يدي.
- ومحوتَ كلَّ وعودك لي...

شعرت أن نبرتي بدأت تهدأ شيئًا فشيئًا أمام منطقه السليم.

- سوري، لقد كنت أعتقد... لا، بالخطأ لم أفكر أو أحسب الأمر كما تريد؛ فعلت ما أملاه عليَّ ضميري.

ثم بدأ مونولوجًا جديدًا. قاطعته.

- أسأتَ لي فعلًا... لكن أنا المخطئ، حماقة مني... كنت أعتقد أنك صديق، رجل لك كلمة، شخص يمكن أن أثق به.
- لقد تصرَّفتُ كصديق يا أركونتيتي، كصديق عاقل وكرجل ناضج.

وضع الجرسون أمامنا الطبقين. نظر إلينا نظرة متفحِّصةً وملأ الكئوس مجدَّدًا وقال لنا:

- استمتِعَا.

وابتعد... ترك ميحمد الحديث معي وركَّز في سكينه وشوكته، وقطع شريحة رفيعة من قطعة اللحم ووضعها في فمه وراح يمضغ. امتدَّ الصمت مثلما في كل مرة أتناول الطعام فيها مع ميحمد، حتى عندما لا نكون في شجارٍ مثل هذه اللحظة. لأن السيد يعتقد أنه هكذا يكون المعنى الأسمى للاستمتاع بالطعام، بالأخصِّ عندما يدفع هو ثمنه. يأكل ببطء، يمضغ كل لقمة ثلاثين أو أربعين مرة؛ يطحنها جيدًا على ضروسه اليمنى، واللقمة التالية على ضروسه اليسرى.

«يجب أن تعمل أسناننا كلها وتستمتع بالطعام»، يقول عندما أمازحه.

عندما تنتهي الأسنان من عملها حتى آخر قطعة من شريحة اللحم المشبعة بالصوص وبوريه البطاطس تنزلق إلى أسفل، يرجع بظهره للخلف، ويبتسم ملء فيه، كما لو أن شيئًا لم يحدث، يعبِّر

الموضوع ويشير لي بأنه من الوقاحة والحرام وسوء الأدب نحو الشيف أن أترك «شريحة الديك الرومي/ التركي الرائعة» في الطبق. وأنا أشاهده يقطع طعامه ويجهز لقيماته ويمضغها مرارًا وتكرارًا، شعرت بغرغرة في معدتي وجوع شديد. قلت له:

- هذا لا يؤكل لا مطبوخًا ولا نيئًا.

دفعت الطبق والبوريه بعيدًا عني وقمتُ.

- كُلْه أنتَ بما أنك ستدفع ثمنه، أنا سأذهب إلى "Uninon Station".

خرجتُ. لم أوقف أي سيارة تاكسي. أريد أن أمشي، أن أعيد ترتيب عقلٍي. ولتسقط أنفي من البرد. لديَّ ساعتان حتى العاشرة كي أتجمَّد وأفكر.

بدأ مطر خفيف يتساقط. زادت شدَّته بعد قليل. دخلت في مدخل إحدى دور السينما. في إحدى صالاتها يُعرَض فيلم «إجازة مستر إيلو» لجاك تاتي. فيلم أردت دومًا أن أشاهده. عددت قطع العُملة في جيبي. تكفي بالكاد لتذكرة. دخلت مرتعشًا وجلست أشاهد الفيلم.

إجازة إيلو، في إلينوي. إيلو مَن؟ إيلو القبرصي!

39

الأحد، 28 أبريل، 1962. 11:30ص.

وصلنا إلى سيراكوزا بعد رحلة استمرت ثلاث عشرة ساعة وعشرين دقيقة. نام ميحمد من منتصف ليل السبت حتى الساعة الثامنة صباح الأحد، كان يجلس بعد صفّين أمامي ورأسه يستند على وسادة حشرها بين المقعد والنافذة، وأحيانًا على كتف جاره، الذي بدوره كان قد غطَّ في نوم عميق، أما أنا فقد قضيت الليلة متصفِّحًا كتاباتي، بين النوم واليقظة.

ولكي لا نسبِّب أي إزعاج مفاجئ في المنازل التي كانت تستضيفنا قبل ثلاثة أشهر، وكانوا قد عرضوا أن يستضيفونا مرة أخرى بعد عودتنا، انتهى بنا الأمر في أونوتانجا، بعد إلحاحٍ مني، في غرف منفصلة.

في الفندق، وفي آخر أربع وعشرين ساعة كانت قد وصلت مجموعة أخرى من الزملاء الطلاب، من بينهم النيجيريَّان وروبيلا وشين كوبتا وسيونارتو. وعلمنا منهم أن اللاتينيين والفارسية قد عادوا أيضًا.

آثر ميحمد الصمت بعد حادثة الباسيفك، وبإيعازٍ مني، آخِذًا

مبادرة التَّصرُّف فور أن وصلنا إلى غُرَفنا، اتَّصل مباشرة بفيشر وروبي، وأخبرهما أننا وصلنا، وبمكان إقامتنا. في الساعة 13:45 مساءً دقَّ الباب وأخبرني مَن في الخارج أن فيشر يريد أن يراني في الساعة الثالثة مساءً. سأل ميحمد:

- هل نذهب بالتاكسي؟

***

بعد ساعة وربع وصلنا إلى الكامب.

في طريقنا في التاكسي لم نتبادل كلمة. حاول ميحمد مرارًا أن يفتح حوارًا، لكن ثبَّطتُ هِمَّته بجمودي التام. لم أسامحه؛ وكلما اقتربت ساعة إنهاء الترتيبات لزيارة نيويورك من أجل الفحص، والتي شيئًا فشيئًا كنت أدرك أنه سيكون من الغباء والعناد المدمر أن أؤجِّله أو أتجنَّبه، كان غضبي يتزايد.

عند مدخل الكلية كان روبي ينتظرنا. رحَّب بنا بحرارة مُتَصنَّعة كعادته؛ بالتأكيد يعرف مشكلتي، إلَّا أنه لم يقُل شيئًا. قادنا إلى مدخل مكتب فيشر، ثم أشار لنا أن نمر. ثم دعا ميحمد إلى مكتبه المجاور.

طرقتُ الباب فسمعت:

- تفضل يا بيتر.

دخلت. لأول مرة د. فيشر يبدو حميمًا. أدركت هذا من طريقة مصافحته وضغطه على كفِّي، وبدلًا ممَّا اعتاد أن يستقبلنا في هذه الغرفة الباردة خلف مكتبه الكئيب «قلعة ألامو» كما يُسمِّيه طلابه، وأخذناه نحن عنهم- كان يجلس على مقعد بجواري.

بقينا صامتين لبضع ثوانٍ. كنت مقرِّرًا أن أدعه يتكلم هو أوَّلًا، وهو، كان يبحث عن مدخل كي يبدأ الحديث. عندما تحدث أدركت أنه لم يجد أي مدخل:

- هل كانت رحلتك مريحة؟
- طويلة وشيقة، لكن لم تكن مريحة.
- أعلم أنك تفضِّل القطارات.
- أحب القطارات. كان أبي يعمل بالسكك الحديدية قبل أن يلغي الإنجليز القطارات كي يبيعوا لنا السيارات. عندما كنت صغيرًا كنت أسافر دائمًا بالقطار.
- هذا هو إذن تفسير تفضيلك للقطار.

عدل جلسته على المقعد ثم سعل وقال إنه يعتذر عن طلبه لنا بعودتنا على وجه السرعة.

- أنت تعرف السبب، وأريد وأتمنى أن تكون متفهِّمًا.
- أعرف السبب، لكن لا أستطيع أن أتفهَّم.

أجبت وبادرت بالهجوم:

- لا أدري لماذا تَمَّت كل هذه الترتيبات دون علمي. لقد أكَّدتُ على أوزكيول ألَّا يُدخِلَك في الأمر... بالأخصِّ أنت، وسامحني إن كنتُ أتكلم بلا تحفُّظ! لم أشأ أن أحمِّلَكم عبء مشكلتي. كما أنني تضايَقتُ كثيرًا من المكالمات التليفونية التي حدثت من خلف ظهري. ولا أفهم لماذا تعجَّلتَ وأخبرتَ سفارتي والمستشفى قبل أن تسألوني إذا كنت أوافق، ولا سيَّما عندما أكَّدتُ على أوزكيول أنني قرَّرت أن أقوم بالفحوصات كلها في قبرص، لكني أتخيَّل أنه قد أخبرك بهذا.

كان يسمعني بانتباه شديد. نظرته لم تكن تشي بأيٍّ من مشاعره. بدأ خيط إجابته باعتذار عن تصرُّفه «غير المعتاد»، هكذا وصفه بأنه تواصل مع ميحمد دون علمي. قال إنه فعل هذا لأنه يدين له بإجابات عن كل الأمور، بغضِّ النظر عن حالتي. بعد ذلك اعترف بأنه أخطأ في هذا. لكنه أثنى على مبادرات ميحمد.

- صديقك تصرَّف بحُسن نيَّة، وهذا ما يجب أن نثني عليه. لقد فعل كل ما فعله كي يحميك من قرارك المخطئ - حسب تقديره - بأن تؤجِّل الفحوصات، وأنا أتفق معه تمامًا. الطبيب في لوس أنجلوس كتب أن إغماءاتك من الممكن أن يكون مصدرها الإرهاق والتوتر، لكن يمكن أن تكون هناك أسباب أخرى أكثر جدية وخطورة. أي أن ميحمد تصرَّف كي يحميك - اعذر لي صياغتي - من نفسك؛ وعليك أن تسامحه.
- أنا ممتنٌّ له!

تجاهل سخريتي؛ ابتسم بطريقة تعني «أتفهم». ثم أكمل:

- أما فيما يخصُّني، فعلى الرغم من حقيقة أنني كنت أعلم موقفك، رأيت أنه لا يمكنني أن أقف مكتوفَ الأيدي. وأكرر، لقد كان تصرُّف ميحمد صحيحًا بأن أخبرني على الرغم من منعك له، لكنه فعل هذا لأسباب نبيلة، ذكرناها من قبل.

صفة «نبيلة» التي استخدمها كان لها وقعُ تَهكُّمي، استعددت أن أعلِّق، لكنه استبقني:

- أقول هذا لأنه أثناء فترة إقامة الطلاب الأجانب في الولايات المتحدة، تكون الجامعة مسؤولة عن تأمينهم وعن صحتهم. فور أن علمت

بالحالة يستحيل عليَّ - ولم يكن يَحقُّ لي - أن أتجاهلها. أو ألَّا أخبر سفارتك بأن طالبًا قبرصيًّا يواجه مشكلة ما.

ثم أعطاني أسباب تواصله مع المستشفى:

- هما سببان هامَّان. أولًا، والأهم، هو برنامج الأطباء المزدحم؛ ومن الصعب العثور عليهم نظرًا لضيق وقتهم؛ فلديهم وقت ضيِّق يوزِّعونه بين المرضى والعيادات مقابل مبالغ كبيرة؛ حتى إن المرضى يعتبرون أنفسهم محظوظين بأن تطأ أقدامهم عيادتهم. كما تفهم، لو لم أتواصل معهم وأضغط نيابة عن المستشفى لكان من الأرجح أن يعطونا مواعيد للفحص بعد أسبوعين على الأقل. سبب آخر؛ هو الترتيبات التي يجب أن تحدث لتنظيم عملية دفع رسوم الفحوصات والمستشفى، إلخ... المبالغ كبيرة جدًّا، ومبدئيًّا سوف يغطِّيها التأمين الطلابي، وربما جزء منه سوف يتم تسديده لنا فيما بعدُ من قِبَل سفارتك. وهو الأمر الذي أجبرني أن أتواصل معهم.

تجاهَلتُ المسائل العملية التي ذكرها، والتي هي جادَّة ومهمَّة بالفعل، لكن قلقي تركَّز فيما سوف يحدث لو خبر حالتي الصحية وصل إلى الجزيرة وإلى عائلتي ورئيسي في العمل ومالك الجريدة التي أديرها.

- هل طلبت من السفارة أن تخبر أهلي وعملي؟
- بالطبع لا، عملت بتوصية ميحمد. أن أترك لكَ أمر إخبار ذويك. لقد ذكرت هذا للسفير، واتفقنا عليه.

التفسيرات التي أعطاني إيَّاها مقنعة. الأمر واضح؛ إنه تصرَّف في

إطار مسؤولياته وصلاحياته. المذنب في كل هذه التحولات هو بالتأكيد ليس فيشر.

- هل هناك شيء آخر تودُّ أن نتناقش فيه؟

سألني. هززت رأسي نافيًا.

- إذن، هل أعتبر أمر ذهابك غدًا إلى نيويورك منتهيًا؟

على مضضٍ، وبالكاد، أومأت:

- نعم.
- رائع!

قام من مقعده بارتياح وفتح الباب وطلب من الساعي أن يُدخل مساعده والذي معه. بعد بضع ثوانٍ دخل الرجلان. أشار لهما بالجلوس. جلس ميحمد على المقعد بجواري. مضى روبي ووقف خلف رئيسه. عاد فيشر خلف «قلعة آلامو» وفتح درج مكتبه وأخرج مظروفين.

كانت عينا ميحمد تتفحَّصانني. تجنَّبتُ الالتفات نحوه، لا يرى مني غير بروفيل وجهي. لكن بداخلي، وإن كنت أرفض تقبُّل الفكرة، كنت أشعر أن عدائي تجاه الشرقي بدأت حِدَّته تخفُّ نوعًا ما. فعلى الأقل، وبأي حال، فيما يخصُّ أمرَ إخبار ذويَّ قد تصرَّف بحِكمة.

د. فيشر أعلن نهاية الجدل:

- لقد اتفق بيت أن يذهب إلى نيويورك.
- قرار صائب!

قال روبي مهللًا وأضاف:

- لقد قرأت للسيد أوزكيول إذن المرافقة. وقد قَبِل بترحيب.
- لم يكن لديَّ شكٌّ في هذا.

قال فيشر وهو يبتسم لميحمد.

- إذا كان هو يقبل هذا.

سمعت ميحمد يقول.

- أنا متأكِّد أنه يريد. في تلك الحالات الصُّحبة ضروريَّة جدًّا ومُهمَّة. ما رأيك يا بيت؟

لم أجب.

- أعتقد أن السكوت يعني الموافقة.

قال البروفيسور.

- السيد أوزكيول سيبقى مع بيتر حتى يدخل المستشفى.
- رائع!

قال فيشر مهلِّلًا، وقام وهو يحمل المظاريف التي أخرجها قبل قليل من درج مكتبه، وقال:

- أنا متأكِّد يا بيتر أنه خلال ثلاثة أيام على الأكثر ستكون معنا. حتى الثامن من مايو حيث سيتبقى على حفل التخرج شهر كامل.

أعطى مظروفًا لي ولميحمد على السواء.

- إنه البرديم المتأخِّر خاصَّتكم. نعتذر عن التأخير والارتباك. لقد

ضاعا ووجدناهما بين أكوام من المستندات. المبلغ الإضافي الذي ستجدونه هو تمويل إضافي لأي مصروفات طارئة.

بدأ روبي في الحديث مجدَّدًا:

- في الظرفين ستجدان بعض أرقام التليفونات لحالات الطوارئ القصوى، وإيصال دفع مسبق في فندقكما. حجزت لكما في فندق إمباسادور. يتبقى فقط تذكرتا الطيران. ستحصلان عليها في المطار فور أن تقرِّرا أي رحلة طيران تناسبكم.
- أنا سأذهب بالقطار.

نظر الأساتذة إلى مندهشين متفاجئين. التفت روبي نحو ميحمد:

- وأنت؟
- هل لديَّ اختيار؟
- نعم، صحيح.
- بالطائرة ستصلان إلى هناك في نصف ساعة.

جرَّب فيشر أن يقنعني.

- لا.

أجبت بعناد شديد، كما لو كانت هذه الـ«لا» انتقامًا صغيرًا لكل ما حدث دون علمي، ورغمًا عني.

- إذن تُفضِّل القطار.

قال الأمريكي اليهودي بأسلوبه الساخر.

- نعم، أريد أن أرتاح وأهدأ وأن تكون لديَّ الفرصة وبعض الوقت

كي أرتِّب أفكاري.

قال روبي متسائلًا:

- وسوف تفعل هذا في القطار.
- صوت العجلات يحفِّزني. يساعدني على التركيز.
- ألهذا قمت بتغيير تذاكر الطيران بتذاكر القطار بعد لاس فيجاس؟

قال سائلًا، وربما معلِّقًا د. فيشر:

- أتخيل أنك تعلَّمت هذا من أوزكيول؟
- لقد أرسلت أسأل الشركات أو يطلبون منا فارق الأسعار.

التفت إلى مساعده روبي وقال:

- يا روبي! احجز لهما في القطار، وأعطِ موعد الوصول للسفارة.

ثم نظر لي:

- لا بُدَّ أنك فكرت كثيرًا طيلة هذه الأيام. وأنت تسمع صوت عجلات القطار.

قام ومدَّ يده الباردة نحوي.

- أتمنى أن يسير كل شيء على ما يرام. وأن تعود إلينا سريعًا.

صافح ميحمد وشكره مرَّةً أخرى لتطوُّعه بمرافقتي.

هذه كانت أكثرَ وآخر محادثة ودودة مع البروفيسور إبراهام فيشر.

في طريقنا للخروج من «قلعة آلامو»، دعانا روبي إلى فنجان من الشاي في المقصف. قلت:

- أشعر بشيء من التعب، سوف أعود إلى الفندق.

نفس الشيء قال ميحمد. استقللنا تاكسي معًا. بقينا صامتين وعابسين. فجأة تذكَّرتُ أن الآن وبما أنني حصلت على النقود أنني يجب أن أعيد له ما دفعه للطبيب في الباسيفك. شققتُ الظرف وأخرجت بضع أوراق نقدية ووضعتها على ركبته.

- أدين لك بهذا.

أعادها لي بنفس الطريقة.

- احتفظ بالمال. لقد أعادها التأمين إلي.
- حسنًا، سدَّدنا هذا الدين أيضًا.

صمتنا تمامًا للحظتين. بعد ذلك أضفتُ فجأة شيئًا كنت أريد أن أقوله منذ وقت ساعة:

- بشكل شخصي لا أرى أي سبب كي تأتي معي.
- لكن فيشر له رأي آخر. كان يجب أن تقول له هو ذلك.
- لقد أصابني وأنا غير مستعدٍّ.

تلا ذلك صمت آخر، على الرغم من أنني أشعر أن كلينا يرغب في مواصلة الحوار، أن ننقِّي الأجواء بيننا بالأخير. لكن، الأمر يصعب بشدة عليَّ، أشعر بإعياء شديد، النزلة المعوية تشقُّ أمعائي.

وصلنا إلى أونوتانجا. دفعت للتاكسي. في الذهاب دفع ميحمد.

عند المدخل قلت له:

- على أية حال، شكرًا لك.

وتوجَّهتُ نحو المصعد.

تساءلت في نفسي، على أيِّ شيء من بين كل هذه الأشياء أشكره؟

***

هذا أنسب وقت لأتحدث معه. لا بُدَّ أنه وحده الآن بجوار المدفأة، والغليون الهندي في فمه ورماده ساقط على بنطاله. بجواره بالتأكيد قِطَّا زوجته الخاملان.

رفعت سماعة الهاتف وأدَرتُ القرص بالرقم. قلبي يدقُّ بقوة، أشعر بشيء من الارتباك.

عددتُ الرنات حتى الرنة الثامنة. لو أنه في البيت سيجيب. سمعت صوت كليك، وفُتِح الخط.

- ألو؟

إنه هو!

- مساء الخير.

قلت بارتباكٍ لم يتبعه اسم.

- ألو؟ من هناك؟
- د. ميلهيور، أنا بيتر، بيتر أرحونديذيس.
- أهذا أنت يا بيتر؟ أين أنت يا بنيَّ؟

كان صوته يشي بشيء من التأثر.

- أتحدَّث من فندق أونوتانجا.

- أليس هذا الفندق في سيراكوزا؟
- أنا في سيراكوزا. وأهاتفك الآن من الفندق ذاته.
- وماذا تفعل هناك؟ اجمع أغراضك وتعالَ إلى البيت فورًا.
- أنا عابر، في طريقي إلى نيويورك. سأغادر غدًا. لكنني سوف أعود.
- احمل حقيبتك وتعالَ فورًا.
- ليس من اللائق أن أزعجكم لليلة واحدة.
- بل هو أكثر من لائق! لا تزال الليلة لنا. سنحزن كثيرًا إذا غادرتَ دون أن نراك.

قال بصوت مرتعش عبر الهاتف:

- ستحزن خوانيتا. وستغضب. احمل نفسك إلى هنا فورًا.
- الليلة مستحيل. سأراكم غدًا في الحادية عشرة تقريبًا.
- طالما تقول إنك لا تستطيع... لكن هذا يُحزِننا... لكن غدًا صباحًا سوف ننتظرك، لكن ليس في الحادية عشرة، بل في التاسعة. ستمنحنا صباحك كله. وستبقى لنتناول الغداء معنا. كي نسعد بك أطول وقت ممكن. ورغم هذا أشكُّ أن خوانيتا ستتشبع من تدليلك؛ أنت تعرفها، لن تدعك تغادر بسهولة.
- هل هي هناك يا سيد ميلهيور؟ هل يمكن أن أحدِّثها.
- لقد خرَجَت، هل نسيت؟ إنها ليلة البريدج.

ضحك، لكن تأثُّره كان واضحًا. أشعر بنفس الارتباك والتأثر. أتذكَّر تعليقاتي القاسية عنهما وأشعر بالخجل، يحمرُّ وجهي حتى أذنيَّ، حتى بعد كل هذه الشهور. صوتي يرتعش، بدأت كلماتي ترتبك. أسمعه وهو مستمر في حديثه ولا أعرف ماذا أقول أو أجيبه.

أنهيت الحوار برعونة، وهو الأمر الذي أثقل قلبي، ولا سيَّما في

حالتي هذه.

كرَّرت أنني سأمرُّ غدًا في الصباح كي أراهم.

- وفي الظهر، نعم، سأبقى للغداء.
- ليباركك الرب يا بنيَّ.

كانت هذه آخر كلمة قالها.

***

قبل أن أُجري هذه المكالمة التي وتَّرتني كثيرًا، كنت قد قرَّرت أن أتحدث مع أوليا عند الثانية عشرة مساءً الليلة. لقد مرَّت ثلاثة أشهر كاملة منذ آخر اتصال. مع اختلاف التوقيت، ستكون الساعة السابعة صباح يوم الاثنين، ستكون هي تستعدُّ للذهاب للمكتب. ستكون إمَّا في الحمام أو تشرب قهوتها السادة الصباحية. كنت قد تحدَّثتُ معها آخر مرة من الكلية مرَّتين قبل مغادرتي إلى بالتيمور. كنت قد وعدتها أن أكتب لها أخباري بانتظام، وأرسل لها بعض الكروت، وعلى الأقل رسالة من كل مدينة جديدة. وعود لم أحفظها.

أرسلت بعض الكروت وستَّ رسائل فقط حتى اليوم. من نيويورك، واثنتان من سيراكوزا وبالتيمور وأخرى من كولورادو. في لاس فيجاس كنت على وشك أن أغلق مظروف الرسالة بكل تدويناتي عن كل ما عشته من تجارب «البريئة منها وغيرها»، ثم أصابني ما أصابني، وانقطعت سلسلة الرسائل، كعقاب على إهمالي وسوء سلوكي... كانت تدور في رأسي بعض التجارب التي وددت أن أضمَّها إلى رسالتي من كاليفورنيا... لكنني راوغت لمرة أخرى... خيانة للوعد أخرى بشكل

غبي وتصرُّفي غير اللائق وغير المبرَّر، ثم إصابتي بالإغماء في الباسيفك؛ كل هذا جعلني أغيِّر خططي. كل ما كتبته بقي في شكل مذكرات وتدوينات.

نعم، يجب أن أتحدث معها بأي شكل. بقدر ما يمكن أن تكون محادثتنا غير سهلة ومزعجة، وربما تنتهي بإخباري لها بحالتي الصحية. لكن يجب على الأقل أن أقول لها كي تستعدَّ؛ فربما يحتاج الأمر أن أطيل إقامتي هنا لبضعة أيام أخرى... أعرف أنها ستنفجر باكيةً، وستودُّ أن تضع نفسها على أول طائرة وأن تهرع لتكون بالقرب مني... سأهدِّئ من روعها، وأرجوها أن تبقى هادئة، وتفكِّر في الأمر بشكل إيجابي، وأن تدعو لي، وأن ترسل إليَّ طاقة وأفكارًا إيجابية.

مرَّ منتصف الليل والساعة تقترب من الواحدة... لكن، لم أجرؤ على رفع سماعة التليفون السوداء البالية. إذا كنت لم أحتمل الشحن النفسي قبل قليل، كيف سأتحمَّله الآن عندما أقول لأوليا أين سأكون غدًا في مثل هذا الوقت؟

لا، لو لم أرفع سماعة الهاتف... سأتصل غدًا من نيويورك، عندما سيحدث الأمر المحتوم، سواء كان جيدًا أم سيئًا، بعد بضع ساعات فقط سأسمع صوتها، إمَّا يصبُّ اللعنات، أو أنفاسها تلهث بعد أن تسمع عن أمر الفحوصات في المستشفى، وقتها لن يستطيع أحدٌ أن يكبح جماح الفورة القادمة.

* * *

الاثنين، 29 أبريل، 9:30 صباحًا.

كان العديد من الزملاء مجتمعين في المقصف، كل مَن عاد مثلنا يوم أو يومين قبل موعده. كان المدخل ينبض بالحيوية، ومن الواضح أن الأخبار قد انتشرت، وكذلك الحديث عن أمر مغادرتي. أودُّ أن أصدق أنهم لم يعرفوا عن الأمر وآخر التَّطوُّرات من ميحمد. يستحيل أن يكون قد فرط لسانه، وبخاصَّة بعد كل ما حدث بيننا. هو يعرف تمامًا كم أكره أن أتحدث أو أنشغل بمشاكلي مع الآخرين. ربما تسرَّبَت الأخبار عبر نِكات روبي، أو من فتيات السكرتارية.

زملاء الدراسة، واحدًا تلو الآخر تركوا الشاي والقهوة والتفُّوا حولي حتى شكَّلوا مجموعة صغيرة وراحوا يعبِّرون عن أسفهم وقلقهم، مُتمنِّين ألَّا يكون الأمر جادًّا، أيًّا ما كان الذي أصابني، وتمنَّوا أن يروني سريعًا.

جاء ميحمد هو الآخر إلى الكلية ليقتل بضع ساعات قبل مغادرتنا. عندما دخلتها رأيته أمامي في العمق يجلس مع اللاتينيين فقط، ويضع - بارتباكٍ - ملاعق السكر في قهوته بشكل متكرِّر. كان يفعل هذا دون أن يشعر، وبعد ذلك هرع اللاتينيون واحدًا تلو الآخر مهرولين نحوي؛ راح يقلِّب شراب السكر الذي أمامه دون أن يرفع فنجانه نحو فمه. بين الحين والآخر كان يلقي نظرة جانبية؛ كانت نظرته جادَّةً وبعيدة. من الواضح أن التطورات التي تحدث تشغل باله كثيرًا؛ في النهاية قد تحمَّل هو عبء الكثير من المشاكل عندما اضطرَّته الظروف أن يكون مَلاكي الحارس كي يؤول به الأمر - شاء أم أبى - أن يُخضِعَني لسلسلة من الفحوصات لا يعلم سوى الرب ماذا ستكون نتيجتها. ربما كان يفكر «كان من الممكن أن يكون الأمر أكثر بساطة، لو كنت تركته يعود إلى بيته أكثر خفَّةً، فلم يتبقَّ لنا

سوى بضعة أيام حتى يعود كلٌّ منَّا إلى طريقه، ونرجع إلى مشاكلنا وعذاباتنا، وننسى تلك الغربة تمامًا».

أراه معنيًّا ومضطربًا؛ هل سيشرب قهوته أم لا؟ إنه أوفى بوعده، ونجح في أن يبقي على فمه مغلقًا «من أجلي وفقط من أجلي!». لأول مرة منذ اللحظة التي عرفته فيها أشعر نحوه بتلك الألفة التي كانت دائمًا بيني وبينه تستيقظ شيئًا فشيئًا، تلك الألفة التي وُلِدَت في أول أيام معرفتي به، وازدادت إلى أن صارت علاقة صداقة، وإن كانت صداقة حلوة ومُرَّة في نفس الوقت. هل يا تُرى تصرَّفتُ بقسوة تجاه التركي؟ ألم تكن محضَ حماقة أن أمنع الشخص الذي ينحني فوقي عندما يغشى عليَّ ويقلق ويعتني بشريكه في السكن ورفيقه في السفر؟ أن أسبَّه لأنه عانى في إقناعي بمنطق سليم، أو اضطرَّني بمَكرِه الشرقي أن أتصرَّف كرجل ناضج وأقبض على «المرض الأمريكي» من قرنيه؟

على الرغم من مدى التناقض وعدم الاتِّساق الذي يبدو، اليوم أشعر بالذنب للطريقة التي عاملته بها، ولكل الكلمات التي وصفته به، ولكل الصياح الذي وجَّهتُه نحوه أو أمسكت عليه بداخلي. لو لم أكن شديدَ الأنانية لما ذهبت عنده، ودفعت كوبه بالخطأ كي ينسكب محلول السكر الذي صنعه على ساقيه.

سيسبُّني، لا يتراجع أيٌّ منَّا عن السِّباب، لكن في النهاية نلفظ ما بداخلنا ونهدأ، ثم نضحك، وتذهب مع ضحكنا كل العصبية.

لا، لن أفعل هذا... دعه يغرق في أفكاره. سيكون هذا جيدًا بالنسبة له. ليتعلم بالأخير ألَّا ينجرف.

زملائي الذين نسوا أنني سأغادر بعد قليل، وبالأخص إلى أين أو إلى حيث لا يعلم سوى الرَّبِّ، نحو أية حَجْر صحي ستقذف بي الأقدار، سحبوني نحو الطاولة المزدوجة المجاورة. حملوا صواني القهوة الطازجة والشاي والدوناتس، إلخ... وبدؤوا في النميمة المعتادة. الموضوع الأول، كان كل ما استطاع شون كوبتا أن يتحصَّل على معلومات من السكرتيرة عن حفل التَّخرُّج وعشاء الوداع، أو كما يسمِّيه ميحمد «عشاء الجحيم». :الهندي الثرثار، بصوته الأنثوي، أضاف بعض التفاصيل التي جمعها

- هذا العام، يا رفاق، عرفتُ أنه لن يكون كالعام الماضي، حفلان منفصلان، أي للتَّخرُّج وتوزيع الشهادات. سيجمعونهما في حفل واحد، وستقام المراسم في نفس الوقت. يقال إن السيدات الفاضلات اللاتي تفضَّلن باستضافتنا، وأضع الفعل بين قوسين، لكي يكفِّرن عن ذنوبهن، يتبارين لتقديم أطيب المأكولات. سيبدأ البرنامج بكلمة للبروفيسور فيشر، ثم المحافظ سيوزِّع الشهادات. فيما بعدُ عشاء بوفيه، ثم توزيع لبعض الجوائز. ربما سيكون هناك برنامج فني أيضًا يُعدُّ خصيصًا لنا لمن يهتم؛ كوميديا وتقليد من أفلام وبعض الأغنيات، كلٌّ بلغاتنا المختلفة، لمن يستطع أن يغني... ثم الهدايا التذكارية التي يمنحونها كل عام للخرجين، وهذه سوف يعطينا إياها العميد بنفسه، وهي عبارة عن كرة أرضية محيطها سبعة سنتميترات. محشوره مثل صفار البيض داخل كرة بلاستيكية شفافة. نفس الكرة الأرضية مرشوشة بتراب الماس؛ اليابس منها مصنوعٌ بشرائح ذهبية، الحدود بالعاج، والمحيطات والبحار بقطرات من الأحجار الكريمة. تدور كما أراد صانِعُها بسرعة دوران الكرة الأرضية،

وبعض الأسهم تشير إلى الوقت على كل مدار. إنها تعدُّ إنجازًا عظيمًا في العصر الحديث التكنولوجي وعالم صناعة المجوهرات. وأزيدكم قولًا...

دخل روبي إلى المقصف. قطع شين كوبتا وصفه. جلب كوبين من القهوة ثم اقترب.

- عمَّ تتحدثون؟

سأل. وضع أحد الأكواب على فمه، وعيناه مسمَّرتان عليَّ.

- كنَّا نقول كم من المؤسف ألَّا يحصل بيتر على الهدية التذكارية للكلية.

أجاب شين كوبتا سريع البديهة واللسان.

- سيحصل عليها بكل تأكيد.

أكَّد روبي. وقال:

- أتمنى، حتي يحين ذلك الوقت أن يكون قد عاد إلينا. أليس كذلك يا بيتر؟

أومأت برأسي «بنعم، أتمنى»؛ فقط بدافع الأدب، ولكي لا أفسد جوَّ البهجة الذي أحدثه وصف المراسم. ثم أضفت:

- إذا لم ألحق بالحفل سيعتني روبي بأن يرسلها لي.
- لن تكون هناك حاجة لذلك يا عزيزي. ستستلمها بنفسك.
- بالتأكيد! حتى يحين ذلك الوقت ستكون قد عُدتَ بالفعل، وستفكر في شيء جميل تساهم به في الحفل.

قال أندريه إم. تدخَّل روبي وأعلن:

- د. فيشر ينتظرنا في المدرج. إنه يريد من كلِّ مَن عادوا تقريرًا شفهيًّا مبدئيًّا عن جولاتكم. وتقييمكم لفوائد برنامجنا الجديد.

سكب الطلاب القهوة أو ما كانوا يشربونه بسرعة في أجوافهم دفعةً واحدة، وحشروا البسكويت الذي لم يأكلوه في جيوبهم، وقاموا مسرعين.

اقترب مني إيمانويل وقدَّم لي كفَّه الكبيرة الناعمة. ضممتها بين كفَّيَّ. قال لي قبل وقت مضى، «لديَّ حساسية من التلامس». وها هو التأكيد لذلك التصريح يبدو واضحًا من تعبير وجهه وإيماءته، كان يشعر بالارتباك لوجود كفِّه بين كلتا كفَّيَّ، وأشعر به طيلة الوقت يحاول أن ينزعها.

- تحوُّل غير متوقَّع يا عزيزي بيتر.

قال. أجبت وعيني مثبَّتة على وجهه الذكوري الجميل، وللسِّتِّ ندبات العميقة من حوافر الأسد المرسومة على خديه.

- كنت أعرف يا إيمانويل أن هذه الرحلة لن تنتهي بشكل سَويٍّ. لكن ما لم أكن أتوقعه هو الاتجاه الذي سيتخذه هذا التحول.
- لا أدري يا صديقي، علَّه خير! لكن من الأفضل ألَّا نضع افتراضات، بالأخص الآن في النهاية، أيًّا ما كان هو قريبًا ومرئيًّا... على كل حال، سواء كان هبوطًا اضطراريًّا أو هبوطًا سَلِسًا، هذه الرحلة جعلتنا أكثر ثراءً. لقد كانت رحلة مزدوجة... رحلة على الأرض، ورحلة داخل أنفسنا.

صمتٌ. صار صوتي مبحوحًا ويخرج بصعوبة. شعرت بأنه يضغط على كفِّي بقوة.

- ماذا بك يا صاحبي؟ يا أنتَ.
- لا، لا شيء، لا شيء... سأعترف لك بشيء يا إيمانويل... بشكلٍ ما أنا سعيد أن هذه القصة المرتبكة ستنتهي بالأخير. أتمنى في أسرع وقت.
- كل شيء سينتهي سريعًا يا صديقي العزيز بيتر. وكل هذا سيكون وراءك قبل الثامن من مايو.

سُمع صوت ستيفن تاجا، الذي مدَّ كفَّه نحوي ليودِّعني. اضطررت لترك كفِّ إيمانويل. وقلت:

- إلى اللقاء يا ستيفن.

وعيناي تلتفتان نحو ميحمد، الذي لم يتحرَّك قطُّ من مكانه. وأضفت:

- وسأعود أقوى من ذي قبل بعد أن أصل إلى أصل المشكلة.

نظر إليَّ إيمانويل وستيفن باستغراب؛ لم يكن أيٌّ منهم يعرف بالتفاصيل أو لديه أية معلومات، ولا أي شخص من الزملاء حولنا ممَّن سمعوا تعليقي استطاعوا أن يفكُّوا شفرة لغزي.

حيَّوني لمرة ثانية وابتعدوا.

أضيئت الأنوار في المدرج الذي يقع أمام المقصف. ظهر د. فيشر عند المدخل وقد لفَّ شالاً حول عنقه وفي يده كوب من القهوة، هو بالتأكيد ما أحضره له روبي. حيَّا برأسه الأفريقيين ومدام روباري وهم

يتَّجهون نحو المدرج. توقَّفَت مدام روباري قليلًا وأومأت للمجموعة حولي، التي لم تنفكَّ بعدُ:

- يا سادة، هيا بنا؟

حانت اللحظات الأخيرة للوداع. سأهرع لوجبة وداع في بيت ميلهيور، أصدقائي هنا سيدخلون إلى قاعة المحاضرات من أجل سيمنار أخير.

مرُّوا كلهم تباعًا من أمامي للمرة الثانية، البقية صافحوني أو حضنوني أو قالوا بعض الكلمات التقليدية وهم يمرون من أمامي.

آخر مَن توقَّف كان المكسيكي. الذي وضع كفَّه في يدي بدوره، شعرت بشيء صلب يضغط كَفِّي. فتحت كفي فوجدتُ قطعة عملة. قديمة وبالية، من عصور قديمة. بالكاد سمعت ما قاله لي وأجبته:

- ما هذا؟
- بيسو؟
- نعم؟
- عملة بيزو!
- أهو قديم جدًّا كما يبدو؟! لو هو كما تقول، حجاب عائلي، فلا أريد أن أحرمك منه... لكن... حسنًا، إذا كنت تصرُّ.... حقًّا؟ لو أن له خصائص سحرية وسوف يحميني مثلما حدث مع جدك، فليس لديَّ أي سبب إذن لكي أقلق.. من أي مكسيكيين أوغاد، ولا من أي أتراك... إذن فلقد فزت أنا من بين كل الأصدقاء بالبيزو السحري، ودون أن أتبارى أو أقاتل من أجله مثلما حدث مع الجد باندينو وخطاب جدَّتِك إيرالذا... هذا أمر عظيم، تقدُّم

ساحق! أن أفوز وأحصل على الغنيمة دون أن أقاتل... شكرًا لك يا صديقي العزيز، موتشوس جراثياس... سأنتظر أن ترسل لي بطاقة من بلدك... اكتُب عليها الكثير من السِّباب، وأضِفْ عليها صلصة حارة.

النقاط الأخيرة التي وضعتها هي بالتأكيد، ومن الواضح، أنها بدلًا من بعض الكلمات الحادة من الساخر على الدوام إميليو ميجويل، التي لم أستطع تذكُّرها لإميليو، الذي لم أره متأثرًا هكذا منذ رأيته أول مرة في الإمباسادور. ميجوليتو الذي ابتعد بدوره مثل الأفارقة على عَجَل؛ لأنه لم يشأ أن نراه مرتبكًا من فرط التأثُّر.

***

نفس اليوم في الثانية عشر ظهرًا.

- جزيل الشكر على الدعوة. لم أكن أستطيع أن أحلم بأن تكون أيامي الأخيرة في سيراكوزا أهدأ وأسعد من هكذا يوم... من كل المدن التي رأيت، هذه المدينة ونيويورك كانتا أكثر ما أبهرني. نيويورك بسبب اتِّساعاها وأبعادها المذهلة واختلافاتها الوحشية. السيراكوزيون أبهروني لتجانسهم وحسِّهم الإنساني وأحجامهم المقبولة، ولكن بشكل أساسي بسببكم أنتم. وبسببكِ أنتِ يا خوانيتا وأنتِ مَن طلبتِ مني أن أرفع التكلفة وأناديكِ باسمك مباشرة، وهو اسم جميل ووَقْعه السَّمعي رائع. وبالطبع بفضلكَ أنت يا د. ميهيلور، الاحترام الذي أُكِنُّه لشخصك ولحكمتك كبير وعميق، وهو ما لا يسمح لي أن أناديك مباشرة باسمك. على أية حال، بعد ثلاث ساعات سأغادر سيراكوزا وبعد بضعة أيام البلدَ كلها وأنا أعلم أنه في النصف الآخر من الكرة الأرضية لديَّ

أصدقاء أعزاء وحداثيون.

- لكن هذا اليوم وأهل سيراكوزا سيبقون دائمًا في ذاكرتي بفضلكم أنتم، مارك وشيلا. كل ما عرفته قبل فترة وجيزة ترك لديَّ انطباعًا عميقًا ومسَّني كثيرًا غموضهم وجمالهم. لا أجد كلمات... ثلاثة شهور نعيش تحت نفس السقف، نستخدم نفس المدخل، نصعد على نفس الدَّرَج، أصعد أنا الثلاث درجات الأولى، وأنتم الاثنتي عشرة الباقية، أراها تستمر إلى أعلى مليئة بالنباتات والتماثيل الصغيرة، ولم أكن أدري ولم أسأل أبدًا، إلى أين يقود هذا الدَّرَج، على ارتفاع ثلاثة أمتار من رأسي يعيش زوج من الشباب متحابَّيْن وسعيدين! وموهوبين! إلا إذا أثناء صعود ذلك الدرج تدخَّل عالم آخر، عالم يخصُّكم كليةً، إلا أنه مختلف عن عالمنا هنا في الأسفل... ربما. لا تشرحا لي؛ فمن الأفضل أن أبقى مع اللغز؛ فهذا في حدِّ ذاته غذاء مفيد للعقل، ألا تتفقون؟ لكن في نفس الوقت اكتشاف اليوم هو ذريعة مناسبة لإلقاء الاتهامات على الذات؛ لو أن الأمور هكذا كما أراها الآن، سأحزن كثيرًا لو لم أجرب الصعود الدرجات الاثنتي عشرة، لأنني لم أسأل إلى أين تؤدِّي، ولا حتى عن تلك الأنفاس المنتظمة، والخطوات الرشيقة التي كنت أسمعها ليلًا بين الحين والآخر. كنت أفترض من بنات خيال خيالي المريض، كالكثير والكثير من الأمور التي تمسُّ عالمي وهي بالأساس من عالم آخر... لم أسأل من خجلي؛ حتى لا أُتَّهم مرة أخرى بالجنون.

- لكن سأقول شيئًا آخر أدركته منذ قليل بعد أن تعرَّفتُ عليكما، وبعد كل ما عرفته عنكما، وهي أمور غاية في الروعة! لم أكن أعرف، مارك وشيلا، أن الحب والسعادة هما شيئان غاية في

الهدوء! وأن الموسيقى فقط تصعد لأعلى، وأن صوتها فقط هو الذي يبقى، وينزل...

- ماذا أعني يا خوانيتا ويا د. ميلهيور، بكل هذا الكلام غير المترابط الذي أقوله؟ سأقول لكم. لِمَ لم تقولا لي إن الشابَّيْن المستأجرين تزوَّجا في الثامنة عشرة بعد قصة حب وعشق عنيفة بدأت وهما في الثانية عشرة عندما كانا في الأوركسترا المدرسية؟ وأنهما في المساء يسمعان على البيك أب سيبيليوس ومالر وسيزار فرانك، ولا أنهما موسيقيَّان محترفان يزاولان المهنة، يعزفان ويسجِّلان تسجيلات جديدة لرحمانينوف وسوستاكوفيتش وغيرهما؟
- سأقول هذا ولا أهتم إذا ظننتم أنني ساذج أو رجعي؛ لم أكن أعتقد أن هناك شبابًا في سيراكوزا خرجوا لتوِّهم من مرحلة المراهقة يعرفون ويحبُّون راحمانينوف وفرانك ويان سيبيليوس. ولا حتى أنهم على الرغم من سنِّهم الصغيرة يعيشون حبهم في صمت.
- مثل حبكم الصامت في هذه العمر الناضج. لكن، كما قلت لكم، لقد اقتنعت أن الحب الحقيقي والموسيقى ترتقي دائمًا لأعلى. وأنا هنا في الأسفل دومًا، قابعًا في الطابق الأرضي.

كانوا يسمعونني بجدية هم الأربعة. أتمنى أن يكونوا قد خرجوا بأي معنى من سيل كلامي غير المترابط. أنا شخصيًّا، يستحيل عليَّ أن أفعل هذا.

***

كانت الساعة بعد الثانية ظهرًا عندما قمنا من على المائدة، د. ميلهيور أهداني أحد كتبه، التي لم يتحدث عنها قطُّ: التعليم والعصر

الحديث. طُبِع في 1945 في هارفارد برس.

يقول في إهدائه الذي كتبه بخطٍ مُموَّج ومرتعش:

«إلى صديقنا الشاب من قبرص. هدية تذكارية صغيرة بمناسبة مغادرته اليوم لبلدنا، حيث تنتظره زوجته أوليا، وعائلته، مكسب كبير لهم أن يعود لهم، وخسارة لنا. مودَّتي، ’د’ ميلهيور».

أكثر ما أثَّر فيَّ من الإهداء كان القوسين اللذين وضع بينهما كلمة «د». لماذا وضعها؟ هل فعل العجوز المحترم هذا ليؤكِّد على أنه لا يريدني أن أعتبره عالِمًا باليًا أكثر من صديق؟

أهدتني خوانيتا فنجانَيْ قهوة غير متشابهين.

- هذا وفقًا لتقاليدنا القديمة. كي تشربا قهوتكما أنت وأوليا، ومن وقت لآخر تتذكَّرا أصدقاءكما العجائز. لسوء الحظ لم يكن لديَّ فنجانان متشابهان. لكنهما بورسلين أصلي، وهذا هو الأهم؛ إنهما يجلبان الحظ ويحقِّقان الأماني. الفنجان الطويل لك، والآخر لأوليا. عندما تُرزَقان بأطفال لن يكون مهمًّا إذا ما كسرتموها كي تهديا كلًّا منهم قطعة... عندما - إن شاء الرب - ستأتي الأطفال ستنسون أشياء كثيرة تافهة وهامشية، وحتى إن كان لديكما فناجين تجلب الحظ. وهذا أمر رائع؛ أن ينسى المرح من فرط السعادة.
- أن ينسى المرء الأماني التي تحقَّقَت، وأيضًا كل التي بقيت معلَّقة أو في الإنتظار؛ لأنها، أؤكِّد لك، الأماني لا تضيع. وحتى إنني أقول إنه يجب أن ننسى مكتسباتنا، نجاحاتنا، ولِمَ لا ننسى أيضًا فقدنا وتضحياتنا التي تجعل السعادة حقيقة؟ كان هذا ما يقوله لنا

الأب مايستر كورنيولس ميلهيور.

أكمل هو من هذه النقطة حيث توقَّفَت هي:

- كم من البشر يستحقون سعادة كهذه؟ وكم منهم يحصل عليها؟

تساءل. حلَّت لحظة من الصمت، ثم أكملتُ:

- أشكركم من قلبي. كلكم أنتم الأربعة. لو أنكم أربعة... إذ إنه ربما تكونان فقط اثنين بأعمار يفرق بينها أربعون سنة.

لا أحد من الأربعة - أو من الاثنين - يعلِّق على ما قلته بتلقائية من دون أن أُمرِّره على فلتر المنطق. ولا أحد من الأربعة/ الاثنين يعترض.

حان دوري لأعطيهم هديتي. أيقونة بيزنطية. ربما تكون أصلية، وربما تكون نسخة عنها، لا أدري. وجدتها في أحد محال بيع الأغراض القديمة في ماليبو. كانت غالية الثمن، مع أيقونة أخرى اخترتها في نفس اليوم، كلَّفَتني البرديم بأكمله. الأيقونة تصوِّر «لمسة القديس توماس». الحواري يلمس جرح يسوع، لكن ليس من الناحية اليمنى كما هو المعتاد في المشهد الدرامي الإلهي؛ ولكن من الجانب الأيمن المكشوف.

- الرب يبارك يا ولدي.

همس صديقي المحترم وأخذ الأيقونة بين يديه برهافةٍ ورفعها بين يديه كأنه يحمل جنينًا. الآن يُذكِّرني بالعجوز يوسفَ من أريماثيا. ولِمَ لا؟ سأقولها؛ وبيوسف النجار من أورشليم.

احتضنتني خوانيتا بدلًا من أن تشكرني.

- في القطار، حاول أن تجلس على الجانب الأيمن بجوار الشباك. المنظر رائع من تلك الناحية.

نصحتني. كان صوتها يرتعش، وحاوَلَت أن تغطي على الحزن في صوتها بضحكات متقطعة.

- المنظر رائع من كل النواحي يا بني. اجلس أينما تجد مكانًا شاغرًا.

اتَّفق مارك وشيلا في صمتٍ وهما يحملان الأيقونة باحترام شديد بين أيديهما.

* * *

بعد ساعة، 3:00 مساءً

أطلَقَت القاطرة سعالها الجاف وصافرتها الطويلة، وبدأ اهتزازها المعدي يمرُّ من الأنامل إلى الرأس وإلى البطن والأفخاذ حتى أطراف أصابع القدمين.

صارت الحركة أفقيَّة، وازدادت سرعته، والعجوزان على رصيف القطار يلوِّحان لي بينما يبتعد القطار ويختفي عند انحرافه.

- ليباركك الرب يا بيتر يا بني.

لو رأيت مثلهم في الشارع، في سيارة أو قطار يمرُّ ويختفي، ان أتخيَّل أبدًا أن هذا الرجل النبيل أشيب الشعر العجوز سيقول لي «بيتر يا بني». لن أعرف أنه يجلس ويسجِّل رسائل لأحفاده وأولاده، وأنه كل صباح، بدلًا من أن يصلِّي، يضع في البيك أب أسطوانة مجروحة سن كثرة الاستخدام للسيمفونيات غير الكاملة لشوبرت.

كيف كان يمكنني أن أتخيَّل أن في الطائرة التي تحلِّق عاليًا يوجد بروفيسور في الأدب المقارن يذهب ويقضي صيفه مع الغَجَر، ويعيش معهم شهرين كاملين على سرقات صغيرة وقِطَع العملة التي يلقيها القرويون والفضوليون في قبَّعته؟

كيف كنت سأعرف عن الأثري ماثيو لويد وإيميليو ميجويل وإيمانويل وموتوتو وإبراهام فيشر؟ وعن أني وجيمي ولينين فراكلني وأيزاك؟

عن ميحمد ريزا أوزكيول، صديقي اللدود ورفيقي الدائم في السفر؟

ماذا كانوا سيعرفون عني؟ ماذا سيعرفون غير أنني أغوص في تأمُّلات غريبة، وأيضًا أنني أصاب بالإغماء وأرى بين الحين والآخر كل شيء بشكل واضح؟

«من ناحية أخرى، هو يوناني عادي، أو تقريبًا...» جملة ميحمد.

لا يا ميحمد، أنت لا تُقدِّر الأمور بشكل صحيح. لست عاديًّا أو إنسانًا طبيعيًّا، ولا حتى أشعر بالفخر أنني وُلِدتُ قبرصيًّا ناطقًا باليونانية. لقد قلتُ قبل ذلك، منذ وقت طويل أدركت أن «عظمة البشر والشعوب لا تقاس بالمتر، وإنما بالشعلة المتَّقدة في قلوبهم وأرواحهم، إلخ...» هذا محض هراء وكلام فضفاض، كيف يقاس الأمر، لقد قلت لك هذا أكثر من مرة في هذه الرحلة، دعني لا أكرر نفسي.

لن يصدق أحدٌ يا خوانيتا أن شيئًا آخر أكثر عمقًا وألمًا، وليس تغيير الأجواء والعادات الغذائية أو قِلَّة الحركة في الشهور الأخيرة، هو الذي سبَّب فقداني للوزن وسبَّب إغماءاتي. ولن يشكَّ أحدٌ أنني في الشهور الأخيرة أنام فقط ساعات قليلة، في الساعات التي لم أكن أتوسَّل من

أجل معجزة كان يبحث عنها أخناتون يائسًا.

ماذا تعرفون أنتم كلكم عني؟ عن كوارثي وانتصارتي وتجاوزاتي وانحداراتي؟

أنا قمر تتعدَّد وجوهه وتتبدَّل. أنا ميلاريبا. مزيج بين الانجذاب والتنافُر... أنا... حقيقةً، ماذا أنا؟

***

الساعة 3:33 ظهرًا.

ساعة مهمة وسحرية!

يتوقَّف القطار. الركاب يصعدون ويهبطون.

بمن يذكِّرني هذا الرجل الذي يدخل؟

توقف قليلًا أمام باب العربة المفتوح. أينظر نحوي أم نحو ميحمد الذي ينام بجواري؟

عيناه حَوْلاوان عسليَّتان. نصف أصلع من الأمام، ومن الخلف شَعره طويل، عَقَده في ضفيره. ملامحه آسيوية.

يذكِّرني بالتيبت ونيبال وإيفرست.

هل أعرفه من قبل؟ نعم، بالتأكيد! أعرفه منذ زمن بعيد، في عالم ما كنت أعرفه، ليس له علاقة بهذه اللحظة، الآن وهذه اللحظة حيثً تهرب مني الأسماء والبيانات والعناصر والخصائص.

حتى هناك، كان واقفًا ينظر إليَّ. إما سيكون مجنونًا أو... يرفع حقيبته ويتجه إلى هنا. أتجنَّب النظر إليه.

لكن بينما يمرُّ بجواري أشعر بنظرته متسمِّرة عليَّ، وبالتحديد على ما كنت أعتقد أنه مكان عين السكلوبس. أغلق باب العربة؛ انطلق القطار، استمر في زيادة سرعته نحو الجنوب. كان ميحمد قد استند عليَّ، فتح عينيه للحظة وتمتم بشيء ثم أغلقها مجددًا. اعتدل في جلسته. كانت أنفاسه على وشك أن تصبح شخيرًا .إلا أنها هدأت

ليس لديكِ حق يا خوانيتا. إن المنظر جميل من هذا الجانب أيضًا. كلها مناظر ودودة وهادئة، تبقى مُمِلَّة للعين بعض الشيء التي ستتعرف عليها وتتغنى بجمالها. جلس شخص في المكان الخاوي خلفي. هل هو نفس الشخص الذي كان من ذي قبل... الذي دائمًا...؟ ماذا أعرف عنه؟ لا أعرف سوى أن أنفاسه تتوقف أعلى رأسي وخلف رقبتي وتنزل على ظهري ومن ذراعي حتى أناملي.

أخرجت من حقيبتي دفترًا وقلمًا.

أتنفَّس الهواء الذي يدخل من النافذة، الزفير الأساسي لأشجار الصنوبر. سبعة أنفاس شهيق بطيئة وعميقة جدًّا، أعدُّها واحدة واحدة...

في تدفُّق هذه الهالة لا يوجد مكان للتَّعفُّن، كما أن الرواسب والطين لا تبقى على السطح في سكون المحيط.

ما هذا الدفء المتصاعد، ما أسبابه؟ أشعر بحرارتي ترتفع. يتجمع الضوء الفاتر عند جذور العينين ويتجمع فوق الجفون ويتدفق القشر إلى الشريان الأورطي، يتفرَّع؛ العمود الفقري يرتجف، سلسلة من الخمول، الحبل الشوكي يحترق والمخ؛ أشعر كأنني... مولِّد كهربائي،

أبثُّ نبضًا من الحرارة والضوء... والآن موسيقى...

مَن الذي يغني؟ هل هو نهر الفويماتيس؟ أم هم السود الأفارقة في ستارداست؟

ذات مرة في مكانٍ ما سمعت هذه الأغنية بدقَّة. في ساعات حاسمة من حياتي دائمًا أسمعها.

يا لقوة السمع يا إلهي! كخيط رفيع يخترق الصوت أبواب الزنبق من أجل التخصيب وإيقاظ الذكريات والكلمات والأفكار والصور!

يا لجمال الخشب الذي أستند عليه! ويالمعجزة سيمترية المياه الراقصة!

يا إلهي، ما أعظم معجزة الرؤية! أن تقف أمام إنسان وتحييه وتشكِّله وتضيف إلى شكله أبعادًا واسمًا وماضيًا ومستقبلًا وتاريخًا! أن تتنفس بعينيك كتلًا وأشكالًا وألوانًا، وكل ما يجري حولك في الفراغ ويملأ عينيك بالأشكال!

نعم، الآن أتذكر أين سمعت هذه الموسيقى من قبل... عندما كنت أغادر هذه الأوديسيا خاصَّتي، في مطار نيقوسيا. بعد ذلك، في صالون آني وجيمي. وأخيرًا في ذلك الجيتو في نيو أورليانز.

الذاكرة، يا لها من معجزة! يا لها من سرٍّ عظيم! فوق هذا الطين الأبيض اللزج يلتصق كل ما هو بلا شكل فيأخذ شكلًا وسمتًا متماسكًا لا ينفرط. انظر إليه. بمحض إرادتك أو دون أن تسحبه. وخلاياك تشيخ باستمرار، وتموت وتُفقَد، لكن الذاكرة دائمًا هناك! كعصا العدَّائين من يد لليد التالية، إلى آلاف أشكالك المستقبلية، وإعادات تجسيدك اللا نهائية.

نعم، هذه الموسيقى التي سمعتها من قبل، قبل سنوات، أو قبل قرون، في أحد أحلامي الفيثاغورثية.

وليس في فيلم هوليودي سرقت نغماته.

أشكرك، أنت، أيًّا من تكون، لأنك أهدتني القوة كي أعيش وأحلم. في اليوم الذي وهبتني هذه المنحة العظيمة، الحلم، في نفس اليوم أعطيتني وصفة عظمتك: أنت، يا مَن جعلت كل شيء حلم.

أنفاس الرجل الذي خلفي، يمكن أن تكون امرأة، تقترب شيئًا فشيئًا... إشعاعه، هو كان أو هي، يحيطني، بدوامة، حزمة من الطاقة، ميدوزا حجرتها الإلهة. مثل بيرسيوس جديد لا أجرؤ أن أنظر له أو لها. يجب أن أرتدي قناعًا كي أحمي نفسي من التحجُّر.

دوائر الماء تبدأ من عيني، تلتصق بإطار القطار، تخترق الجدران، تتخلل الأجسام، وتدور حولي متراكبة، تأخذني إلى المحاجر القديمة للدوائر، إلى مصادر المجالات، حيث لا بداية أو نهاية، ولكن المركز ومحيط دوار، بجانبي وأنا، ضوء ونور، على الرغم من الإرادة التي تؤلِّفني وتحوِّلني إلى كرة، تضعني في حركة محمومة حول الكثير من شعلة الموسيقى الخاصة بي.

«حرية: لتصبح موسيقى!».

«حرية: قُل: أنا لستُ أنا. أنا أنت!».

«حرية: قُل: ليس أمس، ولا غدًا. الآن!».

مشاهد متناثرة، مثل الومضات، تمرُ عبر العقل. الدفن: لأمي، أبي، زوجتي. أرى من أعلى، من على مسافة، جسدي يحوم، خفيفًا مثل

زغب في الهواء، جسدي الآخر، ثقيل، أسفل المقعد، يدي تكتب.

الليلة مات أبي. سنحزن عليه، ونحبه مثلما لم نفعل من قبل، وسنعطيه إلى حيث اللا شكل والتحلُّل.

الليلة ماتت أمي. ألبسناها الحرير ولففنا قبرها بألوان زاهية.

الليلة ماتت أوليا. انطفأ نورها، همست لي «تصبح على خير يا حبيبي»، ثم نامت. كان النور يشعُّ منها وهي ثابتة بلا حراك.

الليلة مات العجوز يوسف وخوانيتا. وزهر الأقحوان وعبَّاد الشمس في الفناء، حول مجموعة تماثيل الميلاد كانت رؤوسها حيَّةً وألوانها برَّاقة.

الليلة خفتت، خفت حدود العالم الصلبة، تنحَّت، ابتلعتها الهاوية مثل القمح في قمع طاحونة...

الليلة لم يَعُد هناك عالم ولا دفتر يوميات / ليليات، ولا أصابع، تلك الأصابع التي كانت تكتب لستة أشهر بلا انقطاع.

كل الأشياء صارت غيومًا كالفقاعات.

قلبي ساعة تتهشَّم.

كم لحظة مرَّت من آخر دقَّة دقَّها؟

عشرة؟ عشرة قرون؟

لم يَعُد هناك شيء في الخارج لي.

لم يَعُد هناك شيء في الداخل لي.

محض فراغ. بهامش فكرة.

أنا وأنا، نعيش سويًّا متطابقين ومتنافرين.

وحوش تتغذى على بعضها البعض.

أنا وأنا.

الصفر وأنا.

الصفر و...

الصفر.

وقال الصفر:

«أولد من جديد».

موجة من الضوء الغاشم غطَّت الشاشة. أمي وأبي: خوانيتا وماريا، ميلهيور، يوسف وقسطنطين، شباب يافع، عبروا لتوِّهم المراهقة. يشبكون أياديهم. في حقول مع حزم القش. خلفهم تركوا أرض الجليل ويهوديَّةً غارقة في دماء الأجِنَّة، بكاء أمهات. يذهبن إلى طابور حيث تنتظرهم أشجارًا مزينة.

في منتصف الحقل، تحت شجرة زيتون حيث أرسلت أصدقاءها إلى نوح، تملَّك الألم من أمي. أبي المراهق خلع عنها ثيابها، جلس وهو يلعن الألم الذي يحاول أن يعالجه.

يا له من هدوء صاخب!

لم يحتمله أبي، فبدأ في الغناء. في الكوبليه الثالث بدأت أمي في الصراخ.

ركع أبي وبيده العمياء راح يبحث عن رأسي الأقرع. لمسه مرتين، وفي المرتين انزلقت منه. في الثالثة أمسك بي. يده مبللة وقاسية وخشنة، وضعني على الأرض. ليس هناك ماء ليغسلني. انحنيا فوقي ولعقا المخاط والدم. وجهاهما يشبهان كثيرًا الكلاب والقرود، وجوه بشر أم ملائكة؟ بلعوا المخاط، وعندما شعروا بالعطش بلعوا الدم؛ فازدادوا جمالًا. .الآن صار دور أمي، بدأت في الغناء

وراح أبي يرقص على النباتات.

يا إلهي، إني أُولَد...

انطلقت سرينة القطر وشهقت ماكينته ثم توقَّف. الشخص المألوف المجهول مرَّ من أمامي. نسمة هواء كسِربٍ من الطيور تصاحبه. «انتظر»، من فضلك. توقَّف أمام باب العَربةً المفتوح، التفت وابتسم لي، «اكتُب عن هذا»، أعتقد أن هذا ما قاله لي، ثم نزل...

... الصوت، صوتي كان صوته، أعادني لوعيي.ز. غرقت فجأة من فوق، من سماء العربة حيث أحوم وأستسلم لانقباضات ثقيلة في جسدي الثابت. مَن كنت أرى من هناك، مَن كنت أسمع وأنادي؟ عدت من جاستي... رقبتي تؤلمني، رحت أفركها... حرارتي ليست مرتفعة... ولو كانت فقد انخفضت... أصارع كي أبقي على عينيَّ مفتوحتين. لو أن ما رأيته كان حقيقيًّا وليس حلمًا، يجب أن أجد هنا تدويناتي، تلك التي كنت أرى شبيهي يكتبها. فحصت دفتري بدقَّة؛ بعد آخر فقرة كتبتها قبل أن أذهب إلى شيكاغو، كانت الصفحات

فارغة. آه، لا، رأيت شيئًا مكتوبًا بالأسفل. من الصعب قراءته، مكتوب بخط سيِّئ، كتبها شخص في الظلام. سطر بلا أية علامات ترقيم ولا نقاط ولا فراغات بين الكلمات، شيء أشبه بنبوءة.

ليس هنا كخوف من الرحيل من مكان ليس به مفهوم البعد

- لقد أخفتني مرَّةً أخرى.

سمعت ميحمد يقول.

- للحظة خشيت أن تكون قد أُصِبتَ بالإغماء.
- لا، أغلقت عيني قليلًا فقط.

الجزء الثالث

العودة إلى نيويورك

40

رجلان ينتظران في جراند سنترال تيرمينال.

تحدَّد اللقاء تحت تماثيل هيراكليس وأثينا وهيرميس التي تحرس الساعة الضخمة على واجهة المحطة في مقابلة بارك أفينيو. هناك وجدناهم بين الجموع الضخمة كأسراب النمل التي تدخل وتخرج بلا انقطاع في أكثر محطات السكة الحديد ازدحامًا في العالم، والتي تحتوي على 44 رصيفًا تحت الأرض، ومئات من خطوط السكة الحديد! كان أحدهما ضخمًا يرتدي زيًّا رسميًّا يحمل لوحة كُتِب عليها اسمي على عَجَل بقلم ماركر. الثاني متوسِّط الحجم، وأنيقًا، متغطرسَ الطلعة. افترضت أنهما السفير وسائقه، بينما كنت أقترب منهما.

- مساء الخير.
- السيد أرخونديذيس؟

تصافحنا.

- ليون ماركوليذيس، القنصل الفخري.

عرَّف نفسه، ثم عرَّف سائقه:

- ميلتوس كاراكالاس.

قدَّمتُ رفيق السفر:

- السيد ميحمد ريزا أوزكيول، صحافي من تركيا. نحن زميلان في نفس السيمنار.

مصافحات وكلمات ترحيب من جديد.

أشار ميلتوس إلى الحمَّال الأحدب فأشرت له على أغراضي: حقيبتان وحقيبة بها كتب وحافظة أوراق.

- سيادة السفير، لأسباب تتعلَّق بوجوده في واشنطن لم يستطع الحضور.

قال لي ليون ماركوليذيس.

- كان يودُّ أن يتعرف عليك.

مضينا نحو السيارة. كانت مصفوفة في رُكن الـ V.I.P. جاء الحمَّال بعد أن أشار له ميلتوس الذي لم يهرع ليساعده ووضع الحقائب بصعوبة في حقيبة السيارة. كان ميحمد يعلِّق شنطة سفر خفيفة على كتفه.

استبقني القنصل الثري وحشر في يد الحمَّال ورقة بنكنوت. لو حكمت من تعبير وجه الحمَّال العجوز فالبقشيش كان بخيلًا. تركته يُنهي عمله بينما كان الثلاثة رجال يتجاذبون أطراف الحديث، أخرجت من جيبي دون أن أعدَّ كل ما كان من عملات وأوراق نقدية حدَّدتها للبقشيش، وعرضتها عليه. نظر إليَّ الأحدب بتساؤل، ثم قال شيئًا لم أسمعه؛ إذ إن ضجيج الشارع غطَّى على صوته.

همس القنصل باليونانية بعد أن لمحني بعينه الذكية التي كانت تتابعني:

- لقد دفعت له، لم يكن هناك داعٍ لتعطيه أنت أيضًا.
- لقد خدمني أنا، إذن فهذا من واجبي... على أيَّة حال، شكرًا.

دخلنا في سيارة الليموزين الرمادية بالعَلَم الأصفر يرفرف في مقدمتها. جلست أنا وميحمد في المقاعد الخلفية المزدوجة في مكان الركاب، الذي ينظر للخلف، بينما جلس القنصل ماكروليذيس في مقابلتنا.

- هل كانت رحلتكم مريحة؟
- بشكل كافٍ.
- كم ساعة استغرقتم من سيراكوزا؟
- لقد غادرنا في الثالثة. والآن هي الثامنة والربع.
- ساعات طويلة!

ضغط ميلتوس على دوَّاسة الوقود فانتفَضَت سيارة الليموزين.

- قلِّلْ السرعة.

قال له القنصل باليونانية بحدَّة وصوت خفيض. التفت لنا بعد ذلك وسألنا:

- هل انتهيتم من دراستكم؟
- بشكل أساسي نعم. بقيت لنا التحلية.

قال ميحمد.

بعد خمسائة متر من جراند سنترال حوصرنا في طابور لا نهائي من السيارات. أخبرنا ميلتوس أنه «حادث كبير قد وقع في بارك أفينيو». حولنا وأمامنا فوضى عارمة وأبواق سيارات وصياح وسارينات سيارات الشرطة ورجال المرور يوزِّعون المخالفات والاتهامات وبكل برود يتلقَّون سيول السباب من السائقين وسائقي التاكسي الغاضبين. وبالأخص من السيدات. ومن سائقنا أيضًا الذي يلقي بسبابه بصوت خفيض جدًّا بالقبرصية: «لقد وصل المخصيُّون».

بقينا في هذا الوضع عشر دقائق تقريبًا. بعدها تحرَّك الشارع شيئًا فشيئًا، وقفزت الليموزين مرة أخرى. في زحام جديد بدأنا الحركة. تنهَّد كاركالاس بارتياح وقال:

- جنون حقيقي!

عندما رآني ليون ماركوليذيس تائهًا في أفكاري دون رغبة حقيقية في الحوار، وجَّه تركيزه وانتباهه نحو ميحمد.

- هل تعيش في أنقرة يا سيد أوزكيول؟
- في إستانبول.
- رائع! لقد ذهبت مرتين إلى إستانبول. قبل عشر سنوات في مَهمَّة رسمية كدبلوماسي، والعام الماضي مع زوجتي كسائح. هل وُلِدتَ في القسطنطينية؟
- لا، في مالاتيا، بلدة أبي
- وهل يعمل هو أيضًا في الميديا؟
- لا، يعمل مفتِّشًا في الجمارك. في عام 1955 عندما كنت في الخامسة عشرة انتقل بعد ترقيةٍ إلى ميناء إستنابول؛ لهذا انتقلنا.
- لا بُدَّ أنكم سعدتم؛ ترقية وانتقال.

- على العكس تمامًا. بعد شهور قليلة أبي وأختي غرقا في البوسفور. وكدتُ أغرق أنا أيضًا، أخرجوني نصفَ ميِّت، أخرجني من البحر يونانيٌّ مثلكم، مراكبي، اسمه سورميليس بك.
- هذا فظيع، أنا آسف جدًّا. غرق مزدوج في العائلة.
- بل ثلاثي.

سمعته يقول.

- بالنسبة لأمي ولي، غرق وديون.ز. قبل أن نفقد أبي كان قد دفع مقدَّم شقتنا. في السادسة عشرة من عمري اضطررت أن أعمل وأساعد أمي لدفع الأقساط. كانت أمي تصنع الحلويات لحفلات الزواج، وكنت أنقلها أنا. العام الماضي سدَّدنا كلَّ الأقساط. قبل خمس سنوات فتحت أمي محل حلويات خاصًّا بها؛ تصنع البقلاوة والإيكميك، من الأفضل في المدينة!
- هذا شيِّق للغاية! وأفترض أنك درست هناك أيضًا، في القسطنطينية.
- نعم، في جامعة إستانبول، كلية الإعلام. كنت أعمل في نفس الوقت، أي شيء، بشكل أساسي مرشدًا سياحيًّا أو كمترجم. دراساتي العليا كانت هنا، حصلت على منحة فولبرايت في جامعة كولومبيا في تي في وعلم الاجتماع.
- هل تعمل في الـ»تي في»؟
- بشكل طارئ فقط. الـ»تي في» مثل العشيقة، أما الجريدة فهي الزوجة! أنا نائب رئيس تحرير جريدة تقسيم جازيت.
- لا أعرفها، اعذُر جهلي.
- من المستحيل أن تعرفها... نحن جريدة صغيرة مسائية ولها توجُّه أتاتوركي.

- هل من غير اللائق أن أسأل عن حجم توزيع الجريدة.
- لقد قلت لسيادتكم، صغير جدًّا... إننا نطبع نصف مليون.
- وهذا تسمِّيه صغيرًا؟!
- بالنسبة لحجم إستانبول وحجم بلدنا هو صغير جدًّا.

فترة صمت صغيرة. تنفَّس ميحمد الصعداء؛ فقد ظنَّ أن التحقيق قد انتهى. لكن لا، لم يُرضِ ليون ماكروليذيس فضوله بعد.

- هل سافرت إلى اليونان وقبرص؟

بدأت فقرة أخرى من الأسئلة.

- بضع مرات، إلى ثيسالونيكي مع أوريان إكسبريس. وإلى أثينا في مَهمَّة صحفية. قمت بحوارٍ مع ميكي ثيوذوراكيس. أحب موسيقاه وأفكاره. الآن أفكِّر أن أُجري حوارًا مع سيفيريس.
- بمناسبة ترشُّحه لنيل جائزة نوبل؟
- نعم! هو أيضًا من إزمير، يعني ابن وطني أيضًا! ذهبت إلى جزيرة روذوس مرَّتين كسائح.
- هل ذهبت إلى قبرص؟
- لم أذهب بعدُ. لكن أتمنى أن أذهب الآن بعد أن تعرَّفتُ على بيتر...
- رائع! ما رأيك في السيمنار؟
- نص نص، ربما... أعني ربما كان شيِّقًا. لكن الأكثر فائدة كانت الجولات التي قمنا بها. لا أعرف رأي بيتر في هذا... لكن أظن أن أكبر مكسب هي الفرصة التي مُنِحَت لنا والعلاقات الجديدة.

دخل في الحوار فجأة ميلتوس كاراكالاس:

- أستطيع أن أقول، إنني عندما سمعتك تحكي عن الإيكميك سال

لعابي. أعرف محلًّا كرديًّا قريبًا من هنا يقدِّم الإيكمك. بالتأكيد الذي تصنعه والدتك هو أفضل... تشيوك تشيوك جيزول[29]

- ممكن، أتمنَّى، ربما لا.

قال ميحمد وهو يضحك. ثم أضاف بيونانيته العرجاء:

- على أية حال، شكرًا يا سيد كاراكالاس على كلماتك الطيبة.
- أتتحدَّث اليونانية؟

قال ليون ماركوليذيس مندهشًا.

- قليل.
- أين تعلَّمتَها؟
- حي أعيش فيه، يونانيون كثيرٌ جيران. لعبنا الكرة معًا طفل.
- هذا مدهش!

علَّق القنصل ثم التفت نحوي:

- بالتأكيد أنت تعرف أنه يتحدث اليونانية.
- أعلم، وأتحمَّل التبعات.

انحرفت سيارة الليموزين ودخلت في شارع مركزي.

«وصلنا في دقيقة»، قال كاراكالاس.

الحوار بين ميحمد والقنصل انتهى على خيرٍ وبشكل مفاجئ مع تشيوك جيزول التي قالها ميلتوس. على الرغم من كل ما سمعت في الدقائق القليلة أدركتُ أنه في كل تلك الأسابيع مع رفيقي في السكن

29- بالتركية تعني «جميل جدًّا».

ميحمد تحدثنا وثرثرنا وضحكنا وتشاجرنا؛ لكنني لم أبذل أقلَّ مجهود كي أسأله أين وُلِدَ، أو ماذا درس، ولا عن عائلته، ولا أين يعيش ذووه إذا كانوا على قيد الحياة، وما عملهم؟ فضول ليون ماركوليذيس فتح عيني، جعلني أفهم كم كنتُ منطويًا للغاية على نفسي أطارد أشباح مشاكلي وهَوَسي. أتمنى أن يكون حلمي الليلة في القطار قد وضع نهاية لهذه الحقبة من الجحيم.

بعد إذن سيادتكم مسيو رامبو.

41

ها هو الإمباسادور! أهذا هو فندق إمباسادور أم نسخة معدَّلة منه؟

توقَّفنا في «الدرايف إن» الفسيح. الواجهة تغيَّرت تمامًا. لم أتعرف على الفندق. نفس الشيء ميحمد، رأيت هذا على وجهه. الجدران مطليَّة حديثًا؛ شتلات زهور بألوان زاهية ونباتات متسلقة في كل مكان؛ لافتة الفندق الأمامية النيون مضيئة: NEW AMBASSADOR. كان حجمها ضعف السابقة، مصنوعة من المعدن والزجاج الفاميه على جانبيه، والباب الدَّوَّار في منتصف المدخل.

فتح السائق حقيبة السيارة وراح ينظر من على مسافةٍ آمنة؛ ربما يحتاج أن يساعده الحارس ويضع الحقائب على الترولي. شكر ميحمد القنصل وصافحه بحرارة، وكذلك السائق كاراكالاس. وضع حقيبته على كتفه ودخل إلى اللوبي.

- شخصية شيقة.

علَّق ليون ماركوليذيس وهو ينظر إلى ميحمد وهو يبتعد.

- وكريم جدًّا.

اتَّفقتُ باقتضاب، ووضعت نهاية للحوار؛ وإن كان التساؤل يكاد

ينفجر من عيني القنصل بعد وصفي القوي. الأمر واضح للغاية، يريد أن يسأل ويعرف أمورًا كثيرة عن رفيقي في السفر، وبالتأكيد عني؛ صاحب المشكلة بالأساس. راوغته بتثاؤب مصطَنَع علَّه يدرك أنني متعب للغاية وليس لديَّ قدرة على التحاور، فعاد مضطرًّا ليؤدي واجبه:

- غدًا في المستشفي سأذهب بك أنا.

وأخبرني:

- سنكون هنا أنا وميلتوس في تمام التاسعة. الطبيب سوف يستقبلك في التاسعة والنصف. المستشفى ليس بعيدًا عن هنا، هو في ناطحة السحاب هناك على اليمين، أكبرها على الإطلاق، سبعة وسبعون طابقًا، والمستشفى تشغل من الطابق الثاني حتى السابع. أنصحك بأن تنزل بحقائبك غدًا. حتى تكون لدينا في القنصلية حتى مغادرتك إلى قبرص. ستأخذ معك فقط أدوات الحلاقة وخُفَّك المنزلي. لا بيجامات ولا ملابس داخلية مسموح بها، المرضى يرتدون فقط مريول المشفى. سيعطونك إيَّاه في المستشفى.

وأعطاني بطاقة تعارفه الشخصية. وقال:

- لو احتجتَ أي شيء لا تتردَّد في التواصل معي.

بينما كنت أستعدُّ للنزول من السيارة سألني عن خُطَطي هذا المساء.

- أنا بعد نصف ساعة من الآن سأكون قد انتهيت من بعض مهام

عملي. بعد ذلك سأكون حرًّا. إذا لم يكن الوقت متأخرًا يمكنني أن أمرَّ عليك ونذهب في جولة، وربما نأكل شيئًا. هناك بعض المطاعم الجيدة في الجوار. بعضها يوناني، وهناك مطعمان قبرصيَّان، أحدهما كيريتيٌّ والآخر لارناكي. اللارناكي يطبخ موساكاس رائع! أمَّا الكيريتي فهو متخصِّص في الكليفتكو[30]! إذا رغب السيد أوزكيول أيضًا فأهلًا ومرحبًا به.

- سيكون من الرائع أن نتجاذب أطراف الحديث ونجرِّب بعض المذاقات الأصلية. لكن بالنسبة لنا، الوقت متأخِّر كي نتناول الطعام. سأتناول شيئًا خفيفًا مع زميلي. أعتقد أنه من الأفضل لي أن أنام مبكرًا.
- مثلما تريد.
- على كلٍّ، أشكرك للعرض. وللفرصة العظيمة التي منحتها لي أن أتحدَّث اليونانية مرة أخرى. كنت أظن أني نسيتها.

وأضفت بلهجة قبرصية:

- ركوب الدراجة واللغة الأم هي أمورٌ لا تُنسَى.
- ولا حتى الكليفتكو المشوي.

أضاف كاراكالاس وهو يحيِّيني بخلع قُبَّعته، مثل إيدي وينستون في بالتيمور. ضحكنا، ودَّعتُهم ودخلت إلى نيو إمباسادور. كان ميحمد ينتظرني في الاستقبال.

- هل نجحت في التَّخلُّص منهم؟
- كما ترى... هل أخذتَ المفاتيح؟

30- لحم ضأن مطبوخ في ورق الزبدة.

- لقد حجزوا لنا في الطابق الثالث. طلبت من السيد أن يراجع إذا كانت غرفتنا القديمة رقم 44 متاحة. لو أنها سنأخذها مع إحدى الغرف المجاورة 42 أو 46.

الغرفة رقم 44 متاحة. لكن، في الطابق الرابع الغرفة الوحيدة المتاحة هي رقم 36، أخبرنا موظف الاستقبال.

- سنأخذها.

قلتُ، ثم أضفت:

- مدخل جديد ورسيبشان جديد وموظف استقبال جديد!
- ليس هذا فقط! لقد جدَّدوا الفندق. لقد أغلقنا لمدة خمسة أيام. كان العُمَّال يعملون بلا انقطاع!

أدركنا أنه قد جرت تغييرات جذرية، بداية من المدخل. والأهم في صالة الاستقبال، حيث لم يَعُد يتجوَّل العجائز فيه بعدما كانوا قد استولوا عليه تمامًا في أكتوبر السابق. اختفى روبرت ماك جريجور بحلَّته الأمبريه. اختفت السيدة بيكنوا التي كانت في هياج مستمر. لم يَعُد أيٌّ من أصحاب المعاشات هنا؛ إمَّا أنهم رحلوا عن عالمنا بشكل جماعيٍّ، أو الساحرة الشريرة سامانثا منحتهم إكسير الشباب. ربما، لِمَ لا؟ هذه المعجزات لا تحدث فقط في نيو أورليانز! وها هو الدليل! العجائز بلمسة سحرية أداروا ماكينة الزمن نصف قرن للوراء؛ وصاروا مراهقين الآن، بلا شوارب، وأشكالهم طفولية مَرِحَة، طازجة مثل فاكهة نضرة، يتجوَّلون بالملابس الرياضية وبأزياء الكشافة والبناطيل القصيرة والمناديل حول أعناقهم والصفافير والسلاسل تتدلى منها، ويحملون السكاكين السويسرية والقيثارات الكهربائية.

علمنا من عامل المصعد أن فندق نيو إمباسادور أعيد افتتاحه في أول أبريل 63، وخلال شهر صار الفندقَ المفضَّل للطلبة وفِرَق الكشافة والفرق الرياضية من المدن الأخرى، وكل الشباب من كل أرجاء البلاد الذين يأتون إلى مانهاتن.

صعدنا بالمصعد الصامت، وخرجنا، فوطِئَت أقدامنا السجاد الرمادي النظيف الذي فُرِش بدلًا من السجاد القديم البالي. على الجدران حديثة الطلاء في الممر التي كانت مُزيَّنة قبل ستة أشهر بآثار أصابع وبقع، وأحيانًا ببعض المخاط، معلَّق علها الآن لوحات وتصماميم بالحبر، سفينة تدمِّر تجارة العبيد؛ ولوحة أخرى لشارع ستريب في لاس فيجاس، وبجواره لوحة للانفجار النووي في نيفادا، وأمامها مسلَّة جورج واشنطن، وبعد ذلك هنا وهناك منتشرة صور للتايمز سكوير ونهر المسيسيبي وجراند كانيون ومنظر للغروب في هوليود... بُهِتت واقشعرَّ بدني.

- هذا مستحيل، هذا أمر لا يمكن تفسيره!
- على الإطلاق! هي مقتطفات من قصتي، الأمر كله يعارض منطقي.
- بعض المناظر السياحية الأمريكي.
- وليس هذا فقط! هي أيضًا مطبوعة على الأرضية، مسيرتي كلها في الثلاثة شهور الأخيرة! وكأن مُصمِّم الديكور في نيو إمباسادور كان ساحرًا يتبعني بمنظارٍ، ورسم كادراته واحدًا تلو الآخر... ولم يضعها على الورق فقط، بل علَّقها على الجدران أمام باب الغرفة رقم 44. وها هي أمامي الآن مُعلَّقة. تلخيص لكل مسيرتي وتجربتي قبل الوفاة.
- حقائبك يا سيدي ستأتي بعد قليل.

عامل المصعد المكسيكي قطع حبل أفكاري وتأمُّلاتي. أجبته وأنا أنظر إليه. لم أعرفه. هو ليس الساحر الخبير الذي أرسل إلينا العاهرة اللاتينية قبل أزمة المفاعل النووي؛ هذا أصغر منه، لا يزال مراهقًا عديم الخبرة. في النهاية انصرفت عن النقطة التي كنت أفكر فيها أمام المصعد، ومضيت بحسم نحو الغرفة 44، التي كانت على بُعد عشر خطوات. الغرفة رقم 36 أمامها في مواجهة الممر عند نهايته. اخترت رقم 44 دون أن أبذل أي جهد في سؤال ميحمد أي غرفة يفضِّل، فتحتها ودخلت وأشعلت الضوء... الغرفة في غاية النظافة. الجدران مغطَّاة بورق حائط جديد، والأباجورات الجديدة واللوحات المائية والستائر المزدوجة؛ الخارجية شفافة والداخلية سميكة لتعزل الضوء، ولونها رمادي أخضر؛ المفروشات كلها بألوان زاهية.

ريموت التليفزيون حديث وأكبر من القديم الأبيض والأسود، وصار تليفزيون NTSC بالألوان.

شددت الستائر. دخل النور الشديد. الميدان وبعض الطوابق السفلية تعجُّ بالحياة. أسراب كثيفة من البشر على الأرصفة وعلى النواصي وخارج المحال تتجمَّع وتنفرط مثل جيوش النمل. بين الحين والآخر تمر سيارة شرطة أو سيارة إسعاف أو مطافئ تروح وتجيء مثل فيلم سينما يدور بسرعة. مدخل الملجأ النووي الذي اكتشفته في شهر أكتوبر، إمَّا أوصدوه أو غطَّته الجموع البشرية.

- هل يُعقَل أننا جئنا إلى المدينة أو الفندق أو الزمن الخطأ؟

تمتمت.

لا المدينة خطأ، ولا الفندق خطأ، ولا شيء... لقد رمَّموا وجدَّدوا

الفندق الملعون، كان يجب أن يحدث هذا من زمن.

سمعت ميحمد يقول. هبط بي من برج تأمُّلاتي.

في الثانية بعد منتصف الليل سأكون مستيقظًا، سأتصل بأوليا. سيكون الوقت صباحًا في قبرص وحبيبتي ستكون في مكتبها. لو اتصلت بها الآن سأزعجها، سأوقظها من فراشها الدافئ ونومها العميق. وسيكون تصرُّفَ بربر تمامًا، ولكي أقول لها ماذا؟ أنني غدًا سأدخل المستشفى؟ سيصيبها الرعب وتفقد صوتها وستختنق في البكاء، وستبدأ في الاتصال بأختها وأمها وأهلها كلهم.

من الأفضل أن تحدث هذه المكالمة أثناء عملها. هناك سترفع سماعة الهاتف في مكان عملها في المركز الرئيسي لمصلحة الضرائب مع مأموري الضرائب والموظفين حولها يدخلون ويخرجون؛ ممَّا سيجعلها تتمالك نفسها، أو ستحاول أن تبقى هادئة؛ سيتحدَّث زملاؤها معها، وكذلك مديرها الحقير.

إذن ستتأجَّل الأخبار السيئة.

شخص طَرَق الباب. لا بُدَّ أنه ميحمد. سيكون قد جاع لا محالة، وجاء ليقترح أن نذهب لنأكل في مكان قريب. قبل أن أقول «لحظة، أنا قادم»، سمعت شخصًا يدير المفتاح. قفزت من مكاني، ما الذي يحدث هنا؟ فتح الباب. كانت الخادمة! تحمل طبقًا من الفاكهة. رأتني أجلس على الفراش وسماعة الهاتف في يدي، رفعته بشكل تلقائيٍّ قبل أن أحسب فرق التوقيت، همسَت «معذرة»، تركت الطبق على الطاولة، ابتسمت لي وخرجت بكل أدب.

أعدت سماعة الهاتف وغسلت وجهي وأخرجت من الحقيبة

البالطو الأنيق الذي أرتديه في المناسبات الرسمية. لماذا أرتديه الآن، إلى أين سأذهب؟ أتساءل. ستخرج لتأكل ساندوتش بيج ماك أو بيتزا. لكن برَّرت لنفسي، هذا اليوم مهم جدًّا! قبل ساعات قليلة في نومي، مررت بتجربة «ميلادي الثاني»! والأهم، كتبت في الدفتر، أو يدٌ ثالثة كتبت بدلًا مني أن المخاوف التي بدأت هنا في نيويورك، وصاحبتني وهي متنكرة ومراوغة في كل رحلتي، «قد انقشعت كما جاءت...» لكن أضيف سببًا جديدًا: أنا في نيويورك جديدة، في مدينة لم أعرفها في شهر أكتوبر، مدينة مضيئة وباهرة وفي فندق نيو إمباسادور جديد... البالطو الأنيق والكوفية هما هدية من حماتي، ويليقان أكثر بالأجواء هنا، وبيوم كهذا، من الجاكيت المنفوخ والقبعة.

حسنًا، لأذهب وأرى إذا كان ميحمد قد رتَّب أموره في الغرفة. لو انتهى من حمامه سنخرج في جولة في الأماكن التي اعتدنا عليها سابقًا للطعام. الحقيقة هو أنني أشعر بالجوع، حتى إنني لا أذكر متى شعرت بالجوع هكذا آخر مرة. يمكن أن آكل بالطبع حبَّتين أو ثلاث من الفاكهة التي أرسلها المدير، لكن سأتركها للتحلية فيما بعد.

لقد تغيَّر مدير الإمباسادور، استمررت في مونولوجي الصامت وأنا أغلق الباب خلفي. فيما سبق، في وقت المدير السابق كان من المستحيل أن يرسل أيَّ فاكهة أو هداية للغرف، وبالأخص لغرف الطلاب المفلسين، ولا حتى قطع شوكولاتة في حجم خراء الماعز. لم نجد تحت الوسادات سوى فقط بطاقات دعائية تحتوي على تصاميم للملجأ النووي في المنطقة، وأين يمكن أن نشتري من ميدان التايمز أقنعةً مضادَّة بأسعار جيدة.

***

تمشَّينا لنصف ساعة. تجهَّم ميحمد عندما علم أنني لم أتَّصِل بأوليا، حتى ولو أيقظتها في وقت غير مناسب.

- لا يوجد وقت مناسب في الأمور المهمَّة.

قال، وذكَّرني بآني جولدنبيرج.

- لتوقظها بالتأكيد في أي وقت، وأي ساعة، وتتحدَّثا، وتُمارِسا الحب، وتُفرِغا طاقتكما؛ لماذا هي هناك؟ لا توجد ساعات مناسبة في الأمور المهمَّة.

وكأني أسمع صوت اليهودية بينما يوبِّخني ميحمد... يدهشني الودُّ الذي يحمله نحو أوليا، على الرغم من أنه لا يعرف سوى اسمها، حتى صورتها لم يرها، لم أُظهِر صورة حبيبتي إلى أي شخص؛ خوفًا من الحسد، لكن ميحمد يتحدث عنها دائمًا بودٍّ.

- وأتعاطف مع البنت لحظِّها العاثر لأنها وقعت بين يديك يا أركونتيتي.

لكن يريد أن يتعرف عليها لسببٍ آخر؛ إذا ما كانت تشبهه أو هو الذي يشبهها، هذا ما قاله لي الملعونُ في لوس أنجلوس منذ فترة.

- وكيف جاءت الفكرة أيها القبيح يا صاحب العقل المهووس أنك تشبه زوجتي؟

سألته مندهشًا.

- ألا يجب أن تشبهني حتى تمدَّ ذراعك عليَّ أثناء نومك ويسيل لعابك وأنت تقول: «أوليا يا حبيبتي»؟

- أنت تشبه أوليا مثلما يشبه الغراب عصفور الكناري.

قلتُ له وأنا أضربه على رأسه بودٍّ.

- لكن الليلة عِدني أن تتصل بها في الثانية أو الثالثة صباحًا، أوك؟ يجب أن تعرف البنت ماذا يجري معك قبل أن يقول لها ليو ويحدث ما لا يُحمد عقباه.
- سأهاتفها بالتأكيد، أو غدًا من المستشفى.

تشجَّعَ مرة أخرى التركي! لقد نسي كل ما قلته له في القطار، وكل ما حدث في قلعة ألمو لدى فيشر. منذ اللحظة التي فتحت عيني في القطار في المساء، وبعد أن رأيت ذلك الحلم، علامة السر، استيقظت ممتلئًا بالشفقة والرحمة؛ بالقدر الذي لم أشعر به من قبل، أنا البخيل اللعين! كل هذا بسبب حلم مجنون! على أية حال إمَّا لهذا أو لأسباب أخرى لم تتَّضح بعدُ، اعتذرت في ذهني بشكل جماعيٍّ من كل مَن ألحقت بهم أي ضرر، أو كان لديَّ انطباع بأنني ألحقت بهم ضررًا مؤخرًا؛ وإذا عُدتُ بذاكرتي للوراء، بالتأكيد سيكونون كُثُرًا... حمَّلت نفسي بنَهَم عجيب، وإثر المعجزة، كلَّ ذنوبي، واعترفت بكل أخطائي؛ رأيت أو تَخيَّلت كاهني الروحي شخصًا آسيويًّا مجهولًا. وباطنيًّا اعترفت له بكل ما أخفيه وطلبت الغفران بين يديه.

أكتب أسماء إشارة وضمائر تخصُّه بالحروف الكبيرة. لماذا أفعل هذا، لا تسألوني، فلا أعرف. يأتيني الأمر تلقائيًّا، وكذلك أكتب، كيف نسمِّي هذا... على كلٍّ، كنت أحكي في أمر آخر، كيف اعترفت له وطلبت منه الغفران لما قلته لميحمد بك. «ميحمد صديقي»، قال لي هذا بلغته، «تكلَّم معه كصديق». فهمت، كما لو أنني أتحدث لغته بطلاقة، سمعت وأطعت وطلبت السماح من ميحمد، لكن في نفسي، داخل عقلي، كي

أكون واضحًا؛ أمَّا بلساني، فكل ما قلته لرفيق سفري الذي يجلس بجواري ويشخر كان: «أوك يا أزكيول، لقد سامحتك على الإثم الذي اقترفته». ومددتُ له يدي. بدا مرتابًا؛ ما الذي حدث له، سيتساءل، لكنه صافحني بأطراف أصابعه. كما لو قمنا بإعادة تمثيل لوحة فيفيان، جدارية مايكل أنجيلو في كنيسة سيستين، التي يمدُّ فيه الرَّبُّ يده إلى أول الخلق.

خارج سنترال بارك، بعد أن تمشَّينا، قمنا بنزهة بالعربة، ودفعت أنا، إذ شعرت باشتياق لصوت بخترة الحصان والسير المتأرجح بالعربة، نزلنا أمام مطعم بيتزا «دانتي ألجيري». في شهر أكتوبر كنَّا قد أكلنا فيه.

كان مع إميليو وإيمانويل. يقدِّم البيتزا والمكرونة من كل الأنواع، والبيرة والنبيذ الإيطالي. دخلنا، وجدنا طاولة بجوار النافذة الفرنسية الضخمة، طلبنا بيرة وبيتزتَيْن. طلب ميحمد بيتزا صغيرة، أمَّا أنا، بالجوع الذي كان يتملَّكني، وبعد التمشية الطويلة، والنزهة بالعربة؛ طلبت أكبر بيتزا لديهم:

- بيبروني.

نظر لي الجارسون مندهشًا:

- أكبر بيتزا لدينا؟
- سي، سي، أكبر بيتزا لديكم!

بينما كنا ننتظر البيتزا لتخرج من الفرن المبني في منتصف المطعم تمامًا، حتى يتابع الزبائن طقوس صناعة البيتزا، تبادَلنا أرقام الهواتف والعناوين مع ميحمد، ورحنا نرسم برنامجًا طويل الأمد

لتبادُل الزيارات. في أغسطس من هذا العام، بمشيئة الرب، وإذا ما كانت الأجواء السياسية تسمح سنذهب أنا وأوليا إلى القسطنطينية. «إلى إستانبول»، صحَّح لي. وسيستقبلني في الميناء بسيارته الفيات، وسيستضيفنا في شقته في منطقة غالطا؛ وسنقضي أسبوعين، سنتمشَّى حتى يخرج الماء من أقدامنا وسنتعرَّف على المدينة، أجمل وأثرى الأحياء وشوارعها وأزقَّتها وأسواقها، وأشهر مطاعمها ومحال الحلوى فيها. بعد ذلك سيطلب إجازة بدوره وننتقل إلى بيته الصيفي في كوخه الصيفي الذي كان هديَّةً من محل حلويات أمه، في جزيرة الأمراء. هذا، بعد مائة يوم من الآن! في الصيف التالي لعام 64، في أغسطس، إن شاء الله، سيأتي هو إلى قبرص. سأستأجر بيتًا صيفيًّا في بروذرمو، في المكان الذي كان يقضي فيه صيفه، ويلهو ويقامر الملك فاروق، وسنقضي معًا نحن الأربعة شهرًا لا ينسى.

- أي أربعة؟

سأل.

- ستُحضِر فتاتك، تلك التي ستكون معك آنذاك، يا كازانوفا بك!

وبينما كنا نتحدث ونمزح تذكَّرنا كيف أن الأوضاع والعلاقات محتدمة بين اليونان وقبرص وتركيا. فقلت:

- مع كل هذه التهديدات الذي يرسلها إينونو أنه سيقتحم قبرص عسكريًّا كي يمنع ماكاريوس من تغيير الدستور، يمكن أن يكون الوضع ناريًّا، حينها.
- لو قرَّر إينونو أن يقرص أذنكم، وكما يبدو لي لديه رغبة في هذا، سآتي إليك، اكن هذا المرة بزي عسكري مموَّه وخوذة.

- مهلًا يا قائد الجنود! لو حدث أمر كهذا، لو، لأن عصمت لن يجرؤ، لن يسمح له كنيدي بهذا، أقول لو، سوف أنزل إلى المدينة ممتطيًا تمثال الملك السابق!

قضينا وقتًا في التخطيط والمزاج والضحك والبهجة والشوفينية المعتادة. لكن ضحكنا صار بلا انقطاع عندما وصل الطعام الذي طلبناه. بيتزا ميحمد والبيتزا خاصَّتي الـ king size، كانت كبيرة بشكل كوميدي! لا تتَّسع طاولتنا الصغيرة لها. دفع الجارسون طاولة أخرى وووضع البيتزا الساخنة الشهية عليها تحت عيوني الجائعة المبتهجة.

قال ميحمد:

- يا أنت، هنا يمكن أن يهبط طبق طائر.

انتابتني نوبة ضحك هيستيري. هذا اليوم، هنا، قبل يوم من... أن أضحك بهذا الشكل وتنكسر قدم المقعد البلاستيكي الذي أجلس عليه فأسقط وأتمدَّد على ظهري. ساعدني ميحمد والجرسون في النهوض، «ماما ميا...» لقد صِرتُ مشهدًا للفرجة، راح الزبائن يعلِّقون على المشهد، والمارة على الرصيف، وصانع البيتزا عند الفرن، بعصاه المبقَّعة بالدقيق، وحتى صورة دانتي أليجيري الشفافة.

- لقد وقع تمثال الملك الرخامي.

قال ميحمد مازحًا، فرددتُ له الهجوم:

- على كلٍّ، لم تكن إغماءة!

من كل هذه البيتزا الضخمة استطعت فقط أن آكل شريحةً واحدة،

كانت ضعف حجم بيتزا بالأنشوجة وأشياء أخرى التي طلبها ميحمد.

* * *

عدنا إلى نيو إمباسادور، دعوت ميحمد إلى غرفة 44.

- الوقت متأخر يا أركونتيتي. سأذهب للنوم.
- لقد نعس الصغير، هل لا زال في سنِّ النمو؟

قلت مداعبًا، وأكملت:

- تعال لنأكل البسكيش[31] الذي أرسله لنا المدير.
- بسكيش، أي بسكيش؟
- تعال لترى!

دخل للغرفة، رأي الطبق فجحظت عيناه.

- الملعون لم يرسل لي ولا حتى سكاكر.

قال شاكيًا.

- إنه يعرف كيف يفرِّق بين النزلاء المهمِّين من الأوباش.
- أو البدناء الذين يطلبون البيتزا بالمتر!
- هذا كلام يخرج من فم صاحب النظام الغذائي الصحي الذي يمضغ كلَّ لقمة كم مرَّة يا هذا، أربعين مرة، ويقسم نشوة الطعام بين أسنانه وضروسه!
- أنت سمٌّ صافٍ يا أخي!

31- الهدية.

- أنا فقط السم المضاد لك!

ضحكنا.

- هيا نأكل.

قلت وأنا أضع على الطاولة طبقين من البلاستيك، وسكينًا صغيرًا حشرته في حقيبتي من سفرة الباسيفك.

- هيا بنا.
- قبل أن تغادر، دعني أعطك هديتك.
- هل جلبت لي هدية؟
- خنجر ياباني لقطع الأحشاء، لزوم الانتحار.
- صحيح يا هذا، تُحسب من الدنماركيين... لو هو خنجر ياباني، هاته. فبهذا السكين الملعون الأناناس لا يُقطع.

كما يقولون، الشهية تأتي بعد محاولات، ومع الصُّحبة، وأيضًا مع الطعام الشهي، كلما كان يقطع ويقشر ميحمد حبَّةَ الأناناس وتتساقط منها العصير وتفوح منها الراحة الزكية مع طعمها الساحر؛ كل هذا الكلام لا يفلح مع نهمنا الواضح. تفيض الأطباق والقفص والطبق بالفاكهة والقشور وبعض قطع البيتزا الضخمة التي أحضرتها معي، وألقينا كل هذا في سلّة الحمام.

- بعد كل هذه الفاكهة التي أكلناها.

قال ميحمد مازحًا، وأكمل:

- بدلًا من نوم عميق سترى إلهات مغويات. بدلًا من أثدائها في أحلامك سترى حبات المانجو والبابايا.

- أتمنى! من الآلهة أفضِّل الإلهات، ومن البشر أفضِّل النساء، ومن الشعوب أفضِّل آكلي زهر اللوتس.

فتحت حقيبتي وأحضرت هديته. طيلة الفترة التي لم نكن فيها على وفاقٍ كنتُ أفكِّر جدِّيًّا ألَّا أعطيها له.

الآن سأعطيه إيَّاها وأنا أشعر بعدم ارتياح؛ لأنني أجد هذه الهدية قليلة. هل ستعجبه يا تُرى؟

- هذه هي الهدية.

قلت له.

- هدية تذكارية من الإغماءات.

نظر في عيني يحاول أن يخمِّن المحتوى.

- ألن تفتحها؟

راح يتحسَّسها ويزنها بين يديه ويخمِّن.

- كتاب من كتبك؟
- أتظن أنك خفيف الظل؟ وهل سأجد كتابي في ماليبو؟ إن كتبي في مكتبة الكونجرس في القسم العالمي للبيست سيلرز!

شقَّ الورق المغلِّف للهدية. نسخة أصلية للإصدار الأول «النبي»، لخليل جبران.

راح يقرأ:

- عام الطباعة 1926! واااو! أول إصدار! دار النشر... ويليام

هاينيمان. لا بُدَّ أنك دفعت مبلغًا كبيرًا فيه.

- لقد دفعت أقل بكثير ممَّا طلب البائع.

- هل كان يعرف قيمته؟

- لا أظن. لكن كان يشكُّ في ذلك.

بدا متأثرًا. وراح يقرأ الإهداء:

«And he said to himself:

Shall the day of parting be the day of gathering?

And shall it be said that my eve was in truth my

dawn?»[32]

أبيات جبران. لم أشأ أن ألوِّث الصفحات البريئة بعبارات مبتذَلَةٍ مني.

قال:

- شكرًا.

واحتضنني.

- لم يكن ممكنًا أن أحصل على شيء أجمل من هذا... ولا على إهداءٍ يليق بإقامتي هنا... غدًا يذهب كلٌّ منَّا في طريقه.

طيلة الوقت الذي قضاه ميحمد في الغرفة 44 لم يترك كتاب النبي من يده. بعد قليل سيجبرني أن أسمع بعض أبياته بصوت عالٍ،

32- وقال لنفسه:
«تُرى هل يكون يوم الفراق هو بعينه يوم التلاقي، وهل يُقال إن ساعة غروبي كانت في الحق ساعة مَطلَعي؟».

وبإلقائه ولهجته الشرقية التي تُغيِّر بعض الكلمات والقوافي الظاهرة أو الخفية.

عند الساعة الحادية عشرة، بينما كان يستعد للخروج، دقَّ الباب. قلت مازحًا:

- إنه خليل جبران! جاء ليُعنِّفَك على قراءتك الركيكة لنبيِّه.

لم يُلقِ بسِبابه المعتاد. سامحني. غريب! لقد كان لـ«رشوتي» فعل السحر! فتحت الباب. كانت الخادمة؛ هي نفسها التي أحضرت لي الفاكهة في المساء.

- جئت لآخذ الطبق.

قالت الفتاة بهدوء. كانت عيناها تبحثان بقلق، لم ترَ سوى القشور وسلة المهملات ممتلئة. فتاة ذكية، فهمت. لكن نضارة وجهها اختفت.

- لقد أكلناها يا ميس.

قال ميحمد.

- ألم يكن يجب أن نأكلها؟

سألتُ أنا. أومأت وهي تائهة بعض الشيء.

- لا... لقد أحضرتها إلى هنا بالخطأ. لقد طلبها أحد السادة النزلاء من أجل صديقته التي تسكن هنا في الغرفة 46. وطلب معها زجاجة شمبانيا. الشمبانيا وصلت من خدمة الغرف على الغرفة الصحيحة.

- وطبق الفاكهة لم يصل يا سينيوريتا.

قلتُ لها بصوتٍ يغلب عليه مزاجي الرائق الذي يلازمني منذ أن وطئت قدماي فندق نيو إمباسادور؛ والآن أنا أكثر ابتهاجًا، بعد أن رأيت كم أعجبت هديتي ميحمد. أشعر بالحاجة لأكون مهذَّبًا؛ أضفت:

- أعتذر يا سينيوريتا، لقد افترضت أنها هدية من المدير.

خرجت بعد أن قالت: «تصبحون على خير»، وهي تشعر باللعنة والذنب. بحثنا ووجدنا في قاع طبق الفاكهة مظروفًا صغيرًا ورديَّ اللون مُجعَّدًا ومُبلَّلًا. فتحناه وقرأنا:

«أنت يا حبيبتي الصغيرة، الفاكهة، أنا وأنت. لاري، كينج كونج».

تبادلنا أنا وميحمد نظرة مطوَّلة. كيف لم نرَ المظروف؟

- المسكين لاري، حلَّت عليه مصيبة.

قال ميحمد.

- لا تحزن من أجله. فعليه الآن أن يفعص حبَّات المانجو لحبيبته الصغيرة.

***

دقات قلبي تتسارع... الساعة الآن الثانية بعد منتصف الليل. ساعة اختباري أو اختبار أوليا، التي أؤجلها طيلة الوقت.

رفعت سماعة الهاتف؛ أخذت نفسًا عميقًا سبع مرات، رددت أووووم في صمتٍ سبع مرات، مثلما أفعل في كل مرة أشعر فيها بالخطر أو أخوض تجربة صعبة، أدرت رقم الكود لقبرص، ثم رقم أوليا في المكتب المركزي للضرائب.

سمعت دقَّ الهاتف ثلاث مرات، خمس، ست رنَّات. لم يجب أحد. لم تنجح المحاولة؛ تأجَّلَت ساعة الحقيقة. وإن كان لقليل من الوقت. سأجرب ثانيةً بعد نصف ساعة. ربما ذهبوا إلى الكانتين لاستراحتهم التي تستغرق خمس عشرة دقيقة. أو أنهم في اجتماع مع المدير الأحمق. تنفَّستُ الصعداء وأنا بصدد أن أنزل سماعة الهاتف. لكن لا، سمعت بصوت ضعيف:

- ألو.

على الرغم من ضعف الصوت وسوء الاتصال على الخط التليفوني عرفت أنه ليس صوتَها.

- هل يمكن أن أتحدث مع السيدة أرخونديذيس؟
- هل تريد أوليا؟ إنها في إجازة اليوم. جرِّب الاتصال في الخميس القادم.
- أنا أتحدث من أمريكا. أنا زوجها.

المرأة التي تحدَّثتُ معها هي بالتأكيد زميلتها السيدة لاماري. نعرف بعضنا:

- سيد بتروس؟ أنا سونيا يا سيد بتروس.
- أهلًا يا سونيا، سعدت بسماع صوتك... هل كل شيء على ما يرام؟ إذن أوليا ليست هناك؟
- نعم، هي في إجازة لثلاثة أيام... قالت إنها ستذهب مع صديقتها إلى بافوس. جرّب أن تتصل بها في البيت. ربما لم يذهبوا بعدْ.
- حسنًا، شكرًا. سأجرِّب.

أغلقت الهاتف. سقطت على الفراش نصف مستلقٍ، أدرت القرص

بسرعة قبل أن أغير رأيي، وطلبت الرقم. انتظرت والسماعة على أذني. ضربات قلبي تتسارع. الآن سترد، وإلى أن تردَّ كنت قد نسيت كل ما جهَّزتُه لأقوله لها وأهوِّن الأمر، أو في النهاية أحيِّد حالتي بشكل ما. تكرَّرَت رنات التليفون عشر مرات، خمس عشرة، عشرين مرَّة، سأعد خمس مرات أخرى، وإذا لم يتم الاتصال سأغلق الهاتف. يمكن أن يكون فشلي في الوصول إليها الآن هو مكسب أكبر بالنسبة لأوليا. لماذا أتعجَّل في أن أقلِقَها قبل أن أسمع من فم الطبيب هنا في العالم الجديد لو أن حالتي حرجة أم لا؟ دعني لا أضعها في قلق الانتظار معي. فبعد ثلاثة أيام على الأكثر سوف أعرف.

في الرَّنَّة الخامسة انقطع الخط. أطلقت زفيرًا ومعه ثِقَل كبير خرج من صدري.

43

في التاسعة إلا عشر دقائق دقَّ الهاتف. كان موظف الاستقبال:

- بوينس دياس، سينور أركونتيد، سيادة القنصل هنا. قال إنه سوف ينتظر، فلا تتعجَّل.
- أنا جاهز.

قلت له أن يرسل أحدًا من أجل حقائبي. لم يكن هناك داعٍ للمُنبِّه الذي دقَّ في الثامنة، ولا لاتصال موظف الاستقبال اللاتيني. على الرغم من أن النوم غلبني في الثالثة والنصف صباحًا، استيقظت في الخامسة وخمس وخمسين دقيقة؛ اصطفاف رائع للرقم خمسة، رأيته كفأل حسنٍ، أو هكذا أردت. بعد 5:55 لم أحاول ولم أكن في حاجة إلى أن أنام مجددًا. أنت قد استيقظت فائقًا رائقًا شبعان من النوم.

شاهدت التلفاز لمدة ساعة، خليط من الفقرات الكوميدية و«التهريج». فقرات متوالية طويلة وقصيرة للوريل وهاردي، وتشارلي شابلن، والثلاثي ماركس وستوتجيس. في السابعة نهضت وحلقت ذقني بعناية وأنا أضحك من حين لآخر من قفشات الكوميديانات، أخذت حمَّامًا سريعًا ورششت بعض الكولونيا OM على خدَّيَّ وكفَّيَّ، وها هي صدفة أخرى ميمونة، لوسيون على اسم مقدَّس، مانترا عتيقة، OM أو أووم، ارتديت ملابسي وتأنَّقتُ كعريس في يوم زفافه. فصلت

أدوات الحلاقة وحذاء المنزل ودفتر اليوميات/ الليليات في حافظة الأوراق. وأيضًا في الحقيبة؛ قبر القديس نيوفيتوس، حشرت الكتاب والفناجين، وهدايا آل ميلهيور وتليفونات وعناوين آني وجيمي ولويد وفات داجلاس، وشريط الفيديو من بين بيرج وكارت وتليفون ميحمد في القسطنطينية، وكتاب ترجمة سيفيريس وعودًا صغيرًا أهداه لي قبل فترة رفيقي في السكن.

آخر ممارسة في الطقوس؛ أغلقت وأوصدت حقائب السفر والحقائب اليدوية وحافظة الأوراق.

والآن؟

الآن مستعدٌّ لوداع الأغا.

«نعم، أنت انعزاليٌّ بارد وقاسٍ ومقتضب». أنصح بتروس الذي يشعر بضربات قلبه تتسارع.

لكي أقطع الثلاثين مترًا، وهي المسافة بين الغرفة 44 وحتى الغرفة 36 وأنا أسير بالتصوير البطيء وفقًا لمقياس برودتي، احتاج الأمر ساعة كاملة؛ أو هكذا شعرت أو تخيَّلتُ؛ لم أشأ أن ينتهي طريق الذهاب...

لكنه انتهى، مع الأسف وصلتُ. طرقت الباب. انتظرت. عقارب الثواني تجري. هدوء مميت. ولا إجابة.

- هذا أنا يا ميحمد! لقد وصَلَت السيارة. يجب أن أنزل.

رحت أعدُّ الثواني، لكنها لا تمر. طرقت الباب مرة أخرى بقوة أكثر.

- أوك.

سمعت صوته أخيرًا. استغرق أكثر من دقيقة كي يفتح. كان وجهه شاحبًا، عيناه حمراوين. هل يعاني هو الآخر من الأرق؟ بالطبع لا، لأنه لا يفارق صديقه... مستحيل، لا بُدَّ أنه قضى ليلته يقرأ النبي.

- لقد حان الوقت لنقول إلى اللقاء يا كابرون.

قلت وارتديت فوق وجهي قناعًا هادئًا غير مبالٍ.

- رائع! أنا أتمنى، ألَّا غير رأي و... يبقى...

ميحمد المرح! اليوم فقط في صوته بحَّة، يأكل الحروف والتشكيل وبعض كلماتنا التي تعلَّمها في القسطنطينية مع جيرانه من الأولاد من ديانة أخرى؛ يضع بعض الكلمات الإنجليزية في حديثه، هذا إذا لم يجد الكلمة.

- أخيرًا ستسريح مني ومن طبعي الغريب وخيالاتي وإغماءاتي. جئت إلى أمريكا لتتعلم بعض الأمور في الصحافة، وستعود الآن إلى تركيا وأنت ممرِّض خبير!
- وهذا أيضًا مفيد يا أركونتيتيس.

أجاب بصوت مخنوق الآن، لكن بالإنجليزية.

- هل ستنزل؟

صمت للحظة، فكَّر، وزن الأمر:

- لا، من الأفضل ألَّا أفعل، سأودِّعك هنا.
- أتَّفِق معك. في حالتنا البائسة هذه، كرؤساء التحرير الـ«كول»!

سنصبح مشهدًا مسرحيًّا. حسنًا، محمد أفندم، أريد أن... ماذا أريد؟ نسيت. آه، نعم، فقط أريد أن أشكرك... على كل شيء... وهذا الـ«كل» شيء أنت تعرفه... لكن قلت، أنت ستعود بدبلومة طبيب نفسي وإخصائي إغماء... وربما قبرصيلوجيست... أنا سأذهب، وسأعود ومعي صديق عظيم، راكب هارب في حقائبي ربما غدًا أو بعد غد سيصبح شخصًا غير مرغوب فيه في قبرص... أتمنَّى لا... على أية حال، هذا هو أكبر مكسب لي. وكيوناني أنا أفضل في التجارة.

- اصمت، كفى، ثرثار، أولًا اذهب، أغراضك، مع السلامة.

ارتبكت كلماته التي كانت تخرج بصعوبة، كانت في عينيه لمعة غريبة، مثل مرآة في حمام غطَّاها البخار.

لكنَّ عينيَّ أيضًا لم تكونا أحسن حالًا. لم تسعفني قناتي. ازدادت ضربات قلبي، أشعر بألم في صدري ومعدتي. بين الحين والآخر سأصاب بأزمة قلبية. لا، ليس الآن، تحمَّل، أمسك حالك يا مسكين! اتَّخِذ الخطوة الأخيرة بهدوء شديد، تعجَّل في إنهاء الأمر بما أنك فيثاغورثي، واذهب إلى المستشفى حيث ينتظرك الدكتور جونستون وحزم الحقن والأنابيب والأمبولات ورسم القلب والمخ والأشعات والتحاليل.

مددت يدي لأصافحه. أمسكت بيده التي كان قد وضعها على كفِّه الصغيرة من الارتباك. مددت يدي اليسرى ووضعتها فوق كفِّه.

- وداعًا أيها الشرقي. لا تضيِّع عنواني وبقية التفاصيل.
- لا يضيع... أنت، مجنون، انتبِه على حالك، لا تمسح مؤخِّرتك بأوراقي.

احتضنَّا بعضنا البعض. رأسه، بما أنه قصير، كان يستند على صدري. انحرفت نظارته من الحركة على ملابسي، لكن كل هذا لم يمنع دموعه من السقوط، فتركت بقعتين على قميصي داخل السترة. صدره ينتفض بنحيب صامت.

- أنا آسف يا ميحمد. لقد أسمعتك كلامًا قاسيًا عندما غضبتُ، فقد أصابني الرعب، فكرت في أمور عديدة... لكنك أيضًا كنت مخطئًا في بعض الأمور القليلة، عليك أن تعترف بهذا... لكن عبرنا كل الصعاب وإن كنَّا قد تشاجرنا... ألا تتفق؟ أننا في النهاية أصبحنا نعرف في أعماقنا... أنت تعرف وأنا أعرف، لن أقول ماذا، لكنك تفهم... دعك من كل هذا، أنا ذاهب.
- وأنا لتعرف.. هذه الرحلة إلى أمريكا كانت هيِّنة لأنني تعرَّفتُ عليك.

هذه هي آخر كلمة يقولها، وآخر مرة سمعت فيها صوته بلهجته الإستانبولية.

القصير، الأصلع، قصير النظر؛ هو أول وآخر قِطٍّ تركي عرفته وأحببته، يختبئ باكيًا مستندًا على صدري.

دفعته عني بقوة، تقريبًا بوحشية، وعُدتُ إلى 44 كأني مُطارَد. الآن المسافة تبدو أقل من عشرة أمتار.

حقائبي كانت على الترولي فرُحتُ أدفعه مع عامل المصعد.

كان باب غرفة رقم 36 قد أُغلِق.

44

توقَّفَت السيارة، بعد ذلك شدَّ ميلتوس كاركالاس لجام أحصنته العشرين ومسَّد على شعره الخشن ليسوِّيه بعد أن نكشه الهواء، ارتدى قبعته بشكل لطيف، ونظر في مرآته، وتحقَّق ممَّا يراه، عدل من رابطة عنقه السوداء، وقفز خارج السيارة وفتح الأبواب على مصراعيها.

القنصل السيد ليون ماركوليذيس خرج ببطء وبشكل رسمي من الباب الأيسر. أومأ لي بالخروج من الباب الآخر.

- لقد وصلنا يا سيد أرخونديذيس. لا تنسَ حافظة أوراقك.

خرجت من على اليمين. «علَّ كل شيء يسير على نحو اليمين يا أوليا، كل شيء»، أتمنى. شعرت بجاهزية تامَّة كي أواجه إريك جونستون، بل وأي سبب آخر يطرحني أرضًا تارة وتارة أخرى إلى السماء، أطير وأسقط مثل إيكاروس.

وكما كنَّا نسير وقعت عيناي على لافتة المدخل:

مستشفى The Good Samartian

الأدوار من الثاني حتى السابع

- هل تريد أن أرافقك؟

عرض عليَّ ليون ماركوليذيس.

- ليس هناك داعٍ، على كل حال شكرًا لك على كل شيء.

صافحتهما وقلنا في صوتٍ واحد «إلى اللقاء» بشكل رسمي، ضحكنا إثر المصادفة، أخذت حافظة أوراقي من ميلتوس كاراكالاس وتوجَّهت بحزم نحو المصعد، في كابينة شديدة الضوء تدخلها أصوات الشارع وظلال أو ذرَّات غبار من نيفادا.

دخلت في المصعد الوحيد المفتوح من بين السبعة في صفِّ المصاعد. لا يوجد به مُشغِّل أو عامل. ضغطت على رقم اثنين. الصندوق المضيء انطلق، بدأ في الحركة. بلا صوت. تدريجيًّا دون أي اهتزاز تزيد سرعته أسرع فأسرع ثم أسرع، شعرت بانسداد في أذني. الآن يتحرَّك بقوة دفع مذهلة. الأرقام على اللوحة المضيئة تُظهِر أرقام الطوابق، على التابلوه الذي أمامي تجري وتتغيَّر، فقط بين الحين والآخر ألاحقها وأستطيع قراءتها... أتعرَّف على بعضها بالكاد، علامة (+) تضيء أمامها. علامة (-) على النصف الآخر من الأرقام.

إلى أين أتوجَّه؟ إلى أعلى؟ أم إلى أسفل؟ أم إلى الداخل؟